奧林匹克之夢

奧林匹克之夢

體育視野下的中國與世界，1895–2050

徐國琦 著

尤衛群 譯

香港中文大學出版社

《奧林匹克之夢：體育視野下的中國與世界，1895–2050》

徐國琦 著

尤衞群 譯

© 香港中文大學 2021

國際統一書號 (ISBN)：978-988-237-216-0

出版：香港中文大學出版社

     香港 新界 沙田·香港中文大學

     傳真：+852 2603 7355

     電郵：cup@cuhk.edu.hk

     網址：cup.cuhk.edu.hk

Olympic Dreams: China and Sports, 1895–2050 (in Chinese)

     By Xu Guoqi

     Translated by Ann You

ISBN: 978-988-237-216-0

Published by The Chinese University of Hong Kong Press

     The Chinese University of Hong Kong

     Sha Tin, N.T., Hong Kong

     Fax: +852 2603 7355

     Email: cup@cuhk.edu.hk

     Website: cup.cuhk.edu.hk

Printed in Hong Kong

獻給我的兩位恩師
入江昭教授、楊生茂教授

目 錄

柯偉林序

　　體育為什麼重要？為什麼波士頓的氣氛會伴隨紅襪隊球運的浮沉時而高漲、時而低落？NBA球星姚明，以及洋基隊的棒球投手王建民，遠在大洋彼岸從事大相逕庭的體育運動，怎麼分別成了中華人民共和國和台灣的民族英雄？為增進國際體育精神而創辦的奧林匹克運動會，怎麼成了表現民族自豪感的擂台？

　　這些問題並沒有簡單的答案。2008年北京奧運會舉辦在即，梳理現代中國體育政治史恰逢其時。這也正是這本書的目的及貢獻。在過去的一個世紀中，中國現代國家以種種他國的模式為樣板建立及重建，而體育賽事的歷史發展，是與之相通的。

　　中國是一個偉大而古老文明的發源地。但是，作為政治實體、於1912年在清朝灰燼之上建立的「中國」，則要年輕得多。20世紀中國統治者的偉大（很大程度上也是成功的）事業，正是在多民族、多文化的龐大王朝的領土之上，締造一個由漢人領導的民族國家。因而，以受尊重的民族國家的身份參與國際外交角逐的動力，與現代奧林匹克運動的興起，以及作為一種國際文化現象的觀賞性體育運動的發展，幾乎是嚴絲合縫地同步發生。

　　一個極大的迷思是，中國僅僅在最近30年才「對外開放」。這並非事實。與此相反，在過去一個世紀，中國參與國際交往是常態，孤立主義的年代（約1960–1972年）反是一大例外。一系列按照國際慣例制訂的憲法，讓中國成為一個共和國；從華爾街到莫斯科的廣泛的國際合作，令中國式資本主義及隨後的社會主義得以發展；以美式、歐式和蘇聯式的高等教育模式為圭臬，則成就了中國的高等教育；中國作為一個民族國家之所以能生存下來，重要原因之一就是它曾與德國、美國以及蘇聯有著政治上和軍事上的夥伴關係。

　　體育在這一新興國家的建立中發揮著日益重要的作用。現代奧林匹克運動會的初衷也許在於減少國與國之間的爭端，但同時也幫助建立和增強了新的國家認同。1904年的奧運會，恰逢美國在聖路易斯舉辦「購買路易斯安娜紀念博覽會」（即萬國博覽會），清廷藉展覽之機將大清王朝粉飾成中國文化的保護者（儘管並沒有派任何運動員參賽）。作為對比，1927年國民革命之後上台的國民黨，對新首都南京的早期規劃中，就包括建立一座奧林匹克運動會規模的體育場；並首次派出運動員，相繼於1932年和1936年參加奧運會。

　　正如徐國琦所展示的，在中國，政治和體育從一開始就緊密相關：南京政府之所以派出中國第一位（也是1932年唯一的一位）奧林匹克運動員，部分原因是擔心他可能代表日本傀儡偽滿洲國參賽。1936年，由69人組成的中國奧林匹克代表團，既標誌著中國自信心的增強，也幾乎可以肯定象徵了中國與東道主德國的親密關係。中共建政後，它參加奧林匹克運動的資格受制於政治因素——台灣的中華民國政權受國際奧林匹克賽事承認，而體育比賽的地位也受制於政治結盟。通過近年才公開的資料，徐國琦在本書中追溯了一段有關執行高層指令、操縱比賽和讓球的歷史，

足與1919年的黑襪事件相提並論，儘管唯一的賭注是下在外交舞台上。

在今天，體育純粹了很多，政治卻一如往昔。有關台灣問題的爭議在聯合國這樣的國際場合一直存在，並因台灣參與國際奧林匹克運動的特殊歷史而在奧林匹克的大背景下反覆爆發，這也是2008年北京奧運會面臨的更為緊迫的問題之一。因北京與台北之間的政治關係無法達成共識，這次的奧運會火炬傳遞將不經過台灣（台灣被迫以「中華台北」的名義從後門重返奧運會），「兩個中國」問題的爭論所導致的緊張由此可見一斑。

歷史學家、新聞記者，以及對體育賽事在現代中國之興起有興趣的人，都將從這本書中學到很多。下一代人也將同樣從中獲益。如徐國琦指出的，這本書首先是一本現代中國精英如何看待體育的歷史。然而，如在其他地方一樣，在中國，我們已經進入了一個大眾參與、大眾消費體育賽事的時代。中國對西方體育賽事的熱切參與是晚近才發生的事情，今時今日，於清王朝舊都之上建立的「新北京」正在迎接「新奧運」，現在正是回顧這段歷史的最佳時機。

柯偉林（William C. Kirby）

哈佛大學歷史系蓋辛格講座教授

哈佛大學費正清中國研究中心主任

2008 年

緒 論

國力苶弱，武風不振，民族之體質日趨輕細。……長是不
改，弱且加甚。

—— 毛澤東，1917[1]

何為中國？何為中國人？中國在世界各國中的地位如何？這是
幾百年來海內外中國人一直追問，並試圖從各種不同角度作出解答
的問題。在近幾十年裡，當中國積極著手介入國際社會之時，中國
人對國家認同、民族主義，及國際化問題的關切顯得尤為緊迫。

在建構國家認同和實現國際化方面，體育運動比之其他現代
文化活動為人們提供了，甚至可以說是打造了更為有利的觀察視
角。正如艾瑞克‧霍布斯鮑姆 (Eric Hobsbawm) 指出的，體育運動
在界定國家認同及歸屬感方面，被證明具有「獨特效用」。[2] 阿德里
安‧史密斯 (Adrian Smith) 和迪溫‧波特 (Dilwyn Porter) 也認為，
「體育為人們的堅持不懈提供了一面鏡子。」[3] 雅克‧巴爾贊 (Jacques
Barzun) 甚至有一句名言，「要想真正懂得美國人的想法，就要懂得
棒球。」[4] 這些背景各異的學者都得出了同樣的結論，即體育運動界
定了一個國家的國家認同和國際化，因為它激發人們的團結和自我

反省。中國的體育發展歷史能為那些想要瞭解近代中國社會的外國人提供有價值的洞見。

關於國際化，我是指中國人因國際觀念、力量和潮流影響而做出的主動參與以及被動捲入，這是一個迫使中國與外部世界和國際體系進行互動的過程。如我曾在別處指出的，國際化既受到中國與世界在社會、思想、經濟、意識形態和文化資源的交流互動所驅使，也為中國對外交事務及其國際地位的前所未有的關注所推動。[5] 當今的全球一體化使中國進一步融入世界經濟體系之中，中國渴望在國際事務中發揮更加積極的作用，中國漫長的國際化進程在尋求新的國家認同方面變得更加清晰和重要。

在整個20世紀，有五個詞語在中國公共話語中佔主導地位：民族主義、國際化、社會主義、革命，以及帝國主義。雖然「國際化」一詞在20世紀的前半葉幾乎沒有被人們直接提及，但是它卻是中國外交政策和社會變革背後的推動力。自1980年代以來，「國際化」儼然已成為中國大眾詞語中最流行的用語之一。無論是個人、企業還是政府機構，都紛紛被新的國際化觀念所吸引，不斷自問或被問及他們是否與國際潮流或國際規範接軌。同時，像「革命」和「帝國主義」這樣的詞語則逐漸失去了作用；此外，曾在20世紀前半葉頻繁使用的「民族主義」一詞也失去了中國人的青睞。

但是，低估民族主義在中國持續不衰的重要性可能是一種誤導，因為正如20世紀早期中國的國際化那樣，民族主義近年來開始在非公開場合發揮主要作用。換句話說，國際化和民族主義在中國的社會與政治話語和發展中，只是交換了位置而已。本書將探討中國的國際化與民族主義之間的重要關係，並考察中國人對於國際化的痴迷如何反而在實際中加強了其民族主義。鑒於只有在國際背

景之下各個國家努力區分和證明自己之時，民族主義與國家認同才有意義，因此民族主義和國際化本質上正是同一枚硬幣的兩面。

　　體育運動和奧林匹克運動會尤其很好地體現了中國民族主義和國際化的結合：中國人對現代體育運動的興趣和參與，其主要動機源於民族主義，但是伴隨著西方體育運動的引進和對世界體育比賽的參與，中國也進而融入國際社會之中。1994年《衛報》(*The Guardian*) 的一篇評論文章注意到，「體育運動可能在許多場合體現了民族主義的精髓，但這也是迄今為止所發明的將地球村團結在一起的最有效的手段之一。」[6] 在中國情況同樣如此，體育運動在某種程度上超越了民族主義傾向，成為一種國際主義表述。本書的研究將考察中國體育和體育界人士在國際上的身姿如何影響了中國與外部世界的關係。它將闡釋中國人如何在20世紀之交受到曾經感染了美國人的「尚武精神」推動而去接納體育，以及為什麼說中國人對奧林匹克運動會和西方體育運動的熱忱，同明治維新後日本人對外來文化的借用有相似之處。

　　在很大程度上，任何社會都是一個「想像的」社會。[7] 歷史學家通常對一個社會的精英分子給予過多關注，讓他們在闡述民族認同方面發揮不成比例的巨大作用。但是對體育運動進行考慮，則把更大比例的人群——包括窮人和富人、受過教育或沒受過教育的人——都帶進歷史敘述。當20世紀初中國面臨民族危機，在抗日戰爭中，乃至1990年代中國開始向全球大國方向崛起時，從體育的視角可以看到，體育在危急時刻是抗爭的體現，體育代表了普通中國人實現民族獨立和復興的決心。體育作為一種集體經驗，超越了日

常生活中的社會和政治分裂，對體育的研究提供了透視更廣大的歷史進程的獨特窗口。它是研究社會與社會之間、人與人之間和文化與文化之間交流互動的有效載體。它使我們能夠深入研究中國人如何與世界其他地區建立關係，以及隨著國家認同的逐步增強，他們如何解決自我認知與外界看法之間的矛盾這一棘手問題。

　　從政治、外交和政府議題角度出發研究中國的民族主義和中國國際化的論著已經很多，但鮮少涉及大眾所喜愛的活動如體育運動，至今也沒有看到對這些議題的綜合性、系統性研究。目前中國對體育的研究也是如此，要麼只注重體育運動本身，要麼只注重某個特定時期或項目。[8] 對體育如何同中國不斷發展的對外自我表述密切聯繫在一起，還沒有人作出概括性的解釋。也沒有人運用國際史方法對這一問題進行探討。

　　在中國，體育繼續充當社會變革和統治合法性的推動因素，是獲得國際認可和贏得國家聲望的資源，並且是國家建設的動力。體育和體育機構如何反映出中國人與國際社會之間的關係，中國人為何通過體育及這些機構參與國際社會，對這些問題的研究進一步顯明體育已成為一座連結國內現實與外部世界的橋梁。我在這裡所用的資料來自中國大陸、台灣、香港、加拿大、美國、瑞士等地的的圖書館及檔案館，其中很多資料直到近期才對外公開。本書首次運用這些新資料考察很多重要但是鮮少被研究的議題，如北京參加1952年赫爾辛基奧運會、「兩個中國」的問題、毛澤東利用「乒乓外交」影響世界政治的決策，以及1976年蒙特利爾奧運會的重要意義等。換言之，我的目的是運用這些新資料和新視角，為瞭解中國現代國家認同的形成及其間或對國際化的不無矛盾的追求，提供一種新的研究方法。2008年北京奧運會的舉辦，使中國成為全世界矚

目的焦點，所以我的研究還旨在為記者、為研究體育的學者和政策制定者提供工具，幫助他們深入瞭解這一意義重大的全球盛事。

當人們為了體育競技而從世界各地聚集到一起時，這些比賽和競技實際上就是跨文化的交流。從某種意義上說，國際奧林匹克委員會（IOC）和其他跨國機構在組織體育競賽的同時也是在促進文化交流。像奧林匹克運動會和世界盃足球賽這樣的重大賽事，必然是既有國際性的同時也具有國家性質的活動，既是社會和政治事件，也是不同國家和文化交流的匯集。一些評論家指出了作為大眾文化的體育運動與國際領域中更為重大的問題之間的聯繫。他們認為，通過將體育與全球化相聯繫，視體育為新興的全球文化的一部分，我們可以對之進行更好的分析，並有助於界定新的身份認同和世界經濟的發展。[9] 對某些人來說，作為一種文化現象的體育已遠遠超出其傳統界限，體現出一種新的文化內涵。[10]

這種文化路徑可以增進我們對民族主義和國際化更加細緻入微的理解，因為傳統上它們被認為屬政治範疇。作為大眾文化的體育在很多方面塑造了近代中國的歷史景觀，其中包括外交政策及對外關係。實際上，現代體育，特別是奧林匹克運動會，對更廣泛意義的世界歷史發展有著至為關鍵且意義深遠的影響。人們自然想知道北京2008年奧運會將對中國及其國際形象產生怎樣的影響。這屆奧運會是否會激發中國人的民族主義情緒？積極參與世界體育賽事是否有助於中國和平崛起為世界強國？國際關注度的提高將如何影響中國的政治制度和社會穩定？這屆奧運會是否會改變中國人對自己的認知及外部世界對他們的看法？這場奧運會是一場為中國共產

黨政權帶來政治合法性的「盛大聚會」，還是將成為政治改革的催化劑，並對現有政治秩序帶來嚴重挑戰？儘管很少有學者提出這些問題，但對研究中國及其對外關係的人來說，這些問題都是至關重要的。

中國過去的經驗必定為我們理解2008奧運會這樣的賽事所包含的重大意義提供認識框架。我們無法預知未來，但我們可以根據體育在過去對大眾觀念和政策所產生的影響來估計一些可能的後果。這裡的著重點將是20世紀的歷史，因為中國人在那時開始痴迷於中國的國際地位和作為中國人的身份認同。正如我在別處所指出的，自20世紀初以來，中國如何以平等一員加入國際社會，一直是人們最為關心的問題。人們可以從多種角度以各種不同方式書寫中國現代歷史，但是認識這種情結對於瞭解現今中國至關重要。[11]

中國人對現代體育的態度似乎正好反映出他們在民族自豪感方面存在的焦慮心理。對中國人來說，體育賽事所代表的意義是深刻且根本性的，這是對他們長期為爭取國際社會的接納所做努力的肯定，是中國戰勝「百年屈辱」、正式成為國際社會一員的標誌。中國人對舉辦奧運會的亢奮熱情，清楚地顯示出中國人對於贏得國際聲望的熱誠多麼強烈，此事對於他們又有多麼重大的意義，也表明體育在中國走向世界進程中的重要性。2008年北京奧林匹克運動會的官方口號「同一個世界，同一個夢想」，清楚反映出這一迫切願望。

最後，本書所採用的是國際史研究方法。如著名歷史學家入江昭精彩示範的，這一視角超出了特定國家的分析層面，以整個國際體系為參照系。它探討大眾文化與政治之間，以及社會與個人之間的關係，強調民族夢想與國際現實之間的互動，及不同文化和政

治制度之間的交流。在本書的研究中，我以國際史研究方法考察國際政治體系與中國文化前景之間的關係，闡釋民族主義與國際主義之間的相互作用，強調中國國內政治與國際事務之間的聯繫。這種方法似乎對通過體育來考察中國與外部世界的交往是一個可靠的定位。我希望通過將文化和體育與對民族主義和國際關係的研究聯繫起來，突破前人所設立的界限，展示中國政權更迭中的連續性以及中國與其他國家之間的相似性。

本書不是一本中國體育通史，而是敘述了一系列彼此交織和重疊的更寬泛的議題。為表述清晰起見，每一章都集中討論某一特定主題，因此有必要略去部分相關內容。例如，儘管女運動員在當代中國體育中撐起了何止「半邊天」，[12] 但我很少論及女性在中國體育中所發揮的作用。中國女排 80 年代在世界體壇的拼搏在國內外都引起了轟動。在隨後的十年中，被許多球迷親暱地稱為「鏗鏘玫瑰」的中國女足則以精湛的球藝和必勝的決心令世界矚目。直到今天，中國女運動員在許多世界體育項目中的表現都比中國男運動員還要出色。[13]

出於需要，本書對中國本土的民間體育運動例如武術和其他健身項目也未作詳細討論，儘管這些民間體育運動在清晰闡明國家認同、促進中國的國際化方面同樣發揮了一定作用。此外，這也不是一本關於群眾性體育運動的論著，而是在國家層面對中國競技體育所作的研究。本書的重點相對集中在中國的精英階層，畢竟從 1895 年至今中國社會都由精英分子治理，他們主導著關於現代中國的國家認同和國際化的辯論和準確闡述。在國家一級開展的體育

活動，特別到1949年之後，在很大程度上仍然為精英所從事，由國家控制和管理，並經常受到明顯的政治干預。

第一章和第二章論述現代體育在中國完全是建構出來的傳統，其在國家建設、國際化和民族主義中的突出地位和重要性，遠非其他國家可比。中國人接受西方體育運動的動機更多是出於建立強盛國家形象的目標而非個人愛好。從晚清至民國初年，在國民黨中國和整個毛澤東時代都是如此，同樣的情況一直延續到中國進入21世紀。第三章主要闡述體育在中國的民族主義發展中的作用。這一章考查中國精英如何將強身健體與強種救國聯繫起來，強烈的競爭欲望如何刺激中國人接受西方體育，以及要在世界體育競賽中贏得金牌是怎樣並且為什麼會成為全體中國人的狂熱追求。

第四章通過體育尤其是奧林匹克運動，探討中國的國家代表權問題，論述北京和台北從50年代初至80年代初在奧林匹克運動中為各自的國際合法性展開的較量。儘管北京為爭取國家代表權而進行的第一場重大政治和外交鬥爭是爭取參加1952年奧運會，但是首先堅決反對奧運會「兩個中國」代表制的是蔣介石的國民黨政府而不是北京的共產黨政權。本章同時指出，中國的最高領導人鄧小平在回應70年代後期北京和台北如何同時參加奧林匹克運動會的問題時，首次明確表達或者至少實踐了他的「一國兩制」理論。本章闡述北京、台北和國際奧林匹克委員會在處理奧運會的中國代表權問題上都曾經犯過怎樣的嚴重錯誤。我堅信，儘管台灣和北京之間存在眾多分歧，但是自50年代初到80年代，他們在中國代表權問題上所採取的立場是一致的。

西方人大多難以理解為什麼北京對台灣在奧林匹克大家庭中的成員地位如此耿耿於懷。在北京獲取國際合法地位的願望之外，是

所謂的一個中國原則。中華人民共和國對此的執迷可以解釋為什麼甚至直到今天，圍繞2008年奧運會的舉辦，台灣問題依然是潛在的最危險的問題。

　　長期以來中國大陸和台灣之間的關係一直非常複雜。根據中華人民共和國的官方表述，中國近代史始於1840年，終於1949年中國（社會主義）革命的開始，由於在此期間中國人在西方列強和日本帝國主義侵略下被迫簽訂了很多不平等條約，因此對他們來說這是充滿屈辱的一百年。因而中華人民共和國統一台灣的期望直接與中國人長期以來對外國帝國主義壓迫的反抗相關。中央王朝綜合症 ── 即中國是其疆域之上的文化和政治中心的觀念 ── 也促使北京決心使台灣重歸祖國。許多中國人相信中央王國的理念，即台灣目前與大陸的分離狀態首先是由於日本帝國主義作祟，然後是因美國對中國內戰的干預所致。由於這些根深蒂固且被普遍接受的觀念，共產黨政權感到，即使冒著取消奧運會的風險，也必須阻止台灣獨立的任何企圖。舉辦奧運會也許能為這個執政黨帶來光榮與合法性，但失去台灣則會使這一切都黯然失色。

　　第五章敘述乒乓外交，詮釋為什麼毛澤東和尼克松盡心竭力所找到的共同突破點竟然是一隻小小的白色乒乓球。本章也通過仔細研究1972年春中國乒乓球隊對美國的訪問，考察了美國版的乒乓外交。沒有其他哪項研究關注過乒乓外交中的這第二步行動、儘管從學術角度，這種個人和非政府機構之間以全新的重要方式所進行的互動，意義更為重大。如果我們認同毛澤東的策略是以乒乓外交為改善中美關係做鋪墊，那麼1972年中國乒乓球隊對美國的回訪則開啟了兩國之間文化交流健康、快速發展的大潮。

　　第六章運用直至最近才對外公開的資料，就「兩個中國」問題對1976年蒙特利爾奧運會和對當時的國際政治所產生的影響，作出迄今為止最全面的研究探討。這場爭議不僅導致國際奧委會威脅取消以及美國威脅抵制這場奧運會，而且致使加拿大政府受到幾乎所有國家的譴責。

　　第七章考察自1980年代初開始體育如何再次成為中國全面爭取國際聲望、地位和合法性的主要手段。它闡釋體育和國家榮譽、民族主義和國際化之間的密切聯繫在中國的再度出現，並論證贏得體育金牌與為國爭光在中國人心中是息息相關的。一心「要贏」的執著使中國變成了一個民眾無法承受在重大國際體育比賽中失利的國家。

　　為什麼中國人花了整整一百年的時間才實現在北京舉辦奧運會的夢想？為什麼中國共產黨不惜一切傾盡全力申辦奧運會？為什麼北京第一次申奧失敗？2008奧運會對中國人的國家認同和國際化產生怎樣的影響？第八章將從比較歷史的角度對2008年北京奧運會進行考察，闡述這場奧運會為中華民族和中國共產黨帶來的危險和機遇。對於這個國家，它可能是走向自信與民主發展的美好旅程的開端，對於這個黨，影響將更為複雜難測。

　　在本版的續章中我將試圖解讀體育視野下自北京2008年奧運會以來迄至2050年的中國與世界之互動，並解析由此帶來的對「中國」之概念的衝擊。

　　無論中國發生任何與2008年奧運會有關的事，這場奧運會都將是一個重要里程碑：對很多人來說，選擇北京作為奧運會舉辦城

市，是國際社會對中國的世界強國地位的肯定。對於那些為追求新
的國家認同及在國際社會中佔有一席之地而奮鬥了一代又一代的中
國人來說，舉辦令全世界矚目的奧運會的「世紀之夢」終於實現，而
要實現獲得國際社會尊重這一更為宏偉目標，似乎也已經指日可待。

註 釋

1　毛澤東，〈體育之研究〉，《新青年》，1917年4月1日。

2　Eric Hobsbawm, *Nations and Nationalism since 1780: Programme, Myth, Reality* (Cambridge, Eng.: Cambridge University Press, 1990), 143.

3　Adrian Smith and Dilwyn Porter, eds., *Sport and National Identity in the Post-War World* (London: Routledge, 2004), 2.

4　Jacques Barzun, *God's Country and Mine: A Declaration of Love Spiced with a Few Harsh Words* (Boston: Little, Brown, 1954), 159.

5　Xu Guoqi, *China and the Great War: China's Pursuit of a New National Identity and Internationalization* (New York: Cambridge University Press, 2005), 19.

6　Quoted in Joseph Maguire, *Global Sport: Identities, Societies, Civilizations* (Cambridge, Eng.: Polity Press, 1999), 2.

7　詳見 Benedict Anderson, *Imagined Communities: Reflections on the Origin and Spread of Nationalism* (London: Verso, 1991)。

8　到目前為止只有兩本書很好地涵蓋了中國體育發展的主題，它們分別
　　為：Susan Brownell, *Training the Body for China: Sports in the Moral Order of the People's Republic* (Chicago: University of Chicago Press, 1995)，和
　　Andrew D. Morris, *Marrow of the Nation: A History of Sports and Physical Culture in the Republican China* (Berkeley: University of California Press, 2004)。這兩本書與本書在研究範圍、研究重點甚至研究方法上都有很
　　大的不同。Brownell是一位人類學家，主要關注的是20世紀80年代中
　　國人的倫理道德與身體文化之間的關係；毛岸俊 (Andrew Morris) 的書
　　則集中研究20世紀20、30年代中國人體育文化的觀點和實踐，他們的
　　國家、現代化及現代公民意識，及相互之間的聯繫。

9 詳見Maguire, *Global Sports*, 35。

10 Ommo Grupe, "The Sport Culture and the Sportization of Culture: Identity, Legitimacy, Sense, and Nonsense of Modern Sport as a Cultural Phenomenon," in Fernand Landry, et al., eds., *Sport…the Third Millennium, Proceeding of the International Symposium, Quebec City, Canada, May 1990* (Sainter-Foy, Quebec City: Les Presses de L'Université Laval, 1991), 141.

11 本論詳見Xu, *China and the Great War*, 1–77。

12 1995–1990年，有383位中國運動員成為世界冠軍，其中194位是女性。在同一時期，中國共贏得了490個世界冠軍，其中女子贏得258.5個。1998年，中國運動員68次打破世界紀錄，其中只有4項是男子創造的。這一年保持世界紀錄的30名中國運動員中，有26位是女性。在2004年雅典奧運會上，中國運動員贏得35面金牌，17面銀牌和9面銅牌，女運動員再次領先，獲得了其中60%的獎牌，包括19.5面金牌，11面銀牌和9面銅牌。詳見中國體委編，《中國體育年鑒，1949–1991》，第二卷(北京：人民體育出版社，1993)，頁414–415；中國體委編，《中國體育年鑒，1999》(北京：中國體育年鑒出版社，1999)，頁347、352–354；中國體委編，《中國體育年鑒，2005》(北京：中國體育年鑒出版社，2006)，頁456。

13 本論詳見James Riordan and Dong Jinxia, "Chinese Women and Sport: Success, Sexuality, and Suspicion," *China Quarterly* 145 (March 1996).

第一章

以尚武精神強國強種

國力所繫，尚武精神，……體育救國，共展雄圖。

——蔣介石，1933[1]

奧運會重要的不是獲勝，而是參與。

——顧拜旦（Pierre de Coubertin）[2]

現代漢語中的「體育」一詞，直到1890年代晚期才在中國出現。[3]
而且要經過相當長的一段時間，「體育」才具有今天所代表的含義。
這個詞剛從日本引入時，更多是指個人衛生和一般的健康狀況，而
非健身鍛煉。1902年，梁啓超等人首次使用「體育」，他們的討論
主要集中於利用軍事體能訓練，在精神上和身體上為戰爭做好準備
（尚武）。[4]「體育」一詞由兩個漢字組成——「體」即身體，「育」指培
養。但當中國人開始接受西方現代體育運動後，「體育」衍生出了
全新的重要含義：使國家強大的可能和使命。這個新含義的出現，
與20世紀初中國人打造新的國家認同和在國際舞台上佔一席之地
的雄心不謀而合。

我在本書中交替使用「體育文化」（physical culture）和「體育運動」
（sports）來表達中國人所說的「體育」一詞的含義，這樣做是基於以

下原因：一方面，兩者的意思非常接近，另一方面，使用「體育文化」或「體育運動」，意在呈現出超越體育鍛煉 (physical training) 之上更多的意蘊。在中文語境中，「體育」也關係到文化，尤其是公眾文化——正如托馬斯·本德 (Thomas Bender) 所指出的，在這樣的場合中，「各種『力量』輪番登場，也一舉確立了各自的權威地位。」[5] 對許多在 20 世紀初開始接受「體育」的中國人來說，這種向體育文化的轉變，反映或者說回應了一個民族對於復興的追求，以及以一種受到認可與尊重的強國的身份屹立於世界民族之林的渴望。

1895年之前的中國體育

在申請 2000 年奧運會主辦權時，北京濃墨重彩地陳述體育運動在中國的歷史發展。[6] 這種傾向在某種程度上造成了誤導，因為中國的傳統體育運動，與現代中國人對體育運動和奧林匹克運動會的熱衷之間，其實並無真正的聯繫。然而不管怎麼說，健身文化在中國有著悠長的歷史。例如，強身健體就是儒家學說的重要組成部分。孔子等先賢都強調既要培養人的智力，也要練就人的體力。孔子就認為，要成為有教養的有用之才，在提高道德修養和知識水平的同時，還必須磨練其體魄。儒家學說的核心「六藝」——禮、樂、射、御、書、數之中，有相當一部分內容都強調對體魄的磨練。[7] 生活在公元前 4 世紀的另一位儒家重要代表人物孟子，也提倡「勞其筋骨」，即鍛煉身體對於造就偉人的重要性。早在孔子和孟子生活的時代，中國人似乎就已意識到心靈智識和身體技能之間的聯繫多麼重要。馬王堆漢墓出土的一幅兩千多年前的帛畫上，也有一群

在鍛煉身體的人。[8] 早在公元前5世紀至公元前3世紀的戰國時代，圍棋 (傳入日本後被稱為「碁」) 就非常流行；戰國時期至漢朝 (公元前206年至公元220年)，還有很多人熱衷蹴鞠 (古代足球)。

中國古代也流行很多其他運動。根據史料記載，漢朝開國皇帝劉邦為其父在都城修建了一座豪華宮殿，卻發現他的父親並不高興，原來他很懷念和鄉親們一起玩蹴鞠的日子。[9] 這種類似今天的足球的運動，在有宋一代 (960–1279) 的上層社會和平民階層中風靡一時。另一種古時的馬球稱作擊鞠、擊球或打球，也在這一時期興起。體育運動的勃興，甚至引起了漢代歷史學家班固的注意——在《漢書》中，他專闢一章記錄擅長某種「體育」項目或者武術的人，也記錄了其他的特殊技能。[10] 事實上，中國人對蹴鞠和馬球的喜愛在唐宋兩代從未停歇。[11]

從這些早期運動的起源，可以一窺中國作為國際交流中心的地位。世界各地的人源源不斷地來到唐朝 (618–907) 的首都長安，或謀生，或旅行，或學習。有些學者認為馬球有可能是在唐代由波斯人帶到中國的。在宋代，則有一種類似現代高爾夫球的運動流行於上層社會，叫做「捶丸」，意思是「以杖擊球」。[12] 而中國人練習武術 (如太極拳) 和其他健身運動更是已有數千年歷史。

從古至今，有賴中國社會彼時的開放性，中國人涉獵過多姿多彩的體育運動——蒙古人熱衷摔跤和賽馬，藏族人玩赤足無鞍賽馬，滿族人喜歡溜冰，等等。不難推斷，這些形形色色的體育運動很可能潛移默化地影響了中國人對何謂俊傑的看法，對中國體育發展也有著深遠的影響。

然而，源遠流長的運動歷史並不一定意味著體育運動是中國人生活方式的重要組成部分。雖然某些項目頗受權高位重者青睞，

但總的來說，擅長運動的中國人並不算多。事實上，在1895年之前，普通老百姓對於身體和體質訓練的態度是模糊而矛盾的——相較所謂道德教化，中國的精英文化並不重視對健全體格的培養，男女兩性皆然。宋代以後，隨著理學興起、科舉考試制度化以及女子纏足，情勢更加明顯——擊鞠、捶丸、蹴鞠等運動逐漸絕跡，精英文化進一步強調文治、貶抑武功；很多士大夫眼中只有庶民或「勞力者」才會從事體力活動。「和為貴」、「君子動口不動手」等觀念成為廣受推崇的處世準則。儘管孟子提出了「勞其筋骨」與偉人偉業之間的關係，但總的來說，其「勞心者治人，勞力者治於人」的觀念，使主導社會風氣和官方價值觀的儒家越發看不起體育活動。到18–19世紀，中國的士大夫普遍認為體育運動是不雅的——強壯的身體不符合人們心目中有教養的士紳形象。

自唐宋以來，以儒家價值觀為基礎的科舉考試逐漸制度化，更使得男性精英的體質普遍退化。這套一直延續到20世紀早期的科舉制度，讓中國的文化精英皓首窮經，禁錮在備考之中，打消了其中絕大部分人對「不雅」體育的興趣。[13] 在科舉制度和程朱理學影響下，中國男子以足不出戶的「文雅」生活為理想與追求，鄙視強壯的身體和尚武精神。

如果說科舉考試文化磨去了中國男性精英身上的強健精神，那麼對中國女性最大的戕害則非纏足莫屬。[14] 纏足從科舉考試制度和程朱理學達到高潮的10世紀開始成形，直到科舉考試制度廢除後的20世紀早期才被禁止，恐怕並不是巧合。在這一千多年裡，尤其是在清朝（1644–1912），幾乎所有漢族婦女都要纏足，並因此造成身體上的殘疾。纏足這一陋習為何流毒日久、無遠弗屆，它在社會、文化、經濟乃至身體層面對中國人究竟意味著什麼，至今尚無

全面通透的解讀。也許10世紀後中國男性精英因缺乏體育鍛煉而逐漸女性化，他們便通過女子纏足這種方式，直接強迫或者至少說是讓女性變得「超女性化」。

宋代以後的統治者，儘管種族和文化起源各異，且都是馬上得的天下，但相比高壓政策，更傾向於借助主流文化和道德價值的作用來治國理政。也因此，在近一千年的時間裡，中國人的體質可算文弱甚至虛弱了。漢族精英社會幾乎不鼓勵體質訓練。近代早期的通俗小說推崇白面書生，讚美女子「弱柳扶風」。「萬般皆下品，唯有讀書高」，「好男不當兵，好鐵不打釘」──這些流行說法，也反映出傳統中國社會普遍貶低健壯身體的觀念。

義和團運動(1898–1900)是個罕見的例外；在此期間，在更大範圍的社會背景中，一種利用身體技能強調男子氣概的亞文化，在某種程度上極大地影響了中華民族的國家認同和國際化。這群被外國人稱為「拳民」、自稱「義和拳」的人，幾乎全是來自華北農村的貧苦青年農民，他們飽受外來入侵之苦(後來其女性成員自稱「紅燈照」)。參與「義和拳」的人都習武，還相信借此能被神靈附體；同時他們表現出強烈的排外情緒──特別是針對基督教徒(不管是中國人還是外國人)和傳教士。清廷決定「招安」義和團並將其納入「官屬民團」之後，更是唆使其與外國人直接對抗，由此引發八國聯軍的武裝干涉，義和團最終被鎮壓。義和團運動對中國的政治與對外關係產生了長遠的影響：它不僅加深了歐洲人對中國和中國人的負面印象──敵視基督教，抵制近代科技，排外、仇外心態嚴重；八國聯軍所帶來的打擊和屈辱，更是加速了清王朝在1912年的最終覆滅。[15]

作為清政府走向滅亡的原因之一，義和團運動「無意中」催生了一系列引發更廣泛革命的新變化。義和團乃是傳統武術與精神信

仰的擁戴者們最後一次有力的吶喊，要以舊式的武裝叛亂來推動政治變革。雖然這次努力以悲劇告終，但我們可以相信，義和團運動標誌著一種新趨勢的形成——體育教育與民族認同感的關係越來越緊密。1895年之前，認為鍛煉身體有益的中國人只是為了個人強身健體；直到1895年之後，中國人才開始將健身和公共衛生與國家命運聯繫起來。要理解這種轉變，我們就要考察20世紀初中國與外部世界的關係。

「病夫」與新世界

1895年對中國和世界來說都是一個轉折點。從這一年開始，歐洲列強逐漸走向第一場全球戰爭。而自稱「天朝」或「中央王國」的中國儘管在1840年的鴉片戰爭後逐漸被邊緣化，卻仍沉浸於天朝上國的美夢之中。甲午戰爭 (1894–1895) 的慘敗震驚了舉國上下，這是使國人不得不面對新現實的警鐘。大多數中國精英堅信，只有徹底拋開傳統的天朝身份，建立現代民族國家，中國才能繼續生存下去——更重要的是，只有加入由西方國家主導的世界新秩序，中國才有可能重拾昔日的輝煌。[16]換句話說，中國終於做好了向西方學習的準備，並朝著以西方理念及實踐為基礎的新的國家形式轉變。社會達爾文主義和「適者生存論」在此關頭被介紹進來，為中國人接受西方體育運動做了思想上的準備。

中國人對西方體育運動的興趣同他們對國家命運的反思有直接關係。對甲午戰爭後的很多中國人來說，他們的國家已經變成了需要猛藥的「病夫」。第一個使用「病夫」這詞語的是嚴復，他是20世

紀初頗有影響的學者，翻譯了多部西方著作。嚴復在傳統中國文化和外交事務方面都受過良好教育，並曾在英國學習軍事。1895年3月，嚴復在天津《直報》發表文章〈原強〉：「蓋一國之事，同於人身。今夫人身，逸則弱，勞則強者，固常理也。然使病夫焉，日從事於超距贏越之間，以是求強，則有速其死而已矣。今之中國，非猶是病夫耶？」嚴復認為，中國疲弱已久；而若要讓中國再度強盛，中國人必須加強體育，提高智育、德育，並且要把體育放在首位。他嚴厲批評中國人吸食鴉片和纏足的惡習；指出只有健康的母親才有可能誕下健壯的嬰兒（「母健而後少兒肥」）。[17]

嚴復還抨擊科舉制度造成中國萎靡不振。[18] 他認為，中國要想重新富強，中國人就必須身體健壯，精力充沛，弱者組成的國家只能是病國。[19] 正如史華慈（Benjamin Schwartz）所說，對嚴復來說，身體強健「在他心目中是與血氣之勇和筋骨耐受的精神氣質緊密相關的。也可以這麼說，對體格力量以及『意志品質』的肯定，最能夠代表價值觀的徹底轉化」。[20]

嚴復稱中國為「病夫」之後不久，外國人也開始把這個稱呼安在中國人頭上。1896年上海《時務報》刊登了一篇轉譯自英文報紙的文章，就給中國人貼上了這個「標籤」。[21] 國人自此飽嚐這一蔑稱所帶來的恥辱。1903年陳天華在其《警世鐘》裡寫道：「恥！恥！恥！你看堂堂中國，豈不是自古到於今，四夷小國所稱為天朝大國嗎？為什麼到於今，由頭等國降為第四等國呀？外洋人不罵為東方病夫，就罵為野蠻賤種……」[22] 1904年，作家曾樸以筆名「東亞病夫」出版小說《孽海花》，意在鞭策國人，努力自省。儘管「東亞病夫」的說法並未在西方造成太大影響，但對中國人來說，這種觀念自19及20世紀之交便已成為自身文化背景的一部分。

「東亞病夫」的形象迫使眾多國人認真思考如何「救治」自己的民族，並最終致讓現代體育成為化解中國民族危機的一劑良藥而進入中國。從這個角度來看，1895年至關重要。原來的精英開始質疑甚至否定自己的舊有身份認同，以及包括傳統體育活動在內的舊有文化。新的社會精英認為，體育就是西方體育運動，即從外國引入的活動。台灣傑出的體育學者許義雄指出，晚清對於現代體育運動的接受，是受到保種自強思潮的推動。[23] 甚至連保守的洋務派張之洞也在他廣為流傳的〈勸學篇〉一文中認為，「武功」與國家興亡關係密切。他指出中國人的自強要靠武功、西式體操和練兵。重要的改革家和思想家梁啟超1902年在《新民說》中寫道：「然則尚武者國民之元氣，國家所恃以成立，而文明所賴以維持者也。」在梁啟超看來，這種尚武的精神是西方列強和日本強盛背後的關鍵因素，[24] 而中國人早已喪失了這種精神，變得「其人皆為病夫，其國安得不為病國也。」[25] 顯然中國人將「東亞病夫」視為國恥，許多人由此倡導西方體育運動。自日本歸國的留學生徐一冰1908年創辦了中國第一所體操學校，校訓就是「增強中華民族體質，洗刷東亞病夫恥辱」。徐一冰堅稱，中國唯有重視體育，才能同西方一爭高下。[26] 甚至國父孫中山也坦承，「今以提倡體魄之修養，此與強種保國有莫大關係。」他進一步指出，「夫欲圖國家之堅強，必先求國民體力之發達。」[27]

因此，在19世紀與20世紀之交，以建立富強的中國為名，許多中國人開始大力推動天足運動和廢除科舉考試制度。實際上，中國婦女的解放始於「救亡圖存」的觀念：人們認為，擁有自然天足的健康母親，對一國「生育健康後代」的目標至關重要。到20世紀初期，婦女逐漸放足，或者不再給女兒們裹腳，讓過去養在深閨的

女子走出家門接受教育甚至進行體育鍛煉。秋瑾就是新式女性的典範——她不僅東渡日本留學，而且喜歡擊劍、騎馬等等運動。[28] 到了1905年，科舉考試與纏足一樣，也被正式廢除。

「軍國民主義」和「尚武」也是這一時期非常流行的觀念，目的是以體育救中國。梁啟超、蔡鍔等仁人志士都主張中國人應培養尚武精神。在某種意義上，軍國民主義和尚武是同一枚硬幣的兩面。如張謇所說，「提倡軍國民教育即尚武。」[29] 新成立的中華民國的第一任教育部部長、曾經留學德國的蔡元培，更明確指出軍國民主義不僅是體育教育的一部分，也與尚武的精神密切相關，甚至算得上一種世界觀。[30] 他說，「國何以強？強於民。民何以強？強於民之身。民之身何以強？強於尚武。」[31] 儘管在儒學「統治」中國以前，「國之大事，唯祀與戎」，但是支持現代尚武精神的人們相信，中國人已經疏於這一實踐太久了。[32] 有意思的是，1952–1972年擔任國際奧委會主席的艾弗里·布倫戴奇（Avery Brundage）儘管並不以觀察力敏銳而出名，卻在1930年代之初寫過這樣一段話：

> 我堅信，體質的衰敗與古老文明的毀滅之間的聯繫絕非偶然。……中國為我在地中海文明廢墟中得出的結論提供了一個精彩的現代實例。在最古老也最文明的中國社會裡，體育鍛煉以及相應的全國性組織完全付之闕如。受過良好教育的中國民眾甘願世世代代忍受內匪的盤剝搶掠，而那些在惡劣的環境中「廝殺」出來的民族卻能長期在中國為所欲為。[33]

在與其他國家簽訂了許多不平等和侮辱性條約的背景下，很多中國人都感到現在到了中國重新振奮尚武精神的時候。有人認為體育教育是解決國家危機的唯一方法。[34] 中國需要舉辦全國運動會，

這不僅是為了促進體育運動，更重要的是要幫助振奮民族精神。[35]
實際上，1910年在南京舉辦第一屆全國運動會之後，政府機構發
表了以下聲明：「（中國）處茲外患交迫，非大多數國民具有尚武精
神，決不足爭存而國強也。」[36] 1914年，第二屆全國運動會在北京
舉行，組織者歡迎觀眾到場，讓他們看到國家在體育運動上的進
步，並且「借表我國民均歡迎崇拜（競爭者）尚武之精神乎！」[37]

　　許多中國精英共同推崇的尚武理想，源自對19世紀末德國和日
本迅速崛起的觀察。如1904年的一篇文章所述，去過日本的中國人
得出的結論是，日中兩國一勝一敗，原因就在於日本具有「尚武精
神」。[38] 至於德國，按照民國早期學者劉叔雅的看法，羸弱的中國和
強大的德國之間的主要區別在於德國實行尚武教育，而中國沒有。[39]

　　甚至連當時還很年輕的毛澤東也十分推崇尚武精神。1917年4
月1日，毛澤東在當時頗有影響的《新青年》雜誌上發表文章〈體育
之研究〉。他在文章開篇便指出，「現今文明諸國，德為最盛，其鬥
劍之風，播於全國；日本則有武士道，……欲文明其精神，先自
野蠻其體魄。」在毛澤東看來，「體育於吾人實佔第一之位置。」和
毛澤東一樣，許多中國人清楚地意識到了體育運動的民族和國際意
義。《申報》一篇文章的作者如此描述1921年的遠東運動會：「運動
非戰爭之事也，然竭其力以求勝於人，則與戰爭無異。……戰爭敗
則喪失疆土，運動敗則喪失名譽。名譽與疆土孰重孰輕，正有未可
軒輊者。……國人必先能運動而後可以言戰爭，一國必先能戰爭而
後可以言和平。故世界之和平自運動始。」[40]

　　這裡提到的體育顯然是指西方各項體育運動。1926年郝更生
出版《中國體育概論》，「獻給中國的智與強」。他在書中寫道，20
世紀初推行的體育教育模式就是從西方引進的。[41] 可是中國傳統體

育怎麼了？像其他倡導現代體育組織的人一樣，梁啓超將其棄置一旁，認為其與增強群體意識、道德力量和尚武精神的終極目標完全無關。[42] 相比之下，現代體育運動則被視為能創造身、心、靈之間的協調合一，甚至可以起到類似宗教的作用。這種觀點並不新鮮，古代奧林匹克運動會的記錄中就已存在。對於希臘人來說，「奧林匹克運動背後的理念是人的全面完備的發展，智慧寓於活躍而機敏的身體中的觀點由來已久。」顧拜旦（Pierre De Coubertin）決意復興奧林匹克運動會，在他的思想中，運動源於高級文化和體育文化，並有助於人的身體、道德和精神發展這一認識也十分明顯。對他來說，奧林匹克運動旨在增進人與人之間的瞭解，並培養「完備的人」。[43] 顧拜旦也和中國人一樣，觀察到德意志帝國興起於「軍事化運動」。[44] 他注意到，「一個民族的精神狀態、抱負、性情嗜好，與他們對體育鍛煉的理解及組織方式，兩者之間有著密切的聯繫。」[45]

由此可見，與中國古代哲學家和政治家這些先人的思想相比，20世紀初中國精英分子更傾向於古希臘人和顧拜旦對體育的理解。對於在中國倡導西方體育的人來說，使自己的觀點與外國觀念保持一致，是新的國際性思維的自然產物。

1890年代初期，正當中國精英意識到可以通過西方體育運動來邁出振興國家第一步之時，世界體育也隨著奧林匹克運動的恢復而進入一個新時期。因而，1896年雅典舉辦第一屆現代奧林匹克運動會，與中國人對世界新現狀的覺醒幾乎同時發生。現代奧林匹克運動會的創辦，顯然也是國際化趨勢更進一步的結果——德國學者發掘出古代奧林匹克運動會遺址，法國人顧拜旦舉起復興奧林匹克運動的大旗。顧拜旦認為，恢復奧林匹克運動會將促進「國家間的和平」，參賽的運動員能擔負起「和平使者」的重任。很顯然，

顧拜旦試圖通過培養非沙文主義的民族主義來實現「開明的國際主義」。[46] 如顧拜旦的傳記作者約翰‧麥克阿倫 (John MacAloon) 極具信服力地指出，顧拜旦的「個性中，愛國主義和國際主義的分量不相上下」。[47]

1894年6月23日，在巴黎召開的現代奧林匹克運動會發起大會上，顧拜旦正式宣布現代奧林匹克運動誕生，並且選擇「更快，更高，更強」(Citius, Altius, Fortius) 作為其口號。在會議的結束晚宴上，顧拜旦致以下祝酒辭：「我為奧林匹克理念舉杯，它像來自全能的太陽的一線光芒，穿過時間的霧靄，帶著快樂的希望，重新照亮通向20世紀的大門。」[48] 1896年4月6日，第一屆現代奧林匹克運動會在雅典舉行。顧拜旦說：「奧運會重在參與，而非取勝。」[49] 現代奧林匹克運動會的誕生標誌著國際交往新時代的開始。

對於苦覓民族出路的中國精英來說，將現代體育與奧運會同民族主義與國際化結合起來，可能是解決問題的辦法之一。約翰‧盧卡斯 (John Lucas) 寫道，奧林匹克運動會「是對卓越的嚮往，也是對它的追求」。[50] 而嚮往卓越，正是中國人孜孜以求的。儘管我們不知道中國人具體在何時得知奧林匹克運動的恢復和第一屆現代奧運會的舉辦，但是有一點非常清楚：奧林匹克運動對「更快，更高，更強」的呼籲，以及全世界的平等參與，非常切合當時能鼓舞國人的理想。畢竟在理論上，新的奧運會和其他國際體育賽事，至少為每一個國家 (不論大小) 的參與都提供了名義上的賽場，並且保證他們受到相同規則和標準的裁判。正如一位學者所言，「有史以來第一個被來自各種不同文化和背景的人所自願接受的法則，就是體育比賽規則。」[51] 中國人不僅要參加體育競賽，更重要的是，他們認為現代奧林匹克運動與他們更遠大的救國大計殊途同歸。

通過現代體育實現中國的國際化

在雅典舉辦的第一屆現代奧運會上，一位女子走近顧拜旦並問道，這場運動會會不會是古代奧運會的翻版。不，他回答，這些比賽將是真正的、全世界範圍的比賽。「哦，那麼，」她問，「我們會看到印度人、黑人，還有中國人參賽嗎？」[52] 當時顧拜旦並沒有作答，但在其他場合，他表達了對亞洲體育發展的深切期待。根據顧拜旦的說法，「黃種人已經全部都準備好了，因為其年輕而尚不成熟的帝國統治，將激勵著他們去體會運動勝利帶來的嶄新喜悅，以及這種勝利給他們的國旗帶來的榮譽。」[53] 顧拜旦當然無從知曉中國對西方體育的想法。事實上，將這些體育比賽介紹給中國人的，不是國際奧委會，而是基督教青年會 (Young Men's Christian Association, YMCA)。可以肯定的是，西方體育運動最早在 1840 年鴉片戰爭之際由外國人帶到中國，但那時只有外國人才參加這些運動，且並不鼓勵中國人效仿。教會學校對在中國推廣體育運動方面也發揮了一定作用，儘管十分有限。直到 19 世紀末，參加這些體育運動的也只有外國人或教會學校的學生。多數中國精英和普通民眾對此毫無興趣。1895 年，基督教青年會幹事來會理 (David Willard Lyon) 的到來讓情況發生巨大改變。就鼓勵中國人參加西方體育運動來說，基督教青年會所選擇的時機再好不過。就在這一年，甲午戰爭中的慘敗，迫使國人為民族振興和適應新的國際形勢而上下求索。1890 年代初期的中國人與同一時期的美國人一樣，似乎都遭遇到理查德·霍夫施塔特 (Richard Hofstadter) 所說的「心理危機」，儘管其危機產生的背景完全不同。[54] 在這種氣氛下，隨著基督教青年會在中國的主要城市努力推廣體育運動，國人認定的體育與民族自強之間的聯繫，便更加明顯起來。

　　來會理從美國俄亥俄州的伍斯特學院（Wooster College）畢業，他抵達天津後，基督教青年會上下一心，開始在中國孜孜不倦地推行現代體育運動。[55] 上海分會於1899年成立，到1922年，全國各地已經有40家分會在開展活動。因而，從一開始，基督教青年會就在中國現代體育發展中起著舉足輕重的作用。通過贊助比賽、發行期刊和開辦講座，它在推廣現代體育運動方面成績斐然。約翰・格雷（J. H. Gray）於1920年到達上海擔任基督教青年會體育部主任，他向基督教青年會國際委員會提交了一份有關中國體育教育現狀的報告：「我們的工作開局良好，中國已步入體格復興的軌道，其中關於身體和生活方式的舊觀念正迅速轉變為全新的觀念。」[56] 正是在基督教青年會的領導下，中國在1910年舉辦了第一屆全國運動大會。這一想法來自美國基督教青年會的晏士納（M. J. Exner），他於1908年受任至中國擔任體育幹事。1910年運動會上的主要官員和裁判都是外國人，大會的官方語言是英語。1923年，當遠東運動會在日本舉行時，中國代表團的領隊還是格雷，他還代表中國代表團向大會致辭。

　　有趣的是，基督教青年會的部分官員理解甚至認同中國人對「尚武」精神的迷戀。麥克樂（Charles Harold McCloy）是這些人的代表。從1913年至1926年，麥克樂在中國工作了10多年，他會說中文。他的工作成果累累，並向基督教青年會辦事機構提出，在華外國體育教員應該說中文。[57] 1910年初，麥克樂為中國人對體育教育產生興趣而感到興奮，他在一份報告中寫道：「手頭上的工作足夠50個人忙50年……以現有的人手根本幹不完。」[58] 無論是作為基督教青年會官員，還是作為教授，麥克樂通過寫作、演講和教學，當上了將中國帶向國際性體育運動的大使。根據基督教青年會另一位

官員尤金‧巴內特 (Eugene E. Barnett) 的記錄，麥克樂「不僅是一位活動家、創新者和推動者，他還是一位探索者和學者」。[59] 麥克樂出版了多部著作；他在一本書中認為，從遠古時代開始就存在兩種不同的文化：一種是好戰和進攻性的，另一種是文明和被動的。雖然很難說哪一種文化更好，但好戰和進攻性的文化往往佔優勢。因此，麥克樂得出了與許多中國人相同的結論：如果中國要在這個危險的世界生存並取勝，它就必須採取好戰和進攻性的模式。[60] 麥克樂在體育教育方面的影響力巨大，他在 1926 年辭去教授職務時，國立東南大學的代理校長寫道，他的離職意味著「這個國家在體育教育領域的損失」。[61]

儘管有些人聲稱足球和高爾夫球源於中國，但是現代體育運動顯然來自西方。籃球運動在 1895 年被美國人介紹到中國，排球大約再晚 10 年。乒乓球也是舶來品，後來成為中國最為普及的運動。外國人 (尤其是基督教青年會的外國官員) 和從海外歸來的中國人經常把西方體育運動介紹給中國大眾，美國人對此尤其熱衷。在基督教青年會的資助下，很多中國未來體育界的領軍人物都得到了赴海外留學的機會，包括中國第一位國際奧委會委員王正廷，以及張伯苓、董守義、郝更生和馬約翰。事實上，直到 20 年代初，中國人之所以對體育發生興趣，背後一直有來自外國人特別是美國人的推動。難怪柯天賜 (Jonathan Kolatch) 在其極具開創性的著作《中國的體育、政治和意識形態》一書中，將 1895–1928 年稱為「基督教青年會時代」。[62] 一直到 20 年代後期，中國努力恢復國家主權，基督教青年會才逐漸式微。

基督教青年會只是對中國體育事業發展有影響的眾多國際機構之一。日本也發揮了很大作用。明治維新後，在實現軍事現代化

的過程中，西方流行的體育運動如體操、擊劍、步槍射擊、騎馬和滑雪等，都被引進到日本。[63] 1903年，為了建立現代教育體系，清政府採用了深受西方影響的日本體育課程，明確規定所有學校都要開設體育課；像日本一樣，這些體育課更像軍事操練而不是體育鍛煉。1906年修訂後的規定中，對這一點的強調更為明顯。新規定要求所有學校的課本都要推廣民眾軍事化，並強調尚武觀念，而這一思想也很快被引入國民政府的訓令中。1949年新中國成立後，蘇聯體育元素進入學校體育課程。儘管新中國在其他方面發生了巨大變化，但在共產黨領導下，體育的國際化仍然得到持續推動。

因此，現代體育教育是從西方國家引進的，與原有的傳統體育有著根本差別。不過，即使中國人接受了西方體育，他們還是為其賦予了新的含義。對於中國人來說，體育是通往民族復興和實現與其他國家平起平坐的道路，也是讓中國成為受尊重的強國這一願景的手段。毛岸俊（Andrew Morris）在最近的著作裡指出，早期中華民國對體育的看法，「顯然是為了將『中國』重新嵌入歷史和發展進程之中」這一規劃的一部分。他認為，「現代體育文化作為『體育』被如此迅速地接受」，是因為它別具一格，有將「個人的力量、紀律和健康」與國家整體軍事、工業和外交「實力」聯繫起來的「系統化」功夫，此觀點不無道理。[64] 對中國人來說，「體育」傳達的不僅是體育意識，還包括「體壇」所代表的公眾文化意涵——「體育」能夠清楚表明中國的民族主義、國家認同，乃至作為中國人的意義。

對中國而言，要得到國際認可，沒有比現代奧林匹克運動會更好的載體了。中國人通過基督教青年會認識並瞭解到這一重新恢復的體育競賽，也就不足為怪了。早在1907年，基督教青年會的官員就向中國觀眾系統介紹了現代奧林匹克運動和即將到來的倫敦奧

運會。基督教青年會的雜誌《天津青年》記載，1907年10月24日，在基督教青年會組織的一次聚會上，後來成為南開大學校長的張伯苓發表了有關奧運會與中國的生動演講。他簡要介紹了奧運會在西方的歷史，還表達了希望中國有朝一日能派出奧運代表團的心願。為了準備參賽，他建議中國首先從美國聘請奧運獲獎選手做教練。張伯苓可能是第一個正視奧運會並表達參賽願望的中國人。

　　1908年5月在《天津青年》上發表的另一篇文章也透露了類似情結。作者認為，儘管沒有人知道中國要等多久才能參加奧運會，但這一天終將來到。屆時中國不僅能參加奧運會，還可以在本國舉辦奧運會，為此做好準備是中國人的責任。[65] 1908年天津基督教青年會組織的一次演講也激起了人們對這些問題的興趣。演講討論了三個問題：(1) 中國何時能派出能贏金牌的運動員？(2) 中國何時能派出能贏金牌的代表隊？(3) 中國何時能邀請世界各國來北京參加奧運會？[66] 根據基督教青年會當時的文件記載，這場運動以不同尋常的方式抓住了中國官員、教育家和學生群體的熱情和想像力。[67]然而，中國奧林匹克之夢的實現不得不一再推遲。

　　此時亞洲的體育競技水平普遍較低。即使日本也是直到1912年才參加奧運會，而且表現並不出色。國際奧委首位日本籍委員嘉納治五郎是於1909年國際奧委會柏林會議上當選的。為了在現代體育運動中縮小中國與世界其他國家的差距，並為將來參加奧運會做準備，一些中國人積極運作，推動了遠東體育協會 (FEAA) 的建立。傑出的中國外交家伍廷芳於1915年擔任協會主席。[68] 遠東體育協會承辦兩年一屆的遠東錦標賽，也稱遠東體育大會。[69]

　　此時美國的影響力依然強大。美國人在遠東體育協會成立過程中發揮了核心作用，該會最初的基地菲律賓當時是美國殖民地。第

一屆遠東體育大會1913年在馬尼拉舉行，1915年第二屆大會在上海舉辦。中國香港隊曾多次代表中國參賽，其中香港足球隊最為重要，多次為中國奪得冠軍。

1934年，為了使其對偽滿洲國的控制合法化，日本人提議偽滿洲國為遠東運動會成員國。中國政府拒絕了日本的提議並退出大會。這一延續了二十多年的地區性運動會因中國的退出而終止。第二次世界大戰之後，亞運會取而代之。[70]

顧拜旦將遠東運動會看作亞洲的奧林匹克「幼兒園」。1910年代初，他代表國際奧委會聯絡遠東體育協會，並以熱情洋溢的筆觸寫道：「現在國際奧委會的聲望已經達至他們國家的海岸，他們願意將其『遠東運動會』置於國際奧委會的羽翼之下。他們感受到了重振中國、日本和暹羅的召喚。」[71] 遠東運動大會的組織者認同顧拜旦的意見，即遠東體育協會是為以後在國際奧委會中有更好的表現做準備。然而，西方人對亞洲潛力固有的懷疑和陳見並未完全消失。顧拜旦在表達對中國體育運動希望的同時也說：「運動是所有種族的天性，但亞洲人在不久之前還被天然地排除在外。」[72]

早在1910年代初中國就有意與國際奧委會建立聯繫，儘管留意到這一信息的學者甚少。就在引發第一次世界大戰的薩拉熱窩槍聲響起前不久，1914年6月15日至23日，國際奧委會在巴黎召開會議，根據會議記錄，包括美國和英國在內的33個國家獲准參加1916年預定在柏林舉辦的奧運會，中國便是其中之一。[73] 這份會議記錄還顯示，中國駐法公使出席了國際奧委會成立20周年的官方慶祝活動。在因一戰而停辦一段時間後，國際奧委會在1919年的會議上決定，儘管1920年奧運會組委會短期內可能會邀請歐洲以外的非成員國參加，但只有成員國才有資格派運動員參賽，並

且確定只有國家奧委會 (NOC) 才能指派運動員參賽。[74] 也許是受新規定的推動且得到基督教青年會的資助，中華全國體育協進會於1921年成立，隨即在1922年得到國際奧委會認可成為中國奧委會。同在1922年，王正廷成為國際奧委會第一位中國籍委員，也是第二位來自亞洲的委員；他的當選標誌著中國與國際奧林匹克組織建立官方聯繫的開端。[75]

中國與一個共有的現代體育世界

通過體育教育激起國民對軍事化的熱忱這種情況，並非中國獨有，在不同國家和不同時期曾多次上演。古希臘奧運會本身就植根於當時雅典等地盛行的軍事訓練；競賽「往往根據戰爭需要而設定，而這兩種機制在起源、理念和語言方面都有密切關聯」。[76]

同樣在20世紀早期，中國人感受到了男性體質下降的道德恐慌，同樣情況也影響著其他許多國家在軍事上的自我形象，英國人就擔心本國年輕男子體格不夠「健壯」。在業餘短跑比賽和經濟實力上被美國雙雙超越，讓英國精英開始擔憂國家的未來。和惠靈頓公爵一樣，他們相信滑鐵盧戰役實際上是在伊頓公學的賽場上打贏的。因此，招兵過程中暴露出來的男性體質下降實在不容樂觀。[77]議院和英國醫學協會甚至成立了委員會，調查此問題的原因和尋求解決方案。[78]

如前所述，19世紀和20世紀之交，中國人對體育的理解，與當時美國人理解的社會達爾文主義類似，強調尚武精神和體格訓練，與今日對體育的看法並不一樣。[79]中國人認為體育就是「尚

武」，而1890年代晚期美國擴張主義理論派代表阿爾弗雷德‧塞耶‧馬漢（Alfred Thayer Mahan）指出，「對文明社會來說，沒有比好戰精神（我敢說是『戰爭』）的消失損失更大的了。」[80] 和馬漢一樣，受社會達爾文主義影響的梁啓超和其他中國思想家，也把體育運動、國家認同以及民族存亡緊密聯繫在一起。他們主張，要想重拾往昔的榮耀，中國國民必須做好抵抗外敵入侵的準備。而為了培訓青年備戰，國家必須鼓勵體育運動。

克里斯汀‧霍根森（Kristin Hoganson）在其《為美國的男子氣概而戰》一書中詳細介紹了美國社會對「戰鬥精神」的認同。在霍根森看來，各國向來強調男子氣概是生存和競爭之道，而體育運動則被認定為培養男子氣概的捷徑。20世紀之交頗具影響力的美國政治家亨利‧卡伯特‧洛奇（Henry Cabot Lodge）明確將體育運動和國家建設聯繫在一起。他甚至督促母校哈佛大學支持與體育運動相關的項目。他說：「花在體育比賽上的時間和在運動場上受的傷，是說英語的民族為成為世界征服者所付代價的一部分。」[81] 1901–1908年擔任美國總統的西奧多‧羅斯福（Theodore Roosevelt）堅信男性和整個民族都能通過艱苦卓絕的努力來獲得自我價值的實現。[82]「偉大意味著為國家和人類而戰，」他說。羅斯福鄙視不夠堅毅的男子和民族：「我們尊重那些真正像男子漢的男人——正視困難，克服困難，而且以此培養自己的孩子。」「對一個國家來說，道理也是一樣，」他繼續說，「如果我們未盡到自己的責任，就會像中國那樣淪為弱國。」[83] 羅斯福宣稱，「所有偉大的、如主人般發號施令的民族都是有強烈鬥爭精神的民族；而一旦一個種族失去頑強拼搏的美德，」它便失去了「傲視同儕、與最優秀的夥伴平起平坐的權利」。[84] 其他美國人也把中國作為失去戰鬥精神的民族的典型。羅斯福的同

時代人、參議員阿爾伯特‧貝弗里奇（Albert Beveridge）斷言，中國的墮落是其自滿和缺乏好戰精神的結果：「中國人也曾是富有英雄氣概、有支配力、團結一心、勇於戰鬥、敢於獻身的民族。」[85]

20世紀初，許多美國人都察覺到了美國的衰退並為之擔憂，進而尋求振興國家的方法。帕爾默‧皮爾斯（Palmer E. Pierce）將軍總結說，「歷史表明，健康的國家需要健康的公民，」一旦「一國居民體質開始下降，衰敗就會隨處可見，國家的生存也會面臨危險」。體育史學家波普（S. W. Pope）表示，對健康體質和國家戰備的關注，「對美國體育文化有著深遠的影響。」[86]

體育的發展又一次在相當大的程度上與軍事聯繫在一起，而軍隊是提高身體機能和體育精神在美國得以普及的關鍵。在美國，「這種將體育和軍事聯繫在一起的見解是新出現的風尚。」從1890年代初，軍隊開始引入強制性身體訓練，不僅為了強健身體肌肉，更重要的是要在全軍上下培養「英雄精神」。美西戰爭也在推動體育和田徑運動中發揮了重要作用，這些運動被視為培養民族活力、公民權和戰鬥精神，以及恢復社會秩序和培養愛國主義的有效手段。

一戰中的經歷，進一步加快了全美體育文化發展的步伐。按一位評論員的說法，無論在國內還是國外，「（美西）戰爭建立了體育在國民心目中的合法地位，並展示出體育教育對武裝部隊和廣大美國人的實際用處。」基督教青年會積極參與了當時美國軍方的體育計劃，著重強調造就「體格上的男子漢氣概」。[87]

日本人同樣接納了體育運動，將其作為推進多個國家目標的手段。20世紀初，日本學校採用準軍事化的體育教育。1917年，國會頒布《軍事體操推廣案》，規定每個中學生都要「被訓練成合格的士兵」。[88]即使在兩次世界大戰期間，日本政府也持續關注體育教

育中的愛國主義和戰備訓練，這一重心在太平洋戰爭期間得到進一步強化。從19世紀後期到20世紀30年代初，日本以美國模式為榜樣；而從那時起直到1945年，他們則奉德國人為圭臬。[89]

顯然，中國人渴望實現「尚武」並使其社會軍事化的願望緊隨世界潮流。在中國，現代體育不僅是娛樂或消遣，更與國家的未來及其在世界上的地位息息相關。正如我們將要看到的，中國通過接受西方體育比賽來重建國家認同的努力，是其在另外一場更為嚴峻的競爭中不可或缺的部分——後者意味著在新世界秩序的外交競技場上，不僅要向舊有的自我，而且還要向現有的國際體系提出挑戰。

註 釋

1 蔣介石為報道中華民國第五屆全運會的《時事月報》特刊題詞，見《時事月報》，第9卷第4期 (1933年10月)。

2 顧拜旦引文見David C. Young, *The Modern Olympics: A Struggle for Revival* (Baltimore: Johns Hopkins University Press, 1996), 112。

3 例如，中國最近出版的一本書中毫無保留地斷言，直到19世紀從國外引進之前，中國並沒有「體育」一詞。見劉秉國，《中國體育史》(上海：上海古籍出版社，2003)，頁1–3。從技術上說，「體育」一詞在中國近代以前就已確實存在。台灣中央研究院所藏《文淵閣四庫全書》是收集中國近代以前文獻資料的龐大叢書，在其數據庫搜索，「體育」一詞至少出現9次。當然它們所指的幾乎都不是體育教育或體育鍛煉。在某些情況下，「體」和「育」並不作為一個詞使用。由此可以說，「體育」的傳統用法與現代引進的意義有著本質上的不同。

4 許義雄，〈中國近代民族主義體育思想之特質〉，摘自許義雄，《中國近代體育思想》(台北：啓英文化事業有限公司，1996)，頁12。

5 Thomas Bender, "Wholes and Parts: The Need for Synthesis in America History," *Journal of American History* 73, no. 1 (June 1986): 126.

6   見《北京2000簡訊》，第7期。北京發出的所有申辦材料都可以在洛杉磯體育圖書館中找到。

7   見蘇雄飛，《孔子的體育思想》(國立台灣師範大學碩士論文，1972)。

8   許多中國古代體育運動的精彩圖片，可見中國奧林匹克委員會編，《中國體育文化五千年》(北京：北京體育大學出版社，1996)。

9   谷世權，《中國體育史》(北京：北京體育大學出版社，2002)，頁52。亦見崔樂泉，《圖説中國古代游藝》(台北：文津出版社，2002)，頁142。

10 詳見周林儀，《漢代體育現象考》(國立台灣師範大學碩士論文，1974)。

11 有關中國古代馬球的深入研究，見蘇競存，〈中國古代馬球運動的研究〉，《中國體育史參考資料》，第3輯，頁17–47。亦見唐豪，〈試考我國隋唐以前的馬球〉，《中國體育史參考資料》，第2輯，頁1–9。

12 對中國古代捶丸運動的精闢論述，見唐豪，〈我國古代某些球類運動的國際影響〉，《中國體育史參考資料》，第3輯(北京：人民體育出版社，1958)，頁48–52；范生(唐豪)，〈我國古代捶丸運動〉，《中國體育史參考資料》，第2輯，頁10–20；及 Gunsun Hoh(郝更生), *Physical Education in China* (Shanghai: Commercial Press, 1926), 27–28。

13 科舉考試只允許男子應試，科舉制直到1905年才廢除。此外還有一些不定期、不同形式的武官考試，稱為「武舉」，但這種武官選拔考試很少進行，亦無甚影響。詳見徐寶銀，《唐代體育活動之研究》(國立台灣師範大學碩士論文，1977)。

14 有關纏足的最新研究，見 Dorothy Ko, *Cinderella's Sisters: A Revisionist History of Footbinding* (Berkeley: University of California Press, 2005)。

15 有關義和團運動的最新研究，見 Diana Preston, *The Boxer Rebellion: The Dramatic Story of China's War on Foreigners That Shook the World in the Summer of 1900* (New York: Walker, 2000); Joseph Esherick, *Origins of the Boxer Uprising* (Berkeley: University of California Press, 1987); Paul A. Cohen, *History in Three Keys: The Boxers as Event, Experience, and Myth* (New York: Columbia University Press, 1997); Jane E. Elliott, *Some Did It for Civilization A Revised View of the Boxer War* (Hong Kong: Chinese University Press, 2002); and Lanxin Xiang, *The Origins of the Boxer War: A Multinational Study* (London: Routledge Curzon, 2003)。

16 有關1894–1895年中日甲午戰爭對中國人觀念的影響，詳見 Xu, *China and the Great War*, 19–49。

17　王栻編輯，《嚴復集》，第1卷（北京：中華書局，1986），頁13–18。

18　同上，頁40–54。

19　徐元民，〈嚴復的體育思想〉，《體育學報》（台北），第18期（1994年12月），頁13–24。

20　Benjamin Isadore Schwartz, *In Search of Wealth and Power: Yen Fu and the West* (Cambridge: Harvard University Press, 1968), 86.

21　〈天下四病人〉，譯自《字林西報》（上海），1896年10月30日，見於《時務報》，1896年12月15日。亦見高翠，《從東亞病夫到體育強國》（成都：四川人民出版社，2003），頁9。

22　劉晴波、彭國興編校，《陳天華集》（長沙：湖南人民出版社，1958），頁69。

23　許義雄，〈晚清體育思想之形成：以自強保種思想為中心的探討〉，《體育學報》，第10期（1988），頁1–17，也見許義雄，〈近代中國民族主義體育思想之形成〉，《體育學報》，第9期（1987），頁1–8。

24　梁啓超，《新民說》，收入梁啓超，《梁啓超全集》，第2卷（北京：北京出版社，1999），頁709。

25　同上，第2卷，頁713。

26　張魯雅、周慶，《世紀情：中國與奧林匹克》（北京：人民體育出版社，1993），頁11。

27　谷世權，《中國體育史》，頁204。

28　有關這方面的精闢論述，見程瑞福，《清末女子體育思想的形成》（國立台灣師範大學碩士論文，1994）。

29　援引自陳世恩，《清末民初軍國民教育之體育思想》（國立台灣師範大學碩士論文，1989），頁27。

30　蔡元培，〈對於教育方針之意見〉。

31　陳世恩，《清末民初軍國民教育之體育思想》，頁28。

32　谷世權，《中國體育史》，頁23。

33　艾弗里‧布倫戴奇收藏了大量中國文物，自認為是中國文化專家。引文見Brundage, "Civilization May Be Saved by Athletes"，日期不詳，文章可能寫於1938年前後。ABC, box 249, reel 144。

34　全國運動大會宣傳組，《全國運動大會要覽》（出版地不詳：全國運動大會，1930），頁1。

35　同上，頁6。

36　王振亞，《舊中國體育見聞》（北京：人民體育出版社，1987），頁20。

37　同上，頁140。

38　陳世恩，《清末民初軍國民教育之體育思想》，頁32。

39　同上，頁36。

40　Morris, *Marrow of the Nation*, 96.

41　Gunsun Hoh, *Physical Education in China*, v.

42　陳世恩，《清末民初軍國民教育之體育思想》，頁40。

43　顧拜旦的評論見於外國記者俱樂部檔案，東京，1968年6月29日，ABC，box 246。

44　Pierre de Coubertin and Norbert Muller, *Olympism: Selected Writings* (Lausanne: International Olympic Committee, 2000), 288.

45　同上，頁292。

46　同上，頁38。

47　John MacAloon, *This Great Symbol: Pierre de Coubertin and the Origins of the Modern Olympic Games* (Chicago: University of Chicago Press, 1981), 528, 472; See also Young, *Modern Olympics*, 68; Richard Espy, *The Politics of the Olympic Games* (Berkeley: University of California Press, 1979), 12–18.

48　Coubertin and Muller, *Olympism*, 532.

49　Young, *Modern Olympics*, 112.

50　John Lucas, *The Modern Olympic Games* (South Brunswick, N.J.: A. S. Barnes, 1980), 236.

51　Ali Mazrui, *A World Federation of Cultures: An African Perspective* (New York: Free Press, 1976), 41, 引自 Barbara Keys, "The Internationalization of Sport, 1890–1939," in Frank A. Ninkovich and Liping Bu, *The Cultural Turn: Essays in the History of U.S. Foreign Relations* (Chicago: Imprint Publications, 2001), 201。

52　Lucas, *Modern Olympic Games*, 31.

53　Coubertin and Muller, *Olympism*, 697.

54　本論詳見Richard Hofstadter, *The Paranoid Style in American Politics, and Other Essays* (New York: Knopf, 1965)。

55　Chih-Kang Wu（吳志剛），"The Influence of the YMCA on the Development of Physical Education in China," (Ph.D. diss., University of Michigan, 1956), 71–72.

56 James Robert Little, "Charles Harold McCloy: His Contributions to Physical Education" (Ph.D. diss., University of Iowa, 1968), 76.

57 有關麥克樂對體育教育所作貢獻的全面研究，見上注，以及Ellen W. Gerber, "Three Interpretations of the Role of Physical Education, 1930–1960: Charles H. McCloy, Jay Bryan Nash, and Jesse Feiring Williams." (Ph. D. diss., University of Southern California, 1966)。

58 Little, *Charles Harold McCloy*, 53.

59 同上，頁90。

60 麥克樂（McCloy），〈第六屆遠東運動會的教訓〉，中華全國體育研究會主編，《體育季刊》，第2卷第2期（1923），頁4。

61 Little, *Charles Harold McCloy*, 96.

62 Jonathan Kolatch, *Sports, Politics, and Ideology in China* (New York: Jonathan David, 1972.), 3.

63 Allen Guttmann and Lee Thompson, "Educators, Imitators, Modernizers: The Arrival and Spread of Modern Sport in Japan," in J. A. Mangan, ed., *Europe, Sport, World: Shaping Global Societies* (London: Frank Cass, 2001), 26. 對於從基督教的視角看日本體育，並且強調日本現代體育如何受到武士道和基督教的交叉影響，最新的研究見Ikuo Abe, "Muscular Christianity in Japan: The Growth of a Hybrid," *International Journal of the History of Sport* 23, no. 5 (August 2006): 714–738。

64 Morris, *Marrow of the Nation*, 3.

65 *Tiantsin Young Men* (May 23, 1908)，轉引自Wu, "Influence of the YMCA," 106–107.

66 Wu, "Influence of the YMCA," 108.

67 一份1910年來自中國的基督教青年會報告稱，「中國和朝鮮的基督教青年會多年來一直在大力推廣體育運動，其口號就是這三個問題。」見 *Annual Reports of the Foreign Secretaries of the International Committee* (New York: YMCA, 1909–1910), 192。

68 有關中國與遠東錦標賽之間關係的出色研究，見董守義，〈中國與遠東運動會〉，第2卷，收入中華人民共和國體育運動委員會運動技術委員會編，《中國體育史參考資料》（北京：人民體育出版社，1957），頁81–92。

69 遠東運動會之前被稱作遠東奧運會。1927年以後，賽事分別於1930年和1934年舉行。

70　詳見郝更生,《郝更生回憶錄》(台北:傳記文學出版社,1969),頁 35–38。

71　Pierre de Coubertin, *Olympic Memoirs* (Lausanne: International Olympic Committee, 1997), 171.

72　同上,頁232。

73　Wolf Lyberg, *The IOC Sessions, 1894–1955* (unpublished volume at the IOC Archives), 84.

74　同上,頁91。

75　國際奧委會的記錄清楚顯示其在1922年承認中國奧委會。見 "Recognition of the National Olympic Committee for China," in IOC Archives, République Populaire de Chine, correspondence, January–June 1975; 亦見湯銘新,《我國參加奧運滄桑史》,上篇(台北:中華台北奧林匹克委員會,1999– 2000),頁45。

76　Nigel Crowther, "Sports, Nationalism and Peace in Ancient Greece," *Peace Review* 11, no. 4 (1999), 588–589.

77　Nigel Jonathan Spivey, *The Ancient Olympics* (New York: Oxford University Press, 2004), 2; Dale Russakoff, "Team Rice, Playing Away," *Washington Post*, February 6, 2005, D1.

78　詳見Peter Mewett, "Fragments of a Composite Identity: Aspects of Australian Nationalism in a Sports Setting," *Australian Journal of Anthropology* 10, no. 3 (1999): 357–375.

79　許義雄,〈中國近代民族主義體育思想之特質〉,頁12。

80　引自Kristin Hoganson, *Fighting for American Manhood: How Gender Politics Provoked the Spanish-American and Philippine-American Wars* (New Haven: Yale University Press, 1998), 36。

81　同上,頁37。

82　羅斯福熟知奧林匹克理念。顧拜旦任國際奧委會主席期間,曾邀請時仕美國總統的羅斯福出任1904年芝加哥奧連會主席。他回答說,他將以最大的熱忱承擔此任,並將傾盡全力使芝加哥奧運會取得成功。羅斯福的信「洋溢著最熱烈的語氣。他提到顧拜旦男爵在體育方面的工作,可以看出總統對之有所瞭解」。芝加哥最終於1904年放棄了奧運會主辦權,由聖路易斯市接替。第二年羅斯福因在日俄戰爭中的作用獲得了諾貝爾和平獎。但很少有人注意到就在這同一年,他與挪威探

險家弗里德約夫・內森 (Fridtjof Nansen) 一起獲得了國際奧委會辦發的
奧林匹克榮譽證書。詳見 Lyberg, *IOC Sessions, 1894–1955,* 35; and *NYT,*
December 28, 1901, 5。

83　引自 Hoganson, *Fighting for American Manhood,* 144–145。

84　引自 S. W. Pope, *Patriotic Games: Sporting Traditions in the American
Imagination, 1876–1926* (New York: Oxford University Press, 1997), 123。

85　引自 Hoganson, *Fighting for American Manhood,* 146。

86　Pope, *Patriotic Games,* 126, 121.

87　S. W. Pope, "An Army of Athletes: Playing Fields, Battlefields, and the
American Military Sporting Experience, 1890–1920," *Journal of Military
History* 59, no. 3 (1995): 435–456.

88　Allen Guttmann and Lee Thompson, *Japanese Sports: A History* (Honolulu:
University of Hawai'i Press, 2001), 154.

89　同上，頁 156–158。

第二章

借國際體育重塑中國形象

> 人生的關鍵問題不是成功，而是奮鬥；其精髓不是獲勝，而是奮力拼搏。
>
> ——顧拜旦[1]

　　參與體育運動，可能是個人民族認同、政治傾向或文化的外在表達。在某種程度上，甚至可以說，某項體育運動如何開展和推廣，不僅標誌著這個國家的特性，還能反映其文化和歷史的某些重要特點。它能讓我們從一個新的角度看待這個國家，同時瞭解它如何關照自身，以及處理和外部世界的關係。

　　體育運動培育並彰顯大眾公認的優秀品質；因此，差不多在每一個社會裡，它都是最重要的儀式性活動。它所具有的獨特的感染力，或許只有宗教才能與之媲美。運動員在世界各地參賽的社會化活動也促進了跨國間的交流，讓相隔萬里的人群有機會進一步彼此瞭解。現代奧林匹克運動會的奠基人顧拜旦曾說：「奧林匹克運動為世界提供了讓『夢想照進現實』的機會，更帶來了引領『現實』奔向『偉大的奧林匹克夢想』的機會。」[2] 看看世界盃足球賽。就像富蘭克林·福爾（Franklin Foer）最近所寫的，足球不僅是比賽，它更

是一種生活方式；它是成功駕馭當今世界力量碰撞的完美範例。因此，「在全球化進程中，足球運動比地球上任何一個經濟體都走得更遠。」[3]

中國對現代體育的種種回應，是這個國家如何看待自身在國際舞台上之地位的最佳體現。對中國人來說，體育不僅是增強民族主義意識，更是提升國際形象的重要手段。正如毛岸俊所指出的，脫離國際環境大背景，建立「現代中華民族國家」就無從談起；而若沒有「現代民族國家」的背景以及在全體公民中塑造國家整體意識的現實性需求，就沒人組織、參與或花錢去觀看奧運會或遠東運動會這樣的賽事了。[4] 因此，作為一種大眾文化的體育比賽特別是奧運會和世界盃比賽，為理解現代中國及其外交政策，以及它與更廣闊世界的關係提供了新的觀察視角。體育還為瞭解中國與世界其他國家共享的種種經驗提供了明確的參照。

體育與國家對外形象

參與國際體育運動，必須成為跨國組織系統內的成員；而在重要體育賽事中獲勝，也成為衡量政治合法性、現代化水平或人民意志的尺度。每個國家都利用體育賽事、尤其是世界盃和奧運會這樣的重大國際賽事來鞏固其身份認同。哪怕政治、經濟或社會形勢再糟糕，足球等體育運動都能讓不同族群以國家凝聚力的名義找到共同點。即便一國深陷困境，其政治和經濟因區域分割和對抗而四分五裂甚至瀕於解體時亦是如此。近例如科特迪瓦：為獲得2006年世界盃參賽資格，各派武裝力量竟能同時放下武器，歷時三年的內

戰也就此結束。由此，體育運動讓全體國民在共同的身份認同之下
團結起來，也昭示著更美好的未來和希望。與此相似，1950年代初
期，一位名叫力道山（Riki Dozan）的摔角選手在場上打敗了一個又
一個更魁梧、更凶狠、更強悍的外國人，讓二戰後數百萬垂頭喪氣
的日本人再次看到了希望。而他朝鮮裔的身份則被有意忽略不提。[5]

　　同時，在重大體育賽事中失利也會造成負面影響。一項新的研
究表明，平均來說，若某國國家隊在世界盃晉級賽中被淘汰，該國
的股票指數第二天大約會下跌0.5個百分點。[6]

　　儘管現代體育運動自19世紀中葉逐漸興起後，在建立身份
認同和意識形態方面已發揮重要作用，但直到進入20世紀，體
育的政治功能才表現得更為顯著。如塔拉·瑪格達琳斯基（Tara
Magdalinski）在對東德的研究中所發現的，在某些情況下，體育甚
至對政治制度的興衰都產生了重要影響。瑪格達琳斯基指出，東
德的體育運動一直是在政府當局和各個體育組織的支持下進行的，
「昭示出一種集體歷史意識的文化產物，這是建立國家身份的先
兆」。[7]對於東德來說，每一次重大體育賽事都是用來在國際舞台上
展示其國家地位和國家形象的。

　　又如，兩次世界大戰結束後，德國立即被逐出奧運會，這是其
戰敗和隨之而來的國際孤立地位的明證。而在納粹德國，體育的政
治意義簡直是昭然若揭。在納粹官員看來，沒有政治立場的運動員
在「新德國」是不可想像的。在此期間，所有運動員都要作為納粹
士兵而受訓，並接受政治可靠性的考察。希特勒的生平事業、納粹
的組織紀律、種族主義理論——記不住這些就不能「畢業」。[8]

　　如果說戰場上的失敗帶來了運動場上的被排斥與孤立，那麼在
賽事中取勝則可能預示著復興的到來。1954年，德國第一次在瑞

士取得世界盃冠軍，這使整個國家士氣大振，從戰爭的廢墟中站了起來。1974年聯邦德國在本土主場擊敗荷蘭隊贏得決賽勝利，顯示出德國人日漸增強的自信心；而1990年再一次奪冠則被歡欣鼓舞的人們當作兩德統一的前兆。在德國舉辦的2006年世界盃決賽更是新德國有意識的對外炫耀。[9]

德國的正常化過程漫長而曲折。巴勒斯坦人在1972年慕尼黑奧運會襲擊以色列運動員所造成的慘劇，撕開了德國看似治癒的傷口。德國總理威利·勃蘭特（Willy Brandt）在回憶錄中捕捉到許多德國人在「黑色九月」事件後的感受：「我當時失望之極」，主要是「因為我們如此用心經營的這屆奧運會，非但沒有作為歡樂美好的時刻而銘刻歷史，國際聲譽反而再次蒙羞。」正如克里斯托弗·楊（Christopher Young）所說，「不管是讓勃蘭特感到遺憾的國家順序（將本國排在他國之前），還是他列出的關鍵詞——歷史、國際聲譽、用心經營、歡樂美好，都很能說明問題。慕尼黑奧運會本該成為德國重建愛好和平與民主的國家形象的機會。」[10]

體育也在美國向國際社會展示自身形象上發揮了重要作用。1938年6月22日紐約洋基體育館，世界重量級拳擊決賽上，美國黑人選手喬·劉易斯（Joe Louis）僅用124秒就擊敗了德國拳擊手馬克斯·施默林（Max Schmeling）。比賽用時雖短，卻帶來了長久而深遠的影響。戴維·馬爾哥利克（David Margolick）在近著中這樣形容，「沒有任何一場單項體育賽事曾有如此廣泛的國際影響……它涉及未來的種族關係和兩個大國的聲望——僅僅三年後，兩國便進入戰爭狀態。」對很多美國人來說，這場比賽的意義遠超比賽本身。這是民主和納粹、自由和法西斯主義的對決。劉易斯以最純粹的方式代表著民主——不論他的種族、信仰或膚色如何，一個美國

黑人也能成為世界冠軍；與此同時，施默林則代表著不認同這一觀念和理想的國家。[11]

有時候，美國觀眾和運動員的行為也容易引起外國人的誤會。顧拜旦曾這樣評述1908年倫敦奧運會：「從第一天開始，國王愛德華就因美國運動員的舉止和響徹全場的狂呼亂叫而把他們當成野蠻人。我無法理解美國代表團領隊沙利文的態度。他和隊員一起瘋，一點兒想辦法讓他們平靜下來的意思都沒有。」[12] 即使在今天，部分美國人在體育方面的行為依然令人發噱，或是令人不快。比如美國人把全美棒球錦標賽稱為「世界聯賽」，儘管它其實只是北美聯賽。艾倫・貝爾納（Alan Bairner）認為，「擴張主義和孤立主義之間的張力一直籠罩在美國體育發展的歷史進程之中。」[13] 波普（S. W. Pope）也斷言，19世紀末，美國人把感恩節從單純的宗教節日變成一個與橄欖球比賽密切相關的節日，「把一項美式運動，同這個剛剛建立一個世紀的國家的神聖理想和習俗綁在了一起。」[14]

幾百年來，包括美國在內的眾多國家都將政治和社會價值觀投入體育運動之中。冷戰期間，不管是美國還是蘇聯，體育都成了炫耀政治制度優越性的競技場。如果說在這些國家，體育與其國家對外形象之間的聯繫非常緊密的話，那麼在中國，體育的影響力就更深、更廣了。

國民黨政權與奧運會

沒有什麼能比現代體育運動更能拉近與世界各國的距離。國際奧委會和國際足球聯合會（FIFA）這樣的體育組織，會員比聯合國還

要多（2006年世界盃足球賽開始時，國際足聯有207個成員，國際奧委會大家庭有203個成員，聯合國卻只有191個成員）。這些體育組織把自己看做國際主義的象徵。奧林匹克旗幟上相扣的五環是顧拜旦在1913年設計的，象徵著五大洲的團結，奧運會會歌也提倡國際合作。[15] 體育運動在塑造「同一個世界」理念方面發揮了無與倫比的作用；無論來自哪個國家、持何種宗教信仰、是否富有，每個人都要遵循同樣的規則標準。在理論上，現代體育要求對所有國家和地區的代表隊平等相待，也不能將任何一個國家排除在賽場之外。

在全球資本主義力量的促進下，體育也許已成為現代國際化最顯著的標誌。沃爾特·拉費伯（Walter LaFeber）在關於邁克爾·喬丹（Michael Jordan）的書中清楚地展示了體育推動國際化的力量。[16]格蘭特·雅維(Grant Jarvie)和約瑟夫·馬奎爾(Joseph Maguire)認為，「各種體育運動和休閒方式，無論它們是影響日隆、方興未艾還是日薄西山，都與全球化進程緊密相關。」[17]約翰·薩格登 (John Sugden)和阿倫·湯姆林森 (Alan Tomlinson)在研究世界足球時指出：「國際足聯既可以被看作促進全球化和跨國資本主義的跨國機構，又是抵抗根深蒂固的帝國主義統治形式以及新興國際和資本主義勢力的排頭兵。」[18]

中國人最為著迷的正是體育在國際化中的作用。畢竟，自進入20世紀以來，許多中國精英便一直為中國如何融入世界、參與其中而殫精竭慮。於是，在中國與外部世界之間的社會、智識、經濟、意識形態和文化資源的流動，以及中國人當時萌生的對外交事務的興趣的驅使下，中國開始與國際社會建立聯繫。現代體育為中國進入外部世界提供了另一片天地，亦為其在自身的國際化進程中發揮作用提供了機會。

　　中國參加1932年洛杉磯奧運會，極大地促進了這一進程。這次參賽與其說是出於對這場賽事的熱愛，不如歸結於國際化的堅定決心。然而，中國在奧運會舞台的首次亮相險些流產。1932年5月，由於缺乏資金，當時的官方體育機構已經決定不參加奧運會，如1928年派宋如海臨場觀摩一樣，僅派沈嗣良作為觀察員出席。根據沈嗣良的回憶，剛剛成立的南京政府甚至拒絕為他的行程提供任何資助。[19]然而，在1932年6月12日，上海頗有影響的《申報》登出令舉國震驚的消息——偽滿洲國可能參加洛杉磯奧運會。6月17日，《申報》進一步披露，為謀求日本佔領東北的國際「合法性」，偽滿洲國將會派劉長春和于希渭參賽。劉長春是當時中國最出色的短跑選手，于希渭則是最優秀的長跑運動員。日本方面甚至聲稱洛杉磯組委會已經接受了這個計劃。

　　上述消息後來被證明不實。根據史汀生主義條款，美國不承認偽滿洲國，受到國際奧委會支持的洛杉磯奧組委也拒絕接受傀儡政權派出的代表隊。但日本政府計劃通過派出兩名運動員來實現偽滿洲國參賽的目的昭然若揭。

　　中國上下得知這一計劃，對日本人將侵佔中國領土合法化的企圖極為震怒。面對舉國嘩然，中國體育組織決心一定要參加奧運會，以中國的名義派出劉長春和于希渭參賽。劉長春在日本人佔領東北之後便移居北平，他發表聲明，表明作為一名愛國的中國人，絕不會代表傀儡政權參賽。[20]最終僅有劉長春代表中國赴洛杉磯參賽，因為日本人很快將于希渭軟禁在家，以阻止他代表中國參賽。

　　一旦中華全國體育協進會的委員決定參加奧運會，就必須立即行動，因為向洛杉磯組委會報名的截止日期6月18日已經過

了。6月26日，組委會接受了中國參賽的計劃。[21]在確保申請文件獲批之後，中國的社會精英發起了面向國民的募捐活動，並獲得極大成功。東北大軍閥張學良捐出8,000元，北平市長周大文為劉長春置辦了一套新西服。實際上，在中國參加1932年奧運會過程中，幾位重要人物發揮了關鍵作用，比較突出的包括曾任天津市市長的張學銘、東北大學秘書長寧恩承，以及郝更生。[22]張伯苓、王正廷等政界要人也都支持中國派運動員代表國家去洛杉磯參賽。[23]

劉長春於7月8日啟程赴美，宋君復作為教練與他同行。在出發前往洛杉磯之前，中華全國體育協進會會長王正廷在歡送儀式上把中華民國國旗和幾面全國體協會的會旗交給劉長春。王正廷提醒他，作為第一位代表中國參加奧運會的運動員，所有的目光都將集中在他身上，期待他載譽歸來。因為這一事件的巨大象徵意義，王正廷告訴他，重要的是要讓中華民國的國旗同其他國家的旗幟一起飄揚。[24]當劉長春登上去洛杉磯的輪船時，眾人三呼「中華民國萬歲！」以特別的慶祝儀式為這位英雄運動員壯行。[25]劉長春7月29日抵達洛杉磯，這正是開幕式舉行的前一天。

就連美國人也明白中國一人代表團的重大意義。奧林匹克官方報道形容劉長春是「四億人的唯一代表」。[26]《洛杉磯時報》(*The Los Angeles Times*)報道，「來自中國和哥倫比亞的一人代表隊獲得了眾多掌聲。中國運動員有四位官員陪同，而哥倫比亞的豪爾赫·佩里(Jorge Perry)則是孤身一人。」[27]一名觀眾評論道，「中國！我為這個青年喝彩！參賽的只有他一人，另外是幾位隨行人員。」[28]劉長春參加了100米和200米短跑比賽，但未能進入前六名。9月16日回國後，他表達了對自己未能給國家爭得榮譽的失望。[29]

　　1932年的奧運會常被世界歷史尤其是美國歷史所掩蓋，因為那時世界正深陷經濟大蕭條的泥潭。也許是以自己的方式承認美國經濟形勢的嚴重性，抑或對奧林匹克運動會完全不感興趣，總統赫伯特·胡佛（Herbert Hoover）一反慣例，拒絕出席奧運會，僅派副總統查爾斯·柯蒂斯（Charles Curtis）到洛杉磯歡迎各國運動員，並「熱情祝願奧運會取得圓滿成功」。[30] 儘管如此，劉長春參賽對奧林匹克運動會和中國人來說都極為重要。正如劉長春赴洛杉磯之前郝更生在一份聲明中所說，中國派代表隊參加奧運會有四項目的：(1) 挫敗日本人妄圖利用奧運會使其傀儡政權合法化的陰謀；(2) 它標誌著一個有中國人參加奧運會的新時代的開始；(3) 促進世界各國運動員之間的交流與合作；以及 (4) 讓中國得到觀摩世界大賽並向比賽冠軍學習的機會。此外，在大會上，劉長春可以向世界介紹日本在其家鄉東北的侵略行徑，並為中國尋求世界輿論的支持。[31] 劉長春在洛杉磯期間頻繁接觸來自美國和其他國家的各界人士，在某種意義上向世界介紹了中國。劉長春參賽也把奧運會的經驗帶回中國，這一點同樣意義重大。他在奧運會期間堅持寫下的日記也登載在國內的一家報紙上。

　　劉長春自己也為他在中國的國際化進程中所扮演的角色感到自豪。他後來寫道，儘管沒有獲得任何獎牌，但他「最初的目的是為加強中國的國際地位」，「此行達到了這個目標。」[32] 沈嗣良因其個人對1932年奧運會投入更多，更能表達參賽的重要意義。他寫道，「當第十屆世界運動會在碌衫磯（洛杉磯）舉行的時候，會場裡破天荒第一遭的忽然發現了大中華民國的國旗和代表，這是何等足以使全世界注意而稱道的一件事！這是何等足以使國人欣慰自豪而興奮的一件事！……我國的參加，使中華民國的國旗，在會場中佔

著一個地位，確乎鼓起大會無限的精神，同時也使全世界注意到老大的中國，還保存著少年的精神，要在運動界裡與列強角逐，絕沒有自棄的觀念，和任人宰割的可能。」[33]

因此，中國參加1932年奧運會是努力進軍國際舞台的轉折點。再沒有人可以把時間倒退至原來與世隔絕的日子，即便是相對來說更注重內部事務的共產黨在20世紀下半葉掌權時也做不到。儘管有些中國人對劉長春的表現感到失望，主張中國應該放棄參加西方的體育比賽。例如，天津《大公報》的一篇社評認為，與其參加奧運會，中國人還不如在本土體育形式（「土體育」）上多下功夫。作者還指西方體育運動不適合像中國這樣的窮國，中國人在世界比賽中更不可能獲勝。[34]

然而，這種失敗主義所反映的，恰恰是中國人對「速勝」的渴望，而非民眾對待西方體育的真正態度。事實上，這篇評論文章正說明了中國人對這場賽事和現代體育的普遍重視程度。然而，在奧運比賽中勝出並不是最重要的。現代奧林匹克運動的核心在於參與，並通過參與彰顯國際地位。在1932年奧運會之後，大多數關注體育運動的中國人對中國運動員的競技水平有了現實的認識，並不期望他們在賽場上摘金得銀。相反，他們將眼光放在了外交收穫上：這是表現民族自豪感和獲得國際社會認可的機會。從這個意義上說，中國人的期望與奧林匹克目標正相吻合。如顧拜旦所言：「人生的主題不是成功，而是奮鬥；其真諦不是獲勝，而是奮力拼搏。」[35]

中國出戰1936年柏林奧運會甚至在國內造成了更熱烈的反響。國民政府對柏林奧運會的濃厚興趣清楚地表明通過體育運動參與國際事務的熱望。蔣介石政府派出了一個大型代表團，既是出於

外交原因，也因為確信體育對培養現代中國公民和建立強大國家的價值。這屆代表團有69名運動員參賽，蔣介石政府承擔了代表團的全部費用。有趣的是，中國代表團的很多成員來自香港——在22名足球運動員中，就有17個香港人。[36]

除了派代表團赴柏林參賽，中國還派出42名成員組成的考察團，前往柏林和其他歐洲城市考察歐洲體育。考察團由郝更生任領隊，有9名政府官員，23名高教界代表，9名來自非政府體育組織，以及1名軍方代表。此次行程長達40餘日，曾到訪德國、瑞典、意大利、丹麥、捷克斯洛伐克、奧地利和匈牙利。[37]

儘管參賽的運動員代表團規模龐大，還以精彩的武術表演給世界留下深刻印象，但中國人在柏林奧運會上還是未能贏得任何獎牌。許多中國人因籃球比賽輸給日本隊而感到沮喪；國內輿論稱，中國可以輸給任何國家，唯獨不能輸給侵略中國的日本。[38]中國籃球隊因其表現在國內遭到猛烈批評。

圖1　中國代表團在1936年柏林奧運會上表演武術。

然而，也不是所有人都持批評態度。國民黨高級官員林森注意到，「我國參加本屆世運會失敗，不能歸咎於少數選手技術不良，是與全國民體育有關，此不僅在運動隊中榮辱得失問題，而是中國整個民族在體力上表現之強弱問題，亦即為與民族存亡有關的問題。我們要復興民族，固必要增加人口，但根本上還要先求人民健康增進，欲人民健康增進，唯有促進國民體育之發展。」[39] 更重要的是，部分國人也認同獎牌並不是唯一目標。正如沈嗣良在奧運會結束後認為，奧運會期間「中國的旗幟在各處飄揚，在大街上可以和其他國家的旗幟一起，很明顯地看到，我們代表團的英姿，邁著整齊的步伐，和其他人一樣受過良好的訓練，並且參加比賽，這一切都是很好的宣傳。至少其他人現在知道了，我們是被看重的一個國家」。沈嗣良堅信，「作為一個國家而贏得國際認同的成就，對於我們來說價值千金，遠遠超過我們在旅途中所花費的〔金錢〕……我相信〔運動員們〕所完成的，甚於數位大使在數年間所取得的成就。」[40]

一份政府報告也指出，中國參加奧運會的主要目的是「鼓舞國民民族精神，增高國際地位」。[41] 通過參加1932年和1936年奧運會，中國人想要向全世界展示一種新面貌、新身份，還有對日本侵略的蔑視。

儘管內戰正酣，中國還是設法參加了1948年倫敦奧運會。中國代表團在獎牌方面再一次空手而歸。當時的條件特別困難：因為負擔不起住奧運村的費用，運動員們只能住進一所小學，還要自己做飯。[42] 中國代表團甚至要靠團長王正廷到處化緣才幸運地借到了買回程票的錢。[43] 在這樣的困境中，僅去參加奧運會就足夠重要，由此可見中國人的不懈努力，顯示出中國通過體育運動保持與世界互動的決心。

體育與世界革命：中國共產黨政權

中國共產黨和國民黨是政治上的對手，在意識形態上差別明顯，但雙方都瞭解體育對國家建設、表現中華民族愛國主義和國際參與的價值。因此儘管政權在1949年易手，舉國上下對體育運動的參與和興趣卻令人驚訝地保持了下來。誠然，共產黨剛剛上台時對體育本身並不感興趣。在1953年的一份報告中，黨的最高體育管理部門指出，很多幹部不僅不懂體育的重要性，而且「甚至對開展體育運動態度冷淡」。[44] 不過共產黨人學得很快，尤其是學習蘇聯「老大哥」的時候。1952年，賀龍出任新成立的國家體委首任主任，他是當時中國軍銜最高的將領之一。任職期間，他宣布中國要「向蘇聯學習」，把俄語體育書籍譯成中文，派中國運動員去蘇聯學習，並邀請蘇聯運動隊訪華。[45] 中華人民共和國很快踏入國際奧委會大門並參加了1952年奧運會。這個看似成功的開始很大程度上要拜蘇聯導師所賜。令人遺憾的是，這是中華人民共和國在20世紀80年代之前參與的唯一一場奧運會，因為它很快就陷入「兩個中國」的爭端。為了抗議台灣取得成員資格，北京在1958年退出國際奧委會及其他主要國際體育組織，第四章對此將有詳細闡述。

儘管退出了國際奧委會，中華人民共和國仍努力通過體育運動向國際化邁進。在毛澤東的領導下，體育運動成為「世界革命」的工具，一直是與其他國家培養友好關係的重要手段。美國橄欖球傳奇教練文斯‧隆巴迪 (Vince Lombardi) 的名言「獲勝不是一切，而是唯一」從來不為中國人所信奉，毛澤東及其追隨者反而利用體育 (以及其他文化活動) 來服務於政治和革命。

實際上，從1950年代開始至1980年代早期，中國時常把體育當作外交政策的內容。在「友誼第一，比賽第二」的口號下，中國人在與其他國家的體育交流中強調友誼和同志情誼，淡化競爭意識。儘管這種做法並非中國獨創，但中國人對將體育用於政治目的表現出極大熱情，在將體育用於加強執政黨合法性和作為博得國際聲望的手段方面尤其如此。[46]

「友誼第一，比賽第二」的最佳事例莫過於中國與朝鮮的體育交流。中朝兩國用「唇齒相依」來形容雙方的親密關係，抗美援朝戰爭就是這種親密關係的最好體現。眾所周知，1971年在日本舉行的世界乒乓球錦標賽上，北京和美國展開了著名的乒乓外交，但是很少有人知道在賽中及賽後發生在中國與朝鮮之間的故事。在1971年乒乓球世錦賽之前，由於擔心旅日朝鮮人的敵視態度，以及本國運動員賽場上的表現，朝鮮對是否參賽有所保留。中國政府鼓勵朝鮮無論如何都要參賽，還承諾會「幫助」朝鮮贏得一兩場比賽，以給60萬旅日朝鮮人留下好印象。[47]這意味著當中朝兩國選手在比賽中相遇時，前者要在一些重要的比賽中有意輸給後者。然而中國代表團團長趙正洪是軍人出身，不那麼「講政治」。畢竟，從軍事上看，打敗對手是最基本的要求。因此，他在賽前要求中國運動員像俗語所說，「八仙過海，各顯神通」。儘管文化大革命對中國體育造成了負面影響，但是中國乒乓球選手依然是世界頂尖水平。中國隊理所當然地以3：0擊敗朝鮮隊，使其失去了贏得男子單打冠軍的機會。在與日本隊的友誼賽中，8名中國選手同樣將對手悉數擊敗。

通常獲勝選手和隊伍會受到祝賀。但非常時期，非常對待。因戰勝朝鮮隊和友誼賽打敗日本隊，乒乓球代表團回到北京後受到周

恩來總理嚴厲批評。周恩來對這個問題非常重視，不僅要求趙正洪寫個人檢討，還堅持派團去朝鮮當面道歉。赴朝道歉的還有時任外交部副部長韓念龍、團長趙正洪，以及戰勝了朝鮮對手的運動員都恩庭。1971 年 4 月 17 日及 5 月 1 日，周恩來在接見朝鮮體育代表團時還親自道歉，說中國代表團在名古屋犯了錯。[48] 後來，趙正洪隨團向金日成當面道歉時，這位朝鮮的最高領袖制止了他。金日成說，身為乒乓球隊的領隊，趙正洪想贏球是非常合理的。他說，「比賽都想戰勝對方，這是人之常情嘛。就連老子和兒子下棋也是誰也不讓誰嘛！在世界錦標賽上，哪有一個國家願意輸給另一個國家，沒有這個道理嘛。」但金日成也對來自中國的道歉感到特別滿意；他告訴中國代表團，「我理解毛澤東同志、周恩來同志為中朝兩黨、兩國友誼做出的努力。」[49]

令人感到諷刺的是，雖然朝鮮方面讚賞中國人提倡的「友誼第一，比賽第二」精神，卻從未放過擊敗中國的機會。中國第一次從朝鮮人那裡領教在體育比賽裡講友誼的教訓，是 1979 年準備參加次年奧運會。在奧運會足球預選賽中，中國、日本、朝鮮和韓國爭奪前兩名，以在下一輪中對壘西亞得勝球隊。朝鮮和中國秘密商定在雙方對陣打成以 3：3，攜手出綫。這個主意是朝鮮人提出的，尚未從兩個社會主義國家之間「友誼第一」之夢中醒來的中國人立即欣然接受。3：3 之後，中國球員自然放鬆下來。但朝鮮隊突然又攻進一球，將比分改寫為 4：3。中國隊試圖再次追平，朝鮮隊卻頑強抵抗，嚴防死守，中國隊最終落敗。按照來自中國方面的說法，這場比賽使中國人意識到，哪怕是跟朝鮮這樣的社會主義兄弟，「比賽中也沒有什麼友誼」。[50] 不過，這種覺醒只有在毛澤東時代之後才能發生。

　　不僅革命友誼之賽出現了諷刺性的轉折，中國想通過「新興力量運動會」（GANEFO）來提高國際地位的計劃也未能成功。1962年第四屆亞運會在印度尼西亞舉行。中國政府力阻東道主邀請台灣參賽。有意討好北京的印度尼西亞政府也同意將台灣排除在外，但是拒絕邀請台灣參賽有可能引起大多數亞組委成員國的抗議，因為當時作為亞組委成員的是台灣而不是北京。最後東道主決定耍個花招，用一張白紙來代替本該發給台灣的空白參賽認證表。台灣方面意識到事情不對頭，決定派資深體育官員郝更生前往印度尼西亞探清原委。郝更生本打算假扮泰國代表團成員混入印度尼西亞，但中國政府及時向印度尼西亞政府通報了這一預謀，印度尼西亞當局在機場將他攔下，隨即利用郝更生這一欺騙未遂，以違反印度尼西亞法律的名義，禁止任何台灣人在亞運會期間進入印度尼西亞。[51]國際奧委會強烈譴責印度尼西亞禁止台灣和以色列參加亞運會的決定，拒絕承認這屆亞運會，並因其「串謀粗暴違背亞運會和奧林匹克信條」而暫停了印度尼西亞的國際奧委會成員國資格。[52]

　　印度尼西亞總統蘇加諾被國際奧委會的決定激怒，宣布發展中國家受夠了國際奧委會的欺壓，要組織自己的比賽，即「新興力量運動會」。他還表示，原有的世界體育組織已經過時，應該徹底改造，認為體育絕不會與政治截然分開，國際比賽應該由政府首腦負責組織。中國政府樂見事態如此發展，立即承諾全力配合，並予以資金支持。[53]甚至有資料顯示，蘇加諾組織新興力量運動會的想法來自中國國家主席劉少奇，他在1963年春天出訪印度尼西亞時討論了國際奧委會的譴責。1963年4月20日，劉少奇和蘇加諾發表聯合聲明，表示「中國政府強烈譴責國際奧林匹克委員會關於無限期地禁止印度尼西亞參加奧林匹克運動會的專斷行為。中國政府重

申堅決支持蘇加諾總統關於組織新興力量運動會的倡議，願意盡一切可能為實現這一倡議而做出貢獻。」[54]

中國政府做得比最初的承諾更多。儘管1963年的中國尚未從「大躍進」政策造成的饑荒中恢復過來，中國政府還是為支持新舉辦的運動會提供了大量資金和物質支持。第一屆新興力量運動會於1963年開幕，中國不僅派出了龐大的代表團，還願意為所有因經濟困難而無法出席的「新興國家」承擔費用。

中國代表團出發之前，外交部部長陳毅指示中國運動員，就算實力比對手高出一截，也不能把羽毛球比賽的全部金牌都摘走，要保證印度尼西亞隊也有斬獲。[55] 為進一步表示支持，副總理賀龍也赴印度尼西亞出席運動會。賀龍心臟不好，醫生只允許他在房間裡觀看電視比賽。當他發現中國選手在羽毛球（男單）決賽中遙遙領先於印度尼西亞對手時，立即下令要本著「友誼第一」的精神輸掉比賽。中國選手只能聽命去輸，想方設法在大比分領先的情況下輸球——故意把球打出邊綫，或者打得太低不過網。就連印度尼西亞解說員也為中國運動員「突然」不會打球而感到驚訝。印度尼西亞選手贏下了一場比賽，但這場運動會本身才是最終的勝利者。[56] 1963年8月18日，周恩來總理在北京接見印尼體育代表團，他說儘管新興力量運動會尚未達到其他國際比賽的水平，但是肯定前途無量。[57]

中國參與新興力量運動會，在國際舞台上捍衛了發展中國家和革命。1965年，新興力量運動聯合會第二次組委會會議在北京舉行，周恩來出席會議，國家體委主任賀龍代表中國政府發表聲明：

> 不管世界上發生什麼，中國人民永遠不會推卸援助和支持各
> 個國家反帝解放鬥爭的國際責任。我們決心和所有反帝人民

團結在一起，將我們反對以美國為首的、連同其走狗的帝國
主義者的鬥爭進行到底。儘管鬥爭是艱苦和殘酷的，但是美
帝國主義逃脫不了失敗的命運。正如毛澤東主席所說，帝國
主義已經日薄西山，我們新興力量的前途無比光明。[58]

令中國遺憾的是，這個全新的「遊戲」沒能玩多久，中國與印
度尼西亞的關係也很快交惡。中國政府通過舉辦新的大型運動會來
挑戰西方主導的國際奧委會，並向世界一展革命風采的願望最終落
空。但中國利用體育運動創造世界新秩序的想法確實引起了整個國
際社會的關注。

註 釋

1 Pierre de Coubertin, "An Expression," in *Official Program: Xth Olympiad*, Los Angeles, 4.

2 同上，頁 4。

3 Franklin Foer, *How Soccer Explains the World: An Unlikely Theory of Globalization* (New York: HarperCollins, 2004), 3.

4 Morris, *Marrow of the Nation*, 96.

5 Ian Buruma, "The Great Black Hope," *New York Review of Books*, January 12, 2006.

6 Frederick Kempe, "Fevered Pitch," *Wall Street Journal*, June 13, 2006, A4.

7 有關論點詳見 Tara Magdalinski, "Sports History and East German National Identity," *Peace Review* 11, no. 4 (December 1999).

8 David Margolick, *Beyond Glory: Joe Louis vs. Max Schmeling and a World on the Brink* (New York: Knopf, 2005), 127–128.

9 Kempe, "Fevered Pitch"; Mark Landler and Jere Longman, "Germans' Main Objective Is a Good Time for All," *New York Times,* June 9, 2006.

10 Christopher Young, "Munich 1972: Re-Presenting the Nation," in Alan Tomlinson and Christopher Young, eds., *National Identity and Global Sports Events* (Ithaca: State University of New York Press, 2006), 118.

11　有關這場對決的出色研究，見Margolick, *Beyond Glory*。

12　Pierre de Coubertin, *Olympic Memoirs* (Lausanne: International Olympic Committee, 1997), 103.

13　Alan Bairner, *Sport, Nationalism, and Globalization: European and North American Perspectives* (Albany: State University of New York Press, 2001), 92–93, 103.

14　Pope, *Patriotic Games*, 85.

15　儘管奧運會看似國際化，但其控制機構絕對掌握在歐洲人手中。國際奧委會現任主席雅克‧羅格（Jacques Rogge）將在2009年結束首屆任期，這標誌著國際奧委會115年歷史中，有95年是由歐洲人擔任主席；羅格就是比利時人。歐洲人在國際奧委會中也明顯享有高度集中的政治權力和決策權。歐洲人持有國際奧委會所有席位的大約45%，在權力頗大的國際奧委會執行委員會成員中，有三分之二是歐洲人。

16　Walter LaFeber, *Michael Jordan and the New Global Capitalism* (New York: W. W. Norton, 1999).

17　引自Bairner, *Sport, Nationalism, and Globalization*, 11。

18　John Peter Sugden and Alan Tomlinson, *FIFA and the Contest for World Football: Who Rules the People's Game?* (Cambridge, Eng.: Polity Press, 1998), 228.

19　邢軍紀、祖先海，《百年沉浮：走進中國體育界》（鄭州：河南文藝出版社，2000），頁20。

20　蔣槐青，《劉長春短跑成功史》（上海：上海勤奮書局，1933），頁3–5。

21　湯銘新，《我國參加奧運滄桑史》，上篇，頁212。

22　郝更生曾任東北大學體育系主任。1931年日軍佔領東北之後，他成為山東大學體育教授。關於劉長春本人對參加奧運會的解釋，見蔣槐青，《劉長春短跑成功史》，頁26–27。

23　同上，頁5。

24　同上，頁7。亦見邢軍紀、祖先海，《百年沉浮》，頁7。

25　蔣槐青，《劉長春短跑成功史》，頁7。

26　Department of Special Collections, UCLA, Los Angeles Olympic Organizing Committee (LAOOC), collection 2025, *The Xth Olympiad*, Los Angeles, 1932, box 4, 397.

27　*Los Angeles Times*, July 31, 1932, part 6A, 3.

28　同上，頁4。

29　蔣槐青，《劉長春短跑成功史》，頁11。

30　LAOOC, collection 2025, *The Xth Olympiad.*

31　蔣槐青，《劉長春短跑成功史》，頁7。

32　劉長春，〈參加世界運動會感言〉，《體育周報》，第38期（1932年10月）。頁18。

33　沈嗣良，〈我國參加第十屆世界運動會盛況〉，載於中國第二歷史檔案館編，《中華民國史檔案資料彙編》，第5輯，第1編，文化(2)（南京：江蘇古籍出版社，1994），頁994–995。

34　天津《大公報》社論〈今後之國民體育問題〉，1932年8月7日，載於成都體育學院體育史研究所編，《中國近代體育史資料》（成都：四川教育出版社，1988），頁406–409。

35　語出LAOOC, collection 2025, *The Xth Olympiad*。

36　M. K. Lo, "Progress of Sport among Chinese in Hong Kong," in Hong Kong World News Service, ed., *The Hong Kong Centenary Commemorative Talks, 1841–1941* (Hong Kong: World News Service, 1941).

37　鄭志林、趙善性，〈中華體育考察團赴歐考察評述〉，《體育文史》，第3期（1992），頁36–38。

38　華智，《夙願——董守義傳》（北京：人民體育出版社，1993），頁63–68。

39　引自吳文忠，《中國近百年體育史》（台北：台灣商務印書館，1967），頁265。

40　引自Morris, *Marrow of the Nation*, 176。

41　中國第二歷史檔案館編，《中華民國史檔案資料彙編》，第5輯，第1編，文化 (2)，頁1005–1007。

42　代表團的全部預算應為150,000美元，但政府只提供了25,000美元，約佔預算的16.6%。詳見華智，《夙願——董守義傳》，頁100，以及金玉良，〈第14屆奧運會與中國代表團〉，《體育文史》，第1期（1994）。

43　華智，《夙願——董守義傳》，頁101–102。

44　中國國家體育委員會，〈中央體委關於加強人民體育運動工作的報告，1953年11月17日〉，載於國家體委政策研究室編，《體育運動文件選編(1949–1981)》（北京：人民體育出版社，1982），頁5。

45　〈賀龍在黨中央委員會體育會議上的報告，1954年1月16日〉，載於國家體委政策研究室編，《體育運動文件選編 (1949–1981)》，頁13。

46　關於其他國家如何將體育用作政治宣傳的細節，見Barukh Hazan, *Olympic Sports and Propaganda Games: Moscow, 1980* (New Brunswick, N.J.: Transaction Books, 1982)。

47　詳見周恩來1971年3月15日寫給毛澤東的信，收入魯光，《中國體壇大聚焦》(濟南：山東出版社，1999)，頁139–141。

48　中共中央文獻研究室，《周恩來年譜，1949–1976》，第3卷，頁463。

49　魯光，《中國體壇大聚焦》，頁156–157，以及趙正洪，〈乒乓外交始末〉，收入安建設主編，《周恩來的最後歲月，1966–1976》(北京：中央文獻出版社，2002)，頁308–309。

50　邢軍紀、祖先海，《百年沉浮》，頁346。

51　梁麗娟，《何振梁：五環之路》(北京：世界知識出版社，2005)，頁55。

52　作為一個穆斯林國家，印度尼西亞也不允許以色列參賽。見Brundage's draft memoir in ABC, box 250, reel 244。

53　關於中國與新興力量運動會的關係，詳見當代中國傳記叢書編委會編，《賀龍傳》(北京：當代中國出版社，1993)，頁517–520。

54　中國國家體委編，《中國體育年鑑》，頁39。

55　梁麗娟，《何振梁》，頁57。

56　同上，頁57–58；亦見李玲修、周銘共，《體育之子榮高棠》(北京：新華出版社，2002)，頁312–313。

57　中共中央文獻研究室，《周恩來年譜，1949–1976》，第2卷 (北京：中央文獻出版社，1997)，頁574。

58　引自《中國體育》，1965年第11–12期，頁31。

第三章

現代體育與中國的民族主義

真正的競技體育與公平競爭毫不相干。它必定充斥仇恨、嫉妒和狂妄自大，人們無視任何規則，面對暴力竟然產生病態的愉悅感。換句話說，競技體育就是沒有硝煙的戰爭。

——喬治·奧威爾（George Orwell），1950[1]

1894年，在現代奧林匹克運動成立大會的結束晚宴上，奠基人皮埃爾·德·顧拜旦表達了通過奧林匹克運動會實現20世紀國際化的殷切期望。但他也承認，民族主義情緒也可能對新的奧林匹克運動產生深遠影響，他告訴與會成員：「當您為體育運動辛勞時，毋庸置疑，您是在為自己的祖國工作！」[2]

顧拜旦創立現代奧林匹克運動會的動機「是集民族主義和國際主義於一身」。[3]的確，他深信「愛國主義和國際主義不僅不互相排斥，而且互相需要」。[4]即使在今天，各國對賽事的回應，以及每當優勝者國家的國旗升起、國歌奏響時，其運動員和觀眾的情感流露，都是這一事實的明顯體現。

對體育和民族主義的迷戀並非中國所獨有，這種情緒也並未將中國推離通向國際化的軌道。畢竟，在全球政治和世界體育舞台

上，只有強國才能被平等對待。要想和世界各國建立有效聯繫，中國必須在能力和資源方面建立自信。

共享體育和民族自豪感的世界

自古至今，國家都鼓勵本國年輕人參加體育運動，從而為可能發生的戰爭做好準備。如前所述，美國捲入一戰後，在現代體育領域實現了突飛猛進的發展。

體育比賽也是國家之間懲罰挑起戰爭一方的一種工具。例如，一戰結束之後，比利時和法國先後主辦1920年和1924年奧運會，但它們都拒絕邀請德國參賽。德國直到1928年才回到奧運會賽場；法德兩國的足球隊直到1931年才再次對決。同樣，二戰後，德國和日本也未受邀參加1948年倫敦奧運會。

體育甚至被用來報復戰場上的失利。1982年，阿根廷和英國之間爆發馬爾維納斯群島爭奪戰，幾年後兩國足球隊的對壘就是很好的例子。英國軍隊在戰爭中取勝，可1986年世界盃阿根廷隊擊敗英格蘭隊，最終奪冠。阿根廷球星迪亞高·馬勒當拿（Diego Maradona）後來在他的回憶錄《我是迪亞高》（*Yo soy el Diego*）中寫道：「我們不僅打敗了一支足球隊，還打敗了一個國家。當然，在比賽開始之前，我們都說足球與馬爾維納斯群島的戰爭無關，但我們知道很多阿根廷小伙子在那裡犧牲，就像小鳥一樣被射殺。這是一場復仇。仿佛收復馬爾維納斯群島的一部分。」[5] 同樣，在冷戰時代，敵對陣營的運動員經常將政治和意識形態上的對抗帶到競技場上。

　　戰爭是以捍衛國家主權利益的名義發動的，而體育能反映、強化甚至製造民族主義。詹姆斯・凱拉斯（James G. Kellas）説：「在許多國家，體育比賽代表了最常見的民族主義：民眾在支持自己國家的運動隊時變得極其情緒化。」[6] 格蘭特・雅維也贊同：「在足球看台或田徑跑道上，想像的共同體或者國家似乎能變得更加真實。」如雅維所見，「體育常常為灌輸民族情感提供獨特而有效的媒介，它提供了一種展示國家本身的象徵性行動的方式。」[7] 約翰・霍伯曼（John Hoberman）的觀點更加細緻：「體育民族主義不是一個孤零零的現象。相反，無論這些挑戰和意外事件是否與體育相關，它都是一種複雜的社會政治性反應，必須要在它出現的不同國家的背景中才能理解。」[8] 如艾瑞克・霍布斯鮑姆（Eric Hobsbawm）所言，「由千百萬人組成的想像的共同體，在一支由11人名單組成的隊伍（足球隊）身上體現得更為真實。一個人，哪怕只是一個歡呼的人，也成了國家的象徵。」[9]

　　敵對政府之間的代表選手在體育比賽中互相挑戰，可能造成對抗急劇升級。冷戰期間，不管蘇聯隊在冰球場上擊敗了美國隊還是加拿大隊，有些美國解説員的反應就像見證了整個西方文明的崩潰一樣。[10] 1956年墨爾本奧運會上，蘇聯隊和匈牙利隊的水球比賽，仿佛另一種形式的匈牙利革命。匈牙利隊在殘酷的「水中金牌血戰」中獲勝，留下了賽後泛著血色的游泳池。2001年10月，伊朗在世界盃預選賽中以1‧3敗給巴林，伊朗國內隨即發生自1979年以來規模最大的騷亂。1969年，薩爾瓦多與洪都拉斯的足球對決引發暴力對抗，兩星期後兩國之間100小時的「足球戰爭」造成2,000人傷亡。同在1969年，在蘇聯坦克鎮壓「布拉格之春」之後不到一年，捷克斯洛伐克冰球隊在斯德哥爾摩的冰球賽場上擊敗了蘇聯

人。這場比賽及捷克斯洛伐克獲勝的意義遠遠超出了常規體育比賽的範圍：正如伊恩·布魯馬 (Ian Buruma) 所寫的那樣，「在這樣一個夜晚，當被羞辱的人享受片刻自豪，復仇的味道是甜的。」[11] 而1966年的世界盃比賽，尤其是決賽本身，已成為「英國人集體記憶」的一部分。[12] 就像英國在第二次世界大戰的立場一樣，這屆比賽深刻影響了其民族想像。每當英德對決，英國球迷就不斷高呼「兩次世界大戰，一場世界盃」。[13]

在很多場合，體育將全國人民團結在孤身代表國家出戰的選手背後，這也成了民族主義的誘因。典型例子如1860年愛爾蘭裔美國拳擊手約翰·希南 (John Heenan) 與英國拳擊冠軍托馬斯·賽耶斯 (Thomas Sayers) 的比賽，當時的美國正在南北戰爭帶來的解體邊緣。經過42輪艱苦的比賽後，希南最終獲勝。正如艾略特·戈恩 (Elliot Gorn) 所說，這場比賽「將內部分歧引向外部敵人」，讓拳擊迷們「明明白白地體驗到了愛國激情」。[14]

1984年洛杉磯奧運會同樣將美國的民族主義和反蘇宣傳結合在一起。根據比爾·賽金 (Bill Shaikin) 的說法，洛杉磯奧運會廣受批評之處在於「過度展示美國的民族主義，以及美國運動員自負而毫無意義的『統治地位』……提供給觀眾的官方賽程表裡有『奧運會加油卡』，上面用紅、白、藍三色印著『USA』字樣，讓觀眾們『在全世界的注視之下豪邁地揮舞卡片』，『展示你的精彩與驕傲』。……要是有些觀眾不是美國人，或者不打算沒完沒了地為東道主加油呢？這些不在主辦方的考慮範圍之內。」[15]

這種美國式的炫耀並未隨著冷戰的結束而消失。隨著美國成為唯一的政治和軍事超級大國，它再次浮出水面。2006年，為了準備在當年冬奧會上取得好成績，美國國會迅速通過一項特別法案，

允許1998年才到美國生活的加拿大花樣滑冰冠軍塔尼斯‧貝爾賓（Tanith Belbin）立即獲得美國公民身份。文件一到辦公桌上，總統喬治‧布什（George W. Bush）便立即簽名通過。貝爾賓和她的搭檔本‧阿戈斯托（Ben Agosto）成為美國花樣滑冰冠軍，並在2005年世界錦標賽上獲得亞軍。在2006年冬奧會上，他們被視為獎牌的有力競爭者，而美國運動員此前還未在此項目上拿過冠軍。[16]

　　蘇聯在這一領域的歷史也很有趣。十月革命後的很多年裡，蘇維埃領導人早先的觀點一直佔上風，即認為體育賽事太過資產階級化而拒絕參加奧運會這樣的國際體育比賽。[17]最終，在意識到體育運動在擴大國際政治影響上的價值之後，蘇聯政府對體育的態度發生了徹底的轉變——不僅要參加所謂的西方體育比賽，還要不惜一切代價贏得勝利。蘇聯記者經常這樣寫：「每一個新的勝利，都是蘇聯社會形態以及社會主義體育制度的勝利；它為社會主義文化領先於資本主義腐朽文化的優越性提供了無可辯駁的證明。」[18]蘇聯在1950年代初參加奧運會後，體育運動就被正式認定為「評估蘇聯政治體系優勢的另一個領域、另一個標準。……比賽並不僅僅是體育事件，它們承擔著意識形態和政治上的巨大責任，表明了蘇聯人民的熱切期望」。蘇聯運動員是去「為祖國、為黨」贏得獎牌。[19]

　　即便是從未以強烈民族主義著稱的加拿大，也無法抗拒將體育成績與國家聲望聯繫在一起的誘惑。以本‧約翰遜（Ben Johnson）為例，他來自牙買加，後入籍為加拿大公民。約翰遜在1988年漢城（現名首爾）奧運會上擊敗美國的卡爾‧劉易斯（Carl Lewis）獲得冠軍，並創下新的100米短跑世界紀錄，這讓加拿大舉國歡騰，「總理馬爾羅尼打來的祝賀電話通過廣播電台向全國播出。」[20]體育

社會學家史蒂文‧傑克遜(Steven J. Jackson)說:「約翰遜獲得世界
冠軍,這一成績為加拿大贏得了國際認可和聲望,在此期間他的媒
體形象也彰顯出種族身份的暫時變化。」約翰遜成了「加拿大人」,
不是「牙買加裔加拿大人」,更不是「牙買加人」。他代表著「加拿大
人」的職業道德和成就導向,他在賽道上的成功被詮釋成「加拿大
人自豪感、力量、獨立和國家認同的風向標」。當約翰遜在漢城奧
運會促蛋白合成類固醇藥檢呈陽性時,加拿大全國為之蒙羞。正如
傑克遜指出的那樣,「在最初的震驚、懷疑、否認和羞恥感之後,
加拿大國內掀起了嫌棄與反感的浪潮。」根據傑克遜的說法,連約
翰遜的加拿大身份也受到了質疑。[21]

　　同樣的歸化運動員選拔過程發生在1930年代,日本當時的軍
國主義政府利用來自其他國家的運動員推動日本的民族主義。[22] 在
此期間,朝鮮已淪為日本的殖民地,朝鮮人也被視為二等公民。但
是,當朝鮮人孫基禎以日本名字「孫龜齡」出現在柏林,代表日本
隊參賽並在馬拉松比賽中勝出後,日本人則樂見其成績代表了本國
的國家榮譽。[23]

　　當然,只有在本國隊伍獲勝的情況下,國家榮譽與體育之間的
緊密聯繫才能帶來好處;實際上,如果在國際比賽中鎩羽而歸,失
利一方的政府還要想方設法安撫民眾情緒。這種警惕姿態的最近例
證要屬2006年伊朗未能在世界盃決賽階段小組出綫,失去晉級第
二輪的資格。政府立即撤換了球隊主教練和足協主席,並就球隊
失利帶來的難堪向民眾致歉。[24] 這種擔憂不是毫無依據;在東歐等
地,體育確實成了騷亂的催化劑,並最終導致政權更迭。例如,在
「紅星革命」中,貝爾格萊德球迷就在推翻斯洛波丹‧米洛舍維奇
(Slobodan Miloševi)政權中扮演了重要角色。體育也對摧毀巴拉圭

的阿爾弗雷多‧斯特羅斯納 (Alfredo Stroessner) 獨裁政權起到了關鍵作用。

儘管奧林匹克運動的初衷是運動員個人之間的非政治性比賽而非國家間的競爭，但它被一再用於政治目的。中國不僅加入了這一世界潮流，將體育比賽與民族主義相結合；甚至走得更遠，完全根據民族主義和政治來定義體育運動，將其上升到一個新的高度。如前所述，中國人一直把體育與尚武精神相提並論，體育也因此與激進民族主義毫無二致。

強種救國

西方體育在19、20世紀之交被引介到中國，清楚地表明了新觀念在中國與世界之間的跨界流動，並為當時新興的國際化苗頭提供了參考指標。這一過程並非由外力強加；恰恰相反，是中國人的主動選擇。如前面章節所闡釋的，中國一直在尋找讓「東亞病夫」變得健康強壯的方法。精英階層的很多人認為，西方體育運動是可行的解決之道。其背後的邏輯很明顯：「廣泛開展體育教育的國家進步又強大，貧國弱國的體育教育則一塌糊塗。」[25] 1920年，頗具影響力的天津《大公報》在一篇評論中表示：「獎勵國民體育，為救國強種之一切根本。」[26] 總部位於國民政府新首都南京的重要刊物《時事月報》觀點相似：「我們提倡體育的目的，既在雪恥圖存和復興民族，所以必就全民族著想，為一般的提倡。」[27] 在30年代初，「體育救國」的口號傳遍全國，甚至成為體育運動的主導意識。南開大學校長和中國體育組織的重要領袖張伯苓寫道：

中國稱病夫，久矣！近年國人始知推求吾族致病之原，與夫
其他民族所以健全之由來，思設法而為救藥，實一絕好現
象。鄙人前此赴日參與第九屆遠東運動會事，目睹彼族對體
育進步，真足驚人，迥非吾族一蹴可能幾及。但有志者事竟
成，故不揣冒昧，當為今後吾國體育改進，擬有治標治本二
法。治本即自中小學起，實行強迫體育教育，養成青年體育
之愛好；治標及常與本國或外國隊作長時間多次數之比賽，
籍增經驗，而免怯陣。二者並進，再益以精良訓練，將來自
不無成效可言。[28]

很多精英人士也抱有類似觀點。1932年5月10日，蔣介石政府
的國防部部長何應欽提出，教育部和政府應鼓勵體育教育，在民眾當
中灌輸尚武精神。[29] 1930年代初，「救國強種」和「體育救國」的口號
在中國隨處可聞。劉慎稱在上海發表著名的〈體育救國論〉，他認為，
在日本入侵和國內種種問題的重壓之下，中華民族已到存亡關頭。只
有體育才能拯救這個國家。他的「體育救國」理論包含兩個部分：首
先用體育提高中國人的品格，同時要在中國掀起一場體育教育革新。
他的目標是通過體育訓練，使中國人變得勇敢、堅定和果斷。[30]

僅靠推行一項體育計劃來拯救國家聽來未免有些天真，但當時
的中國知識分子為了捍衛受侵略威脅的國家，決心採取一切辦法。
對日戰爭是一場全面戰爭；能否取勝不僅取決於正面戰場，也離不
開後方的支援。正是在這種緊迫形勢下，「體育救國」的主張才像
「教育救國」一樣成為大眾激昂的呼聲。直到1945年抗戰結束，「體
育救國」才逐漸從公眾詞彙中消失。

當然，並非所有人都如此推崇西方體育運動。另一些有影響力
的中國精英主張將注意力集中在「國術」上，不要盲目效仿西方。

程登科便是其中之一，他曾在30年代初留學德國，崇尚德國的軍事化體育運動。但無論傳統體育還是西方體育，其目標都是一致的：一個更強大的中國。程登科強調，民族體育的實質是「全民體育化」以及「體育軍事化」，倡導中國人要「為國家而體育，為民族而體育。」[31] 他還指出，一旦中國人完全掌握西方體育，將其化為己有，民族體育就可以把它包括在內。

與程登科的強烈呼籲相呼應，王正廷在1930年就奧運會的重要意義寫道：「一民族欲求自由平等之地位於今日弱肉強食之世界，其必先鍛煉健全之身體而後可。」[32] 1928年，為了強國強種、摘掉中國人所痛恨的「病夫」帽子，中央國術館成立。[33]

1930至1940年代早期，中國的學者、教育家和政治家致力於將體育救國的思想在地方和全國範圍內付諸實踐。蔣介石統一了清政府垮台後陷入軍閥割據的中國並建立國民政府，使上述實踐成為可能。軍人出身的蔣介石在成為國家領袖之後立即拔擢體育在政策中的地位。1928年南京政府成立後，次年即通過中國歷史上第一部體育法。這部名為《國民體育法》的法律，首項條款即為：「中華民國男女青年有受體育之義務。」[34] 幾年之後的1936年11月28日，體育法將範圍延伸至老幼。其第一條申明：「講求體育之完善，為國民對於國家民族應盡之義務。」[35] 1941年，新修訂的體育法生效，更多涉及預算和教員培訓等實際問題。如果說第一部體育法是出於建設國家的迫切需要而制定，第二部體育法則更側重於國防。[36] 吳志剛將1927–1937年稱作中國現代體育教育和體育運動的「黃金時代」不無道理：「南京十年」中「創造了許多新的體育記錄，並建立了完善的學校體育教育教程。」[37]

　　為了確保地方官員對新法律的重視，南京政府也發布了有關體育教育重要性的指引。教育部一份公文稱：「查體育之強國強民要圖，近年來，經學校方面多方提倡，學生運動成績已有相當進步，而一般民眾未注意及此，亟宜積極辦理。」[38] 1932年10月，南京政府更發布細則，管理教育部內的特別體育委員會，指導和協助所有與國家體育相關的活動。[39] 同在1932年，南京政府召開了一次體育教育的全國性會議，旨在強調強種與強國，以及體育健身與民族復興之間的關係。會議宣布：「我國政府，以世界各國之盛衰，判於體力之強弱，故對於國民體育，積極提倡，以期增進全民健康，復興民族精神。」[40] 1933年全國運動會的組織者在給各地方及省級政府的通知中寫道：「正茲國難，非舉國團結一致，無以圖存，非振刷民族精神，無以救亡。歐洲各國自歐戰之後，對於國民體育，提倡不遺餘力，蓋鑒於國家興衰，系乎國民體格之強弱也。」確實，在此緊要關頭舉辦全國運動會，就是要引起國人對體育的重視，並借此救亡圖存。[41] 在運動會開幕式上，組織者再一次提醒各方：「現在我們要明白，最要緊的一樁事情，就是凡是要國家強盛，必先要有康健的民族，要有康健的民族，必先改善人們的體育。要人人有尚武的精神。」[42]

　　國民黨黨組織也參與到推動體育教育的運動之中。1935年11月的國民黨第五屆全國代表大會上，王正廷和其他委員向大會遞交提案，名為〈加緊提倡全國體育，以樹立復興民族之基礎案〉。開頭寫道：「民族之興亡，視國民捍衛國家能力之大小為斷，而捍衛國家能力之大小，又視國民體格之強弱與國民團結力量之大小而定。近年來，列強之競爭益烈，民族復興之需要益大，國民捍衛國家之責任亦愈重。」提案進而指出，當大國強調其公民體質強健的

重要性時，像中國這樣的弱國更應注意，國民應有提高身體素質的
緊迫感。文件提出三項改善中國人身體素質的措施：(1) 增加體育
訓練預算，(2) 各級政府指定專員負責民眾身體訓練，以及 (3) 建
立更多體育教員培訓中心。[43]

　　社會精英通過國民參政會這樣的組織給政府和國民黨施加壓
力，要求他們認真對待這一問題。該參政會成員包括高等教育界
和工業界等各領域精英。1939 年初，沈鈞儒、梁漱溟等參政會成
員向中央政府提交議案，名為〈提倡尚武精神以固國基而利抗戰
案〉。議案指出：「中國集數千年文弱之習，影響個人身體、民族
生存至巨。」值此與日本持久戰之際，「自無疑義，此為今日提倡
尚武精神者。」[44]

　　國民政府各項政策的執行情況，主要依靠以鐵腕手段統治中國
的蔣介石。而軍人出身的他正是推行體育教育的最佳人選。1928–
1945 年，他多次發表有關公民體格對國家命運之重要性的演講。
第四屆全運會於 1930 年 4 月舉行，面對參賽運動員與地方組織者，
蔣介石分別在三次致辭中，強調中央政府對體育的重視。[45] 1935 年
3 月 2 日，蔣介石向地方政府和其他政府部門發出通電，「查運動為
鍛鍊國民體魄，以達成強種救國重要工作之一。」他宣稱，政府將
大力推動體育運動發展，並確保黨、政、軍、學的各級機關工作人
員都積極參與體育健身。[46] 一個月後 (1935 年 4 月)，蔣介石第二次
發出通電，再次強調國民體育健身對於國家未來的重要性。[47] 在三
民主義青年團全國幹部工作會議上，蔣介石又作出關於體育健身的
重要講話。他提出：「現代一般暴力侵略者，所以敢於藐視我們中
國，侵侮我們中國，最大的原因，就是看不起我們中國人的體格，
更比不上他們。而我們一般同胞的體格，普遍的衰弱，實是民族最

恥辱的表現！」他告訴聽眾，「從今以後，我們要積極自強，要不為
人家所輕視，首先要注意體育，提倡體育，體育如果不能進步，則
整個國家部門的工作都不能進步！」[48] 1940年10月，在國民政府組
織召開的全國體育和體育教育會議上，他又在一次長篇演講中話提
出許多相似觀點。大會組織者以「體育宣言」作為回應，明確將體
育運動和體育鍛煉與國家命運和國家發展聯繫在一起。[49]

國民黨政府的體育政策並非空談。甫一掌權，蔣介石政府便
將「體育救國」融入30年代早期的新生活運動之中。羅伯特·卡普
(Robert Culp) 在最近的一篇文章中指出，「在『南京十年』期間，軍
事訓練成為高中、大學和職業學校體育教育和公民培訓的基本組成
部分。軍事訓練通過教育者、黨政領導者以及學生自身之間的複雜
互動得以實施和發展。」[50]

儘管自1895年以來，培養軍國民一直是中國精英階層念茲在
茲的追求，但是直到1928年國民政府成立之後，這種軍事化才成
為國家意識形態和政府政策的有機組成部分。[51] 新生活運動即旨在
再造新型公民，以培養勇氣和「尚武精神」。

令人遺憾的是，在抗日戰爭和國共內戰無休止的消耗之下，新
生活運動歸於失敗。即便如此，南京政府發展體育的其他舉措還是
取得了一定的成功。例如，1942年，國民政府宣布每年的9月9日
為體育節，這一天每個機構都要組織比賽和其他健身活動，費用由
各級政府的教育部門提供。蔣介石為此做了說明：「中央創定每年
九月九日為體育節，施行全國，蓋欲使舉國同胞，無分男女老幼，
均能深切認識體育之重要，而一致篤實踐履，發奮磨礪，擴大體育
運動之領域，充實體育運動之內容……欲求與人並駕齊驅，則必
其國人們有健全之體力。」[52]

圖2　1935年在上海舉行的中華民國第六屆全國運動會標識。上面兩枚是專為本屆運動
　　　會發行的紀念章；下面兩枚是頒予優勝運動員的獎牌圖案。

　　哪怕在戰爭（抗日和後來的國共內戰）時期，民國政府仍然成
功組織了數次全國運動會。1910年，首屆全國運動會在基督教青
年會資助下舉行，直到1948年民國政府在大陸組織的最後一屆，
全國運動會共舉辦過七次。最初兩屆運動會主要由外國人也就
是基督教青年會官員掌控，但自第三屆起，受激昂的民族主義鼓
舞，轉由中國人自己組織。民國政府積極參加了1913–1934年間
的10屆遠東奧運會。[53] 此外，民國政府還參加了1936年和1948年
奧運會。

體育與實踐中的中國民族主義

　　對於中國這樣長期以來體育「國管」的國家來説，體育一直是政治和展示國家形象的手段。的確，中國人對體育、尤其是對奧運會的興趣，基於對國家富強的願望，以及向世界顯示中國與其他國家平等地位的渴求，遠多於對體育運動本身的熱愛。這樣看來，體育與中國的民族主義密不可分。確認體育與愛國主義之間的明確關聯是民國時期取得的重大發展之一。正如某位國人在1914年所説：「欲持國家主義之教育，則運動會之競技運動，亦萬不可偏廢者也。」[54] 體育教育家王懷琪在民國初年寫道，體育教育課程能幫助學生理解中國在國內和國際上的艱苦奮爭。[55] 孫中山也認識到體育同民族主義之間的清楚聯繫。他曾多次提到，「夫欲圖國力之堅強，必先求國民體力之發達。」[56] 如一些中國作家指出的，中國人證明自己的唯一途徑就是「在體育比賽中獲勝」。在此意義上，體育獲勝等同於國家榮譽。中國人贏了，國家就贏了；中國人輸了，國家就丟臉。[57]

　　在如此情緒的驅動之下，任何體育比賽，哪怕是由學校主辦的比賽，都帶有濃厚的政治意味。例如，1915年5月21日，在江蘇省立第二女子師範學校舉辦的一場體育比賽上，就出現了兩個明顯帶有民族主義精神的口號：「國事太和平，借時雨一番，聊以洗東亞恥辱。女師方猛進，看武器百步，也足掃過眼烟雲。」「願大家振起精神，勿忘五月九日。」[58]（5月9日被視為國恥日，1915年的這一天，中國政府被迫接受日本提出的臭名昭著的「二十一條」。[59]）一位教師甚至創編一組旗操，名為「五月九日新旗操」。設計者讓操旗者沿著由「五月九日」字樣組成的路綫前進，以此提醒師生不忘國恥，

為了復仇，必須讓祖國更加強大。為了提醒學生牢記國家統一的重要性，另一位民國初期的教育家還創出一種名為「五族共和」的遊戲，強調中國各民族之間的兄弟情誼、共同的勇敢精神和鬥志。[60]

在中國第一本關於奧林匹克運動的書《我能比呀》中，我們可以一窺中國的民族主義者對體育的著迷之深。該書作者宋如海同時為基督教青年會和中華全國協進會工作。他將Olympiad譯作「我能比呀！」既與「Olympiad」的發音相似，也鼓勵中國人只要擁有決心和勇氣，就可以參加比賽。[61] 王正廷1929年為此書作序時寫道，自從中國被「拖入」國際政治和文化的競技場，「欲求自由平等之地位於今日弱肉強食之世界，其必先鍛煉健全之身體而後可。吾國年來始漸注意及此。全國各省各種運動會相繼成立，不可不謂吾民族一綫之曙光也！雖然立國族於大地上，任何事業，均應有所觀摩，而始有長足進展；故運動亦應國際化。」[62] 余日章在1929年為該書所作序中也寫道：「民族衰弱的原因，雖然不是一種，但因不講求體育，也是其中最大的一端。」[63]

毛岸俊認為，20年代初對體育的推動，「成為未來中國各式各樣的民族主義中被廣為接受的部分。」[64] 中國的現代體育在很大程度上帶有國際主義色彩，但正是現代體育與國家建設之間這種強有力的聯繫，加之民族主義與體育國際化二者的交織融合，才使得它如此引人注目。在20年代早期，尤其是在1922–1924年，一股反基督教青年會的情緒在中國社會蔓延，這其實反映了國人對恢復包括體育和教育控制權在內的國家主權的全面追求。1923年7月，中國人決定建立名為「中華體育協會」的新組織，以對抗由基督教青年會主導的「中華體育協進會」。後者被斥為美國的代理人，「培養帝國主義走狗」。[65]

　　把體育與美帝國主義聯繫在一起的看法並非中國人所獨有。幾十年之後，加拿大體育史學家傑弗瑞·史密斯（Geoffrey Smith）評論説：「在各種全球性體育運動中——其中太多已經美國化——我們看到了一種新的、不易察覺的帝國主義。」因其「荒唐的金錢利益」及對「全世界數以千萬計的人」的吸引力，這種所謂的帝國主義隱藏得特別深。[66]

　　如果説中國對現代體育的接納帶有濃重的民族主義色彩，那麼民族主義也與擺脱「東亞病夫」稱號密不可分。一位著名體育教育家把中國人在國際比賽中的表現與這令人憎厭的標籤聯繫在一起。[67]此外，中國在重要體育賽事中取得的勝利，無論是個人的還是團隊的，都被視為中國復興的佐證。1905年，由基督教青年會主辦的「萬國運動會」在上海舉行，田徑運動員馬約翰加速超過日本競爭對手時，場上觀眾最初高呼「約翰！約翰！」然而當他沖過終點獲得冠軍後，歡呼聲變成了「中國！中國！」[68]同樣，1926年11月，在上海美國國際學校和兩隻中國球隊的足球淘汰賽中，中國隊獲勝，其後美國學校的拉拉隊向勝利者致以超越國別的歡呼：

中國怎麼了？
她很不錯！
誰很不錯？
誰贏了比賽？
中國！[69]

　　由此可見，就連一場校際比賽，也被視為國家前途的預兆。而這樣的例子並不少見。中國人經常把體育比賽，特別是中日之間的比賽，看作兩個國家之間的「戰鬥」。對中國人來説，體育不僅增

強了民族精神，而且代表了一種新的可能，那就是通過賽場上的勝
利來提升國際地位。

　　儘管新成立的中華人民共和國一再強調與過去徹底決裂，但新
政權像民國政府一樣，將體育與民族主義和國家建設聯繫在一起。
共產黨甚至繼續在體育運動中提倡尚武精神。1952年，當中華人
民共和國決定成立國家體育委員會時，選擇軍人賀龍為首任領導。[70]
在中國，擊敗日本對手的運動員被譽為民族英雄，他們在賽場上的
表現被稱讚為為國爭光。在很多中國人心中，同胞獲勝就是中國贏
了；而他們落敗就會讓國家蒙羞。[71] 中國乒乓球國手莊則棟回憶，
參加第26屆世界乒乓球錦標賽時，「我內心深處仍把日本隊員當成
了軍國主義者。每一板下去，都覺得是替中國人民報仇，為中國人
民爭光。為毛主席爭光。」在中日兩隊決賽之前，中方一位高級官
員告訴莊則棟，如果能打敗日本人，他就是民族英雄。[72]

圖3　1959年，中華人民共和國國家領導人觀看在北京舉行的中華人民共和國第一屆全國運
　　　動會。前排左起：國家體委主任賀龍、林彪、周恩來、朱德、毛澤東、劉少奇。

1981年11月，中日兩國女子排球隊在世界女排錦標賽的決賽上相遇，類似的情緒同樣佔了上風。中國隊在較早的比賽中擊敗美國隊，已經提前鎖定冠軍，因此決賽一開始時女排隊員並未使出全力對付日本對手。教練袁偉民非常憤怒，他在比賽暫停時向隊員吼道：「你們要想一想這是在什麼地方打球？要知道我們是中國人，你們代表的是中華民族！祖國人民要你們拼！要你們搏！要你們全勝！」[73] 1981年3月，當中國男子排球隊擊敗韓國隊後，北京的大學生激動萬分，他們高呼口號：「團結起來，振興中華！」[74]

整個1980年代，舉國上下都為聶衛平在數場中日圍棋擂台賽中連續擊敗日本對手的英雄壯舉而如痴如醉。新的民族主義意識在這種傳統棋藝比賽中也已深深扎根。聶衛平説，他曾從鄧小平、陳毅等國家領導人那裡獲得很大的支持。陳毅經常告訴聶衛平要提高棋藝，打敗日本對手，「為國爭光」。[75]

人們甚至會説，毛澤東時代的中國運動員踐行「友誼第一，比賽第二」的原則，有時故意輸給對手，是因為對自己的體育優勢地位充滿信心，可以把比賽結果當作政治策略來運用。換句話説，故意輸球並不損害中國人的民族尊嚴，反而提高了中國的聲望，因為人人都能看出中國隊是把勝利拱手讓人。

從50年代後期到1966年文化大革命開始，中國共產黨謹慎地保持著對體育的控制。根據中華人民共和國成立後的官方政策，體育工作要在黨的領導之下開展，體育組織要遵循黨的路綫；在某些重點體育項目上，中國要爭取在三到五年內趕上甚至超過世界先進水平。[76] 1954年2月11日，周恩來總理在一次國務院會議上説：「運動不只是為了個人的身體健康，而且是為了保衛祖國，建設社會主義，這是一個政治任務。」[77] 由此看來，贏得金牌，在頒獎儀式上

升起國旗，奏響國歌，都被視為對新中國崛起和樹立國際威望至關重要。1955年，北京舉辦第一屆工人運動會；賀龍在開幕式上發表講話，宣稱體育是新政權的一項重要政治任務。[78]

只有在文化大革命期間，中國才暫時放下了對體育比賽奪冠的熱情。造反派認為，以追求獎牌為目標的體育政策犯了路線錯誤。他們採取嚴厲措施，將體育活動置於軍隊控制之下。在這場浩劫中，數名世界級運動員，如乒乓球世界冠軍容國團等都因不堪迫害而自殺。但正如我們將要看到的，文革期間體育的命運只是一段插曲和偏離，建設和保衛國家的主題很快浮出水面，進而影響到中國下一階段的體育發展史。

註　釋

1　George Orwell, *Shooting an Elephant and Other Essays* (New York: Harcourt, Brace, 1950), 153.

2　Coubertin and Muller, *Olympism*, 541.

3　引自 Allen Guttmann, *The Games Must Go On: Avery Brundage and the Olympic Movement* (New York: Columbia University Press, 1984), 12。

4　引自 John Hoberman, "Toward a Theory of Olympic Internationalism," *Journal of Sport History* 22, no. 1 (1995), 15。

5　Matt Weiland and Sean Willey, eds, *Thinking Fan's Guide to the World Cup.* (New York: Harper Perennial, 2006), 53.

6　引自 James G. Kellas, *Politics of Nationalism and Ethnicity* (New York: St. Martin's, 1998), 28。

7　Grant Jarvie, "Sport, Nationalism and Cultural Identity," in Lincoln Allison, ed., *The Changing Politics of Sport* (Manchester, Eng.: Manchester University Press, 1993), 74–75.

8　John Hoberman, "Sport and Ideology in the Post-Communist Age," in Allison, *Changing Politics of Sport*, 18.

9   Eric J. Hobsbawm, *Nations and Nationalism since 1780: Programme, Myth, Reality.* (Cambridge, Eng.: Cambridge University Press, 1990), 143.

10   Alfred Erich Senn, *Power, Politics, and the Olympic Games* (Champaign, Ill.: Human Kinetics, 1999), 154.

11   Buruma, "The Great Black Hope."

12   Tony Mason, "England 1966," in Tomlinson and Young, *National Identity and Global Sports Events*, 94.

13   同上，頁 97。

14   Pope, *Patriotic Games*, 5.

15   Bill Shaikin, *Sport and Politics: The Olympics and the Los Angeles Games* (New York: Praeger, 1988), 62..

16   貝爾賓和阿戈斯托在 2006 年冬奧會獲得銀牌。

17   對俄羅斯人將體育用於國際關係的最好研究，見 Barbara J. Keys, *Globalizing Sport: National Rivalry and International Community in the 1930s* (Cambridge: Harvard University Press, 2006), 158–180。

18   Senn, Power, *Politics, and the Olympic Games*, 90.

19   Hazan, *Olympic Sports and Propaganda Games*, 36.

20   Don Morrow and Kevin B. Wamsley, *Sport in Canada: A History* (Don Mills, Ont.: Oxford University Press, 2005), 240.

21   關於本‧約翰遜及加拿大國家認同，詳見 Jackson, "A Twist of Race," 21–40。

22   有關體育與日本國際政治之間聯繫的最新研究，見 Sandra Collins, "'Samurai' Politics: Japanese Cultural Identity in Global Sport—The Olympic Games as a Representational Strategy," *International Journal of the History of Sport* 24, no. 3 (March 2007) 及 "Conflicts of 1930s Japanese Olympic Diplomacy in Universalizing the Olympic Movement," *International Journal of the History of Sport* 23, no. 7 (November 2006)。

23   1988 年，國際奧委會正式承認孫基禎在 1936 年柏林奧運會上創造的紀錄是韓國人而非日本人的榮譽。

24   Rob Hughes, "Winners and Losers, On and Off the Field," *International Herald Tribune*, June 24, 2006, 20.

25   邵汝幹，〈建設民族本位的體育〉，國立中央大學體育研究社編《體育雜誌》（南京）1，第一期（1935 年 1 月），頁 5。

26　引自魯牧，〈體育界的一面旗幟──馬約翰教授〉(北京：北京體育大學出版社，1999)，頁52。

27　《時事月報》，第9卷，第3期 (1933年10月)，頁1。

28　張伯苓，〈體育叢書序言〉，收入蔣槐青編，《劉長春短跑成功史》，1933。

29　成都體育學院體育史研究所，《中國近代體育史資料》，頁418–419。

30　劉慎稱，《體育救國論》，頁519、713–719。

31　有關細節見戴偉謙，〈抗戰時期民族教育體育思想之認識〉，中華體育學會編，《體育學報》(台灣)，第14期 (1992年12月)，頁33–49；以及谷世權，《中國體育史》，頁255。

32　引自Morris, *Marrow of the Nation*, 167。

33　程登科，〈我們應否提倡中國的民族體育〉，《勤奮體育月報》，第4卷，第1期 (1937)，頁2。

34　中國第二歷史檔案館，《中華民國史檔案資料匯編》，第5輯，第1編：文化 (2) (南京：江蘇古籍出版社，1994)，頁929。

35　《增修體育法案》(1936年11月28日)，收入中國第二歷史檔案館編，《中華民國史檔案資料匯編》，第5輯，第1編，文化 (2)，頁959。

36　黃仁易，〈我國體育政策制定過程之研究：以國民體育法第二次修訂過程為分析對象〉(國立台灣師範大學碩士論文，1992)，頁24。

37　Wu Chih-Kang, "The Influence of the YMCA on the Development of Physical Education in China," 17.

38　中國第二歷史檔案館，《中華民國史檔案資料匯編》，第5輯，第1編，文化 (2)，頁934。

39　該章程1934年6月進行了修正，使其更便於實行。見中國第二歷史檔案館，《中華民國史檔案資料匯編》，第5輯，第1編，文化 (2)，頁913–920。

40　引自黃仁易，〈我國體育政策制定過程之研究〉，頁21–22。

41　〈二十二年全國運動大會籌備委員會〉，《二十二年全國運動大會總報告書》，第一部分 (上海：中華書局，1934)，頁72。

42　同上，第二部分，頁3。

43　中國第二歷史檔案館，《中華民國史檔案資料匯編》，第5輯，第1編，文化 (2)，頁947–948。

44　有關此議案及政府反應的詳情，見〈行政院交教育部辦理國民參政會關於提倡尚武精神以固國基而利抗戰案的通知單〉(1939年1月19日)，

收入中國第二歷史檔案館，《中華民國史檔案資料匯編》，第5輯，第1編，文化(2)，頁701–705。

45 關於講話的詳細內容，見蔣介石〈第四屆全國運動大會訓辭(1–2)，1930年4月〉；〈歡迎第四屆全國運動大會選手演說辭，1930年4月〉；以及〈第五次全國運動大會頒辭，1933年10月10日〉，均收入張其昀編，《先總統蔣公全集》，卷三(台北：中國文化大學出版部，1984)，頁3120–3122、3126–3127。亦見湯銘新，《我國參加奧運滄桑史》，卷一，頁92、247。

46 蔣介石，〈提倡黨、政、軍、學各機關人員體育通電，1935年3月2日〉，收入張其昀編，《先總統蔣公全集》，卷三，頁3147–3148。亦見成都體育學院體育史研究所，《中國近代體育史資料》，頁419–420；以及中國第二歷史檔案館，《中華民國史檔案資料匯編》，第5輯，第1編，文化(2)，頁1009–1010。

47 引自中國第二歷史檔案館，《中華民國史檔案資料匯編》，第5輯，第1編，文化(2)，頁1010–1011。

48 蔣介石，〈在三民主義青年團全國幹部工作會議訓辭〉，收入成都體育學院體育史研究所，《中國近代體育史資料》，頁420–421。

49 中國第二歷史檔案館，《中華民國史檔案資料匯編》，第5輯，第1編，文化(2)，頁712–722。

50 Robert Culp, "Rethinking Governmentality: Training, Cultivation, and Cultural Citizenship in Nationalist China." *Journal of Asian Studies* 65, no. 3 (2006), 533.

51 詳見黃金麟，〈近代中國的軍事身體建構，1895–1949〉，《中央研究院近代史研究所季刊》，第43期(2004年3月)。

52 蔣介石，〈第一屆體育節訓辭，1942年9月9日〉，收入張其昀編，《先總統蔣公全集》，卷三，頁3226–3227。

53 在國際奧委會的新規定下，「遠東奧運會」1915年更名為「遠東體育協會」，其大賽改為遠東運動會。1934年，由於政治原因賽事停辦，後來為亞洲運動會所取代。

54 《教育雜誌》，第6期，總第10期(1914)，頁31–32，引自毛岸俊，〈1909–1919《教育雜誌》體育文章分析的初步〉，中華民國體育學會編《體育學報》(台灣)，第21期(1996年6月)，頁50。

55 Morris, *Marrow of the Nation*, 34.

56 中國史學會編，《辛亥革命》(上海：上海人民出版社，1957)，頁27。

57　邢軍紀、祖先海，《百年沉浮》，頁6。

58　蔣昂，〈參觀江蘇第二女師範及常熟聯合運動會記〉，《教育雜誌》，第7卷，第7期(1915)，頁45。

59　詳見Xu, *China and the Great War*, chapter 3。

60　引自毛岸俊，〈1909–1919《教育雜誌》體育文章分析的初步〉，頁53。

61　宋如海，《我能比呀：世界運動會叢錄》(上海：商務印書館，1930)，作者注釋。

62　同上，王正廷序。

63　同上，余日章序。

64　Morris, *Marrow of the Nation*, 99.

65　詳見Jun Xing, "The American Social Gospel and the Chinese YMCA," *Journal of American–East Asian Relations* 5, nos. 3–4 (Fall–Winter 1996), 284。

66　LaFeber, *Michael Jordan and the New Global Capitalism*, 141.

67　魯牧，〈體育界的一面旗幟 —— 馬約翰教授〉，頁52–53。

68　同上，頁58、147。

69　Morris, *Marrow of the Nation*, 60.

70　榮高棠編，《當代中國體育》(北京：中國社會科學出版社，1984)，頁13。

71　邢軍紀、祖先海，《百年沉浮》，頁6。

72　同上，頁138；莊則棟、佐佐木敦子，〈莊則棟與佐佐木敦子〉(北京：作家出版社，1996)，頁222。

73　引自榮高棠，《當代中國體育》，頁198；亦見邢軍紀、祖先海，《百年沉浮》，頁319。

74　彭永捷、張志偉、韓東輝編，《人文奧運》(北京：東方出版社，2003)，頁258。

75　對聶衛平的採訪分別於2006年2月20日和27日在北京電視台的《往事》節目中播出。

76　〈中央批轉國家體委黨委關於一九六六年全國體育工作會議的報告，1966年5月2日〉，收入國家體委政策研究室，《體育運動文件選編(1949–1981)》，頁107–111。

77　中共中央文獻研究室，《周恩來年譜，1949–1976》，第1卷，頁352。

78　李烈主編，《賀龍年譜》(北京：人民出版社，1996)，頁564–565。

第四章

「兩個中國」問題

子路曰:「衛君待子而為政,子將奚先?」子曰:「必也正名
乎!⋯⋯名不正,則言不順;⋯⋯則民無所措手足。」

——《論語·子路篇》

對顧拜旦來說,現代奧林匹克運動是建立在「所有比賽,所
有國家」精神之上的。[1] 當波希米亞和芬蘭就參加1912年奧運會出
現爭端,顧拜旦提醒雙方,有一種「與政治地理完全不同」的「體
育地理」。[2] 因此,他希望當時分屬奧匈帝國和俄羅斯的波希米亞
和芬蘭各自作為獨立實體參加奧運會。但是顧拜旦的樂觀想法未
免有些天真。當涉及政治利益和合法性問題時,很多政府不會接
受這種崇高的理想主義。一些(儘管不是所有)國家在處理奧運
會以及相關事項時隨心所欲,比如1920年英國拒絕讓愛爾蘭獨
立參加第七屆奧運會,又如愛爾蘭運動員拒絕在英國旗幟下參加
比賽。[3]

可能直到1990年代初,國際奧委會才特別聲明,只承認各個
奧委會,而不是民族國家。國際奧委會原則上可以認可任何地區的
官方奧委會。例如,在美國領土範圍內就有三個奧委會:美國奧委

會、波多黎各奧委會以及關島奧委會。英國統治範圍也設有多個由
國際奧委會認可的官方奧委會,包括香港奧委會。國際奧委會對於
獨立認定權的最好例子或許是它分別接納了兩個朝鮮(朝鮮和韓國)
及兩個德國(東德和西德)的國家奧委會。[4]

但是,在涉及來自中華人民共和國與台灣的運動員時,這一看
似完善的國際奧委會原則卻寸步難行。自1949年國民黨政府敗走
台灣、中華人民共和國成立後的三十年裡,北京和台北都將體育作
為對外表明政治合法性的重要手段。兩個政府都聲稱代表中國,並
且都竭盡所能阻止另一方加入奧林匹克大家庭。圍繞它們各自主張
的會員資格所產生的激烈爭執,多年來困擾著國際奧林匹克運動。
這個問題嚴重到國際奧委會秘書長奧托·梅耶(Otto Mayer)曾抱
怨:「關於『兩個中國』的爭吵,從1954年起就一直是奧運會的最大
麻煩。」[5]

為什麼中國問題令國際奧委會如此頭痛?儘管此處無法就全
部原因展開討論,但中國的情況在兩個方面非常特殊。首先,從
1949年一直到70年代後期,北京和台北都相信只有一個中國,並
且都堅決反對另一方在奧林匹克大家庭內的成員資格。它們之間的
主要爭議在於誰能真正代表中華民族。雙方都自稱是中國的唯一合
法政府,對方是「騙子」;雙方也都發誓自己的合法政府永遠不允許
「匪」方政府在國際組織中擔當角色。

其次,雙方都將奧運會成員資格與政權合法性聯繫在一起,也
競相「無視」或「誤解」奧林匹克或奧運會規則。因此,雙方都堅持
自己才有資格成為國際奧委會成員並參加奧運會,並全力爭取。而
國際奧委會在處理「兩個中國」問題時的前後不一或無能為力,使
情況變得更糟。

誰能代表中國？：北京的立場

1949年是中國歷史的轉折點；中國共產黨取得政權，國民黨敗退台灣。從中華人民共和國的角度看，中華民國已不復存在，台灣僅為一個不聽話的省份，它不屬於、也不可能屬於各個國際體育協會或奧林匹克大家庭。

掌權之初，共產黨人不太瞭解奧林匹克運動，不知道中國已經參加奧林匹克運動多年，甚至不清楚國際奧委會三位中國委員之一的董守義在1949年以後選擇留在大陸。[6]新政府忙於鞏固政權，建設國家，還有抗美援朝戰爭，完全沒有注意到1952年即將召開的赫爾辛基奧運會。若非蘇聯介入，奧林匹克運動和奧運會可能要在很久之後才進入中華人民共和國的考慮範圍。在這兩件事上，中國要感謝蘇聯的提醒，是蘇聯促使北京及早加入（儘管我們即將看到，中國運動員參賽是很久以後的事了）。

儘管當時的中國政府尚未成立體育委員會，但還是利用共青團組織來推廣體育運動。直到出席1952年赫爾辛基奧運會之後，新政權下才成立單獨的體育協會。中國共青團的代表自芬蘭回國後，就中國出席赫爾辛基奧運會向劉少奇提出一份報告，建議成立部級體育委員會，由副總理等高級官員主持。此建議得到採納，賀龍元帥後來擔任國家體委主任。[7]

蘇聯為什麼對北京參與奧林匹克感興趣？國際政治是根本原因。第二次世界大戰後，蘇聯一改先前拒絕參加腐朽的資本主義體育賽事的姿態，決定全面加入競賽，以表明蘇聯政治制度和社會制度的優越性。1950年蘇聯官方體育組織作為國家奧委會被國際奧委會接受，而1952年赫爾辛基奧運會是共產主義的蘇聯在奧運會首次露面。

蘇聯加入奧林匹克運動對體育和國際政治都有重要意義。艾弗里‧布倫戴奇（Avery Brundage）自1952年至1972年任國際奧委會主席，他在未出版的回憶錄中寫道：「這是俄羅斯人四十年來第一次參加比賽——從蘇聯來到赫爾辛基的代表團規模龐大，組織良好，以其出色的表現震驚了世界。」[8] 蘇聯運動員的出色表現在國內也很受重視。1953年，蘇聯報紙發表的一篇社評表達了該國群眾對1952年赫爾辛基奧運會的喜悅之情：「蘇聯人民已經做好了打開大門的準備……鐵幕將為全世界所有運動員拉開。」布倫戴奇還指出：「鐵幕的首次拉開是在體育賽場，意義不可小視——這是對奧林匹克理念堅不可摧的力量的崇高致意。」[9] 但布倫戴奇沒有意識到，蘇聯加入國際奧委會——以及隨後推動中國加入國際奧委會，迫使國際奧委會在自己和中國政府尚未做好準備的情況下，就要面對「兩個中國」問題。蘇聯有充分理由對外表明與新生的社會主義政權團結一致，並在冷戰思維下將其培養成親密盟友。

蘇聯政府在1951年便提醒北京注意奧林匹克運動。1952年的奧運會主辦國芬蘭在政治和外交上都深受蘇聯影響，主辦城市赫爾辛基通知中國外交部，表達了芬蘭希望中華人民共和國參加該屆奧運會的願望。芬蘭人對中華人民共和國參賽的熱情使當時的國際奧委會主席西格弗里德‧埃德斯特羅姆（J. Sigfrid Edström）感到不安，他並不想捲入複雜的中國問題。[10]

一開始，對世界體育並不熟悉的新中國政府沒有認真對待芬蘭的邀請。[11] 但是蘇聯在第二年的強烈敦促，使北京很快行動起來。1952年2月2日，蘇聯駐中國大使緊急詢問北京：是否會派代表團參加當年的奧運會；新中國會否加入國際奧委會，及出席同年2月15日舉行的國際奧委會會議；並要求立即答覆。同一天，共青

團中央書記馮文彬會見蘇聯大使，向周恩來總理提交了中國參加1952年奧運會的可行性報告。這份剛剛公開的報告表明，蘇聯要求馮文彬立即將中國對奧運會的態度知會蘇聯大使館。這份報告中說，在蘇聯人的印象中，中華人民共和國不是奧林匹克大家庭的成員，台灣才是。大使提醒中國政府，參不參加奧運會是重要的政治問題，他甚至提出蘇聯政府願意幫助訓練中國運動員，這樣中蘇兩國運動員就能一起出戰。

整個50年代，北京的官方政策都是向蘇聯學習，因此來自「老大哥」的詢問和建議分量很重。接到馮文彬的報告後，周恩來馬上在2月4日召見他，一起商討參加奧運會事宜，並在當天對馮文彬的報告做出批示，遞交劉少奇。周恩來告訴劉少奇，根據他和馮文彬的討論，他認為中國政府應該以中華全國體育總會（當時這個組織還只是在名義上存在）的名義致電國際奧委會，聲明台灣不能在奧林匹克大家庭裡代表中國。他建議向國際奧委會提出要求，允許北京參加2月的會議，以及即將到來的奧運會。周恩來還告訴劉少奇，由於報名截止期迫近，這封電報已經發出。由於不瞭解中國過去與奧林匹克運動的瓜葛，這份匆匆送至國際奧委會的電報聲稱：北京剛剛組建了中國奧委會，要求國際奧委會認可，以便參加1952年奧運會。周恩來進一步向劉少奇彙報説，「估計如（國際奧委會）二月會議拒絕我方參加，則七月比賽即可不去，免與蔣匪組織碰面；如二月會議邀請我們而拒絕蔣匪組織參加，則政治對我有利，且比賽地點在赫爾辛基，可以參加。即使我比賽的幾樣成績差，也不甚要緊。」劉少奇很快同意了周恩來的建議。[12]

這份報告詳細説明了北京最早對奧林匹克運動和1952年奧運會產生興趣背後有著怎樣的前因後果，也表明新中國把爭取國際

奧委會成員資格和參加奧運會，作為爭取國際合法性的第一場重大戰役。

一旦做出決定，北京就開始了迅速而果斷的行動。正如國際奧委會主席埃德斯特羅姆在1952年6月所説：「共產黨中國的組織機構正在想盡辦法參加赫爾辛基奧運會。」[13]中國駐芬蘭大使耿飆親自確保北京的電報於2月5日送達國際奧委會。中國甚至派外交官從斯德哥爾摩出發，就北京的成員資格及1952年奧運會邀請之事拜會埃德斯特羅姆。2月13日，在國際奧委會奧斯陸會議期間，盛之白向埃德斯特羅姆做陳述。他提出，中華全國體育總會代表了6億人民，應被視作中國唯一適合參加奧林匹克運動的組織。他進一步要求國際奧委會立即開除當時流亡在外、但仍為國際奧委會中國委員的王正廷和孔祥熙，並且取消台灣的國際奧委會成員資格。但是埃德斯特羅姆已經聽夠了這位北京外交官的話，打斷了他，「親愛的先生，」他抗議道，「您既沒有資格也沒有權力給國際奧委會下命令或作指示！」[14]

北京犯了兩個錯誤。首先，咄咄逼人的干預傳達出強烈的政治化色彩，這是國際奧委會無法接受的；其次，由於沒有通過留在中國大陸的委員董守義與國際奧委會溝通，北京不僅喪失了加入奧林匹克大家庭要求的合法性，而且給人一種印象——董守義要麼已經去世，要麼受到監禁。實際上，當時的政府對董守義及其與國際奧委會的關係一無所知，更談不上絲毫重視。[15]後來，還是董守義自己瞭解到北京方面的意圖，並最終與中國政府取得聯繫。[16]要是能早點弄明白國際奧委會的規則和奧林匹克原則，並直接請董守義出面聯繫，那麼北京與國際奧委會的第一次官方接觸就不會惹出那麼多風波。董守義本有大好機會參加國際奧委會當年2月舉行的第

一次會議——另外兩位奧委會委員、國民黨政府的高官王正廷和孔祥熙在國民黨政權敗走台灣後，根本沒有心情前往赫爾辛基。

國際奧委會委員芬蘭埃里克‧馮‧弗倫克爾(Erik von Frenckell)告訴其他委員，中國駐赫爾辛基大使與他聯繫，想知道為什麼北京尚未接到參加1952年奧運會的邀請。弗倫克爾建議國際奧委會會議在6月1日參賽報名截止日期之前就中國問題做出決定。1952年即將正式擔任新一屆國際奧委會主席的艾弗里‧布倫戴奇聲明，在作出相關決定之前，國際奧委會必須先和三位中國委員取得聯繫——早在內戰戰火熾熱的1948年，三位委員便都與國際奧委會「失聯」了。

情況逐漸明朗化。台灣方面散布流言說，唯一留在大陸的董守義委員已不在人世。[17] 然而，埃德斯特羅姆在與盛之白會面時問及董守義，卻被告知他還活得好好的。「他的位子在赫爾辛基這裡，」國際奧委會主席對令奧斯陸會議蒙上陰影的盛之白如此說。[18]

國際奧委會的規則規定：只有隸屬某個國際體育組織的運動員才能參加奧運會，北京方面因此採用了一種新策略：1952年4月，它說服國際游泳聯合會接納中華全國體育總會為會員，稱總會承繼了此前的中國體育組織，並支付了自1949年以來拖欠的會費。[19] 對中國已取得成員資格的其他國際體育組織，如五項全能、體操、冰球、滑冰、排球和足球等，北京方面也一循此例。

如果北京方面做好準備工作，一開始就派董守義出面，「兩個中國」問題處理起來會容易得多。但對具體規則缺乏瞭解，加上偏愛高壓手段，讓原本簡單的體育問題變成了糾纏不清的政治對峙。這個嚴重錯誤讓北京與國際奧委會的關係從一開始就很緊張。埃德斯特羅姆在1952年6月17日致中華全國體育總會的電報中怒氣

衝衝地説，中國奧委會尚未得到認可，赫爾辛基之行只能「無功而返」。[20] 1952年7月8日，他又致電中國體育官員榮高棠，鑒於中國的政治內亂，國際奧委會已決定，「在難題解決之前任何中國運動員都不能參加比賽」。他還要求榮高棠告知董守義，「盼望」他到赫爾辛基來。[21]

儘管埃德斯特羅姆態度強硬，但北京還是下定決心要參加奧運會，並很快派董守義參加當月晚些時候的國際奧委會赫爾辛基會議。當董守義帶著一名翻譯出現在會議上，埃德斯特羅姆要翻譯離場，因為根據國際奧委會規定，翻譯是不能參加會議的。這名翻譯拒絕離開，説董守義只會説中文。據當時在場的人説，埃德斯特羅姆用手杖敲桌子，冷冷地説：「你在撒謊。1948年我就能和他用英語談笑風生了！請你馬上離開會場！」翻譯於是帶著董守義一同離場。很明顯，北京方面當時並不信任董守義。不過，新當選的蘇聯委員康斯坦丁‧安德里亞諾夫 (Konstantin Andrianov) 就是帶著翻譯參加了1951年國際奧委會維也納會議（因為他不像一般當選委員那樣通曉英語或法語），卻沒有受到國際奧委會抗議，這也是事實。國際奧委會直至1954年5月的雅典會議上才決定，新當選的國際奧委會委員必須會説流利的法語或英語。[22] 無論如何，董守義的這次出現對國際奧委會來説沒什麼作用，因為他無力解決圍繞北京參賽要求所產生的種種問題。

在1952年7月的赫爾辛基會議上，埃德斯特羅姆提醒委員，中國運動員正在列寧格勒等待邀請。[23] 迫於迅速做出決定的壓力，國際奧委會執行委員會提議：既不接受台灣也不接受北京參加1952年奧運會。顯而易見，這不但是逃避問題，而且是毫無意義的逃避。正如埃里克‧馮‧弗倫克爾所指出的，由於台灣的奧林匹克

委員會已經獲得認可，因此不可能將台灣排除在奧運會之外。因此他建議，允許兩方的中國運動員都參加。終於，國際奧委會將北京的會員資格問題擱置一邊，以29：22的投票結果允許兩隊都參加該屆奧運會。7月18日，赫爾辛基奧運會開幕式前一天，國際奧委會同時向北京和台北發出了邀請。

　　成立不久的中華人民共和國政府很快明白了奧林匹克運動會對其政治合法地位的重要性，並以驚人的速度採取行動。在國際奧委會亮起綠燈之後，中國共產黨三位最高領導人 —— 毛澤東、劉少奇和周恩來立即親自批准參賽決定（儘管該決定直到7月23日北京得知台灣不會參加奧運會之後才公布）。7月24日深夜，周恩來接見代表團領導並告訴他們：「把五星紅旗插到奧運會就是勝利。去遲了不是我們的責任。」[24] 代表團7月25日啟程，7月29日即奧運會閉幕式前一天才到達赫爾辛基。他們錯過了所有比賽；只有一名游泳選手參加了預選賽，但未能進入下一輪。[25] 儘管如此，北京確實參加了奧運會的一些文化節目。周恩來提前觀看了中國雜技表演藝術團訪問赫爾辛基時要演出的節目彩排。他告訴雜技團演員，他們是國家的寶貴財富，希望他們能為國爭光。[26]

　　北京對奧運會和奧林匹克運動的根本興趣，是要在世界舞台上獲得政治合法地位，特別是在當時西方承認台灣國民黨政府的國際背景下。正如此前蘇聯人所闡明的，赫爾辛基奧運會為這種努力提供了重要平台。只要到場，讓五星紅旗與其他國家的國旗一起飄揚，就是北京新政權的勝利。[27]

　　此外，北京通過將一隻腳踏入1952年奧運會，再次迫使國際奧委會必須有所行動。就在1952年8月3日中國代表團離開赫爾辛基當天，中國政府火速致電國際奧委會秘書長奧托‧梅耶，這封以

中華全國體育總會副主席兼秘書長榮高棠的名義發出的電報聲明，
「中華全國體育總會是由業已獲得國際奧林匹克委員會認可的中華
全國體育協進會重組而成。它是中華人民共和國唯一合法的業餘體
育組織，並實施管理全國的體育活動。基於這些事實，中華全國體
育總會應當被正式認可為中國奧林匹克委員會。」榮高棠對國際奧
委會邀請台灣參加1952年奧運會表示憤怒：

> 我不得不代表中華全國體育總會（中國奧林匹克委員會）對這
> 種完全違背國際奧林匹克運動會精神和憲章的決定提出抗議。
> 為了維護國際奧林匹克委員會的尊嚴和原則，我堅決要求將台
> 灣國民黨殘餘集團的體育組織和代表……從國際奧林匹克委
> 員會、國際奧林匹克運動會以及相關國際體育聯合會中驅逐出
> 去。我還要求中華全國體育總會，作為中國的奧林匹克委員
> 會，在所有國際奧林匹克機構和組織中都被授予合法地位。[28]

榮高棠在1954年4月9日給國際奧委會主席布倫戴奇的信中，
以中國奧林匹克委員會副主席兼秘書長的名義，再次要求國際奧
委會在其即將於5月14日舉行的雅典會議上，正式承認中國奧委
會。國際奧委會以23票贊成、21票反對、3票棄權的投票結果，在
1954年正式承認中華全國體育總會為中國官方奧林匹克委員會。[29]
5月26日，國際奧委會秘書長奧托·梅耶將這個決定正式通知北
京。梅耶寫道，「我們以最大的熱情歡迎你們加入奧林匹克大家
庭，並為貴國未來在奧林匹克運動中的大力合作預先表示感謝。」[30]
北京再次通過國際奧委會實現了自己的目的。

北京贏得了1952年赫爾辛基奧運會「兩個中國」之爭的第一
輪，但在1956年的表現卻不盡如人意。1956年奧運會舉辦之前，

北京不僅宣布參賽，還敦促運動員加緊備戰。9月2日《人民日報》發表頭版評論員文章，題目就是〈到奧運會去！〉，號召中國運動員做好準備，「在第16屆奧林匹克運動會上為祖國去爭取勝利。」同版的另一篇文章聲稱歡迎來自香港和台灣的運動員加入北京的中國奧運代表團。由於台灣仍然是奧委會成員，北京的計劃是搶在台灣之前進入澳大利亞，希望蔣介石政權在意識到北京已經提前到來時放棄參賽。然而北京代表團抵達後，發現台灣代表團已經入住奧運村，中華民國的旗幟已經升起。北京就台灣出席向組委會和國際奧委會提出抗議，但未有成效，於是決定退出該屆奧運會以示抗議。[31]

1954到1958年，台灣和北京都聲稱在奧林匹克大家庭中代表「中國」。在阻止台灣參加1956年奧運會未果後，北京方面逐漸得出結論——國際奧委會，特別是其主席美國人艾弗里·布倫戴奇仇視北京，支持台灣及「兩個中國」政策。於是在1957年，北京方面通過董守義加大了對國際奧委會的攻擊。然而作為國際奧委會委員，他其實是國際奧委會在中國的代表，而不是相反——中國派到國際奧委會的代表。12月下旬，在中國政府授意下，董守義寫信給布倫戴奇，稱國際奧委會「應該承認中國只有一個奧林匹克委員會，〔而〕那應該就是中華全國體育總會」。1958年4月23日，在另一封給布倫戴奇的信中，董守義或是借其名義的其他官員對布倫戴奇在有關台灣的「許多不友好和歪曲的言論」表示「憤慨」。布倫戴奇把4月23日的信視為「侮辱」，要求董守義辭去國際奧委會委員職務。他寫道，「身為國際奧委會委員，你不顧自己的職責所在，利用一切機會引入政治問題；如繼續違背奧林匹克憲章的規定與精神，唯一的解決辦法就是要求你辭職。」[32]

　　就這樣，北京方面和國際奧委會之間的爭端到了無可挽回的地步。據權威說法，1958年6月28日，周恩來總理與賀龍、陳毅以及外交部、國家體委的官員開會討論體育和對外關係。[33] 1958年8月19日，顯然是在最高層授意下，董守義「帶著極大的憤慨」回覆布倫戴奇，稱他的態度「充分表明你是美帝國主義的忠實奴僕，甘心情願為他們製造『兩個中國』的陰謀服務」。他繼續寫道：「像你這樣的人，玷污奧林匹克精神，破壞奧林匹克憲章，已經沒有任何資格做國際奧委會主席……我為今天的國際奧委會受到像你這樣的帝國主義走狗的控制而感到難過，奧林匹克精神已經遭到嚴重踐踏。為了維護奧林匹克精神和傳統，我特此聲明，我將不再同你合作，或同你所把持的國際奧委會有任何關係。」[34]

　　就在董守義宣布從國際奧委會辭職的同一天，北京正式斷絕與奧林匹克運動的關係。在時任中國奧委會秘書長張聯華寫給奧托·梅耶的一封短信中，中國奧委會「嚴正抗議國際奧委會非法承認台灣所謂的『中華全國體育促進會』」，並宣布北京「不再承認國際奧委會」。這份聲明再次譴責布倫戴奇的反華立場，並將他的態度與美國政府的對華敵對立場聯繫起來。[35]

　　在鄧小平的直接指示下，中國國家體育委員會決定立即退出11個接受台灣為成員的國際體育組織。[36] 1958年8月15日，中國國家體育委員會常委會甚至修改了章程，刪除「中國奧林匹克委員會」和「中國運動員參加奧林匹克運動會」等字眼。[37]這一舉動清楚表明，在8月19日正式致信國際奧委會之前，北京已經決定退出國際奧委會。

　　國際奧委會意識到，必須對它與北京之間所發生的一切作出解釋。1958年9月5日，在致所有委員、各國奧委會以及媒體的信

中,秘書長奧托‧梅耶重申布倫戴奇之前的指責,並將衝突歸咎於北京。梅耶聲稱,北京「似乎並不明白國際奧委會不承認政府,只承認體育組織(它並不涉及對一個國家政府的認可與否,只承認遵守奧林匹克規則的體育組織),而這些規則中最重要的一條就在於有必要防止政治干預。很遺憾這些原則竟然沒有被像中國這樣的大國更好地理解。」[38]

雙方似乎都確信錯在對方。但是,北京退出奧林匹克運動是對國際奧委會聲望和奧林匹克理想的重大打擊。1958年這一決定之後,是一段長達二十多年的自我封閉和相互隔絕。北京本想通過採取這種激烈行動,表達自己對被迫與台灣共同代表中國的不滿。然而事與願違,這一次較量它落在了下風。被邊緣化之後,北京能做的只剩下對國際奧委會及其主席進行聲討。[39]

誰能代表中國?:台北的立場

台灣之所以能繼續留在國際奧委會,更多是因為冷戰期間的國際政治,而非其自身政策所致。一直到70年代,大多數西方國家在外交上都寧願承認台北而不是北京,這是台灣留在國際奧委會的有利條件。無論如何,台灣直到1971年都在聯合國中代表中國。

台北也採取過一些精明的舉措,例如聲稱其政治合法性直接來自1912年成立的中華民國,且自1922年起就是奧林匹克大家庭的成員。此外,國民黨政府逃離大陸後,台北立即通知國際奧委會,稱中國奧委會已經遷址台灣。不管北京方面如何努力想要將

其趕走，這些舉措都幫助台北作為奧林匹克大家庭中的一員留了下來。[40]

即使有種種優勢，國民黨政府也像大陸政權一樣，在談判成員資格問題時犯了不少錯誤，其中一個失誤就是對 1952 年奧運會的應對。國民黨政府本擬派運動員參賽，從 1951 年就開始做準備，並在 3 月 3 日撥款台幣 38 萬元用於選拔和訓練運動員。但在 1951 年 5 月 10 日，隨國民黨一起入台的體育界元老郝更生建議台灣不要參加赫爾辛基奧運會。他擔心第一次參加奧運會的蘇聯會利用這一機會與台灣正面交鋒。郝更生這一不諳內情的建議使高層產生動搖。當台北得知北京方面已被邀請參賽，出於「漢賊不兩立」心態，不參賽的決心更加堅定。換句話說，「沒有兩個中國」的觀念實際上已經深植於台灣方面的觀念之中；數年之後，北京方面也以同樣理由退出奧林匹克運動長達二十年。[41] 在 1952 年 7 月 19 日給國際奧委會主席埃德斯特羅姆的正式信函中，台灣奧委會稱，「為抗議國際奧委會全體會議在 1952 年 7 月 17 日所通過的決議——該決議損害了中國國家奧委會作為中國唯一合法和公認的國家奧林匹克委員會的權利和地位，我謹通知您，我們已決定退出 1952 年赫爾辛基奧運會。」這封信先後由郝更生及台灣奧委會主席簽署。[42] 台灣奧委會在官方聲明中對國際奧委會允許共產黨中國參加 1952 年奧運會的決定提出抗議，稱其「不合法，因為它准許未經中國奧委會批准的中國運動員參賽，而中國奧委會是中國唯一合法、並且已獲多年認可的全國奧委會。」[43] 然而，台灣不參加赫爾辛基奧運會的決定，為北京在國際體育舞台上的首次亮相打開了大門。[44]（後文將會解釋，台灣不參加比賽的決定，也受到國際奧委會關於台灣參加該屆奧運會釋放的混亂信號的影響。[45]）

　　國民黨方面所犯的另一個錯誤，是未能敦促其代表孔祥熙和王正廷主動履行職責，致使他們長期未能積極參與國際奧委會事務，直至被迫辭職。孔祥熙自 1939 年起就是國際奧委會委員，但從未出席國際奧委會會議。從理論上講，國際奧委會委員是由國際奧委會自己選派，在其所在國家任奧林匹克大使，各國通過其國家奧委會保留一定程度的影響力。如果能在會議桌上多發聲，台北或許能在與北京的會員席位之爭中受益。明顯偏袒台灣的布倫戴奇甚至在赫爾辛基奧運會之前就告誡郝更生：「對於國民黨政府來説，現在重要的是在赫爾辛基奧運會有自己的代表，準備好為獲得各個國際體育聯合會和國際奧委會的承認而拼力抗爭。事態非常嚴重！」[46] 然而，在這場爭奪奧林匹克成員資格的至關重要的外交戰中，孔祥熙只做了一件事——1952 年 2 月 29 日他寫信給奧托・梅耶，反對國際奧委會承認中華全國體育總會：「因為這違反了國際奧委會關於任何國家的奧委會都必須隸屬國際奧委會的規定。」他説，「我相信台灣還保有中國奧林匹克委員會，並仍在發揮作用。」[47]

　　布倫戴奇繼續敦促台灣採取行動。在 1954 年 4 月 22 日給郝更生的電報中，布倫戴奇直言相告：「最重要的是，你們在雅典必須有人。王〔正廷〕和孔〔祥熙〕按照規定都屬失職，因他們一再缺席，將會被取消資格。」[48] 但是這些警告和建議被忽視了。在國際奧委會的催促下，孔祥熙終於在 1955 年 6 月 24 日向布倫戴奇遞交辭職信。[49] 王正廷雖比孔祥熙多做了些事，但自 1948 年倫敦奧運會之後很少出席國際奧委會會議，也不參與其他活動。他在 1954 年向布倫戴奇遞交辭呈，後又改變主意，最終於 1957 年辭職。[50] 換句話説，在整個事態發展的關鍵時刻，台北並沒有活躍的國際奧委會委員，而與此同時，董守義則在積極為北京爭取權益。

即使冷戰政治以及強烈親台的布倫戴奇的庇護都有助於將台灣繼續留在國際奧委會,但當1958年北京方面退出奧林匹克運動而使「兩個中國」的爭議受世界矚目時,國際奧委會不得不就台灣的成員資格有所行動。1959年國際奧委會慕尼黑會議上,蘇聯委員要求台灣的奧委會更名,理由是「該奧委會無法監管中國大陸的體育運動」。國際奧委會認為這一主張是有道理的,便要求台北提出另擬新名:「設立在台北(台灣)的中國奧委會將收到國際奧林匹克委員會秘書長通知,由於其無法掌握中國的體育事務,因此不能繼續以現有名稱獲得認可;這一名稱將從官方名單中刪除。如果以其他名稱申請認證,國際奧委會將再行考慮。」[51]

然而,國際奧委會堅持更名的主張在美國遭到主流媒體、政客和公眾的嚴厲指責。美國公眾覺得,為了取悅北京,國際奧委會打算把台北逐出奧林匹克大家庭。《紐約時報》就此問題有幾篇社論,其中之一寫道,「通過將國民黨中國趕出奧委會,並最終取消其奧運會參賽資格,這個委員會已經屈服於最原始的政治敲詐。」社論稱國際奧委會的決定不僅是政治性的,而且「懦弱、推諉、可恥……」「國民黨中國『不再能代表整個中國的體育』,這種說法為率直的美國人所不齒。」[52] 哥倫比亞大學著名中國研究專家狄培理(William Theodore de Bary)也對此感到沮喪。他給布倫戴奇寫信說,「我同意5月30日《紐約時報》的社論觀點……除非取消這項驅逐決定,否則奧運會將不再能代表體育中任何有價值的東西,美國人民應收回對它的支持。」[53]

美國政府也感到了必須採取行動的壓力。正如台灣的國民黨政府談到「背叛」,美國國務院也正式宣布國際奧委會的決定是「明顯的政治歧視」。眾議院投票一致通過:「如果有任何自由國家被禁止參

賽」，便收回1960年加利福尼亞冬奧會的40萬美元撥款。紐約眾議員弗朗西斯‧多恩(F. E. Dorn)聲稱：「美國絕不能讓多年的朋友因共產黨的敲詐而被棄之不顧。」多恩呼籲，如果台灣被禁止參加奧運會，美國應退出奧林匹克運動。[54]總統艾森豪威爾(Dwight Eisenhower)譴責國際奧委會的政治行為。來自公眾的抗議信也蜂湧而至。

布倫戴奇承受了巨大壓力。他在一張紙片上潦草寫下：「每個人都攪和到這一決議裡來了」，後來又寫道，「這個國家陷入規模空前的情緒失控」。他感到自己幾近獨自「面對1.75億被誤導的人」。[55]可憐的布倫戴奇最好的選擇，就是給出標準答覆：「親愛的先生或女士，顯然您被嚴重誤導了」。他說，台灣既沒有受委屈，也沒有被趕出奧林匹克運動。「國際奧委會僅僅要求台灣奧委會為自己選擇一個更適宜的名稱而已。」[56]

在這場口水戰中，政治的影響顯而易見。《基督教箴言報》的一篇評論指出：「現在，因國際奧委會撤回對國民黨中國的承認而引起的憤怒有所平息，這有助於看清奧林匹克精神在東西方政客的蹂躪下遭到的踐踏。」國際奧委會就台灣所作決定引發的激烈政治指控中，美國以外的媒體似乎有更好的瞭解。1959年6月11日《曼徹斯特衛報》寫道：「問題：什麼時候政治是非政治性的？回答：當它恰巧事關你自己的時候，指責你的組織不夠純潔的，往往是有心另立門派的傢伙。」這篇文章認為，「由於已不能管理整個中國的體育運動」，台灣的奧委會不能再被認可為中國奧委會，當奧委會說出「對大多數人來說顯而易見」的這一事實，卻讓許多美國政客憤憤不平。「美國之外的人無法理解」，作者評論說，「忠於你的盟友不是政治，但是承認一個福爾摩沙(台灣)島的委員會不可能從中國大陸派出任何運動員反而是政治。」

儘管來自美國的猛烈抨擊讓國際奧委會疲於應付，它仍不得不給台灣奧委員會找一個合適的名字。台灣在奧運大家庭中的命名問題即將在1960年舊金山會議上挑起激烈爭論。國際奧委會委員何塞·瓦爾加斯 (Jorge Vargas) 建議：「為什麼不放棄『中國』(China)和『台灣』(Taiwan) 這樣的字眼，稱之中國台北 (Chinese Taipei) 奧委會呢？」令人遺憾的是，國際奧委會花了19年的時間才明白這一提議有多明智，在1979年召開的蒙得維的亞會議上用這個名字來打破長久以來的僵局。

以其一如既往的無能，國際奧委會直到1960年羅馬奧運會前夕才為台北奧委會更名。而「台灣」這一名稱激怒了羅馬奧組委的代表，因為他們已經按國際奧委會的要求邀請「中華民國」參賽，並且將這個舊名字印在所有文件和材料中。組委會告知國際奧委會，重印所有文件是不可能的；只有國際奧委會提供如何在最後一刻實施更名的會議記錄，它才能接受更名。更糟糕的是，國際奧委會就提議的新名稱進行投票時，兩次投票結果都是25：25，僵持不下。國際奧委會別無選擇，必須在這個節骨眼上做出決定，最終委員們同意台灣代表團以「台灣」的名義參加羅馬奧運會，但將來則按照台灣奧委會的要求，使用「中華民國奧委會」。[57]

因此，儘管台北方面認為該名稱充滿歧視和不公正，1960年羅馬奧運會期間，來自台灣的運動員必須以地理學意義上的「台灣」之名列隊進場和參賽，包括蔣介石在內的國民黨人認為他們必須向全世界表達對這一決定的不滿。根據蔣介石的指示，在開幕式上，台北代表團列隊跟在寫有「抗議」(Under Protest) 的標語後入場。[58]

這一行動令國際奧委會極為惱火。在致台北奧運代表團的聯名信中，布倫戴奇和奧托·梅耶寫道：「我們認為你們的行為很不得

體，政治意味濃烈，並且冒犯了奧運會最看重的尊嚴。我們認為，你們因這種行為已經在全世界運動員中失去了可能有的最後同情。很遺憾我們不得不對你們作出譴責，但我們這樣做是希望你們將來會理解，你們參加比賽的時候必須以你們擁有管轄權的地區的名義、並本著更好的心態。」[59]

台灣和國際奧委會互相羞辱了對方，但名稱問題仍未解決。[60]郝更生在一封給國際奧委會的信中，要求委員會在1963年的巴登－巴登（Baden-Baden）會議上重新考慮台灣將來參加奧運會的正式名稱。郝更生寫道：「在105個獲得認可的國家奧委會中，只有中華民國奧委會受到歧視和不公正的待遇，被迫使用一個指定名稱……這個名稱迥異於我們的奧委會所代表國家的名字。」台灣提議以其官方名稱的縮寫「ROC」作為正式名稱。[61]布倫戴奇在巴登－巴登會議上努力奔走，幫助台灣實現願望。在1963年12月9日致台灣奧委會主席楊森的信中，來自印度的國際奧委會委員桑迪（G. D. Sondhi）談到：「布倫戴奇先生以他自己沉著而又有力的方式給了你們很大的幫助，你們應該感謝他。如貴國所願修改你們的國家名稱非常困難。」[62]最終，在1968年國際奧委會墨西哥城會議上，布倫戴奇得以將台灣奧委會的名稱改為「中華民國奧林匹克委員會」。[63]

在北京成功實行「乒乓外交」以及1971年中華人民共和國在聯合國取代台灣的席位後，台灣在奧林匹克運動中的處境日漸惡化。[64]第五章中將詳細介紹的乒乓外交，便是中國的外交攻勢，讓許多國家脫離與台北的外交關係轉而承認北京。徐亨是布倫戴奇在1970年以暗箱操作方式，未經國際奧委會執行委員會預先批准就當選的來自台灣的奧委會委員。他在1972年4月3日給國民黨政府的絕密

報告中寫道，由於親台的國際奧委會主席布倫戴奇即將離任，1972
年之後台灣在國際奧委會中的處境將「極其險惡」；沒有他的支持，
將有越來越多歐洲委員傾向於投票給北京。[65]「應如何布置，以鞏
固我國在國際奧委會之地位，實為當務之急……一旦容匪入會，
則我參加國際體育活動，即受限制，甚至作友好訪問比賽，亦難實
現。其後果實不僅扼殺體育，甚且影響國民外交。」徐亨建議國民
黨政府採取果斷行動，與國際奧委會中親台的韓國委員密切合作，
確保台北有資格參加所有國際運動會議及體育賽事。國民黨政府似
乎體察到了徐亨信中的緊迫感，採納了他的建議，隨即組織起一個
高級別的跨部門小組，負責國際體育事務。[66]

　　然而事態對台灣越來越不利。即使是之前與之友好的國家如日
本，也開始質疑台灣在奧林匹克運動中作為中國代表的合法性。作
為回應，台灣的國際奧委會委員徐亨指出：「一些中華全國體育總
會的支持者可能認為只有一個中國，國際奧委會必須二者擇其一。
作為中國人，我對中國目前處於分裂狀態、存在兩個政府的事實深
感痛惜。但是，我們是以體育界領導人而非政治家的身份聚集於
此，對改變生活中這一政治現實我們無能為力。」[67]

　　台北的處境在70年代後期每況愈下。1978年5月，國際奧委
會執委會認定解決「兩個中國」問題的時刻已經到來，為此派出一
個代表團先後赴北京和台北，目的在於說服台灣繼續在奧林匹克大
家庭中保留一席之地，但要改一個能被北京方面接受的名稱。國際
奧委會主席「提醒委員們，如果台灣拒絕更改名稱，國際奧委會將
不得不啟用禁賽令」。[68]在經過二十多年的僵持之後，新的國際形
勢促使雙方通過妥協來尋找問題的解決方式。然而，人們無法理
解，為什麼國際奧委會必須要在外力推動下才能有效處理此事。

誰能代表中國？：國際奧委會的立場

在這場充滿火藥味的成員資格之爭中，如果説北京和台北都犯了錯誤，那麼國際奧委會本身也難辭其咎。它的第一個失誤便是在1951年接受中國國家奧委會將地址從中國大陸遷往台灣。當郝更生代表台灣體育當局通知國際奧委會，中國奧林匹克委員會的辦公地址已經由南京遷往台北時，國際奧委會的官僚只是簡單地將地址變更記錄在《奧林匹克評論》(*Olympic Review*)上，絲毫沒有顧及其中包含的重大政治含義。艾弗里·布倫戴奇後來才意識到這個錯誤。他説，「〔地址〕變更在洛桑國際奧委會辦公室純粹作為例行公事被記錄在案，完全沒有考慮其政治意義。」[69]平心而論，埃德斯特羅姆曾經對此提出質疑。他寫道，「最基本的是，我們得搞清楚哪一個才是正當的中國奧林匹克委員會。我們收到了來自『中華體育促進會』的信，地址是台灣新竹西門大街147號。該組織聲稱是中國國家奧林匹克委員會。」[70]然而遺憾的是，在王正廷和孔祥熙一再保證台灣的國家奧林匹克委員會之真實性後，他沒有繼續深究。[71]正如埃德斯特羅姆告訴國際奧委會秘書長奧托·梅耶的，「我不想在這個中國問題上花更多的時間。」[72]

無論誰要為這一變更地址的輕率處理背負罵名，損害都已經造成。直到1952年6月，國際奧委會委員及1952年赫爾辛基奧運會組委會主席埃里克·馮·弗倫克爾才向埃德斯特羅姆寫信抗議對這一地址變更的處理方法。他指出：「中國奧委會的地址自北京改為台灣，未經執委會或代表會議確認，這樣做是錯誤的。」他還向埃德斯特羅姆提出建議，這個問題「要在國際奧委會赫爾辛基會議上解決。」[73]然而，情況並未立即得到改善，埃德斯特羅姆的繼任艾弗里·布倫戴奇選擇沿用前者的「甩手政策」。就像布倫戴奇在

1952年寫給埃德斯特羅姆的,「中國的情況確實是最複雜和最困難的。正如您所言,很難説該怎麼做。」[74]

這種被動的態度讓國際奧委會又走錯一步,即倉促決定同時允許北京和台北參加1952年奧運會。當北京提出參加奧運會的意向時,國際奧委會毫無準備:北京新成立的體育機構並不是正式的奧林匹克委員會,而台北則聲稱自己代表全中國。正如布倫戴奇在這個關鍵時刻告訴埃德斯特羅姆的,「我們所能做的最多就是同時承認雙方;這當然正是我們在處理德國的情況時所拒絕的方式。整個形勢極為困難,並且在接下來的兩個月我們還不得不表明立場,真是太糟了。」[75]

埃德斯特羅姆最初打算對北京和台北的奧運參賽申請全部拒絕,並在六月中旬用電報通知了雙方。[76]國際奧委會新當選主席布倫戴奇同意此決定,他致信埃德斯特羅姆:「正如我在之前給您的信中所述,您在中國問題上採取了正確的行動——通知雙方均不具備參加赫爾辛基奧運會的資格。」[77]但是埃德斯特羅姆也沒有天真到相信禁止兩方參賽,問題就得到了解決。正如他在做出決定當天便對艾弗里・布倫戴奇説,「在赫爾辛基,我們可能會因此事與蘇聯代表團和鐵幕後的其他朋友有一場惡戰。」[78]

確實,攻擊很快從四面八方襲來。馮・弗倫克爾對埃德斯特羅姆的決定提出抗議:「我們獲悉,國際足聯、國際籃聯和國際泳聯都已接受北京方面的運動員為中國代表。」[79]事實上,在埃德斯特羅姆通知北京和台北都不要來參賽之前,赫爾辛基奧運組委會已經向雙方發出了參賽邀請。

鑑於奧林匹克運動會舉行在即,以及撲面而來的嚴厲批評,埃德斯特羅姆要求國際奧委會委員在大會上就兩種可能的行動方案

進行投票：禁止任何中國代表團參賽，或允許雙方代表團都參加比賽。第二個方案以29：22獲得通過。但是，國際奧委會執委會還要求對法國委員弗朗索瓦‧皮特里（Francois Pietri）的提案再次投票，他希望國際奧委會只允許其所在全國性機構隸屬於相應國際體育組織的運動員參加該項目比賽。皮特里的提議以33：20獲得通過。為了避免在本次比賽中出現糾紛，剛剛當選、取代即將離任的埃德斯特羅姆出任主席的布倫戴奇建議，國際奧委會晚一點再承認北京或台北的奧委會成員資格。即便是這樣的妥協，布倫戴奇自己也承認，「破壞了我們自己的規矩……完全出於對正在前往赫爾辛基途中的運動員的同情。」[80] 事實上，推遲認可意味著對原有決議的徹底推翻。國際奧委會看來已經束手無策。

長期擔任國際奧委會主席的艾弗里‧布倫戴奇在很大程度上要為國際奧委會處理「兩個中國」問題上的一系列失誤負責。布倫戴奇熱愛中國藝術，自詡「老子門生」和「道教信徒」。[81] 但其偏私與尖銳鮮明的政治立場卻與道教信仰南轅北轍。堅定的反共立場，使他在擔任國際奧委會主席時反對在奧林匹克運動中承認北京。他溝通能力不佳，在「哪一個代表團能代表中國」等許多重要而複雜的問題上不得要領。他與國際奧委會委員董守義之間的爭執也帶有濃厚的個人恩怨色彩。

布倫戴奇以其所謂使體育不涉政治的堅定決心著稱。他反對美國抵制1936年柏林奧運會，也反對因日本侵華而抵制1940年東京奧運會。[82] 在布倫戴奇看來，「面對來自世界各方的攻擊，唯一能幫助中國的機會，是指引他們像運動員那樣，過一種發奮向上的生活，這樣中國人才能有強壯的體格為自己戰鬥。」[83] 1971年12月21日，布倫戴奇在為一份日本報紙撰寫的文章中提出，「隨時歡迎中

國國家奧委會加入奧林匹克運動。當然，目標之一是讓全世界的青年聚集到一起 —— 他們來得越早越好。然而，沒有理由取消台灣（奧林匹克）委員會，他們認真履行所有職責，並且有良好的聲望。要記住，奧林匹克運動與政府無關，而僅僅與國家奧林匹克委員會有關。」[84]

　　鑒於布倫戴奇體育高於政治的觀念，當「兩個中國」問題於50年代初浮出水面，他所領導的國際奧委會在所謂的「奧林匹克原則」下，只能做出幼稚的回應。國際奧委會同時邀請北京和台灣參加1952年奧運會，1954年允許雙方都加入奧林匹克大家庭，並且同意雙方參加1956年奧運會。兩德和朝韓同時加入奧委會的先例只使事情更加混亂。1968年，東德（德意志民主共和國）的國家奧林匹克委員會被國際奧委會全面接納為會員 —— 既然兩個德國都能不驚不險地加入奧林匹克大家庭，布倫戴奇弄不明白，為什麼北京對台灣如此小題大做？他從來沒有想到，奧林匹克運動的成員身份與政權合法性密切相關，在殘酷的內戰後，北京和台北注定比德國人有更激烈的情緒反應。

　　此外，布倫戴奇對德國人的看法也不準確；即便他們，對這種雙重成員身份也是意難平。例如，當慕尼黑被選為1972年奧運會主辦地時，西德（聯邦德國）政府就面臨重大的政治問題。它考慮了各種可能性，「包括宣布慕尼黑市在奧運會期間享有與梵蒂岡同等的地位，以禁止民主德國升國旗。但西德方面最終讓步，這為兩德國旗第一次出現在奧運會遊行慶祝中鋪平了道路。」[85]

　　當國際奧委會捲入「兩個中國」問題時，布倫戴奇最初抱怨說，解決政治問題並不是國際奧委會的職責。他後來在未出版的回憶錄中寫道，「戰後，由於國家分裂而產生的問題此起彼伏，人們都期

望國際奧委會能解決這些連政治家都頭痛不已的棘手問題。從某種意義上講，這也是對奧林匹克運動重要性的另一種讚許和肯定，但它引起了越來越多有時甚至是互相敵視的爭執；要在奧林匹克的規則下做出正確的決策，必須具有相當的聰明才智。」他還批評各方給國際奧委會施加了太多壓力。[86]

但是將「兩個中國」問題政治化的正是布倫戴奇本人。他以許多國家都在外交上承認台灣而非北京為由（且援引聯合國以台灣代表中國這個例子），將北京排除在60年代的奧林匹克運動之外。然而到70年代初，當台灣被逐出聯合國，許多國家轉而承認北京並與中國建立正式外交關係時，這種說法就要惹麻煩了。布倫戴奇的繼任者基拉寧男爵（Lord Killanin）後來在經執委會認可的官方備忘錄中寫道，「我認為重要的是要強調指出，這個觀點為我的前任所採用，而現在情況則恰好相反。」[87]基拉寧還在1979年說明，「在我看來，自50年代初起，即原有的委員會部分遷到台北，並因在聯合國席位的名號而以『中華民國』之名得到承認時，國際奧委會處理整個中國問題的方式就徹底政治化了。」[88]

但是總的來說，國際奧委會、特別是布倫戴奇在對待中國問題上所犯最嚴重的錯誤，是對中國政治和文化的無知。布倫戴奇在批評北京的舉動時常常把中華人民共和國的正式名稱弄錯，董守義為此提出了尖銳的譴責，並要求布倫戴奇道歉。董守義1957年12月20日給布倫戴奇的信中寫道，「〔國際奧委會會議紀要〕仍然錯誤地把我國稱為『中華人民民主共和國』，我再一次要求糾正這一錯誤。我國的正式名稱是『中華人民共和國』。」1958年1月8日，布倫戴奇給董守義回信，承諾將改正這一錯誤。但同一封信中論及台灣問題時，他犯了更愚蠢的錯誤。他寫道，「你知道，並且事實上人人

都知道台灣另有一個政府，它受國際公認，特別是得到了由世界大部分政府組成的聯合國的承認。這種情況並不是我們造成的。至於台灣，它最近屬於日本而不是中國。事實上，其原住民既不是中國人也不是日本人。」[89] 鑒於國共雙方都認同台灣是中國的一部分，這種論調勢必激起雙方的憤怒，也可能就是這封信觸發了北京方面對布倫戴奇的惡劣印象，並作出退出奧林匹克運動的決定。

遲至1979年，類似的錯誤都在持續發生。例如，在國際奧委會最終試圖解決中國問題所發布的執行委員會新聞文件中，中國大陸仍然被列為「中華人民民主共和國」。[90]

整個國際奧委會對中國及其文化一無所知。除了記不住國家的官方名稱之外，它也記不住中國委員的姓名。董守義的名字幾乎在國際奧委會所有文件中都被拼錯過。[91] 布倫戴奇的繼任基拉寧男爵也沒少犯類似的錯誤。在與加拿大就台灣參加1976年蒙特利爾奧運會一事而發生的激烈爭執中，他弄錯了台灣代表團團長的名字，稱丁善理（Lawrence S. Ting，即勞倫斯‧丁）為理查德‧丁（Richard Ting），甚至在其回憶錄中沿用這個錯誤的名字。基拉寧寫道，當他要求丁善理考慮對加拿大人妥協時，丁「相當不客氣地拒絕了，我不得不批評他的態度。」基拉根本沒意識到他把對方的名字叫錯了，在討論如此重大的問題時這是非常無禮的冒犯。[92]

國際奧委會主席胡安‧安東尼奧‧薩馬蘭奇（Juan Antonio Samaranch）也沒能擺脫這類不稱職的行為。他致信中國奧林匹克委員會主席鍾師統，正式通知他何振梁當選國際奧委會委員，但他不經意地用名而不是姓稱呼鍾師統——這在正式公文中極為失禮。[93] 國際奧委會總幹事莫妮克‧貝利烏（Monique Berlioux）在給何振梁的信中也犯了同樣的錯誤，稱他為「振梁先生」。[94] 也許最令人尷尬

的事故發生在新委員的宣誓儀式上。1988年2月11日，來自台灣的新委員吳經國在儀式開始前幾分鐘才領到宣誓卡，驚愕地發現上面對改名之後台灣奧委會的稱呼有嚴重錯誤。[95]

布倫戴奇時期的國際奧委會內部決策機制存在嚴重缺陷。布倫戴奇本人就極力排斥不同意見，一度承認「國際奧委會可能算不上民主」。[96]在台灣問題上，他多次未與其他委員討論就做出決定（徐亨當選委員只是其中一例）。許多委員相信將中華人民共和國排除在奧運會之外是不正當的，但是很難與當權的布倫戴奇就此進行建設性討論。直到布倫戴奇於1972年辭去任職20年之久的主席一職之後，國際奧委會才真正開始設法解決「兩個中國」這一棘手問題。布倫戴奇的繼任者基拉寧承認，「坦白說，一個人口超過8億的國家不在奧林匹克運動之列，我認為這是錯誤的。」[97]基拉寧個人就很希望北京重返國際奧委會，以及更改台灣奧委會的名稱。[98]他抱怨道：「在我任職國際奧委會期間，中國問題一直困擾著奧林匹克運動。」在親身經歷中國問題長達二十年的挫折之後，基拉寧有心作出變革。[99]

不幸的是，基拉寧的主席任期要立即面對「兩個中國」的重大挑戰。1976年，在他就任後的第一屆奧運會上，東道主加拿大拒絕讓台灣以其當時的官方名稱參賽。正如我們將在第六章詳細介紹的，從加拿大政府那裡吸取的深刻教訓使基拉寧堅信，國際奧委會再也不能繼續否認北京在奧林匹克運動中的合法地位了。

在「加拿大激辯」發生前後，北京開始為多年自我隔絕之後重返國際組織做準備。也許是受1971年乒乓外交成功的鼓舞，中國國家體育運動委員會1972年5月向中央政府報告說，中國應該重返世界體育舞台。周恩來總理「原則上同意」，包括亞洲運動聯合會

在內的眾多際體育組織從1973年起陸續接納北京為成員。[100]1974年，國際擊劍協會、國際摔跤協會和國際舉重協會緊隨其後。1973年8月7日，中華全國體育總會秘書長宋中在給亞洲運動聯合會主席的信中寫道：

> 蔣介石集團仍然在亞洲運動會聯合會非法代表中國，篡奪了中國的席位。根據亞運會聯合會章程第六條——對每個亞洲國家只接納一個國家體育組織，中華全國體育總會要求亞運會聯合會立即採取行動，廢除蔣介石集團非法篡取的成員資格。在此前提之下，中華全國體育總會特此申請加入亞運會聯合會，履行會員義務。[101]

從某些方面來說，這封信的論調與北京之前和國際體育組織的溝通方式區別不大，但它包含了一個新的強有力戰略：以排擠台灣為前提，爭取成員資格。此外，北京還採取外交主動，積極爭取加入國際體育組織。1974年第七屆亞運會在1971年和新中國建交的伊朗舉行，正是伊朗的幫助使北京在亞運會聯合會中取代了台灣的席位。[102]

在這樣的背景下，中華全國體育總會於1975年4月向國際奧委會遞交了讓北京重返奧林匹克大家庭的申請。國際奧委會表示，「很高興」收到北京的申請，但由於爭議懸而未決，事實上它並沒有能力推進該問題的處理。[103]

然而國際奧委會不能無限期推遲北京回歸奧林匹克運動。1979年1月1日，甚至美國也與中國在外交上互相承認，並且如聯合國一樣承認台灣是中國的一部分。事已至此，在與北京打交道方面，各方都走在了國際奧委會前面。解決「兩個中國」問題並讓北京重

歸奧運會的壓力日增，北京再次試圖迫使國際奧委會有所行動。幸運的是，對於國際奧委會而言，這次商討要愉快得多：北京方面變得比過去更加開放，且已下定決心推行國際化。

一個中國，多個成員

也許是由於北京方面態度的這種轉變，國際奧委會為存在已久的「兩個中國」問題尋找出路上突然加速。1977年9月14至19日基拉寧試探性訪問北京，這是國際奧委會主席第一次造訪中華人民共和國。儘管他與中國政府官員進行了「坦率而認真的討論」，但未能找到當機立斷的解決方案，也沒有從北京方面得到積極響應。[104]他的訪問恰逢毛澤東時代和鄧小平時代之間的權力真空期，這個結果大概要歸咎於時機不湊巧。基拉寧的大部分時間都花在聽取中華全國體育總會的路金棟關於中國體育現狀以及台灣問題重要性的乏味講話上。[105]而路金棟顯然沒有做任何重大決策的權力。

北京方面當時正忙於處理內部權力鬥爭，國際奧委會不得不自己想辦法解決北京的成員資格問題。1978年5月的會議上，圍繞這一問題爆發了嚴肅而激烈的辯論。國際奧委會主席在會上告知各委員，中華人民共和國以廢除台灣在奧林匹克運動的成員資格為條件提出申請——與其重返亞運會聯合會所提條件相似。在隨後的討論中，未來的國際奧委會主席、同時身為西班牙外交官的胡安·薩馬蘭奇（Juan Samaranch）強調，國際奧委會「必須在其能力範圍內盡一切可能讓中華人民共和國獲得承認」。他建議首先要求台北的奧林匹克委員會更改名稱。[106]蘇聯委員康斯坦丁·安德里亞諾夫

提醒大會，中華人民共和國代表世界四分之一的人口，理應加入奧
運會。他還指出，除了聯合國之外，所有國際專項體育組織都已
承認中華人民共和國 ——「唯一的例外就是國際奧林匹克委員會。」
安德里亞諾夫提議國際奧委會承認中華人民共和國奧委會，並立即
撤銷對台灣奧委會的認可。[107] 但其他委員大都表示反對。

國際奧委會在這個問題上依然躊躇不前。最終，會議決定成立
專門委員會，對此問題作進一步研究再彙報。[108] 不過，國際奧委會
在這屆會議上確實就台灣問題實現了一項成果：它修改了其章程中
關於名稱由國家奧委會提交的內容。新的第24條規定：「為推動全世
界奧林匹克運動發展，國際奧委會擬將下述委員會視為有資格冠以
國家之名：依據國際奧委會下述原則創立，遵守國際奧委會的規則
與細則、並且在可能的情況下擁有司法／法律／管轄地位。」[109] 此後不
久，國際奧委會主席敦促台北研究第24條規定並採取必要行動。[110]

因為事關國際奧委會，基拉寧任命蘭斯‧克羅斯(Lance Cross)、
安東尼‧布里奇(Anthony Bridge)和亞歷山德魯‧西珀科(Alexandru
Siperco)為負責調查「兩個中國」情況的委員會成員。三人於1976
年10月16–21日到訪中國，克羅斯和布里奇在1979年1月22–27日
訪問台灣。考慮到「兩個中國」在國際奧委會的歷史，令人並不意
外的是，在推薦具體操作建議時，三人的分歧太大，最終提交兩份
不同的報告而不是一份聯名報告。克羅斯和布里奇基於對中華人
民共和國和台灣的訪問共同提交了一份報告，批評西珀科拒絕去台
灣，「因此他失去了深入思考全局的機會。」他們在報告中寫道，
「在討論的由始至終，很明顯的是，在尋求打破現有僵局的解決方
案上，〔北京〕不會有任何妥協意願。」北京「強硬堅持」「一個中國」
政策，台灣是中國的一個省。他們的報告嚴屬批評北京，對台灣則

很友好。報告指出，北京拒絕他們提出的在奧林匹克大家庭中設立兩個中國奧林匹克委員會的提議——一個稱為「中國奧林匹克委員會（北京）」，另一個稱為「中國奧林匹克委員會（台北）」，而台灣則「準備接受『中國奧林匹克委員會（北京）』和『中國奧林匹克委員會（台北）』的妥協方案」。台灣的姿態使克羅斯和布里奇相信台灣具有「奧林匹克運動精神的勇氣和真誠」——他們認為，「從奧林匹克大家庭中驅逐這樣的成員是對公正的嘲弄；這種行為只會對國際奧林匹克運動造成不可挽回的損害。」值得注意的是，他們還指出：「有很多證據表明，〔北京〕中華全國體育總會（奧林匹克委員會）是由國家控制的組織，並非國際奧委會憲章所明文要求的獨立機構。也有證據表明，有機構進行全職體育訓練，以培養和預備『精英』運動員。出於上述原因，我們建議在考慮任何入會申請之前，其遞交的章程必須完全符合國際奧委會憲章要求。」本著這種精神，報告建議：

1. 國際奧委會必須在剝離所有政治考量的情況下處理中國問題。作為一個獨立於任何政府或準政府組織（包括聯合國）的非政府國際組織，國際奧委會有責任拋開政治、按照國際奧委會章程的規定行事。中華人民共和國與中華民國之間存在的政治問題，當由這兩個政府負責，並將在未來某個時候由它們自行決定。而國際奧委會的職責是確保世界上每一位男女運動員，無論其種族、宗教或政治信仰如何，都有機會參加奧林匹克運動。

2. 中華民國奧委會目前仍保留其成員資格，並應知照中華全國體育總會（奧林匹克委員會），他們將在這些條件下被接

納為會員：(a) 修改其章程以完全符合國際奧委會章程的
要求；(b) 明確將當前中華民國奧委會的管轄範圍排除在
自己的管轄範圍之外。

3. 如果上述建議不被接受，則成立兩個奧林匹克委員會來管
理兩個不同地理區域中的奧林匹克運動事務。它們將分別
稱為「中國奧林匹克委員會(北京)」和「中國奧林匹克委員
會(台北)」。[111]

　　無論克羅斯和布里奇報告中的調查結果及建議多有幫助，它都
未能提供可行的解決方案 —— 北京、台北和國際奧委會之間的分
歧實在太難協調。雪上加霜的是，調查委員會另一成員西珀科堅決
反對克羅斯和布里奇所得出的結論。西珀科在 1978 年 10 月 24 日單
獨提交的題為《訪問中華人民共和國》的報告中，公開承認他與調
查委員會另外兩位成員對「事實調查任務」一詞的含義有不同理解。
他寫道，他認為他們的任務不是「僅僅限於東道主在官方組織的會
議中發表的意見記錄，而且要表達我們從各種討論中收集到的特定
信息和意見，以及訪問期間所獲得的印象。」西珀科請同在國際奧
委會的委員們考慮：第一，承認同一國家的兩個奧林匹克委員會有
悖現行規定；第二，(以新的方式運用前主席布倫戴奇的論點)聯
合國現已承認中華人民共和國代表整個中國，包括台灣省；第三，
國際奧委會現有規章中沒有「領土」這一概念。西珀科總結說，「顯
然，國際奧委會面臨一個快速發展的過程」：各國際體育組織正「認
可或重新確立〔中華人民共和國〕全國體育總會的權利。」實質上，

　　國際奧委會非但沒有成為其他國際體育組織的引領者，反而
在這場不可逆轉的變革中完全落在了後面。這對它的聲望毫

無益處。還要考慮另外一個事實，即如果國際奧委會未在蒙得維的亞會議認可中華人民共和國，1980年奧運會上可能會落入非常尷尬的境地，因為這意味著要拒絕屆時已獲得大多數〔國際體育組織〕認可的中華人民共和國全國體育總會的運動員參賽。這會使國際奧委會之前預期的不利境況雪上加霜，並可能危害國際奧委會的權威地位。[112]

基拉寧可能希望事實調查委員會能為北京順利加入奧林匹克大家庭鋪平道路，但事與願違，各委員之間反而爭執不休。1979年國際奧委會在中國問題上投入了大量時間和精力。在當年3月的執委會議期間，3月10日的討論大部分都集中在中國問題上。根據會議記錄，基拉寧在會議的開場白中宣布「他認為眾所周知，早在1952年，他就反對『台灣』以『中華民國』的名義加入奧林匹克運動。但國際奧委會在戰後不久接受了這個做法。他說，令人遺憾的是，這個決定純粹是出於政治而非體育的考慮而做出的。」[113] 他現在要求國際奧委會用必要的時間，為這一早期錯誤引發的僵局找出解決方案。

1979年4月6–7日，中國問題又被討論了整整兩天。在這次會議上，國際奧委會邀請了北京和台北雙方代表，當面聽取他們的觀點。有意思的是，當國際奧委會最初讓雙方坐到一起討論這件事時，北京拒絕，台北同意。然而，北京方面改變主意之後，台北方面卻變卦了，要求與國際奧委會主席單獨會面。基拉寧拒絕了這一要求，決定同時邀請北京和台北代表參加1979年4月的蒙得維的亞國際奧委會執委會會議。在會上，台灣代表團被要求明確說出是否接受「中華台北奧林匹克委員會」的名稱，代表團團長丁善理「承認實際上已經準備接受這個名稱。」西珀科隨後問，如果台北沒有主張享有超出台灣及其周圍島嶼之外的管轄權，為何仍聲稱有權使

用中華民國的國旗、名稱、國歌等。丁善理回答，其他國家都使用本國國旗、名稱和標識，他看不出有什麼理由台灣不能這樣做。當國際奧委會問台北代表團是否準備與北京方面代表坐在一起，討論氣氛進一步冷卻。台灣方面答覆：「他們是受邀到此次會議來要求獨立身份和管轄區域的，不打算參加其他討論。」做完這一聲明之後，台灣代表團離開了會場。[114]

接下來，由宋中、何振梁和樓大鵬率領的北京代表團會見了國際奧委會。北京再次堅持只有中華人民共和國才能代表中國，表示只有在台灣被除名後才有興趣重返奧林匹克運動。國際奧委會委員問何振梁，為什麼北京允許香港留在奧林匹克大家庭內，而台灣不可以。何振梁強調，「台灣與香港的情況相去甚遠」——香港「是『歷史遺留』問題，其地位受到條約約束」。他又被問及北京是否願意允許中華民國奧委會改名，何振梁回答，只有一個中國，中國只能有一個國家奧委會；唯有在國際奧委會承認北京在奧林匹克大家庭中代表整個中國的情況下，北京才願意接受台灣使用其他名稱作為暫時的讓步。國際奧委會委員戴維‧麥肯齊（David McKenzie）問，無論台灣奧委會使用哪個名稱，北京是否都堅持將其逐出奧林匹克運動，並以此作為北京申請加入的條件。何振梁回答：「這不是驅逐一個奧委會而接納另一個的問題，而是代表權的問題。」北京只接受自己使用「中國奧林匹克委員會」，台北使用「中國台灣奧林匹克委員會」。[115]

現在，國際奧委會委員對雙方立場有了更為清晰的認識，該由他們拿出最終方案了。42名委員以及主席參加了隨後的辯論。這麼多委員參與一項具體事務，在國際奧委會歷史上前所未有。但由於不同觀點和意見實在太多，大會再次陷入僵局。

最後，委員們建議執行委員會提出決議供大家投票表決。蘇聯委員維塔利‧斯米羅諾夫（Vitaly Smironov）認為，國際奧委會已經到了非做決定不可的時候。他提醒在座各位，蘇聯承認中華人民共和國，把台灣看作中國的一個省。他的話立即引來對1976年蒙特利爾奧運會拒絕台灣參賽記憶猶新的麥肯齊的質問。麥肯齊問斯米羅諾夫，他剛才的話是否「意味著要打破莫斯科奧運會允許所有國家奧委會參賽的保證」。蘇聯代表說不，「他只是在表達讓北京重回奧林匹克運動的觀點」，而「所有獲得認可的國家奧委會都將被接受」參加莫斯科奧運會。鑑於委員之間意見分歧依然很大，基拉寧擔心表決會在程序上將真正解決問題的「大門關閉很多年」。面對僵持不下的局面，基拉寧問有多少成員想要在這屆會議上就中國問題做出決定，大多數委員（44名）表示希望了結此事。

於是執委會在當天晚上開會商討可行的決定。經過漫長討論，執委會以一票棄權、一票反對通過決議，即重新接受中國奧林匹克委員會，同時繼續承認總部設在台北的奧林匹克委員會，盡快解決所有有關名稱、國歌和國旗事宜。第二天即4月7日，此方案提交國際奧委會會議通過。國際奧委會委員們針對其中的措辭乃至內容展開辯論，還有一些親台的委員提出要做細微改動。儘管有些委員強烈抗議未在這個重要問題上充分表達意見，但修改後的決議還是以36：30票獲得通過，從而推翻了執委會的原方案。會議氣氛至此非常緊張。基拉寧對這些細微修改很不滿，公開表示「他因委員表現出來的對執委會缺乏信任感到失望」，又相信會議本身「在剛剛做出的決策中犯了錯誤」。在更激烈的討論和協商之後，會議終於同意執委會及其主席在解決「兩個中國」問題上有最終決定權。

　　國際奧委會執委會迫於緊急情勢，於1979年10月在日本名古屋會議上通過關於台灣的歷史性解決方案。台灣奧林匹克委員會將以「中華台北奧林匹克委員會」為名，不得使用自己的國旗、國歌或國徽；此外，其任何新的旗幟、歌曲及徽章都必須經過國際奧委會執委會批准。台灣的奧委會章程也必須在1980年1月1日之前根據國際奧委會的規定完成修改。[116]

　　在名古屋議案之後，台灣面臨沒有歌曲、旗幟供奧運會代表團使用的問題。[117] 徐亨在瑞士向國際奧委會提出訴訟，指控其決定非法，基拉寧要國際奧委會委員凱文·高斯珀 (Kevan Gosper) 在1979年與何振梁在中國會晤期間，弄清楚北京有沒有可能使用別的旗幟和歌曲。[118] 何振梁回答：「當您像我們一樣，為建立一個國家灑盡熱血、全力工作，您就不會為別的歌曲而肅立，不會跟隨別的旗幟前進。我們是中國人，我們有的是時間。」[119] 換句話說，中華人民共和國決不會讓步。台灣必須做出調整。

　　令國際奧委會慶幸的是，在鄧小平領導下，北京的領導層變得更加務實。鄧小平本人也像國際奧委會一樣，想要盡快解決這個問題。鄧小平對體育政策和體育項目並非外行。在法國勤工儉學那幾年，他成了忠實的足球迷。此外，他在文化大革命之前就掌管體育政策。1977年7月30日，鄧小平重新掌權；恰好在同一天，他出席觀看了中國青年隊和香港隊的足球比賽。[120]

　　作為中國的新領導人，鄧小平想要他的國家迅速重建國際關係，包括參與奧林匹克運動。他深度參與了與國際奧委會之間的談判，並親自做出北京重返奧運會的所有重大決定，包括台灣使用的旗幟和歌曲等問題。[121] 1979年2月26日，鄧小平接見日本記者，被問及：「1980年奧運會將在莫斯科舉行。中國是否有興趣參賽並

在將來主辦奧運會？」他回答：「首先我們要解決台灣在國際奧委會的資格問題。這個問題解決了，我們當然要加入國際奧委會。」1981 年初，台灣終於向國際奧委會提交了新的旗幟和會徽設計。一些中華人民共和國官員還在為是否接受這些新設計而展開爭論，鄧小平親自指示，北京同意台灣的新設計，並且接受台灣運動員贏得金牌時在會上演奏奧運會會歌。[122]北京的認同讓國際奧委會順利採納了台灣的設計。

　　台灣方面在事態發展中並未完全消極被動。他們意識到，國際奧委會規定的英文名稱「Chinese Taipei Olympic Committee」不能改變（徐亨撤回了訴訟），但可以在其中文譯名上做文章。北京堅持應該叫「中國台北」，而台北則譯為「中華台北」。一字之差又在兩岸引發激辯。根據談判親歷者吳經國回憶，它關係到台灣是否從屬北京的中國奧林匹克委員會。為找出解決方案，幾次秘密會議在香港舉行；最後，還是鄧小平最終決定接受台灣的翻譯。1989 年北京和台灣簽訂正式協議，允許台灣在 1990 年北京亞運會上使用「中華台北」這一有爭議的譯名。[123]

　　值得注意的是，「兩個中國」在國際奧委會和其他國際體育組織的最終解決方案明顯體現出鄧小平的「一國兩制」思想。眾所周知，鄧小平用這一思路處理了香港脫離英國殖民統治回歸中國的問題，但是很少有人意識到，這個想法首先運用於解決與台灣在奧林匹克運動中的爭執。務實態度以及儘量避免重犯舊錯的意識，使海峽兩岸的運動員都能參加奧運會和其他國際比賽了。儘管台灣對強加在身上的條件感到不滿，但是能夠參加國際體育比賽「保住」了它在其他國際場合日益受損的國際地位。即使必須接受新的條件，繼續留在大賽中也符合台灣的利益。

1979年至80年代初的事態發展，在台灣和北京仍然是政治對手的情況下，給了雙方運動員同時參加比賽的機會，台灣奧委會的地位在各個方面也得到了維護和尊重。[124] 與過去的零和博弈不同，這一解決方案帶來了雙贏。也許這個來之不易的國際奧委會模式還可以用作未來處理北京和台灣政治關係的基礎。

香港回歸後，台灣模式也成為處理香港國際奧委會成員資格的模本。香港最初於1950年被接受為奧林匹克大家庭成員，那時它還是英國殖民地。在北京方面同意的前提下，香港保留了奧林匹克運動成員資格；1997年7月3日，回歸的兩天後，香港與國際奧委會簽署協議，稱「共同目標是使香港人民作為一個單獨和獨立的實體，繼續參加奧運會，以及世界各地的廣泛的體育賽事。」根據新的安排，香港奧委會將在其名稱中的「香港」之前加上「中國」，香港代表團在所有場合都使用「特別行政區」旗幟。在官方場合如升旗及頒獎儀式上演奏中華人民共和國國歌。根據協議，保留原有的「HKG」縮寫，其徽章中間是紫荊花和五環，「中國香港代表團」幾個漢字出現在外圍環形中，其下是「HONG KONG, CHINA」。[125]

1983–2001年任國際奧委會主席的胡安·薩馬蘭奇曾自豪地宣稱：「我們是世界上唯一同時接納中華人民共和國和中華台北的奧委會作為正式會員的組織，無論是體育組織還是其他。」然而，回顧國際奧委會對「兩個中國」問題的處理，該組織在這方面並沒有多少可以自誇的。儘管如此，經歷了1958–1979年間的跌宕起伏之後，國際奧委會與北京能逐步成為親密盟友，一直樂於增進彼此的利益，委實令人驚嘆。

註 釋

1　Coubertin, *Olympic Memoirs*, 126.

2　同上，頁138。

3　*New York Times*, July 21, 1920, 23.

4　有關波多黎各情況的精彩論述，見John MacAloon, "*La Pitada Olympica*: Puerto Rico, International Sport, and the Constitution of Politics," in Edward M. Bruner, ed., *Text, Play, and Story: The Construction and Reconstruction of Self and Society* (Prospect Heights, Ill.: Waveland, 1988), 315–355。有關兩個朝鮮問題的最新考察研究，見Brian Bridges, "Reluctant Mediator: Hong Kong, the Two Koreas, and the Tokyo Olympics," *International Journal of the History of Sport* 24, no. 3 (March 2007)。

5　Guttmann, *The Games Must Go On*, 145.

6　另外兩名委員王正廷和孔祥熙離開了中國大陸。1949年後孔祥熙住在美國，王正廷定居香港。

7　北京的國家奧委會直到1952年11月才成立。有關赫爾辛基奧運會對北京方面想法的影響，詳見1952年赴赫爾辛基的中國奧運會代表團於1952年8月21日向中共中央所作的報告，見榮高棠，《榮高棠體育文論選》(上海：華東師範大學出版社，1992)，頁5–8。亦見李烈，《賀龍年譜》，頁519–520。

8　Brundage draft memoir, chapter 11, ABC, box 250, reel 244.

9　同上，頁7–8.

10　Edström to Otto Mayer, March 24, 1952, IOC Archives, République Populaire de Chine, correspondence, 1924–1958.

11　關於這個問題的內部討論細節，見Fan Hong and Xiong Xiaozheng, "Communist China: Sport, Politics and Diplomacy." *International Journal of the History of Sport* 19, nos. 2, 3 (2002), 320–327。

12　〈對中國是否參加第十五屆國際奧林匹克運動會問題的批語〉，1952年2月，載中共中央文獻研究室和中央檔案館，《建國以來劉少奇文稿》(北京：中央文獻出版社，2005)，第4卷，頁4–5。亦見中共中央文獻研究室，《周恩來年譜，1949–1976》，第1卷，頁214。

13　Edström to R. M. Ritter [honorary secretary of FINA], June 6, 1952, IOC Archives, République Populaire de Chine, correspondence, 1924–1958.

14　詳見 IOC Archives, Minutes of the Forty-sixth IOC Session, Oslo, February 12–13, 1952。

15　關於此論點的細節，見華智，《夙願——董守義傳》，頁 114。

16　同上，頁 111–113。

17　IOC Archives, Minutes of the Forty-sixth IOC Session.

18　IOC Archives, République Populaire de Chine, juridique, 1947–1975, folder Peking: 1952–1958.

19　R. M. Ritter [honorary secretary of FINA] to Edström, June 9, 1952, and Ritter to the All-China Athletic Federation, April 25, 1952, IOC Archives, République Populaire de Chine, correspondence, 1924–1958.

20　IOC Archives, République Populaire de Chine, juridique, 1947–1975, folder Peking: 1952–1958.

21　同上。

22　然而，新規定允許現有委員中不熟悉這兩門語言的人能帶翻譯進行協助。換句話說，國際奧委會在首次正式接觸中藉故譴責北京，但這樣做並沒有提高其公信力。

23　IOC Archives, Minutes of the Forty-seventh IOC Session, Helsinki, July 6–27, 1952.

24　華智，《夙願——董守義傳》，頁 118–119。

25　〈對中國是否參加第十五屆國際奧林匹克運動會問題的批語〉，第 4 卷，頁 4–5；亦見中共中央文獻研究室，《周恩來年譜，1949–1976》，第 1 卷，頁 214。

26　中共中央文獻研究室，《周恩來年譜，1949–1976》，第 1 卷，頁 250。

27　梁麗娟，《何振梁》，頁 19、27。

28　Rong Gaotang to Otto Mayer, August 3, 1952, IOC Archives, République Populaire de Chine, correspondence, 1924–1958.

29　IOC Archives, Minutes of the IOC Session, Athens, 1954.

30　IOC Archives, République Populaire de Chine, correspondence, 1924–1958.

31　梁麗娟，《何振梁》，頁 32；Brundage to T. J. Mathews, *Harvard Crimson*, November 16, 1966, IOC Archives, République Populaire de Chine, juridique, 1947–1975, folder Peking: 1952–1958, protestations/soutiens, 1956–1966。

32　Brundage to Dong, June 1, 1958, in IOC Archives, République Populaire de Chine, juridique, 1947–1975, folder Peking: 1952–1958.

33 中共中央文獻研究室，《周恩來年譜》，第2卷，頁149。

34 IOC Archives, République Populaire de Chine, juridique, 1947–1975, folder Peking: 1952–1958.

35 同上，亦見Chi-wen Shih, *Sports Go Forward in China* (Beijing: Foreign Languages Press, 1963), 52–53。

36 梁麗娟，《何振梁》，頁34。

37 國家體委政策研究室，《體育運動文件選編（1949–1981）》，頁175。

38 IOC Archives, République Populaire de Chine, correspondence, 1924–1958.

39 "Red China Blasts Olympic Games," Chicago Daily News, May 25, 1964. 又見N.A., "Firmly Support Indonesian and Korean Boycott of the Tokyo Olympics," [Beijing] *China's Sport* 6 (1964): 1。

40 關於1950年代初期台灣與國際奧委會之間的關係，詳見郝更生，《郝更生回憶錄》，頁40–54、72–95。

41 台灣重要的體育學者及官員湯銘新後來稱，台灣退出1952年奧運會以及後來在1960年羅馬奧運會上持「抗議」的標語入場都不是好策略，因為都不能幫助台灣以「中華民國」的名義留在奧林匹克運動中。見湯銘新，《湯銘新先生訪問記錄》（台北：中央研究院中國近代史所，2005），頁176–177。

42 中國國家奧委會退出1952年赫爾辛基第十五屆奧運會的聲明，1952年7月17日，見郝更生1952年7月19日致埃德斯特羅姆的信，IOC Archives, République Populaire de Chine, histoire, 1952–1986。

43 ABC, box 201, reel 116。

44 1952年7月19日郝更生正式通知埃德斯特羅姆台灣退出奧運會。見IOC Archives, République Populaire de Chine, juridique, 1947–1975, folder Taiwan: 1951–1964。郝更生在其回憶錄中並沒有提到這個戰略失誤。詳見郝更生，《郝更生回憶錄》，頁40–54。

45 在台灣以退出奧運會來抗議北京參賽之後，1952年7月31日郝更生憤怒地致信埃德斯特羅姆，申明他無權向台灣發出「『你們可以不參加』這樣唐突且無禮的」電文。IOC Archives, République Populaire de Chine, juridique, 1947–1975, folder Taiwan: 1951–1964. See also "Hao to Brundage, personal and confidential," ABC, box 120, reel 66。

46 Brundage to Hao Gengsheng, June 17, 1952, ABC, box 120, reel 66.

47 ABC, box 120, reel 66.

48　同上。

49　同上。

50　IOC to Brundage, May 3, 1954. ABC, box 120, reel 66.

51　Wolf Lyberg, *Fabulous One Hundred Years of the IOC: Facts, Figures, and Much, Much More* (Lausanne: International Olympic Committee, 1996), 113–114.

52　"China and the Olympics," editorial, *New York Times*, May 30, 1959.

53　Wm. de Bary to Brundage, June 8, 1959, ABC, box 121, reel 67.

54　86th Cong., 1st sess., H. Cong. Res. 191, June 2, 1959.

55　Guttmann, *The Games Must Go On*, 149.

56　參見其1959年7月31日的信,見於IOC Archives, République Populaire de Chine, juridique, 1947–1975, folder protestations/soutiens: 1956–1966。

57　IOC Archives, Minutes of the Fifty-seventh IOC Session, 7.

58　詳見張啓雄,〈1960年前後中華民國對國際奧委會的會籍名稱之爭〉,《中央研究院近代史研究所季刊》,第44期(2004年6月),頁103–153。

59　布倫戴奇和梅耶1960年8月29日致台灣奧委會主席,IOC Archives, République Populaire de Chine, juridique, 1947–1975, folder Taiwan: 1951–1964。

60　圍繞台灣參加羅馬奧運會的名稱問題,台灣官方的討論及反應詳情,見張啓雄,〈1960年前後中華民國對國際奧委會的會籍名稱之爭〉,頁103–153。

61　國史館,外交部檔案,東京奧運會卷宗,172–4/0135–4。

62　同上。

63　1968年10月24日,布倫戴奇通知台灣,根據國際奧委會在墨西哥城會議上的決定,「你們的奧林匹克委員會將以『中華民國奧林匹克委員會』為名,並將以China, R. O.列出。」自1968年11月1日開始生效。這封信由布倫戴奇簽署日期及名字。奇怪的是,布倫戴奇的繼任者在1978年「談到了布倫戴奇先生的文件中有國際奧委會關於承認台灣用『中華民國』名稱的文件,但是該文件既無日期,也無簽名,因此其合法性令人懷疑。」(見IOC Archives, Minutes of the IOC executive board meeting in Athens, May 13, 14, 16, and 18, 1978, 28.)或許基拉寧只是想掩飾他的前任在國際奧委會留下的令人尷尬的混亂局面而已。有關台灣名稱問題的細節,見國史館編,《徐亨先生訪談錄》(台北:國

史館，1998），頁49–87。亦見1968年10月24日布倫戴奇致楊森信，IOC Archives, République Populaire de Chine, reconnaissance, 1968–1979, demande de reconnaissance, 1968。

64 甚至香港也向國際奧委會表示對台灣的不滿。在1966年9月9日給台灣奧林匹克委員會的信中布倫戴奇寫道，國際奧委會收到大量來自香港業餘體育協會及其奧林匹克委員會的憤怒抱怨：「反對你們的國家體育聯合會以這種或那種方式動員居住在香港的中國人加入其運動隊的做法。」其中一項來自香港的投訴是，台灣人口是香港的兩倍多，應該有能力組建自己的團隊。「如果他們不能自足立身，就應該敢於從國際競爭中退出。現在這種情況最讓人不滿。…… 我認為這項政策是對國際奧林匹克委員會及其規則的嘲弄。」布倫戴奇表示認同，警告這種做法有悖於奧林匹克運動精神及信條，因而「我們認為你們應立即採取措施，制止你們的下屬協會繼續這樣違背奧林匹克原則。」見IOC Archives, République Populaire de Chine, reconnaissance, 1968–1979, demande de reconnaissance, 1968。

65 有關徐亨當選國際奧委會委員的內部詳情，見Michael Morris Killanin, *My Olympic Years* (London: Secker and Warburg, 1983), 112。

66 國史館，國際體育問題專組檔案，172–3/ 4141。

67 IOC Archives, Minutes of the Seventy-sixth IOC Session, Lausanne, May 21–23, 1975, 54–56。

68 徐亨自1970年至1987年為在台國際奧委會委員，對台灣與國際奧委會之間就台灣在奧運會組織中的名稱和地位所進行的談判有深入的瞭解。見國史館編，《徐亨先生訪談錄》，頁49–87、183–249。

69 Brundage draft memoir.

70 1951年5月30日埃德斯特羅姆的信（沒有收信人姓名，應該是寫給在中國的國際奧委會委員的），IOC Archives, République Populaire de Chine, correspondence, 1924–1958。

71 1952年5月16日孔祥熙致梅耶，IOC Archives, République Populaire de Chine, histoire, 1952–1986。王正廷和孔祥熙都是國民黨政府高級官員，並且有政治理由支持台灣的主張。此外，儘管他們都是國際奧委會委員，但他們很長時間沒有積極參與國際奧委會事務。

72 J. Sigfrid Edström to Otto Mayer, March 24, 1952, IOC Archives, République Populaire de Chine, correspondence, 1924–1958.

73 Frenckell to Edström, June 19, 1952, IOC Archives, République Populaire de Chine, juridique 1947–1975, Helsinki 1952, Rome 1960.

74 Brundage to Edström, June 2, 1952, IOC Archives, République Populaire de Chine, correspondence, 1924–1958.

75 同上。

76 國際奧委會主席埃德斯特羅姆與中華全國體育總會（北京）之間的電報往來，IOC Archives, République Populaire de Chine, histoire, 1952–1986。

77 Brundage to Edström, July 3, 1952, IOC Archives, République Populaire de Chine, correspondence, 1924–1958.

78 Edström to Mayer, June 16, 1952, IOC Archives, République Populaire de Chine, juridique, 1947–1975/Helsinki 1952, Rome 1960.

79 Frenckell to Edström, June 19, 1952.

80 IOC Archives, Minutes of the Forty-seventh IOC Session, Helsinki, July 16–27, 1952.

81 Guttmann, *The Games Must Go On*, 208.

82 日本最終放棄主辦1940年東京奧運會。對此詳見Sandra Collins, "'Samurai' Politics" and "Conflicts of 1930s Japanese Olympic Diplomacy in Universalizing the Olympic Movement."

83 N.a., "Civilization May Be Saved by Athletes, by Brundage, American Olympic Committee," n.d. (possibly around 1938), ABC, box 249, reel 144。

84 Avery Brundage, "The Future of the Olympic Games," ABC, box 249, reel 144.

85 Christopher Young, "Munich 1972, Representing the Nation," in Tomlinson and Young, *National Identity and Global Sports Events*, 120–121.

86 Brundage draft memoir.

87 國際奧委會執行委員會會議記錄，1979年10月23–25日，日本名古屋。

88 Killanin to R. S. Alexander, June 13, 1979, IOC Archives, République Populaire de Chine, correspondence, June–July 1979.

89 IOC Archives, République Populaire de Chine, juridique, 1947–1975, folder Peking: 1952–1958.

90 IOC executive board, press file, The China Question, March 10–11, 1979, IOC Archives, Chinese Taipei, correspondence, 1979.甚至基拉寧在其回憶錄中也使用了錯誤名字，見Killanin, *My Olympic Years*, 110。

91 基拉寧在其回憶錄中仍然稱他為「Shou Yi-Tung」。見Killanin, *My Olympic Years*, 108–110。

92 這種無知並非國際奧委會所獨有。許多美國政客甚至犯了更加嚴重的錯誤。僅舉一例便足以說明。來自馬薩諸塞州的共和黨人、國會議員西爾維奧孔戴 (Silvio O. Conte) 介紹國會的一項決議，表達美國對國際奧林匹克競賽的目標與理想的支持和鼓勵，他在提及中國時犯了一些事實性錯誤。他提到，中華人民共和國沒有參加1952年奧運會——事實上參加了。他還進一步聲稱：「1976年台灣沒有參加奧運會，因為中華民國參加了。」這短短一句話就有兩個嚴重誤解：首先，台灣的官方名稱就是「中華民國」；其次，是北京沒有參加1976年奧運會，而台灣則主動選擇退出奧運會 (98th Cong., 1st sess., H. Res. 366, in LA Sports Library, Amateur Athletic Association, Paul Ziffren collection, roll 3.)。這些事實上的錯誤不僅表明國會議員不知道自己在說什麼，還表明他們懶惰或自大到根本不去核實事實。有關這個問題的一些背景，見Killanin, *My Olympic Years*, 134。

93 見薩馬蘭奇1981年11月12日致鍾師統信，IOC Archives, République Populaire de Chine, correspondence, 1981。

94 見1981年11月12日貝利烏致何振梁信，IOC Archives, République Populaire de Chine, correspondence, 1981。

95 吳經國在回憶錄中反覆講到此事，並收入附有薩馬蘭奇更正的宣誓卡副本。在宣誓卡上，列出委員所在地的國家名稱為「中國台北」。在最後一分鐘，薩馬蘭奇刪除這個名稱，並允許吳經國在宣誓儀式上不讀出自己所在地的國家名字。見吳經國，《奧林匹克中華情》(蘇州：蘇州大學出版社，2005)，頁50–54；吳經國，《奧運場外的競技》(台北：天下遠見出版股份有限公司，2001)，頁33–35。

96 "Address by Avery Brundage," Mexico City, October 1968, ABC, box 249, reel 144.

97 Alex Frere, "China, in a Quiet Way, Makes Olympic Gains," *International Herald Tribune*, May 8, 1974.

98 David Miller, *Olympic Revolution: The Biography of Juan Antonio Samaranch* (London: Pavilion, 1992), 174.

99 Killanin, *My Olympic Years*, 108–111.

100 梁麗娟，《何振梁》，頁71。

101 ABC, box 58, reel 34.

102 梁麗娟，《何振梁》，頁71–79。

103 1975年4月9日趙正洪致基拉寧信，IOC Archives, République Populaire de Chine, correspondence, January–June, 1975。

104 Report by M. Kiyokawa at the IOC sessions at Athens on May 20, 1978, in IOC Archives, République Populaire de Chine, correspondence, 1978。基拉寧後來也訪問了台灣。見The memo on the meeting between the IOC president and the prime minister of Taipei, October 19, 1979, in IOC Archives, République Populaire de Chine, juridique, Comités Nationaux Olympiques, 1979–1980。

105 路金棟與基拉寧的談話記錄，見基拉寧訪問中華人民共和國的秘密報告，IOC Archives, République Populaire de Chine, correspondence, 1977。

106 IOC Archives, Minutes of the Eightieth Session of the IOC, Athens, May 17– 20, 1978, 41.

107 同上，頁112–113。

108 同上。

109 同上，頁52。

110 同上，頁42。

111 IOC Archives, Minutes of the Eighty-first IOC Session, Montevideo, April 5–7, 1979.

112 Confidential letter to Killanin from Siperco, October 24, 1978, IOC Archives, Chinese Taipei, correspondence, 1978.

113 IOC Archives, Minutes of the IOC executive board, Lausanne, March 9–10, 1979.

114 IOC Archives, Minutes of the Eighty-first IOC session.

115 同上。

116 IOC Archives, Minutes of the IOC executive board meeting, Nagoya, Japan, October 23–25, 1979。

117 由於徐亨向國際奧委會提起訴訟，因此國際奧委會對名稱問題的解決甚至都不能算十分合法。見國史館，《徐亨先生訪談錄》，頁69–85。

118 詳見Henry Hsu to Killanin, December 11, 1979, IOC Archives, République Populaire de Chine, correspondence, September–December 1979; Henry Hsu to the IOC members, 1980, IOC Archives, Chinese Taipei, correspondence, 1980。

119 Kevan Gosper, with Glenda Korporaal. *An Olympic Life: Melbourne 1956 to Sydney 2000* (St. Leonards, New South Wales: Allen & Unwin, 2000), 191.

120 中共中央文獻研究室,《鄧小平年譜》,第1卷 (北京:中央文獻出版社,2004),頁167。

121 何振梁,〈全面走向世界〉,收入國家體育政策法規司,《中華體壇四十春》(北京:人民體育出版社,1990),頁32–33。

122 梁麗娟,《何振梁》,頁226–229。亦見伍紹祖等編,《中華人民共和國體育史》(北京:中國書籍出版社,1999),頁253。

123 吳經國,《奧林匹克中華情》,頁65、205–206;吳經國,《奧運場外的競技》,頁97–105。儘管北京方面允許台灣使用「中華台北」,但自己則在其媒體中使用「中國台北」。宋世雄回憶道,他總是清楚地標出「中國台北」以確保自己不出錯。根據他的解釋,儘管「中華台北」和「中國台北」之間僅一字之差,但它涉及一個「重要的原則問題」,「不能混為一談」。見宋世雄,《宋世雄自述》,頁208。

124 Richard Pound, *Five Rings over Korea: The Secret Negotiations behind the 1988 Olympic Games in Seoul* (New York: Little, Brown, 1994), 42.

125 IOC Archives, Minutes of the IOC Executive Board Meeting, Lausanne, September 3–6, 1997.

第五章

乒乓外交

我們偉大領袖毛主席把乒乓球一彈過去，就轉動了世界。

——周恩來，1972[1]

在現代，由於體育運動的廣泛和強大的吸引力，體育競賽有時被用作外交手段。中國人則將這種運用提高到了全新的水平。如前所述，遠在共產黨掌權之前，國民黨政府便利用體育來推動更大的政治和外交目標。隨著1949年中華人民共和國成立，毛澤東宣布要建立一個「新中國」，但在體育管理方面，新政權實際上沿用歷屆政府的做法，只做了一個變通：在毛澤東領導下，體育運動經常被用來培養與社會主義兄弟國家之間的政治同盟關係。

毛澤東本人對體育運動並不陌生。如前所述，毛澤東公開發表的第一篇文章，就是討論體育對國民的重要性。此外，毛澤東一生熱愛運動，尤其喜歡散步、游泳和遠足。[2]在1966年發動文化大革命時，他進行了著名的「暢游長江」，作為這場中國重大政治風暴開始的紀念。

中共領導人在很大程度上將體育視為外交和政治手段，因此他們特別重視培養運動員隊伍和重視體育競賽。儘管毛澤東平時如同

皇帝一般，在大多數情況下都避開公眾，但他還是幾次接見中國乒乓球隊。[3]毛澤東有時還會接見來訪的國外運動員代表團。1956年2月6日，毛澤東曾會見來訪的南斯拉夫青年足球隊。[4]

在毛澤東領導下，其他中國領導人對體育與外交之間關係的發掘和利用更加深入。周恩來尤其擅長此道。儘管公務極為繁忙，但他很少錯過接見來訪運動員代表團的機會。在接見蘇聯國際象棋隊的第二天，他向中國體育官員解釋，這些蘇聯國際象棋選手個人並沒有多重要，但接見他們表明中國對蘇聯人民「非常非常」友好。[5]1963年3月17日晚，周恩來在家中宴請中國乒乓球代表團成員，他們即將出發參加第27屆世界乒乓球錦標賽，席間，周恩來告訴他們：「友誼重於比賽。」[6]

因此，在中美兩國著名的乒乓外交之前，毛澤東和周恩來就已經開始了「體育外交」的實踐。兩人經常用收音機收聽中國乒乓球隊與外國選手比賽，並興致勃勃地跟蹤賽程。而且，兩人都非常重視比賽轉播。[7]有一次，周恩來親自告訴中央電視台體育解說員宋世雄，說毛澤東很喜歡他報道比賽的方式。1970年8月初，根據中央政治局的決定，周恩來指示廣播電台對重要的乒乓球比賽做實況轉播，儘管播音員要更多地關注「政治」而不是比賽本身。[8]

對1970年11月中國對越南的比賽，周恩來也同樣給予指示：「告訴廣播電台、電視台，要出友誼的鏡頭、友誼的聲音、友誼的畫面。」1970年12月10日，當中國乒乓球隊與羅馬尼亞隊比賽時，周恩來甚至通知中央電視台，要多給羅馬尼亞名將鏡頭，他還親自審查媒體的報道內容。[9]在毛澤東時代，與體育相關的一切都要做到滴水不漏。

中國體育官員對與體育相關的廣播和宣傳的這種細緻管控將在後毛澤東時代繼續下去。如宋世雄在其回憶錄中所言，對他來說，

事先為奧運會開幕式這類事件準備好一份書面解說詞是標準做法，這樣才能做到在開播之前得到政府的批准通過。[10]

搭建舞台

中華人民共和國成立後，中美兩國便是死對頭，相互之間沒有正式外交關係。但到60年代後期，兩國都面臨很多挑戰，並意識到需要對方來共同處理這些問題。儘管理查德·尼克松（Richard Nixon）以高調反共言論著稱，但此時他也在努力尋找與中國建立良好關係的可能機會。

早在1969年就任美國總統之前，尼克松就在考慮中國問題。他在1967年《外交事務》（*Foreign Affairs*）雜誌的文章中說，美國需要重新審視其對華政策：「從長遠來看，我們根本無法承擔把中國一直排除在國際大家庭之外的後果；這樣做只能讓它暗中滋養幻想，滿懷仇恨，並威脅鄰國。在這個小小的星球上，讓十億有潛力成為強者的人憤怒地生活在孤立之中是不可想像的。」[11]

入主白宮後，尼克松便把打開與中國關係的局面作為頭等大事。做出這一決定有幾個原因。首先，在競選總統時尼克松就向美國公眾承諾，一旦當選他將帶著美國體面地撤出越南戰爭。而鑒於中越兩國之間淵源頗深，與中國建立更好關係對實現這一目標至關重要。其次，自二戰結束，美蘇兩個超級大國的雙邊關係便成為歷屆美國總統最頭痛的問題之一。尼克松必須想方設法與蘇聯進行有效談判。他相信，與中國建立更緊密的外交關係，能提高與蘇聯較量時討價還價的地位。最後，作為政治家，尼克松對自己寄予厚

望，他渴望成為世界一流政治家；如果能開啓與中國之間的對話，他就能因在國際事務方面有超人的遠見卓識而流芳百世。

新的對話於1969年2月1日邁出第一步，當時尼克松要求國家安全顧問亨利·基辛格 (Henry Kissinger) 找出與中國人建立更好關係的好辦法。[12] 但是要將尼克松的善意信息傳達給中國人，必須小心操作；如若失敗，會讓美國人很丟面子。更何況，美國與中華人民共和國之間沒有正式外交關係，只有強烈的互不信任。但尼克松不僅有決心，所採取的方式也頗有創意。在仔細思考與毛澤東可能具備的共同點後，尼克松隨手記下了這些話：「RN（尼克松姓名的縮寫字母）和毛，都是代表人民的人。」此外，尼克松和毛澤東都面臨「知識分子問題」。[13] 令尼克松高興的是，他在基辛格1969年4月提交的關於中共九大的報告中，發現了更多潛在的共通點，指出：毛澤東似乎要在他發動的文化大革命中改造教育政策。尼克松在報告的頁邊寫道：「HK（基辛格姓名的縮寫字母）：注意，毛也在對抗教育體制！」[14]

尼克松政府曾多次試探中國，根據當時還是中央情報局特工、後來擔任美國駐華大使的李潔明 (James Lilley) 的說法，是「整整一系列的（操作）」。[15] 這些嘗試始於荷蘭駐北京代辦傑克·德克森 (J. J. Derksen)，他在1970年初告訴美國人，他願意在絕對保密的情況下傳遞信息。[16] 遺憾的是，德克森的表現讓人失望。基辛格最後承認：「自年初以來我們一直在嘗試通過荷蘭打開局面，但我相信，若要取得任何進展，還是得通過巴黎。」[17]

法國與中美雙方都有正式外交關係，中國派有駐法大使。但尼克松和基辛格很快得出結論，對於超級秘密外交的外交行動來說，巴黎是非常危險的，他們的工作內容很容易泄露。尼克松不得不另

覓新地點。他急切地嘗試了種種渠道。1969年夏末，尼克松進行任內首次環球出訪，期間同多國領導人談到中國，並請他們向北京方面轉達善意。1970年10月，多國領導人齊聚紐約，慶祝聯合國成立25周年，尼克松抓住了這一時機。他知道巴基斯坦當時被中美雙方都視為朋友，特意於10月25日在橢圓形辦公室會見巴基斯坦總統葉海亞·汗（Yahya Khan）。會面期間尼克松告訴葉海亞·汗：「我們開啓與中國的談判至關重要」，並表示願意進行高層接觸。尼克松知道葉海亞·汗不久將出訪北京，因此請他向中國領導人傳遞這個信息。巴基斯坦總統表示同意。[18]

尼克松也以同樣方式接觸了羅馬尼亞總統尼古拉·齊奧塞斯庫（Nicolae Ceauşescu）。在10月26日的會見中，他告訴齊奧塞斯庫，他對與中國建立高層政治和外交聯繫很感興趣。第二天，基辛格又向齊奧塞斯庫重申了這一點：「如果中華人民共和國的領導人要通過您給我們傳話，而貴國大使和我溝通，我可以向您保證，此類信息不會流出白宮。」齊奧塞斯庫承諾：「我們會把我們之間的談話告知中國領導人；如果有任何消息，也將像以往一樣轉達給您。」[19]這是美國總統第一次使用中華人民共和國的官方名稱，尼克松將此稱為「重大的外交信號」。1970年10月，尼克松在接受《時代》周刊採訪中稱：「如果我在死之前還有什麼要做的話，那就是去中國。」[20]

尼克松以果斷的行動證明自己所言非虛。1969年9月9日，尼克松親自指示美國駐波蘭大使直接接觸中國外交官，表示尼克松想開啓實質性會談。應美方要求，1970年1月20日，美國駐波蘭大使沃爾特·斯托塞爾（Walter Stoessel）和中國駐波蘭使館臨時代辦雷陽的會談在華沙舉行。[21]在會談中，斯托塞爾表達了美國政府希望改善與中華人民共和國之間關係的意願。一個月之後，斯托塞爾

再次在白宮的直接指示下，提出兩國進行更高級別會談的要求。雷陽始終未給任何承諾。[22] 1971 年 3 月 11 日，美國國務院向駐外使館發出秘密通知：「持護照赴中華人民共和國旅行的禁令在 3 月 15 日到期後自動失效，不再延續。」與此同時，對北越、朝鮮以及古巴的旅行限令繼續有效。[23] 這種善意姿態在戰略上十分明智，1971 年 4 月北京邀請美國乒乓球隊訪問時，它的作用就發揮出來了。

在尼克松努力向北京傳遞友好姿態的同時，毛澤東也判明改善與美國關係能帶來戰略上的利益。[24] 文化大革命的瘋狂歲月，極大損害了他本人創建的所有政治基礎。國家在經濟上瀕臨崩潰，在自我造成的外交孤立中也遭受極大困苦。更重要的是，中蘇關係急劇惡化：1969 年，兩國在邊境綫上發生軍事衝突。毛澤東有充分理由擔心他的蘇聯鄰居：1968 年，蘇聯以「勃列日涅夫主義」為名，入侵捷克斯洛伐克；而在「勃列日涅夫主義」看來，蘇聯有權在任何社會主義國家敢於挑戰其權威時使用武力。中國曾在許多領域向蘇聯提出挑戰，而蘇聯通過公然亮出「亞洲集體安全體系」，實際上保留了與中國軍事對抗的可能。蘇聯甚至問美國，若襲擊中國的核設施，美國將如何反應。[25] 此外，在 1969 年中蘇邊境衝突後，蘇聯大大加強中蘇邊界的軍事力量，由 1970 年的 30 個師，增加到一年後的 44 個師。[26]

在蘇聯的威脅下，毛澤東像尼克松一樣開始重新考慮中美關係。毛澤東精於游擊戰，他知道，既然蘇聯人隨時可能發動襲擊，北京就無法承受同時成為兩個超級大國的對頭。儘管表面上看，中國把尼克松與前任林登·約翰遜（Lyndon Johnson）相提並論，稱其為「一丘之貉」，但毛澤東私下裡更願意和尼克松打交道——美國總統發出的許多試探也增強了這一希望。[27]

　　對毛澤東來説，改善中美關係可以帶來兩大好處：在一定程度上遏制來自蘇聯的威脅，以及增加收回台灣的可能性。[28] 然而，最終迫使兩個宿敵走到一起的，恰恰是蘇聯的虎視眈眈。[29] 毛澤東非常明白中蘇邊境衝突對美國人意味著什麼。據説他在中蘇衝突期間曾對助理説：「中蘇發生交戰了，給美國人出了個題目，好做文章了。」[30]

　　作為中美外交關係轉折的一部分，毛澤東親自審閱了《人民日報》和《紅旗》雜誌這兩個重要的宣傳喉舌上有關尼克松就職演説的評論員文章，以及尼克松就職演説的原文。[31] 1969年，就在尼克松讓基辛格找出通往中國的最佳途徑時，毛澤東也召集陳毅、葉劍英、徐向前和聶榮臻這四位元帥，給了他們同樣的任務。[32] 像尼克松一樣，毛澤東也親自批准了70年代初中美在華沙的接觸和對話。[33]

　　同樣像尼克松，毛澤東也通過他人將自己的信息傳達給美國，與老朋友、美國記者埃德加·斯諾 (Edgar Snow) 的會晤和談話就是證明。[34] 1970年12月18日，一個寒冷的清晨，毛澤東的助手叫醒斯諾，請他去和毛澤東進行幾個小時的會面。在這次談話中，毛澤東告訴斯諾，他歡迎尼克松訪問中國。1970年12月25日，在周恩來的精心安排下，《人民日報》頭版刊登了斯諾和毛澤東在天安門城樓上的照片，右上角是「全世界人民包括美國人民，都是我們的朋友」的語錄。

　　這些傳達給尼克松的善意信號，都是經過精心設計的。毛澤東在與斯諾談話當天對助理説，他想利用這次會面及照片「放個試探氣球，要觸動觸動美國人的感覺神經。」[35] 斯諾的角色很清楚，用毛澤東自己的話説就是「我在和尼克松吊膀子，要找紅娘啊」。[36] 然

而，作為30年代第一個採訪毛澤東的西方記者，並且從那以後一直保持著與毛澤東接觸特權的斯諾，在向尼克松傳話方面絕對是糟糕人選，因為他沒有接觸白宮的機會。直到1971年春斯諾的採訪公開發表，尼克松才得知毛澤東的信息。正如基辛格後來指出：「毛澤東的信號被忽略的原因之一是中國人大大高估了埃德加‧斯諾在美國的重要性。斯諾作為一個長期同情中國共產黨的美國記者，被北京的領導人看作在美國對中國事務上具有特殊的可靠性。然而，華盛頓方面卻認為他是共產黨的工具，並不準備在事關機密時信任他。」基辛格還承認，中國人「高估了我們的理解力，他們傳過來的信息是那麼拐彎抹角，我們這些粗枝大葉的西方人完全抓不住要點。」[37]尼克松和基辛格直到後來才搞明白毛澤東的意思——1970年10月1日和12月18日與斯諾的會面，表明中美關係已經得到他本人的關注。[38]

在與華盛頓發展新關係時，毛澤東還要面對另一個阻礙：要向中國群眾證明，改善與美國的關係是合理的。多年來，中國人深受「美國是敵對帝國主義勢力」觀念的影響。在文化大革命根深蒂固的政治激進主義的整體背景下，要證明一種更為務實的外交手段十分困難。蘇聯總理科希金（A. H. Kosygin）有一次想與毛澤東通電話，討論邊界衝突後惡化的兩國關係，中國的電話接綫員稱他為修正主義者，告知他沒資格與偉大領袖毛主席通話，隨即掛斷電話。[39]在毛澤東本人授意下形成的對他的個人崇拜，讓他在處理中美關係時不得不謹慎行事。同時，由於無法確認對尼克松的「勾搭」能否成功，毛因此只能緩慢推進改善中美關係的進程。

另外，毛澤東也不想放棄他在國際上的革命形象，這讓尼克松甚感困惑。1970年5月20日，關於美國轟炸柬埔寨的聲明就是很

好的例子。在這篇題為〈全世界人民團結起來，打敗美國侵略者及其一切走狗！〉的聲明中，毛澤東宣稱：「美帝國主義看起來是個龐然大物，其實是紙老虎，正在垂死掙扎。」出於地緣政治和意識形態考慮，毛澤東當然要站在柬埔寨一邊。在一份備忘錄中，基辛格似乎明白了毛澤東的兩難困境：他告訴尼克松，毛澤東的聲明實際上「非同尋常地溫和」，因為它只為印度支那人民提供「堅決的支持」，「連中國是鬥爭『大後方』這樣的常用語都沒出現。」[40] 但尼克松被激怒了：「這傢伙看起來很好鬥。我要讓他們知道我們不玩這套懦夫的遊戲。」[41] 他的反應明顯過激——將第七艦隊中不需要駐守越南的所有軍艦部署到台灣海峽。而中國的革命派還在不斷對美國表示譴責。事情對毛澤東和尼克松來說都更糟糕了。

　　如果說毛澤東領導下的中國向尼克松所發出的信號令他摸不著頭腦，那麼美國方面發出的信息也讓人抓不住重點，只是根本原因不同：美國問題的根源是對華政策並不統一。大多數美國人也習慣了對華懷有敵意，對政策轉變有準備的少之又少。甚至連亨利‧基辛格最初都認為尼克松與中國建交的想法「異想天開」。[42] 此外，尼克松並沒有積極推動這一轉變。相反，他對自己的對華措施極為保密，連國務院都被蒙在鼓裡。此外，當時白宮與國務院之間官僚內鬥嚴重，基辛格與國務卿威廉‧羅傑斯（William Rogers）經常起衝突。這種情況讓有關中國的信息混亂而自相矛盾，中國方面也很難理解美國政策的走向。

　　雙方這些不同含義的信號，讓毛澤東和尼克松在互相回應時異常小心謹慎，這也就不令人意外了。基辛格後來寫道，「事實證明，制定一個對華關係的新框架要比將其付諸實施容易得多。兩國的孤立與隔絕如此徹底，以致雙方不知如何取得聯繫，或者怎

樣找到共同的話語，以確定對方的『友善』背後沒有陷阱。」[43] 雖然毛澤東和尼克松需要彼此，但「雙方都必須謹慎行事，帶著重要而微妙的信息和姿態，試著接近對方；如果被拒絕，則意味著前功盡棄。」[44] 在二十多年的相互仇視和誤解之後，重建關係不可能輕鬆而容易。

只有非同尋常之事才能為北京和華盛頓提供繼續向前的清晰信號，這就是體育比賽。前面提到，毛澤東和尼克松都是體育迷；後者曾自封代號「四分衛」，並把海防港的布雷行動稱作「中後衛行動」。[45] 根據幕僚長霍爾德曼 (H. R. Haldeman) 的日記，為了觀看老對手俄亥俄州立大學和密歇根大學的橄欖球賽，尼克松曾經中斷與高級助手的預算會議。[46] 有趣的是，與毛澤東不同，尼克松雖然喜歡看比賽，但很少參與體育運動。事實上，尼克松是繼富蘭克林‧羅斯福 (Franklin Roosevelt) 之後最不願意運動的總統。有一次他告訴體育顧問委員會，「我實在討厭為鍛煉而鍛煉⋯⋯現在有一種趨勢：蹺起腳坐著看電視，一邊嚼椒鹽餅乾一邊喝酒，這就是他們參加體育鍛煉的方式，我覺得不賴。」[47] 但無論怎樣，尼克松很欣賞運動之美。因此，當毛澤東突然提議在兩國之間舉行乒乓球友誼比賽時，尼克松自然表示同意，對其中的含義和重要性心領神會。

毛澤東的動作

毛澤東本人固然喜歡體育，但他利用乒乓球比賽達到外交目的的想法，卻遭遇國內環境的阻礙。文化大革命運動對包括乒乓球在內的中國體育造成了嚴重破壞。1967年，在遭到紅衛兵的侮辱和

毆打後，多位乒乓球國手自殺身亡。幾乎所有重要國際體育賽事都被禁止參加。

到70年代初，北京的國際體育協會成員資格所剩無幾。中華人民共和國保留了世界乒乓球協會，以及亞洲聯合會的會員資格；對毛澤東和尼克松來說，這真是一件幸事。儘管如此，在文化大革命如火如荼的情勢下，中國錯過了第29屆和第30屆世界乒乓球錦標賽。第31屆錦標賽將於1971年3月28日至4月7日在日本名古屋舉行。北京會再次錯過比賽嗎？

周恩來總理堅信，作為回歸國際社會的行動，中國應該露面，並早在1970年10月就開始為運動員代表團制定計劃。周恩來親自安排日本乒乓球協會會長後藤鉀二於1971年初訪問中國，邁出了第一步。當後藤鉀二和中國官員的談判因台灣在亞洲乒乓球協會的成員資格而陷入僵局時，周恩來親自干預並促成最後協議。[48] 1971年2月2日，《人民日報》報道，北京確定將參加第31屆世界乒乓球錦標賽。

周恩來繼續親自處理代表團事務。2月12日，他觀看了中國代表團的訓練，隨後與選手談話，鼓勵他們在即將到來的比賽中有出色表現。周恩來告訴他們，他們去參加比賽是一場「政治鬥爭」，所以要著重體現「友誼第一，比賽第二」的精神。3月8日，他再次接見中國代表團，重申政治應該是運動員心中的頭等大事。他甚至在當晚給球隊寫了一封信，對他們努力的方向作進一步的鼓勵和指引。[49]

3月11日，周恩來在與外交部和體委負責人的會談中，就中國在日本可能與美國乒乓球隊相遇的問題發表了驚人的評論。周恩來說，「作為一個團隊，我們總是要和他們接觸的。如果美國隊進步，

也可以請他們來比賽。我們和美國隊可以比賽,不能來往就不通了。」周恩來接著又問道,「我們的體育代表團不是去過西德了嗎?那麼美國能不能去?我們同日本的邦交還沒有恢復,但體育代表團可以去日本⋯⋯大家動動腦筋,得想想這個世界性的大問題。」[50]

周恩來其實是在暗示這次參加世乒賽背後秘而不宣的動機:促進中美關係。他又是傳達此信息的合適人選:儘管周恩來沒有最終的決策權,但他當時參與了與白宮的秘密溝通。此外,他知道毛澤東對改善中美關係有很大興趣。

顯然,美國政府幾乎第一時間便獲知北京參賽的消息。1971年2月3日,國務院官員阿爾弗雷德‧詹金斯(Alfred Jenkins)在給助理國務卿馬歇爾‧格林(Marshall Green)的備忘錄中提到,中華人民共和國表示有意參加即將在名古屋舉行的世界乒乓球錦標賽。備忘錄中繼續寫道,「這將是自文化大革命開始以來,在1966年以前稱霸國際乒壇的中華人民共和國第一次派出國家隊參加重大國際體育賽事。」詹金斯評論說,北京的決定是其當前外交攻勢的必然結果,並且具有「明確的政治動機」。[51] 然而,那時還沒有人領會這一決定對中美關係發展所具有的重大意義。

擺在雙方面前的還有各種障礙。柬埔寨形勢的發展幾乎斷送了北京的計劃。親北京的諾羅敦‧西哈努克(Norodom Sihanouk)政府於1970年3月被朗諾(Lon Nol)推翻,西哈努克流亡北京。當西哈努克流亡政府得知朗諾政權將要參加在日本舉行的世乒賽時,他在1971年3月請求北京不要參賽以示抗議。這一局面使中國面臨艱難的選擇;不參加比賽,「民間外交」的努力將付諸流水;反悔退賽也會得罪日本方面。但是拒絕西哈努克的請求會使周恩來面臨政治困境——他冷靜、務實的對外政策已經多次遭到極左分子的批判。

在朝鮮政府也對北京參賽表示保留後，情況變得更加複雜。為了自我保護，周恩來讓中國代表團選手討論新的形勢發展下是否應該赴賽。周恩來的本意是希望球員表示要求參賽，從而給他支持，但是球隊的絕大多數成員，包括明星選手莊則棟在內都不支持參賽。他們的決定是可以理解的 —— 在文化大革命期間，任何被極左勢力認定為不積極革命和不關心政治的人都有大麻煩。一旦成為極左勢力攻擊的目標，哪怕對周恩來來說，後果都不堪設想。

儘管周恩來對代表團選手討論結果感到失望，但以他的典型風格，他不會自行決定，而是請毛澤東最終定奪。畢竟，只有毛澤東才能為所欲為。1971年3月15日，即中國代表團計劃出發前往日本之前兩天，周恩來向毛澤東提交報告，對情況作了解釋，並讓毛澤東做最後決定。毛澤東當天便回覆：「我隊應去。」[52]問題解決了。

3月16日晚，周恩來在人民大會堂為中國代表團舉辦歡送會，就國際形勢和朝鮮、柬埔寨的態度作了長篇講話。他再次要求中國代表團遵循「友誼第一，比賽第二」的原則。[53]代表團出發前，政府發出毛澤東親自審閱過的、有關如何在世乒賽上對待美國人的指引：中國隊員與美國人相遇時，不能主動與他們打招呼或交談；如中國隊隊員與美國選手比賽，中國隊隊員不能與之交換隊旗，但可以握手。[54]此外，中國選手莊則棟不得與來自柬埔寨的選手交手，以表明對西哈努克的支持。

有了明確的指示，再加上日本主辦方為中國代表團提供了專門的旅館和旅遊巴士，中美兩隊之間的任何交流只能由美國人主動發起。而期間美國人也確實有過幾次主動表示。根據一份在中國外交部找到的秘密官方報告（考慮到當時中美關係的敏感度，

其可靠性很強），3月28日美國《體育畫報》記者理查德‧邁爾斯
（Richard Miles）致信中國代表團，表示很有興趣採訪中國隊領隊
和世界冠軍莊則棟。（中國代表團未予理睬。）同樣，3月28日和
29日，幾個美國記者同中國乒乓球隊官員宋中握手，並表達了訪
問中國的願望。同一份報告還指出，3月30日，中國乒乓球隊代
表公開批評美國人通過支持台灣加入世界乒乓球協會製造「兩個中
國」的「陰謀」。但是在會間休息時，美國隊領隊格雷厄姆‧斯廷
霍文（Graham Steenhoven）和拉福德‧哈里森（J. Rufford Harrison）
仍保持友好態度，並詢問中國隊是否願意讓美國隊像其他被邀請
的球隊一樣訪問中國。這份報告的可靠性可以從美國方面得到證
實。儘管拉福德‧哈里森後來否認他或斯廷霍文曾拐彎抹角地要
求邀請，但他確實告訴密歇根大學口述史項目的一位採訪者，他
不記得中國人在世乒賽上主動接近過美國人，並承認：「我們偶爾
會接近他們。」他還說，在乒乓球協會第一次會議結束時，中國人
就台灣問題對美國人的立場表示譴責，過後他還稱讚中國代表團
翻譯的英語水平。至於美國球員是否明確表示會立即抓住這個機
會去中國，他回答道：

> 是又不是……如果有人比如格倫‧科恩（Glenn Cowan）去找
> 宋中或翻譯或者別的什麼人說，「我們想去中國，給我們發
> 個邀請吧」，那並不算美國隊集體出面爭取邀請。如果斯廷
> 霍文或我本人去到中國人那裡說，「我們想知道本隊在回國
> 途中是否有可能訪問中國」，那就是另外一回事了。那將是
> 我們代表團爭取邀請。不過沒有發生這樣的事。我們沒有要
> 求邀請。不過我想有人確實說過他想去中國，但我不能確定
> 是誰。[55]

圖4　在1971年日本名古屋舉行的第31屆世界乒乓球錦標賽上，中國乒乓球代表團入場。

　　在為口述史項目做的長篇採訪中，斯廷霍文談到了去中國的
邀請，「事實上，我們肯定說過，『天啊，我們真想去（中國）。』
我可以肯定有人說過這種話。」他還說，得知加拿大隊和哥倫比
亞隊得到邀請後，用斯廷霍文的話說，美國隊「羨慕死了」。斯廷
霍文還提到，在中國人就台灣在國際乒聯成員資格的問題抨擊了
美國後，他和其他美國人都沒有回應。會議中間休息時，他碰巧
站在宋中和翻譯旁邊，「我想，這是談一談的好機會，所以我走近
他們說，我來參加這樣的比賽時隨身帶了一些印有肯尼迪總統頭
像的半美元硬幣。他們若是願意接受，我很樂意把硬幣作為紀念
品送給他們，每人一個；如果他們不接受，我就不送，這樣他們

就不會感覺受到冒犯。然後他們説可以，他們能接受⋯⋯因此，在其他會面之前，我同他們的唯一接觸便是這天的友好舉動。」他還解釋為什麼美國球員特別關注中國隊：「如果你想看最好的選手，就要看中國隊，你會從他們那兒學到東西。」[56] 從這些敘述中，可以肯定地説，錦標賽一結束，美國人就多次表示有興趣訪問中國。

無論幕後發生了什麼，一個戲劇性的公開事件很快就讓全世界的目光集中到中美球隊突如其來的一次意外接觸上。4月4日，美國隊選手格倫·科恩跳上了中國隊乘坐的接送巴士。莊則棟後來解釋道，當這個年輕的美國嬉皮士突然出現在車上時，一開始沒人和他説話。但莊則棟想起1970年毛澤東曾對斯諾説，中國人希望和美國政府及人民有一個更融洽的關係。於是他站起來，通過翻譯告訴科恩，儘管美國政府敵視中國，但中國人和美國人還是朋友。為了表示友好，莊則棟送給他一件小禮物：一塊織錦。能從世界冠軍手中收到禮物，令科恩喜不自禁。第二天，他回贈莊則棟一件T恤衫作為答謝，並表示希望有一天他能訪問中國。[57]

基辛格對這件事冷嘲熱諷：他在回憶錄中提到，莊則棟的姿態肯定事先得到了批准，因為「如果來名古屋前沒有要和美國人做朋友的明確指令，中國人是不會同意他這麼做的。中國人有個最奇特的天賦，就是能將精心設計的事情做得不著痕跡。」[58] 但莊則棟和科恩的接觸事實上完全是一個意外。毛澤東本人也是從西方媒體上才得知這件事；聽到這個消息後，他親自指示，比賽期間中國代表團與北京之間的電話聯繫從每天三次增加到五次。毛澤東還要求助手每天給他閱讀外國媒體上對中國代表團的詳細報導。[59]

圖5　1971年世界乒乓球錦標賽期間，中國體育明星莊則棟和美國乒乓球選手格倫．科恩。科恩意外地跳上中國隊的接送巴士後，兩人友好地交換禮物，幫助了中美兩國間外交關係的恢復。

　　4月3日，來自外交部和體育主管部門的秘密報告向周恩來通報，哥倫比亞、牙買加和美國代表團都對世乒賽後訪華表示了興趣。儘管為了「擴大我們的政治影響力並為我們的運動員代表團訪問拉丁美洲打下基礎」，哥倫比亞隊和牙買加隊都將獲得邀請，但涉及美國的情況則要複雜得多。「美國隊部分人對我們代表團很友好，美國隊領隊和其他人與我們隊有六次接觸，都表現出友好姿態」，寫報告的人彙報。然而「我們考慮，如果我們在美國的左翼和有影響力的政客來中國之前就允許美國乒乓球隊先訪問中國，這在政治上可能對我們不利。我們建議〔讓在日本的中國選手〕告知美國隊，他們現在訪華時機還不成熟，告訴他們以後會有機會的。」

周恩來同意了報告的建議，但又補充寫道：「可留下他們〔即美國選手〕的通訊地址〔以便訪華時機成熟時聯絡〕，但對其首席代表在接觸中應表明，中國人民堅決反對『兩個中國』、『一中一台』的陰謀活動。」[60]4月4日，周恩來將報告連同他的批語轉呈毛澤東作進一步指示。4月6日，在經過三天猶豫之後，毛澤東同意了不邀請美國隊訪華的建議，這件事似乎已經告一段落。

然而情況在當天深夜發生了戲劇性的變化。根據毛澤東身邊工作人員吳旭君回憶，毛澤東當晚似乎陷入了沉思，在服用安眠藥之後，變得昏昏欲睡。然後他突然含糊不清地對吳說，她要馬上給外交部打電話，告訴他們他最終決定邀請美國人。

那一刻已經是4月7日凌晨，這是世乒賽的最後一天。吳旭君要執行毛澤東的指示就必須快速行動。但是她面臨著兩難處境：毛澤東之前曾明確囑咐過，他在服過安眠藥之後說的話不算數。她是否應該忽略毛澤東的最新指示，從而可能錯過一個重要的外交機遇，還是冒著毛澤東沒有真正打算邀請美國人來中國的風險而照辦？

吳旭君決定先把毛澤東的命令放一放，看他是否真的有這個意思。發現吳旭君沒有照他的話去做時，毛澤東命令她趕快行動，因為時間不多了。吳旭君小心翼翼地問他是哪個命令，毛澤東重複道是邀請美國隊的命令，並且告訴她儘管他吃了藥，她也要去辦這件事。在得到肯定的答覆之後，吳旭君立刻打電話到外交部，周恩來緊急將這一消息傳到日本。吳旭君第二天仍然很緊張，她擔心毛澤東已經忘了所發生的一切。後來，毛澤東承認他前一天晚上確實給了她這樣的指示，她才真正鬆了一口氣。[61]在吳旭君的幫助下，毛澤東在最後一刻出手歡迎美國乒乓球隊訪華，改變了中美關係的命運。[62]

在日本的宋中一收到北京的指示便迅速採取行動。那天早上11點半他到美國隊進住的賓館找到了哈里森。宋中問：「您如何回應對你們球隊及官員訪問中國的邀請？」中國人的做法非常精明：如果美國人反應積極，邀請便會隨之而來；如果反應冷淡，正式邀請也就沒有了。美國人馬上抓住了這個機會。哈里森唯一擔心的是費用——這不難理解，因為為球隊出資的美國乒乓球協會（USTTA）資金本來就不寬裕（有的選手甚至是靠借錢來日本的）。[63]宋中說中方願意出資。[64]4月7日晚上7時半，美國隊正式接受中方邀請，附加條件是中國為每位選手支付170美元的回程機票。中國方面同意了。[65]

15人的美國乒乓球代表團4月10日到達中國，4月17日離開。他們的訪問的的確確是劃時代的；這是1949年以來第一個官方認可進入中華人民共和國的美國團體。他們訪問了北京、上海及杭州，還進行了兩場友誼比賽。作為出色的東道主，周恩來親自過問美國隊訪問的每個細節，連基辛格也稱之為「一件轟動國際的大事；它佔據了全世界的想像力，這與周恩來細緻的理國之術密不可分。」[66]

周恩來甚至考慮到了該為美國朋友準備什麼樣的娛樂節目。美國隊訪華時，北京只演樣板戲《紅燈記》、《智取威虎山》和《沙家浜》。但周恩來想讓這些特殊的美國客人看看更引人入勝的革命芭蕾舞劇《紅色娘子軍》——出身貧寒的「丫頭」從惡霸地主家逃走，參加了紅軍的一支婦女連隊；她從鬥爭中認識到，自己的苦難和仇恨只是地主階級和國民黨壓迫的一部分。來華訪問的外國人幾乎都被安排觀看這部芭蕾舞劇的演出或其中片段，它被中國人視為現代舞蹈的傑作且引以為傲。正如美國國務院在尼克松1972年訪問之前的備忘錄中提到的：「儘管這部芭蕾舞劇是純粹的共產黨宣

傳，但尼克松總統夫婦觀看其中部分不會有太大問題，劇中的反國民黨主題是最不明顯的。然而，演員們在最後一幕高呼『打到國民黨反動派！』的口號，會有一些問題。芭蕾舞中沒有反美內容或寓意。」[67]

周恩來決定讓美國乒乓球隊觀看這個芭蕾舞劇，並讓忙於準備出國演出的劇團專門為美國人表演一場。他甚至提出把表演日期定為4月13日。[68] 可惜計劃落空了：由於後勤安排問題，劇團無法進行這次表演。

最終，美國人被安排在4月14日觀看此行唯一的演出《智取威虎山》，這是一部反映解放戰爭初期國共之爭的京劇。故事從一名共產黨員打入已加入國民黨軍隊的土匪內部展開。這個故事頗具爭議：美國國務院致基辛格有關中華人民共和國表演藝術的備忘錄中指出，《智取威虎山》「既包含強烈的反蔣宣傳，也包含一些反美內容。不適合總統或尼克松夫人觀看。」[69]（美國隊返美途中在廣州觀看了《紅色娘子軍》。）

周恩來甚至檢查了印發給中方接待人員關於美國隊行程的官方安排，其中以粗體字強調，在友誼賽中，應該指示中國觀眾為美國選手的表演鼓掌。[70] 此外，中美選手要在賽前握手，並手拉手走向球枱，以體現「友誼第一」的精神。自然，周恩來還仔細安排了電台如何轉播中美乒乓球友誼賽。在北京的比賽開始前，周恩來審閱並修改了播音員宋世雄用於直播的解說稿。[71] 對於周恩來來說，這次訪問是一項重大外交事項，絕不容許有任何疏漏。

在動身前往中國之前，美國隊領隊斯廷霍文告訴隊員：「我們贏得比賽的機會不大，但是我們能有一次愉快旅程的機會極大。」[72] 斯廷霍文這個預測是正確的，但是他低估了中國隊「友誼第一」的

願望。在周恩來精心安排下，美國隊居然贏了幾場比賽，這讓他們非常高興；中國隊輸掉的比賽非常高明，毫無破綻。參賽的中國選手之一鄭敏之事後回憶道：「我知道〔和美國隊的比賽〕和我之前參加的任何比賽都不一樣⋯⋯我知道它們的意義以及我的責任。我知道我不單單是在打球，更重要的是，我在實現通過一般外交渠道難以實現的效果。」[73]

訪問的高潮是1971年4月14日與周恩來見面──用基辛格的話說，這是「大多數駐北京的西方外交官都無法實現的奢望」。[74]在精心安排的會見中，周恩來告訴美國客人：「有朋自遠方來，不亦樂乎。」他還告訴他們，中美兩國人民過去曾經很友好，但是兩國之間的友好交往自從1949年起就中斷了。現在，「你們這次應邀來訪，打開了兩國人民友好往來的大門。」[75]周恩來甚至不厭其煩地回答了留長髮的18歲隊員格倫‧科恩的問題──對美國嬉皮士文化的看法。周恩來睿智的回答深深感動了科恩的母親，她通過香港一家旅行社給周恩來寄去玫瑰並發電報表示感謝：「為科恩和隊友在中國受到熱情款待向周總理深表謝意。」當中國外交部得悉從旅行社送來的這份禮物，立即向周恩來彙報請示。周恩來同意外交部的建議，接受了電報，但讓科恩的母親不必為鮮花寄錢過來。[76]

北京邀請美國隊訪華的消息一傳出，美國媒體便緊追不捨。美國乒乓球協會副主席蒂姆‧博根（Tim Boggan）收到了來自《時代》、《生活》、《新聞周刊》、哥倫比亞廣播公司、《紐約時報》，甚至澳大利亞報紙等「五花八門的約訪」。他後來回憶道，他們想要的全都一樣：「只要我能寫點什麼和拍張照片，只要我能做到，不管在哪裡，不管什麼時候，用錄音機、電報、電話，什麼都行。」[77]幾乎

每一位美國隊隊員都收到了鋪天蓋地的採訪要求。來自俄勒岡州的15歲隊員朱迪‧博欽斯基 (Judy Bochenski) 從中國回來後上了許多電視節目，還被選中在1971年6月波特蘭玫瑰花車遊行中擔任大禮官，與鮑勃‧霍普 (Bob Hope) 和阿波羅11號的一名太空人等名人站在一起分享萬眾矚目的榮耀。俄勒岡州議會甚至在1971年5月投票，將5月的一天定為「朱迪‧博欽斯基日」，並給予她「如王室般的禮遇」。[78] 根據博根的回憶，當美國隊一行回國途徑香港時，有600名記者蜂擁而至，前來採訪和報道他們的故事。嬉皮士科恩經歷了這次奇妙的旅行後興奮不已，甚至信心十足地說：「我想我能輕鬆地在周恩來和尼克松之間斡旋。」[79]

但是，並沒有多少美國人懂得北京主動邀請美國隊訪華的真正意義。當斯廷霍文被問及中國有沒有利用美國乒乓球隊做宣傳時，他回答：「不，絕對不是！我敢肯定他們只想和我們做朋友。」[80] 他當然沒有意識到，毛澤東出色地利用他們發起了與尼克松之間更大的角逐。就連美國國務院也沒有抓住這一舉動背後的真正用意，只把它看成「北京向世界展示一個令人愉快的表象、為爭取在今年秋天加入聯合國而做出努力的一部分」。[81] 他們顯然沒有看清全域。這枚小小的乒乓球，如周恩來所指出的，是用來推動全球政治這個大球的。[82]

美國人的反應

參議員愛德華‧布魯克 (Edward W. Brook) 是少數立即意識到這一動作重要性的人士之一。1971年4月15日他在參議院發言時

說：「最近對美國乒乓球隊的邀請，以及他們自始至終熱情友好和令人讚賞的高規格接待，比一百份外交聲明都更響亮、更清晰地表達了中國大陸想與西方建立更正常關係的願望。乒乓球之於中國人，猶如橄欖球和棒球加在一起之於美國人。」他稱美國隊的訪問為「歷史性事件」，是標誌著「一代人的困局已被打破」的信號。[83]

圖6　1971年，美國乒乓球隊作為自1949年以來第一個正式的官方訪華代表團在遊覽中國長城。

　　毛澤東在1971年4月邀請美國乒乓球隊訪華的決定震驚了全世界。蘇聯人變得格外警惕，他們警告華盛頓，北京的乒乓外交是一場騙局，怕美國人「中計」。[84] 副國務卿馬歇爾‧格林 (Marshall Green) 承認，「中國邀請15名或以上美國人訪問大陸令我們感到驚訝。畢竟，這是21年來第一次有這樣的團體到那裡去。而且乒乓球比賽的觀眾有那麼多。現在，每天都有人打來電話，問我們是否允許他們訪問中國。」[85] 如基辛格所回憶的，白宮方面收到毛澤東決定讓他的乒乓球隊與美國隊比賽的消息後「驚呆了」。[86] 尼克松坦承，「這個消息令我既驚訝又高興。我從來沒有想到中國會以乒乓球隊的形式主動破局。我們立即同意接受這個邀請。」[87]

　　驚訝是肯定的，不過尼克松和基辛格立即領悟到毛澤東邀請背後更深的寓意。如基辛格寫道，「從許多方面來說，緊隨乒乓外交之後的幾個星期是整個曲折過程中最令人抓狂的。只有總統和我理解周恩來之舉背後的深意，因為只有我們兩個人清楚北京與華盛頓之間的所有聯絡。我們知道將有大事發生，但是它會通過什麼渠道浮出水面，或者更確切地說，它將以何種形式發生，我們還很困惑。」[88] 基辛格另外說：

> 正如中國人的所有舉動一樣，這件事蘊藏著多重含義，光鮮的表象反而最不重要。最為明顯的是，對美國青年的邀請象徵著中國致力於改善與美國關係的承諾。從更深層的意義上，它比通過任何外交渠道進行的任何聯絡更能表明，那些現在肯定會被邀請的使者將踏上一片友好的土地。這是給白宮的信號——我們的倡議已得到關注。從中國的角度來看，球員不代表特定的政治傾向這一事實使其訪問更具機動性的吸引力。中國能夠提出自己的觀點，而且避開了美國人的尖銳評論。[89]

　　尼克松非常清楚，北京已經邁出了高明的第一步，美國人只能緊隨其後。根據基辛格的觀察，中國人的姿態傳遞「給我們一個微妙的警告：如果中國的倡議被拒絕，北京會用河內現在的做法，動用人民與人民之間交往的手段，並動員群眾來施加壓力。」[90]讓尼克松感到幸運的是，中國人的舉動正中下懷。通過這一邀請，中方明確了為改善兩國關係而努力的意願。毛澤東和尼克松挖空心思要找到的最佳「紅娘」，原來竟是這小小的乒乓球。

　　尼克松對毛澤東主動採取的乒乓策略感到振奮，因為這一高明的舉動有助於實現他對美中關係的宏偉願景，並展開他的世界秩序新藍圖。尼克松的幕僚長霍爾德曼 (H. R. Haldeman) 的日記表明中方舉動開啓了令人振奮的進程。4月12日星期一，霍爾德曼寫道，基辛格和尼克松一致認為，「我們的全部政策以及當前中國的動向，都有助於動搖蘇聯的地位，勃列日涅夫同樣需要採取某種形式的大規模和平行動，這應該有利於我們在戰略武器限制談判中達成協議以及舉行首腦會談。」[91]在4月17日的日記中，霍爾德曼再次提到尼克松認為他的對華措施取得了「其他人所不能」的成就。在尼克松看來，通過乒乓外交倡議，「中國給了我們靈活機動的空間來對付蘇聯，我們現在不再無路可退了。」[92]

　　考慮到事態發展對尼克松所期望的蘇聯和越南政策的潛在影響，基辛格告訴尼克松：「兩個月前我們還認為這都是不可思議的。」美國政府在老撾和其他地方所做的一切都被認為是失敗的，「但中國人出動了——乒乓球隊，以及能夠抵消所有這些失敗的更重要的事情。」隨之將要發生的事「將具有巨大的意義」。對於基辛格來說，「一切都開始順理成章。」基辛格甚至預言：「如果我們把這件事辦好，就能在年內結束越南戰爭。」[93]白宮如此重

視中國因素，以至於所有與該地區有關的外交政策看上去都已呼
之欲出。

尼克松為事態的積極發展感到自豪，而且絕不會讓任何人搶他
的風頭。[94] 他和白宮的助手們最關心的，是「對華政策的所有轉變
都是我們的功勞，不是國務院的，他們當然與之毫無關係；事實
上，因為害怕任何對華舉措都會得罪莫斯科，他們反對總統走出的
每一步。」[95] 如霍爾德曼指出的，在同艾爾〔亞歷山大〕·黑格 (Al
〔Alexander〕Haig) 的談話中，尼克松自己明確表示，「在描述尼克
松時，您一定要指出他總是像冰山一樣，而您只看到冰山一角。您
千萬不要以為表面就是一切。真正的力量潛藏在表象之下。他在涉
及蘇聯和中國有關的問題時討論到這一點。」[96]

尼克松對自己的對華政策非常有把握，並沉浸於毛澤東的乒
乓外交舉動給他帶來的成功，因此當副總統斯皮羅·阿格紐 (Spiro
Agnew) 批評美國媒體對美國隊訪華的正面報導，尼克松大發雷
霆，言其「魯莽地撞入外交瓷器店 (此為雙關語，英語中的「瓷器」
與「中國」是同一個詞)」。[97] 阿格紐對尼克松的中國策略一無所知，
他只是在與新聞界非正式談話中表達了自己的意見。然而尼克松
在得知副總統的批評言論後火冒三丈。正如霍爾德曼在其日記中
所記：

> 總統要他停止大放厥詞，因為他完全理解錯了。基辛格建
> 議〔新聞秘書羅恩 (羅納德)〕齊格勒 (Ron Ziegler) 出面，
> 說副總統只是在表達個人觀點。但總統不同意，他同意
> 羅恩的建議，即出面表示副總統授權他說副總統與總統的
> 對華政策沒有區別。副總統完全同意總統所採取的措施。
> 他說，很明顯，他並不瞭解整個中國行動的大局，這當然

是針對蘇聯的。我們正在利用與中國關係的解凍來削弱
蘇聯人……總統再次指出，阿格紐在這裡表現出的素質
有害。[98]

尼克松對副總統的言論氣憤至極，他立即要求霍爾德曼出面尋
找新副總統候選人。[99]

為保持事態發展的勢頭，尼克松要美國乒乓球隊從中國回來後
立即訪問白宮。總統特別顧問約翰·斯卡里（John Scali）是第一個
讓尼克松對這個主意產生興趣的人。早在4月12日美國隊剛剛抵
達中國，斯卡里就寫了一份長篇備忘錄，內容是尼克松如何將這次
訪問「利益最大化」。[100]基辛格反對這個策略，相信尼克松不應「在
我們有更多暸解之前誇大中國事務。」[101]但尼克松堅持己見。儘管
沒能設法讓美國隊全體來白宮，但他一定要讓斯廷霍文盡快與他見
面。美國隊星期日晚上回到美國，星期二白宮便給斯廷霍文打電
話，通知他於第二天與總統會面。基辛格在有關這次會面的備忘
錄中寫道，「您與斯廷霍文先生的會面將向美國人和中國人表明，
您本人對斯廷霍文先生的球隊成功開啟了非政府之間的聯繫很感興
趣。」他指出，周恩來在中國接見了斯廷霍文和他的球隊，基辛格
向尼克松建議以下「談話要點」：

> 您不妨向斯廷霍文先生和媒體說，您對美國乒乓球隊在中國
> 之行中的莊重而有效的舉止表示讚賞。您暸解中國人已經接
> 受了斯廷霍文先生的（中方）派球隊回訪美國的邀請。中國
> 來客將受到歡迎。您期望中美兩國感興趣的人能保持交往，
> 這將為加快實現您與北京建立正常外交關係的長期目標創造
> 條件。[102]

　　1971年4月21日，斯廷霍文來到白宮與尼克松見面。基辛格與斯卡里一同在場，不過斯廷霍文後來說，他沒有被介紹給他們，他們也「從頭到尾一言未發」。相反，他同尼克松相談甚歡，甚至有幾分幽默感。尼克松問斯廷霍文乒乓球多少錢，斯廷霍文回答大約25美分就能買一個。斯廷霍文隨後向尼克松彙報了中國之行。此後他還回憶雙方的輕鬆調侃：「『我知道您想去中國。』他說，『沒錯，我非常想去。』我又說，『那麼，您得成為美國乒乓球協會的會員才能去。』他回答，『那好，我願意接受做榮譽會員。』」——為此，我們當場損失了十美元的普通會員年費。」[103] 尼克松和斯廷霍文談了差不多一個小時，白宮甚至邀請他參加白宮記者會回答問題。[104] 尼克松急於在北京主動示好後盡快採取行動，指示基辛格等人研究可能的外交舉措以進一步改善關係，並「探討能在多大程度上進一步擴大最新進展。」[105] 4月14日，尼克松宣布美國對華政策上的許多重大改變：結束長達20年的對華貿易禁運，美國從此開始準備加快為從中華人民共和國赴美訪問的個人或團體發放簽證；放寬貨幣限制，允許北京方面使用美元貨幣，取消對往來中華人民共和國的船隻或飛機提供燃料的美國石油公司的限制，並中止其他部分貿易禁令。尼克松還進一步承諾，「在適當考慮我們在貿易和旅行限制方面所作變更的結果之後，我將斟酌可能的追加措施。」[106] 兩天後，即4月16日，尼克松告訴美國報業編輯協會，他非常樂意訪問中國。[107] 尼克松的這一表態顯得非常急迫。根據基辛格的回憶，尼克松受到乒乓球外交發展的極大鼓舞，「他現在想直接跳過派遣使節的步驟，以免親自出行的風頭被搶」，儘管北京尚未正式對他發出邀請。基辛格不得不警告尼克松，「未經準備以總統身份訪問中國太過危險。」[108]

中國方面也開始採取更加果斷的行動。4月21日，周恩來回應尼克松在1970年12月16日通過巴基斯坦捎來的口信，重申北京「願意在北京公開接待美國總統特使」，「或者甚至是總統本人，以便進行直接會晤和磋商。」[109] 最終，所有信號變得清晰而直接，重要信息的交換也更加頻繁。4月29日尼克松在記者會上宣布，「現在我們已經打破了堅冰，我們必須試水了。」[110] 尼克松說到做到，並且速度驚人。他在4月28日至5月20日之間，三次請巴基斯坦總統葉海亞·汗向周恩來傳遞重要口信。4月28日的口信中，尼克松向北京表示，他正在親自處理與中國的談判，並受到周恩來「積極、有建設性和實時的」信息的鼓舞。5月10日，尼克松告知周恩來，由於兩國關係正常化的重要和緊迫性，他準備接受北京邀請。基辛格將率先前去安排議程。5月20日，尼克松在給北京的口信中承諾，他的政府與蘇聯將「不會達成任何協議」來直接對抗中華人民共和國。[111] 5月29日周恩來回覆，說毛澤東歡迎他來訪，周恩來本人也「熱情期待與基辛格的先期會面」。[112] 基辛格將這個口信稱為「自第二次世界大戰結束以來美國總統收到的最重要的信息。」尼克松實在太興奮了，衝到家中的廚房抓起一瓶白蘭地，和基辛格為他們在「重大歷史性時刻」的成功乾杯。[113]

　　基辛格的行程迅速準備就緒。6月4日，尼克松再一次通過巴基斯坦渠道告訴中國人，基辛格將於7月9日前往中國。[114] 口信於6月9日送到北京；6月11日，周恩來回話，同意基辛格到訪的預定日期，北京「將作出一切必要安排」。[115] 6月19日，葉海亞·汗總統指示其駐華盛頓大使，「請向我們的朋友〔基辛格〕保證，我們將做出絕對萬無一失的安排，他絲毫不需為此擔心。」[116]

　　就這樣，基辛格於7月9日如期到訪北京。在第一次會見中，周恩來對乒乓球比賽後續影響給予高度評價。周恩來提醒基辛格，

「最近我們邀請了美國乒乓球代表團來中國……他們見證了中國人民歡迎美國人民的這次訪問。我們也收到了美國乒乓球協會的一再邀請，要我們派代表團訪問美國。我們認為這說明美國人民很歡迎中國人民。」[117] 1972年2月21日，尼克松抵達北京後，毛澤東解釋了為什麼他要走「乒乓外交」這步棋：

> 我們兩家怪得很，過去二十二年總是談不攏，現在從打乒乓球起不到十個月，如果從你們在華沙提出建議算起兩年多了。我們辦事也有官僚主義。你們要搞人員往來這些事，搞點小生意，我們就是死不肯。十幾年，說是不解決大問題，小問題就不幹，包括我在內。後來發現還是你們對，所以就打乒乓球。[118]

毛澤東清楚地表明，是乒乓球使雙方最終走到了一起。中國的乒乓外交是20世紀後期最關鍵的歷史進程之一。

總體來說，此時的白宮對重新接近中國的大方向充滿信心。1971年8月12日，基辛格在向北京就台灣問題做出重大讓步之後留下一份未予記錄的簡報，其中提到：

> 是必要性使我們與中國人走到一起，而必要性將決定我們關係的未來。我們不是中國人的人質。在開始與我方改善關係時，他們放棄了很多極為重要的東西——例如其革命原則。除非我們能摧毀一座中國城市，否則他們不會取消〔尼克松〕訪華。如今純正的革命原則對他們來說已不復存在。這就像一個女孩不會為了10美元和你睡覺，但會為了100萬美元這麼做。我們並沒有為中國的這次開放付出任何代價，我認為將來也不會。[119]

這份報告裡的基辛格竭力想表現出某種強硬姿態。誠然，毛澤東通過向尼克松示好而失去了部分革命原則，但美國在竭盡全力引誘中國的過程中，放棄的東西比承認的要多得多。除了台灣問題的重大關鍵讓步，美國更拱手把國際合法性和公信力給了北京。這種平衡是非常不穩定的。《芝加哥每日新聞》在一篇社論中警告：「這個小小的開始〔即邀請乒乓球隊訪問〕沒有也不應該標誌著要急不可耐地爬到中華人民共和國統治者的床上。」[120] 就在這篇評論發表後不久，北京便迅速通過乒乓外交獲得可觀的回報 —— 1971年10月，中華人民共和國取代台灣成為中國在聯合國的唯一代表，尼克松大為沮喪。[121] 儘管如此，正是在很大程度上得益於這一外交突破，尼克松全力尋求在美國與毛澤東中國之間建立一種穩定的關係。朝著此目標邁出的第一步，就是舉行一場對應的體育外交活動。

美國人的回請

學者就1971年春毛澤東的乒乓外交發表了大量文章，但是，本書是首部運用兩國現存所有資料，為這一複雜故事 —— 特別是1972年春中國乒乓球隊訪美之前和訪問期間美國人的種種活動 —— 做出新解讀的著作。隨著乒乓外交第一幕徐徐拉開，導向第二幕的一系列事件開始運轉。美國隊收到訪華邀請時，美國隊領隊、美國政府及私人機構都意識到，水到渠成的下一步就是邀請中方作對等訪問。因此，當中國的邀請傳到美國，美國國務院立即表態：「我們將這一邀請以及美國隊接受邀請看作是值得讚賞的進展。它顯然與總統和國務卿所表示的願望相符，即美中兩國人民之

間可以有更多接觸……我們樂於看到一個或多個體育隊伍來我國回訪。總體上我們認為簽證方面不會有任何困難。」[122] 美國隊出發前，美國政府有意讓中國代表團訪美的消息就已傳來。但是給中國代表團的任何邀請都必須通過美國乒乓球協會發出。[123] 換言之，即使國務院認為中國代表團訪美非常重要，但它意識到，如果此行由政府出資，會使事情變得過於政治化。

但是，正如之前所提到的，美國乒乓球協會資金不足，贊助中國代表團訪問似乎是不可能的。關鍵時刻，美中關係全國委員會這一私立非盈利教育機構向美國乒協伸出援手，它願意資助和籌劃中方的訪問。

該委員會成立初衷是促進中美之間的瞭解與合作，眼前這一時機對美國乒協和該委員會本身來說都屬偶然。美中關係全國委員會成立於1966年，近200名成員中包括費正清（John King Fairbank）、威廉·邦迪（William Bundy）和喬治·鮑爾（George Ball）等許多有影響力的學者、商業領袖和前政府官員。很多是亞洲研究的學者和專家。1971年至1972年擔任主席的亞歷山大·埃克斯坦（Alexander Eckstein）是研究中國經濟的領軍人物，也是密歇根大學的經濟學教授。該委員會自成立後數年間，通過國會報告和全國巡迴演講，為重新審視對華政策默默地打下了基礎。接待中方來訪，是讓公眾瞭解美中關係的絕佳機會，並將為該委員會及其所從事的工作創造空前的公眾效應。

然而，這一機會差點被錯過。1971年4月8日，即美國隊準備離開東京經香港前往北京的前一天，《新聞周刊》的菲·威利（Fay Willey）從該雜誌東京分社瞭解到，美國乒協正在為對等邀請中國人訪美尋找私人資助。她立即聯繫美中關係全國委員會的項目主任

道格拉斯·默里（Douglas Murray）。在《新聞周刊》的指點下，委員會沒有耽擱，迅速通過美國駐香港總領事館發電報給美國乒乓球隊，表示願意為中國方面的回訪提供支持。[124] 委員會一天之內便做出了所有決定，並且在當天就把話傳給美國隊，這簡直就是個奇跡。電報以委員會執行主任普雷斯頓·肖耶爾（B. Preston Schoyer）的名義發出，電文如下：「得知您正在考慮邀請中國體育代表團回訪。如必要及適當，美中關係全國委員會願意籌集資金支持接受邀請的中國代表團訪美。」4月15日，委員會又向美國隊發出第二封電報明確其承諾。[125]

這一介入對中國代表團未來回訪的重要意義不言而喻。1971年4月29日，肖耶爾在給董事會成員的一份秘密備忘錄中寫道：「斯廷霍文先生告訴我們，如果沒有我們的電報所作的保證，回訪的邀請——現在已經被接受——就不會發出。」[126] 美國隊副領隊哈里森也承認，美國乒協永遠不可能靠自己的能力實現這一訪問：「我們根本沒錢……我們完全依賴美中關係全國委員會。」[127] 正像斯廷霍文在1974年9月26日寫給埃克斯坦的：「如果沒有您的批准和協助，中國隊訪美之行將永遠不會發生，而我也永遠不會經歷一生中的這些變化。」[128]

資金方面有了保障，斯廷霍文向中國代表團發出邀請，北京接受了。1971年6月25日，斯廷霍文以美國乒乓球協會主席的身份，寫信給中華人民共和國乒乓球執行主席宋中：

美國人民對你們即將來美訪問的消息反響熱烈。我們收到了來自美國各地的許多邀請，請您的團隊訪問；無論你們選擇去哪裡，都會發現有朋友在等待著你們，並且樂於接待各

位。我們想讓您知道，歡迎您在訪問團隊中按照您的意願加入任何人，包括官員及報刊、電台和電視台的代表。如果您認為我們需要會面以對你們希望在美國訪問的地點做具體磋商，我可以去您認為合適的任何地方。對在這次難忘的中國之旅中您所展示的禮遇、友好和款待，我們真誠地表示萬分感謝。[129]

斯廷霍文的率直並沒有得到相應回應；中方不願意就訪問的特定時間做出表態。美中關係全國委員會在絕望中甚至建議，白宮為尼克松訪華派出的先遣隊與中國領導人「以適當的隱晦方式」提出回訪的時間問題。但白宮似乎對此角色感到為難。基辛格辦公室職員約翰‧霍爾德里奇 (John Holdridge) 給基辛格寫道，「我個人認為，我們不應該當『郵差』。如果中國人將這種聯繫嚴格限制在非政府基礎上，我們就不應摻和進來使事情複雜化。」不過霍爾德里奇還指出，「在下一個預備會議中 (只要有適當的機會)，由某個人就訪問時間做低調詢問或許是可取的。」[130]

然而中國人先開口了。1972年1月6日，在同白宮先遣隊會談期間，周恩來告訴當時的總統國家安全事務副助理亞歷山大‧黑格及在座其他人：「我們希望能在明年春暖花開的時候回訪。」[131]遺憾的是周恩來的信息太過含糊，美方理解不了。斯廷霍文後來說：「我不知道花什麼時候開，是在緬因州還是在加利福尼亞州。所以我們對他們什麼時候來仍是一頭霧水。」[132]事實上，中國人直到1972年3月15日才將出行計劃告知美國乒乓球協會。宋中在給斯廷霍文的電報中通知美方東道主，中國代表團一行20人外加6名記者將於4月10日抵達。[133]最後中國代表團在4月12日抵美，4月29日離開。周恩來本人親自挑選了訪問美國和加拿大的乒乓球選手。[134]

　　美國乒乓球協會和美中關係全國委員會的另一個擔憂，是在中國代表團訪問期間白宮會限制他們的獨立性並搶去風頭。兩個機構的聯合委員會1971年5月15日在紐約的第一次會議上就強調：「我們獨立於白宮。白宮只能得到非直接的通報。」[135]

　　在一些人看來，白宮的參與微乎其微。例如，當問及在1972年中國乒乓球代表團訪美這件事上美國政府的作用時，哈里森回憶：「幾乎沒有。」不過，要麼他是有意淡化白宮的角色，要麼他不瞭解白宮的參與程度，因為很明顯，白宮從一開始就在幕後發揮了極其重要的作用。[136]尼克松本人就曾深度介入：他不僅邀請斯廷霍文到白宮以顯示他個人對乒乓外交的投入，而且就在同一天，他還任命特別顧問約翰‧斯卡里作為私人代表，負責中國代表團訪問事宜。尼克松甚至安排底特律律師威廉‧戈塞特（William Gossett）擔任斯廷霍文的非官方顧問，由斯卡里就預定訪問的各個方面向戈塞特提供指導，以確保一切順利進行。[137]

　　儘管美國國務院一些人士認為，重要的是美國不要對中國隊訪問顯得過於迫切，免得讓中國人得出「全是由他們主動安排」的結論，尼克松還是希望訪問盡快成行，並寫信給斯廷霍文及美中關係全國委員會，要求盡力實現這一目標。[138] 1971年4月21日，尼克松在與斯卡里通話中表示，他希望中方的訪問能「盡快」成行，以取得「最大的影響……利用當前這一新聞熱點，因為如果出於某種原因行程被延誤，則有可能破壞其原本的出行計劃。」為了避免有人批評尼克松將中國隊訪問政治化或造成白宮在主導這次活動的印象，尼克松指示「一切安排都要非常隱蔽地進行」。斯卡里將「從幕後協調一切，同時讓別人站在台前，可以是接近總統政府以外的人。」根據斯卡里對通話的記錄，尼克松接著說：

「也許我〔斯卡里〕應該出面到前台，但這取決於基辛格和我決定怎樣做最好。」尼克松還向他表示，美方應該向中方提供與美國乒乓球隊在中國「一模一樣」的旅行機會。他還告訴斯卡里，他本人「非常高興能與中國人會面」。在通話即將結束時，尼克松甚至提到基辛格將與他聯繫「以商討第一步如何進行」。[139] 從這次通話中我們可以清楚地瞭解尼克松的想法，以及他對中方訪問儘早實現的渴望。

有了尼克松的授權，斯卡里從1971年春便開始積極參與協調中國代表團訪問事宜。斯卡里同美中關係委員會及美國乒協多次會談，為中國代表團訪問做計劃，以獲取與中方的溝通控制權。在發現斯廷霍文自行向中國乒乓球協會發送電報後，斯卡里直截了當地告訴他：「在沒有向我徵求非官方建議的情況下，不要再追加任何電報或信件；這樣做比較明智。」（斯廷霍文承諾以後會事先徵求他的意見。）[140] 斯卡里在1972年1月17日的備忘錄中向尼克松保證：

> 我正親自監督所有安排，希望能預見任何問題，包括安全問題。按照您的指示，這次訪問將既莊重又友善，並有時間觀光和與普通美國人接觸。我建議在華盛頓逗留期間增加到威廉斯堡的旅行，訪問舊金山時視情況安排參觀斯坦福大學校園。此外，我還建議斯廷霍文在電報中表示，希望中國代表團在預計4月訪問加拿大之前先訪問美國。我將持續讓您瞭解所有最新進展。[141]

尼克松在斯卡里的備忘錄上親筆寫下「OK ——好計劃」，而白宮很快批准了整個計劃安排。[142]

除了斯卡里之外，另外幾位白宮重要人士也深度介入了中國代表團的訪問。基辛格與美中關係全國委員會官員會面，以確保經濟支持到位。[143] 基辛格的助手之一，也是埃克斯坦在密歇根大學的前同事理查德德‧所羅門（Richard Solomon）於 1972 年 3 月 20 日同斯卡里一道與聯合委員會開會，討論行程和時間安排。在兩個小時的會議中，所羅門讓斯廷霍文相信，有必要勸說中國人，出於安全和其他問題考慮，紐約可能不是行程的最佳起點。斯卡里在就這次會議給黑格的備忘錄中寫道，「由於辦事方法簡單粗暴，他〔斯廷霍文〕需要細緻的指導和幫助。」[144]

另一個需要澄清的問題是時間安排。斯卡里曾經要求聯合委員會確保中國代表團在 4 月 24 日結束訪問，以便將媒體的注意力轉移到尼克松之後對蘇聯的訪問。但中國隊下一站是墨西哥，而這一計劃已經確定好，4 月 29 日之前不會到達那兒。[145]

白宮高級官員如斯卡里對中國代表團訪問的深度參與，讓聯合委員會深感不安和沮喪。杜威‧克洛爾（Dewey Clower）是另一位白宮工作人員，他負責為中國隊來訪在全國範圍設置保安設施，並檢查酒店住宿和其他安排。他在備忘錄中記錄說：「在這件事情裡，美國乒協、美中關係全國委員會部分成員，與由約翰‧斯卡里代表的『政府』之間，明顯存在互相厭惡的感覺。委員會認識到需要政府參與以確保協調和安全，但拒絕任何高級別人士如約翰‧斯卡里的參與，因為他說一句話別人就要照辦。委員會認可我的角色也歡迎我，他們看出我能低調處事，而不是搶風頭。」但是在行程中有約翰‧斯卡里作為「總統代表」，情況會有所不同。[146] 1972 年 4 月 5 日，聯合委員會致信斯卡里，敦促他確保「所有有關方面都認同，這次訪問整體上是一次非政府的、人民對人

民的交流。」聯合委員會認為，這是一次非官方訪問，美國政府應保持低調。[147]

斯卡里意識到他遇到了大問題，他想用簡單粗暴的方式解決。在4月6日與埃克斯坦的通話中，斯卡里告訴這位美中關係委員會主席，作為總統代表，他的任務是親自配合美中關係委員會以及美國乒協，並轉達「他〔尼克松〕個人對中國隊的問候。這樣做的原因是政府的結構如此——只有我這一級別的人才能調動部署實際保安措施所需要的資源，並有作出實時判斷的權威，這始終是職能的一部分。我不知道在涉及外國代表團節奏緊湊的旅行方面你們有多少經驗。」埃克斯坦完全被震住了，喃喃表示自己對這種情況沒有什麼經驗，斯卡里借此進一步強調安全問題是聯合委員會應接受他的想法並讓他參與中國隊訪華的原因。畢竟，他是白宮高級顧問，並且「深知我不能貶低總統辦公室的地位」。通話記錄顯示，可憐的教授此時已無言以對。[148]

白宮用相同的手法使斯廷霍文就範。斯卡里建議通過電話與斯廷霍文聯繫，在通話中，除其他事項，白宮代表説：

> 斯卡里先生獲總統授權，不僅向貴組織轉達官方問候，而且也成為貴組織與美國政府之間的聯絡人⋯⋯對你們全力給予斯卡里先生以及其同僚的所有合作，總統將不勝感激⋯⋯坦率地說，我感到不安的是，我們的人在與貴組織和美中關係全國委員會建立令人滿意的聯絡安排時不斷遇到困難。雖然這次訪問表面上是一次「民間與民間」的交流，我想您應該意識到中美兩國政府直接參與其中，遠遠超出一次乒乓球展示。為了進一步擴大加強中美關係的發展前景，我相信，您作為愛國公民將在旅行過程中認真聽取斯卡里先生及其指定

助手的任何建議。我也希望您在這次旅行中的行動和安排絕
不會對總統辦公室造成不利影響。你們的人和美中關係全國
委員會所表現出的合作及理解程度，將直接影響（中方）訪問
華盛頓期間總統的參與程度。我希望中美雙方都能參與在白
宮舉行的所有活動。但是我必須坦率地告訴你，也有可能向
總統建議，由於外交政策原因以及缺乏合作，他更願意單獨
迎接中國代表團。我想您也理解，美中關係全國委員會在未
來交流中能否獲得資助和支持，將取決於我們的聯絡人在此
行中所獲得的合作程度。[149]

　　斯卡里的談話要點，顯然符合白宮要員的身份。為了確保聯合
委員會與斯卡里合作，尼克松親自給斯廷霍文寫了一封信。在這封
信中，尼克松首先表示：

感謝您和您的機構在美中關係全國委員會的協助下所做的安
排，使中華人民共和國乒乓球代表團能順利訪問我國……
為了表達我個人對中美兩國人民這種重要文化交流的興趣，
我任命特別顧問約翰·斯卡里作為我的私人代表，去歡迎我
們來自中華人民共和國的客人，並為他們此行中的舒適和便
利，對您和美中關係全國委員予以協助。[150]

　　無論白宮和聯合委員會之間關係多麼緊張，真正的對立都是不
可能的。他們彼此需要，而斯卡里的高級別身份對落實圍繞中國代
表團訪問的最大問題——安全尤其重要。在美國的親台機構和右
翼組織是最主要的安全威脅，北京對此顯然非常擔心。中國駐聯合
國代表黃華在與基辛格的會談中表示：「我們非常感謝美國對中國
乒乓球代表團訪問期間的安全和其他事項表現出的關心。我們希

望，正如雙方都表示過的，這次訪問將有助於增進我們兩國人民之間的瞭解和友誼。」[151]

「美國勝利遊行」（United States March for Victory）組織就為白宮和聯合委員會製造了這樣的安全問題。其領導者卡爾‧麥金泰爾（Carl McIntyre）在1972年2月4日寫信給斯廷霍文，通知他說他的組織已經邀請了一支台灣球隊，在大陸球隊預定來美的同一時間來美國旅行。[152] 白宮一得知麥金泰爾的計劃，即指示基辛格的國家安全委員會助理約翰‧霍爾德里奇聯繫美國駐台使館，通知那裡的官員在中華人民共和國球隊到訪期間以及訪問結束之前，不得為台灣球隊發簽證。「如果簽證已經簽發，應予以注銷。」[153] 但是這些幕後的干預並未能阻止來自右翼的威脅。麥金泰爾的追隨者公開威脅要在中國人到訪的每一站騷擾他們。如麥金泰爾告訴《華盛頓郵報》的：「我們的標語和示威者將在所有那些地方出現。」[154]

麥金泰爾和他的組織還是在大陸代表團訪問期間製造了麻煩。他們組織示威者舉著寫有「不要毛（澤東）」，以及「毛殺死的基督徒比希特勒殺死的猶太人還多」的標語，緊隨大陸代表團從一個城市到另一個城市。另一個自稱「突破」（Breakthrough）的右翼團體也讓白宮和聯合委員會感到頭痛。斯卡里後來向尼克松彙報，有一次他們從陽台上把掛在降落傘上的死老鼠投向中國代表團，還高喊「紅色劊子手」。中華民國國旗偶爾也在大陸代表團所到之處出現。[155]

斯卡里從計劃階段起就為安全問題殫精竭慮，並得到尼克松的支持。最初他曾打算動用國務院的安保力量，但國務院轄下人力不足，且沒有這樣做的司法權，此外還不准攜帶武器，不得施行逮捕、攔截襲擊者，沒有履行該任務所必需的其他職責。另一個選擇

是美國法警，他們願意接受這個任務，卻沒有負責全國性訪問安保工作的經驗。斯卡里想動用特勤局，明確表示讓特勤局參與其中「是總統的意願」。[156] 但是，特勤局執行此項任務的合法權限值得懷疑。

隨著訪問日期臨近，情況愈加緊急。白宮幕僚亞歷克斯・巴特菲爾德 (Alex Butterfield) 向霍爾德曼建議，繞開特勤局的法律限制，重新啟動已被解散的國務院安全部隊，將其作為安保主力。用巴特菲爾德拐彎抹角的話來說，「考慮到所有因素，特勤局根本不可能被批准執行保護中國代表團的任務。」[157] 還考慮到另一種可能的解決方案：由國務卿給司法部頒布指令，要求使用執行法警作為外交政策的必要延伸。不過，可以確定的是，要使用特勤局保護來訪的中國代表團，尼克松就必須下達一個行政命令，但這將被證明是有問題的。[158]

這種官僚內鬥和缺乏合作，讓安保問題直到四月初中國代表團按計劃抵達之前仍然懸而未決。斯卡里對眼前的毫無頭緒異常沮喪，他向亞歷山大・黑格發出緊急備忘錄：「如果接下來的48小時內解決不了中國乒乓球隊訪美的安保問題，我們將陷入外交災難。」斯卡里在同一份備忘錄中堅稱：「如果我要對這次訪問負責，我最強烈地敦促今天就採取行動，這樣才能做出決定。我認為，依靠當地警察進行保護這個選項是完全錯誤的，是招惹而非避免意外。」[159] 第二天，國務院勉強同意承擔中國代表團的安保工作。儘管斯卡里抱怨「國務院顯然對分配給它的任務不熱衷」，安保問題最終得以解決。[160] 美國國務院將在特勤局的支持下為中國人提供保護，負責安保的官員將在整個行程中向斯卡里彙報。中國代表團訪華日程定為4月12日至30日，國家安全委員會的理查德・所羅門和白宮幕僚杜威・克洛爾將全程陪同，以確保一切順利。[161]

　　棘手的安全問題得到解決，白宮和尼克松迫不及待要享受在乒乓外交上的光榮時刻。但是詳細的計劃仍在進行中。1972 年 4 月 11日，白宮辦公廳主任霍爾德曼提出，「中國乒乓球隊與總統會面的具體計劃是什麼？我需要盡快知道。」[162]

　　尼克松為中國代表團到訪而異常興奮，甚至想出了在白宮網球場舉辦乒乓球表演賽的主意，將其作為他與中國代表團會面安排的一部分。[163] 為了進一步對外擴大乒乓外交的影響，尼克松考慮邀請內閣成員及配偶，也許還有其他人觀看簡短的表演賽。[164] 但他的小圈子裡也不是人人都讚賞這個主意。基辛格、黑格、羅納德‧齊格勒，以及查克‧科爾森 (Chuck Colson) 都不贊成；斯卡里指出，「他們都覺得這樣做不體面，是嘩眾取寵。」斯卡里也表達了嚴肅的保留意見。[165] 但是，尼克松本人對表演賽的想法非常著迷，也得到了他想要的。正如不得不屈從的斯卡里所說：「可以肯定，這是不尋常的新聞事件，電視台和報紙都會大肆報導。」[166]

　　尼克松在白宮接見中國代表團的最終安排經過精心策劃，以體現「友誼之花盛開」。1972 年 1 月，周恩來總理告訴美國人，中國代表團將在春暖花開的時候訪問美國。白宮的玫瑰園鮮花盛開，實際布置也突出了美麗的花朵。總統的講話會提到「友誼的花蕾正在開放」。拍照時用廣角鏡頭以玫瑰花為背景，總統被中國球員簇擁而立，一起觀看眼前的乒乓球表演賽。尼克松將向中國代表團致簡短的歡迎辭，然後邀請球員們在置放於玫瑰園草坪上的球桌上進行簡短的表演賽。之後，代表團將參觀白宮。[167]

　　一切準備就緒，1972 年 4 月 12 日，中方訪問加拿大後抵達底特律。約翰‧斯卡里以總統私人代表的身份歡迎他們來美。他說，「當周恩來總理提議你們將在春暖花開時來我國時，他或許沒有意

識到在密歇根春天來得有多麼遲。但是我可以向你們保證，在你們訪問我國多個地方時，定能看到百花盛開，正是我們關係改善的標誌。」[168]

然而，尼克松於1972年4月17日決定再次轟炸河內和海防，破壞了原定4月18日舉行的乒乓球表演賽。訪問白宮計劃日程的墨跡未乾，工作人員已經意識到，鑒於事態的最新發展，一切都不得不推倒重來。正如斯卡里寫給基辛格的：「鑒於越南的情況，迪克（理查德）·所羅門和我都建議取消這次訪問中的乒乓球表演賽部分。在目前情況下，這樣的活動可能令中國政府感到尷尬。在北越遭受攻擊之際，中國人在白宮打乒乓球的照片和報導，可能會迫使他們解釋為什麼在總統命令轟炸越南時還和他攀交情。」[169]

斯卡里的保留意見被證明是正確的。實際上，由於轟炸令，中方險些取消對白宮的訪問。中國的4月18日早晨（華盛頓特區時間4月17日傍晚），周恩來召集外交部主要負責人召開緊急會議，決定中國代表團應口頭通知美方他們拒絕在白宮同尼克松見面。但當周恩來將這一決定報告給毛澤東時，後者沒有同意。在毛澤東看來，這次訪問應該是人民對人民的民間接觸，鑒於美國隊在中國訪問時受到了中國領導人接見，拒絕同尼克松會面會被認為無禮。儘管尼克松下令轟炸北越，中國乒乓球隊與尼克松的會面以及向美國贈送大熊貓都將按原計劃進行。[170]

斯卡里在中國隊訪華結束後給向尼克松的報告中說，訪問行程總體順利，只有「少數右翼團體在沿途邊上發出煞風景的抗議聲。」斯卡里告訴尼克松「中國人將大部分政治壓力指向了此次行程中遇到的華裔美國人。一位華裔翻譯被告知，密歇根大學是個『壞機構』，因為它的『立場』不正確——那裡出現了台灣獨立領導人彭明

敏。」[171] 但總的來説，斯卡里對國務院提供的安保感到滿意，並正式致函國務卿威廉‧羅傑斯，對該部門的安全官員表示稱讚。[172]

訪問行程結束後，參與接待中國代表團的三方之間，彼此的懷疑和敵意並沒有消失。美中關係全國委員會感到，美國選手甚至美國乒協的官員看起來「相當幼稚，對中國隊來訪的真正意義和重要性一無所知，只封閉在自己的乒乓球小世界裡」。[173] 美國乒協的結論則是中國代表團的訪問安排太多，涉及人員也太多。在所涉及的政府部門中，白宮和國務院就如何支付與中國代表團訪問相關的政府官員的費用起了爭執。巴特菲爾德在1972年4月17日給基辛格的備忘錄中寫道：「對直接或間接支持中國代表團行程的政府活動的資助，應由國務院承擔。」[174] 然而國務院則表示抗議，認為「這些賬單不由國務院負責」，並且拒絕支付。[175] 更有意思的是，中國代表團離開後，美中關係全國委員會將賬單寄給斯卡里和杜威‧克洛爾，白宮和美中關係全國委員會之間也產生了糾紛。1972年7月末，斯卡里收到美中關係全國委員會寄來的826.76美元賬單，這是他陪同中國代表團訪問期間的酒店費用。杜威‧克洛爾也收到了賬單。斯卡里在給巴特菲爾德的備忘錄中表示，賬單數目聽上去沒問題，建議白宮「付掉這鬼賬單，並且為這獨特又令人沮喪的經歷標上『結束』，儘管事實證明，這對訪問的成功必不可少。」[176] 巴特菲爾德卻讓斯卡里去交涉。[177] 斯卡里於是寫信給美中關係全國委員會表示不滿：「我記得在訪問行程開始之前與您的委員會成員開了一次會，在那次會議上，大家有非常明確的共識，即全國委員會將支付我和我的組員在訪問行程中的酒店、膳食和其他附帶費用。」他要求委員會「重新考慮發送賬單的做法，並按照我們的協議付賬。」[178] 全國委員會的肖耶爾回覆，沒有人「記得關於您和杜威的費用的任何討論。」他還説，

「請原諒我看上去是在做無用功，但我們仍然有相當一筆乒乓球赤字要填補，所以我們必須盡一切可能精打細算以籌集資金。」[179]

然而，無論這種事後的財務爭執多麼令人反感，總的來說，乒乓外交的第二步行動是成功的。中國乒乓球代表團是1949年以來到美國的第一個中華人民共和國正式使團，它的訪問在美國人中激起了對中國的極大興趣。毛澤東的主動突破，1972年中國乒乓球代表團的訪問，朝著兩國之間擴大文化交流的方向，打開了健康和快速發展的局面。

新時代的開始

1971–1972年的乒乓外交是中國外交和國際化的關鍵舉措，是之後外交謀略的典範——1984年，中韓開展「網球外交」，標誌著兩國關係的和解。儘管過去兩國曾經在國際賽場上接觸，但他們這次的比賽標誌著韓國運動員第一次在中國領土上參加競技。[180]

這些比賽成為中國進一步努力全面融入國際社會的一部分。多年來，中國和朝鮮是親密盟友，因此中國邀請韓國運動員到中國境內比賽，其象徵意義非同小可。正如《紐約時報》所言，1984年戴維斯盃在中國的南方城市昆明舉行期間，「在一個任何行為都受到政治影響力權衡的國家中，八名韓國人在中國大陸打網球本身的重要意義就不容忽視。」日本首相中曾根康弘也意識到這次比賽的重要性，他對國會委員會說，昆明的網球賽是亞洲的重大事件，並表示在即將到來的對北京的訪問中，他將鼓勵中韓之間更進一步開展交流。在漢城，韓國外交部長李源京預言，在網球外交之後，中韓

之間的非政治交流將會成為自然趨勢。他的預言是正確的。中韓兩國都利用同在漢城舉辦的1986年亞運會及1988年奧運會，為建立外交關係鋪平道路，這一目標在90年代初得以實現。[181]

乒乓外交是毛澤東和尼克松的重大成就，他們在當政時都飽受國內負面因素的困擾。但乒乓球賽不僅挽救兩個領導人的政治遺產；更重要的是，使這兩個國家在70年代，在全世界充滿動蕩和衝突的關鍵時刻走到了一起。僅值25美分的小小乒乓球，在20世紀後期加速中國的國際化、轉變中美關係以及塑造世界政治方面，發揮了獨特而關鍵的作用。

註 釋

1   伍紹祖，《中華人民共和國體育史》，頁243。
2   徐濤，〈毛澤東的保健養生之道〉，收入林克、徐濤和吳旭君編，《歷史的真實》（北京：中央文獻出版社，1998），頁256–276。
3   莊則棟、佐佐木敦子，《莊則棟與佐佐木敦子》（北京：作家出版社，1996），頁258。
4   劉樹發主編，《陳毅年譜》（北京：人民出版社，1995），第2卷，頁695。
5   中共中央文獻研究室，《周恩來年譜，1949–1976》，第2卷，頁584。
6   同上，第2卷，頁541。
7   宋世雄，《宋世雄自述》，頁216。
8   同上，頁217。亦見中共中央文獻研究室，《周恩來年譜，1949–1976》，第3卷，頁386。
9   宋世雄，《宋世雄自述》，頁218。
10   同上，頁206–207。
11   Richard Nixon, "Asia after Vietnam," *Foreign Affairs* 46, no. 1 (October 1967).
12   "Memorandum from President Nixon to his assistant for national security affairs, February 1, 1969," in U.S. Department of State, *Foreign Relations of the United States,* vol. 17: *China, 1969–1972* (Washington, D.C.: U.S. Government

Printing Office, 2006) (hereafter FRUS, vol. 17), 7；也見 Richard Nixon, *RN: The Memoirs of Richard Nixon* (New York: Grosset & Dunlap, 1978), 545。

13 James Mann, *About Face: A History of America's Curious Relationship with China, from Nixon to Clinton* (New York: Vintage, 2000), 14.

14 Henry Kissinger, *White House Years* (Boston: Little, Brown, 1979), 176–177.

15 Mann, *About Face*, 25.

16 Memorandum from Kissinger to Nixon, February 5, 1970, FRUS, vol. 17, 176–178.

17 Kissinger memo to the president, subject: contact with the Chinese, September 12, 1970, National Security Archives, "China and the United States: From Hostility to Engagement, 1960–1998" (hereafter NSA: China and the U.S.).

18 Memorandum of conversation on meeting between the president and Pakistan President Yahya, October 25, 1970, the Oval Office, NSA: China and the U.S.

19 Memorandum of conversation between Kissinger and CeauÅescu, October 27, 1970, NSA: China and the U.S.

20 Nixon, *RN: The Memoirs of Richard Nixon*, 546.

21 Stoessel, memorandum of conversation with Nixon concerning China and U.S.-China contacts, September 9, 1969, FRUS, vol. 17, 80–81.

22 Minutes of meeting no. 135, January 20, 1970, National Archives, RG 59, box 2189.

23 State Department confidential telegram, subject: dropping passport restriction on travel to communist China, National Archives, RG 59: general records of the Department of State, subject: numeric files, 1970–1973/entry 1613, box 2188.

24 關於近期從中國國內政治角度對中美和解的研究，見 Yafeng Xia, "China's Elite Politics and Sino-American Rapprochement, January 1969–February 1972," *Journal of Cold War Studies* 8, no. 4 (Fall 2006): 3–28。

25 Kissinger, *White House Years*, 178–186.

26 Joseph Y. S. Cheng, "Mao Zedong's Perception of the World in 1968–1972: Rationale for the Sino-American Rapprochement," *Journal of American–East Asian Relations* 7, nos. 3–4 (Fall–Winter 1998): 251.

27 Mann, *About Face*, 16.

28　例如錢江撰寫的《乒乓外交》開篇即提到中俄邊境衝突事件。見錢江，《小球轉動大球：乒乓外交背後》（北京：東方出版社，1997）。西方學者似乎同意其看法，但我個人相信它只是部分正確。毛澤東對已經是時候與尼克松就台灣問題達成協議的認識，也是尋求中美和解的主要動機，而且可能是一個更為重要的因素。儘管基辛格在他的《白宮回憶錄》（Kissinger, *White House Years*, 749）和其他地方提到，在他1971年7月歷史性的訪華行程中，僅在於周恩來的第一次會晤中簡短地提及台灣，但這種描述與有關會議過程的記錄並不相符。實際上，在1970年代初，台灣問題在北京與美國的談判中扮演著極其重要的角色。北京在發送給白宮的每一條信息中都傳遞了台灣問題對改善中美總體關係的重要性。

29　Kissinger, *White House Years*, 167–194.

30　吳旭君，〈毛澤東的五步高棋：打開中美關係大門始末〉，收入林克、徐濤和吳旭君編，《歷史的真實》（北京：中央文獻出版社，1998），頁249。高文謙也提到毛澤東思考中的蘇聯因素，見其《晚年周恩來》（香港：明鏡出版社，2003），頁413。

31　宮力，《毛澤東與美國》（北京：世界知識出版社，1999），頁195。

32　關於這四個元帥對中美關係的研究，最好的論述參見熊向輝，《我的情報與外交生涯》（北京：中共黨史出版社，1999），頁170–201。亦見杜易，《大雪壓青松：文革史中的陳毅》（北京：世界知識出版社，1997），頁208–212；以及中共中央文獻研究室，《周恩來年譜，1949–1976》，第3卷，頁301–302、305。

33　中共中央文獻研究室，《周恩來年譜，1949–1976》，第3卷，頁341。

34　有關斯諾訪問的一些內幕，見熊向輝，《我的情報與外交生涯》，頁202–235。

35　吳旭君，〈毛澤東的五步高棋：打開中美關係大門始末〉，頁231。

36　同上，頁238。

37　見 Henry Kissinger, *Diplomacy* (New York: Simon & Schuster, 1994), 725–726；以及 Kissinger, *White House Years*, 698。在白宮背景簡報中，基辛格說：「埃德加‧斯諾不起任何作用，除了他在《生活》上的文章中所傳達出的、我們唯一看到的，並且早已經從其他渠道獲知的總體態度。」見 Nixon Project, Haldeman, box 82: Kissinger background briefing at the White House, July 16, 1971。

38　Kissinger, *White House Years*, 699.

39 此事屬實，並得到不同方面的確認。見田曾佩、王泰平編，《老外交官回憶周恩來》(北京：世界知識出版社，1998)，頁298；高文謙，《晚年周恩來》，頁403；以及孔東梅，《改變世界的日子：與王海容談毛澤東外交往事》(北京：中央文獻出版社，2006)，頁48–49。

40 Kissinger memo to Nixon on Mao's statement on U.S. action in Cambodia, May 23, 1970, FRUS, vol. 17, 212–213.

41 Kissinger, *White House Years*, 695.

42 Mann, *About Face*, 19.

43 Kissinger, *Diplomacy*, 725.

44 Kissinger, *White House Years*, 685.

45 Dale Russakoff, "Team Rice, Playing Away," *Washington Post*, February 6, 2005, D1; Mandell, *Sport: A Cultural History* (New York: Columbia University Press, 1984), 233.

46 H. R. Haldeman, *The Haldeman Diaries: Inside the Nixon White House* (New York: G. P. Putnam's Sons, 1994), 110.

47 Mandell, *Sport*, 233.

48 中共中央文獻研究室，《周恩來年譜，1949–1976》，第3卷，頁431。

49 同上，第3卷，頁435、442；魯光，《中國體壇大聚焦》(濟南：山東出版社，1999)，頁136–137。

50 錢江，《小球轉動大球》，頁127–128。

51 Jenkins memo, National Archives, RG 59: general records of the Department of State, subject numeric files, 1970–1973, entry 1613, box 2187。

52 周恩來致毛澤東信件的原文及毛的批示都能在魯光的《中國體壇大聚焦》139–141頁中看到。亦見中共中央文獻研究室，《周恩來年譜，1949–1976》，第3卷，頁443–444。

53 魯光，《中國體壇大聚焦》，頁142–143。

54 同上，頁146。

55 Bentley Library, J. Rufford Harrison files, box 19/original.

56 Bentley Library, Steenhoven materials, box 19.

57 中央電視台採訪莊則棟的記錄《莊則棟：親歷乒乓外交》，2006年4月18日《新聞會客廳》節目。

58 Kissinger, *White House Years*, 709. Kissinger's account was based on a UPI story by Arnold Dibble published on July 16, 1971.

59 毛澤東那時已有嚴重的視力問題，依靠他的助手為他讀資料。見吳旭君，〈毛澤東的五步高棋〉，頁240。

60 國家體委、外交部，《關於哥倫比亞、牙買加和美國乒乓球隊訪問中國的請求以及美國記者要求採訪我乒乓球隊的報告》，1971年4月3日，中華人民共和國外交部機密檔案。

61 有關毛澤東通過吳旭君發出邀請的事，見於吳旭君，〈毛澤東的五步高棋〉，頁245–247。亦見中共中央文獻研究室，《周恩來年譜，1949–1976》，第3卷，頁449。

62 有關毛澤東的作用，詳見周溢潢，〈中美乒乓外交背後的毛澤東〉，《人民日報》，2003年12月19日，15。

63 例如15歲的選手朱迪‧博欽斯基必須從一家銀行貸款900美元來支付她去日本的費用。

64 Bentley Library, J. Rufford Harrison files, box 19/original.

65 Official report, n.d., PRC Foreign Ministry archives.

66 Kissinger, *White House Years*, 709–710.

67 Department of State memorandum for Henry Kissinger, December 22, 1971, Nixon Project, White House special files, staff member and office files, Dwight Chapin, box 31, folder China—general information.

68 周恩來辦公室關於是否讓美國人觀看《紅色娘子軍》的電話記錄，1971年4月10日（原始記錄錯寫為3月10日）晚8：30，中華人民共和國外交部檔案。

69 Department of State memorandum for Henry Kissinger, December 22, 1971, Nixon Project, White House special files, staff member and office files, Dwight Chapin, box 31, folder China — general information.

70 見美國乒乓球隊訪問的官方日程表，中華人民共和國外交部檔案。

71 宋世雄，《宋世雄自述》，頁223。

72 Bentley Library, Tim Boggan files, box 1: "Ping-Pong Oddity by Tim Boggan（蒂姆‧博根）," unpublished manuscript, 76. 博根是長島大學的英語助理教授，美國乒乓球協會副會長，和1971年訪華那只著名美國乒乓球隊的成員。

73 Bruce Weber, "Ping-Pong Diplomacy Revisited," *NYT*, July 26, 1997.

74 Kissinger, *White House Years*, 710. 亦見〈同美國乒乓球代表團的談話〉，中華人民共和國外交部檔案；及中共中央文獻研究室，《周恩來外交文獻》，頁469–475。

75　「外交部致友好國家駐華使館關於美國乒乓球隊訪華的照會」，未注明日期，中華人民共和國外交部檔案。

76　「外交部關於科恩的母親準備向周總理送花和電報的報告」，1971年4月23日，中華人民共和國外交部檔案。

77　Bentley Library, Boggan files, box 1: "Ping-Pong Oddity," 63.

78　見朱迪・博欽斯基1971年訪華回國後的敘述，Bentley Library, USTTA-Kaminsky, 1972, box 3。

79　Bentley Library, Boggan files, box 1: "Ping-Pong Oddity," 239–240.

80　同上，頁251。

81　關於中華人民共和國邀請美國乒乓球隊訪華可能的意義，霍爾德里奇致基辛格的備忘錄，1971年4月9日，*FRUS*, vol. 17, 289–290。

82　中國方面有關乒乓外交時期的最新材料，見熊向輝，《我的情報與外交生涯》，頁236–259。

83　Nixon Project, Haldeman files, box 77: Statement of Senator Edward W. Brooke on the floor of the Senate, April 15, 1971。

84　美國駐堪培拉使館致國務院機密電報，1971年4月，National Archives, RG 59: general records of the Department of State, subject numeric files, 1970–1973, entry 1613, box 2188。

85　美國國務院，談話備忘錄，1971年4月20日，National Archives, RG 59: general records of the Department of State, subject numeric files, 1970–1973, entry 1613, box 2678.

86　Kissinger, *White House Years*, 709–710.

87　Nixon, *RN: The Memoirs of Richard Nixon*, 548.

88　Kissinger, *White House Years*, 711.

89　同上，頁710。

90　同上。

91　Haldeman, *The Haldeman Diaries: Inside the Nixon White House*, 271.

92　Nixon Project, Haldeman files, box 43, Haldeman handwritten notes, April–June 1971.

93　尼克松和基辛格的電話談話，1971年4月27日，NSA: China and the U.S. 也見 *FRUS*, vol. 17, 303–308。

94　Nixon Project, Haldeman files, box 43, Haldeman handwritten notes, April–June 1971.

95　Haldeman, *The Haldeman Diaries: Inside the Nixon White House*, 271.

96　同上，頁283。

97　Nixon, *RN: The Memoirs of Richard Nixon*, 549.

98　Haldeman, *The Haldeman Diaries: Inside the Nixon White House*, 275.

99　同上。

100　John Scali to Dwight Chapin, April 12, 1971, Nixon Project, White House central files, subject files: P.R. China, box 19, PRC 1/1/71–5/31/71.

101　Haldeman, *The Haldeman Diaries: Inside the Nixon White House*, 273–274.

102　Nixon Project, Haldeman files, box 77, file Kissinger, April 1971: 1971年4月20日基辛格給總統的備忘錄，主題：與近期訪華美國乒乓球隊領隊格雷厄姆‧斯廷霍文的會面，1971年4月21日。

103　當時的會費為每年10美元。後來，當美國乒乓球官員嘗試與其他國家進行乒乓外交時，他們通過提醒尼克松是美國乒乓球協會的名譽會員來尋求尼克松的幫助。蒂姆‧博根在給尼克松的電報中（文件上沒有日期），要求總統支持美國乒乓球隊訪問蘇聯的計劃，並提醒尼克松，他是美國乒乓球協會「唯一的終身榮譽會員」。見 Bentley Library, USTTA-Kaminsky, 1972 files [Yaroslav Kaminsky was the Washington, D.C., coordinator for the Chinese Ping-Pong visit in 1972], box 3。

104　The White House press conference of Graham Steenhoven, April 21, 1971, transcript, Nixon Project, Scali files, box 3.

105　National security study memorandum 124, April 19, 1971, NSA: China and the U.S.

106　Statement by the president, the White House, April 14, 1971, NSA: China and the U.S.

107　在協會年會上，總統在一個由六位編輯和記者組成的會議小組上於問答部分的講話，1971年4月16日，NSA: China and the U.S..

108　Kissinger, *White House Years*, 711.

109　周恩來的口信直到1971年4月27日才傳到白宮；見 "Message from Premier Chou En Lai dated April 21, 1971," NSA: China and the U.S.；及 Nixon, *RN: The Memoirs of Richard Nixon*, 549。

110　Haldeman, *The Haldeman Diaries: Inside the Nixon White House*, 283.

111 尼克松給周恩來的完整口信，即1971年5月10日由基辛格轉達Hilaly的，見於 The National Security Archives and *FRUS*, vol. 17, 300–301, 312–313, 318–320。

112 周恩來總理給尼克松總統的親筆信，1971年5月29日，NSA: China and the U.S.。

113 Nixon, *RN: The Memoirs of Richard Nixon*, 552.

114 致中華人民共和國政府的口信，1971年6月4日（有一個手寫的記號表面這是第五稿，是在當天早上5:30交給Hilaly的），NSA。亦見*FRUS*, vol. 17, 340。

115 周恩來致尼克松，1971年6月11日，NSA: China and the U.S.。

116 巴基斯坦大使給基辛格的親筆信，1971年6月19日，NSA: China and the U.S.。

117 基辛格和周恩來談話的備忘錄，1971年7月9日，*FRUS*, vol. 17, 364。

118 毛澤東與尼克松的會見記錄，1971年2月21日，NSA: China and U.S.。也見*FRUS*, vol. 17, 681–682。

119 Nixon Project, White House special files staff member and office files, Alexander Haig files, 1970–1973, box 49.

120 Proceedings and Debates (June 9, 1971), "The So-Called New Era of Ping-Pong Diplomacy," 92d Cong., 1st sess., Congressional Record 1, vol. 117, pt. 14, 18994.

121 尼克松不想因為背叛台灣而受到譴責。見 Nixon Project, White House special files, staff member and office files, Haldeman files, box 85: memo from Pat Buchanan to Haldeman, October 11, 1971。在備忘錄中，布坎南（Buchanan）引用了一位共和黨領袖的保守派人物私下的談話：「我可以忍受北京之行」,「但驅逐台灣將是我的盧比孔河」(即「不歸路」之意，公元前49年，凱撒帶領軍隊毅然渡過盧比孔河迎戰羅馬反對勢力，因此「盧比孔」在後世常被用來形容冒著巨大風險破釜沉舟──譯者）。

122 Bentley Library, Steenhoven files, box 20, State Department press briefing.

123 Bentley Library, Boggan files, box 1: "Ping-Pong Oddity," 65–66.

124 The cable can be found in Bentley Library, Steenhoven files, box 20.

125 Bentley Library, Eckstein papers, box 4.

126 Bentley Library, Eckstein papers, box 3: exchange with the PRC, athletic exchanges, table tennis.

127　Bentley Library, Harrison files, box 19.

128　Bentley Library, Eckstein 「papers, box 3: exchange with the PRC, athletic exchanges, table tennis.

129　Bentley Library, USTTA, Kaminsky 1972 files, box 3.

130　John Holdridge to Kissinger, November 19, 1971, Nixon Project, Scali files, box 3.

131　Nixon Project, Chapin box 32, minutes of China meetings.

132　Bentley Library, Steenhoven files, box 20.

133　同上。

134　周恩來看來對此訪問感到高興。1972年春，當中國乒乓球隊結束美國和其他國家之行歸國後，他邀請隊員們到他家晚宴聚會。見中共中央文獻研究室，《周恩來年譜，1949–1976》，第3卷，頁515–516；及李玲修、周銘共，《體育之子榮高棠》，頁326–328。

135　Bentley Library, USTTA Kaminsky 1972 files, box 3, meeting minutes.

136　Bentley Library, J. Rufford Harrison files, box 19, original interview transcript.

137　John Scali to John Dean, May 19, 1971, Nixon Project, Scali files, box 3.

138　Memo for China file, April 22, 1971, Nixon Project, Scali files, box 3.

139　斯卡里與總統的電話談話，1971年4月21日下午3時，Nixon Project, Scali files, box 3。

140　John Scali to John Holdridge, July 23, 1971, Nixon Project, Scali files, box 3.

141　斯卡里給總統的備忘錄，主題：中國乒乓球隊訪問，1972年1月17日，Nixon Project, White House special files, staff member and office files, Ronald Ziegler, box 35: trip story material—China。

142　Memo to Scali from Bruce Kehrli, January 24, 1972, 同上。

143　Scali to Kissinger, March 14, 1972, Nixon Project, Scali files, box 3.

144　Scali to Haig, March 20, 1972, Nixon Project, Scali files, box 3.

145　White House memo, March 27, 1972, subject: table tennis visit, Nixon Project, Scali files, box 3.

146　W. Dewey Clower memo to Dwight L. Chapin, April 8, 1972, Nixon Project, White House central files, subject files, P.R. China, box 19.

147　信中指出，政府聯絡員「職位不應過高，以至於成為儀式上的禮賓司，或引來公眾高度關注。」見Robert W. Gilmore (chairman of joint committee) to Scali, April 5, 1972, Nixon Project, Scali files, box 3。

148　Transcript of Scali conversation with Professor Eckstein, April 6, 1972, Nixon Project, Scali files, box 3.

149　Nixon Project, Scali files, box 3.

150　Nixon to Steenhoven, April 11, 1972, 同上。

151　黃華(中華人民共和國駐聯合國大使)與基辛格談話備忘錄，紐約，1972年4月12日，*FRUS*, vol. 17, 884。

152　Bentley Library, Steenhoven files, box 20: McIntyre files.

153　白宮備忘錄，1972年2月14日，Nixon Project, Scali files, box 3。

154　Stanley Karnow, "China Ping-Pong Team Starts U.S. Tour Soon," *Washington Post*, April 4, 1972, A2.

155　約翰・斯卡里給總統的備忘錄，1972年4月17日，主題：中國乒乓球隊美國之行的進展報告，Nixon Project, Scali files, box 3。

156　Memo from Butterfield to Haldeman, March 28, 1972, Nixon Project, Haldeman files, box 93, Alex Butterfield, March 1972.

157　同上。

158　Butterfield to Kissinger, March 31, 1972, Nixon Project, Scali files, box 3.

159　Scali to Haig, April 3, 1972, Nixon Project, Scali files, box 3.

160　Scali to General Haig, April 4, 1972, subject: protection for Chinese ping pong team, Nixon Project, Scali files, box 3.

161　Scali to Bruce Kehrli, April 10, 1972, subject: Chinese table tennis team. Nixon Project, Scali files, box 3.

162　Haldeman to David Parker, April 11, 1972, Nixon Project, White House central files, subject files, P.R. China, box 19.

163　斯廷霍文在接受密歇根大學口述歷史項目採訪時說，美國隊在中國時，他曾問球員們能不能見到周恩來，但是「據我所知，而且我肯定，並沒有中國人要求見尼克松總統。在我與尼克松的討論中，他表示，如果可能的話，他很願意見他們。」Bentley Library, Steenhoven files, box 19.

164　Dwight Chapin to Stephen Bull, David Parker, and Ronald Walker, subject: PRC ping pong visit, March 20, 1972, Nixon Project, Scali files, box 3.

165　John Scali to Dave Parker, April 3, 1972, subject: Chinese table tennis visit to the White House, Nixon Project, Scali files, box 3.

166　Scali to David Parker, April 10, 1972, subject: president's meeting with Chinese table tennis delegation, Nixon Project, Scali files, box 3.

167 Memo from Stephen Bull to Haldeman, re: greeting PRC table tennis team, April 17, 1972, Nixon Project, Haldeman files, box 94: Ronald Ziegler, March 1972.

168 Bentley Library, Eckstein files, box 4: National Committee, ping-pong, miscellanies.

169 Scali to Kissinger, April 17, 1972, subject: Chinese ping pong tours, Nixon Project, Scali files, box 3.

170 中共中央文獻研究室,《周恩來年譜,1949–1976》,第3卷,頁520。

171 John Scali, memorandum for the president, April 17, 1972, subject: progress report on the U.S. tour of the Chinese table tennis team, Nixon Project, Scali files, box 3.

172 Scali to William Rogers, May 2, 1972, Nixon Project, Scali files, box 3.

173 Anthony J. Shaheen to Harrison, August 13, 1979, Bentley Library, Harrison files, box 19.

174 Butterfield to Kissinger, April 17, 1972, Nixon Project, Scali files, box 3.

175 Memo from Jeanne Davis of the president's office to Theodore Eliot, Department of State, June 10, 1972, Nixon Project, Scali files, box 3.

176 Scali to Butterfield, August 1, 1972. Nixon Project, Scali files, box 3.

177 Bruce Kehrli to Scali, August 4, 1972, Nixon Project, Scali files, box 3.

178 Scali to Schoyer, August 7, 1972, Nixon Project, Scali files, box 3.

179 B. Preston Schoyer [executive director of the national committee] to Scali, September 11, 1972, Nixon Project, Scali files, box 3.

180 "Tennis Diplomacy between China and South Korea," *Christian Science Monitor*, March 5, 1984.

181 Christopher Wren, "China's Quiet Courtship of South Korea," *NYT*, March 11, 1984, A5.

第六章

蒙特利爾奧運會
——政治挑戰奧林匹克理想

我們歡迎來自台灣的運動員。我們希望他們能來比賽。我們不會基於性別、種族或國別與地區的不同而歧視任何人。我們所說的一切，在我看來就是，我們不會讓……假裝代表中國、但實際上並不代表中國的運動員進入加拿大。眾議院的任何成員，無論他屬哪個黨派，只要他相信一個中國政策，都會支持這個方針。

——加拿大總理皮埃爾‧特魯多（Pierre Trudeau）
1976年在下議院的講話[1]

　　7月17日至8月1日，1976年夏季奧運會在蒙特利爾舉行。對那些渴望向世界展示本國最好一面的加拿大人來說，這次聚會本該是歡樂的時刻。但是在奧運會開始前，加拿大政府卻遭到國際輿論一邊倒的譴責，包括來自澳大利亞、英國、德國、美國在內的親密盟友。國際奧委會考慮過取消這次奧運會，美國也曾考慮抵制蒙特利爾奧運會。早已習慣於在全世界有著良好聲譽和完美形象的加拿大，被來自國內外媒體的猛烈攻擊打懵了。是什麼使加拿大政府陷入困境？誰才有資格代表中國參加1976年奧運會？

　　圍繞蒙特利爾奧運會的爭議，體現出體育運動在擴大中國國際知名度並在全球範圍建立國家認同方面的重要作用。儘管當時中華人民共和國還不是奧林匹克組織的成員，但北京決心將體育賽事與其國際地位和合法性聯繫起來。與此同時，從70年代初開始在外交上被逐漸邊緣化的台灣，正利用其在奧林匹克大家庭中的成員身份，吸引世界注意其作為獨立政治實體的存在，並迫使各國思考中國的真正身份。圍繞蒙特利爾奧運會，這兩種觀念發生激烈衝突，幾乎摧毀了奧林匹克運動，讓外交衝擊波輻射全球。

加拿大人的困境

　　1969年，蒙特利爾申辦1976年奧運會時，加拿大政府曾給予支持，並向國際奧委會承諾加拿大將歡迎所有成員國參賽。加拿大外交部長米切爾·夏普 (Mitchell Sharp) 在1969年9月29日寫給國際奧委會的信中聲明：「我願向您保證，各國奧委會的代表團和國際奧委會認可的各類國際體育協會都可以按照正常規定自由進入加拿大。」[2] 國際奧委會接受了加拿大的承諾，並於1979年5月12日正式選定蒙特利爾為主辦城市。

　　大約5個月後的10月13日，加拿大正式承認中華人民共和國（比美國政府早了近9年），並與台灣斷交。加拿大是當時少數幾個承認北京的西方大國之一。同後來與中華人民共和國建交的國家一樣，加拿大承諾尊重「一個中國」政策，承認中華人民共和國是中國唯一合法政府，台灣是中國的一部分。1970年，沒有人能想到在加拿大與中國建交背景下舉辦奧運會將會引發那麼多問題。當時

台灣在奧林匹克大家庭中地位穩固，中華人民共和國自1958年退出後尚未回歸。

　　然而，加拿大1969年對國際奧委會和1970年對北京的兩個承諾之間水火不容，必將導致衝突。1974年，距離蒙特利爾奧運會開幕僅剩兩年，加拿大外交部意識到台灣參加本次奧運會可能會造成「嚴重而令人尷尬的問題」。[3] 台灣參賽本身並不是問題，它是奧林匹克運動認可的成員。問題在於台灣是以「中華民國」名義被接納為會員的。如果加拿大政府允許台灣以這一名義參賽，肯定會觸怒北京。而中華人民共和國也明確向加拿大表示，台灣的參賽名義是一個非常嚴重的問題。[4] 1975年11月，一位中方高級體育官員在北京告訴一名加拿大外交官：「如果〔加拿大〕允許蔣匪幫打著其偽國旗走進奧林匹克競技場，此舉將對我們的雙邊關係造成大問題——我們兩國人民以及其他許多國家的參賽者必將感到憤怒，兩國的關係將會受到嚴重損害。」[5]

　　北京方面的口氣變得更加強硬。1976年5月17日，中華人民共和國駐加拿大大使向加拿大外交部發出正式照會，聲明台灣「無權以任何名義參賽」。[6] 因此，中華人民共和國的官方立場是「在任何情況下」都不允許台灣參賽；它的參賽「不可容忍」。[7] 加拿大政府根本不需要如此直截了當的提醒。加拿大外交部在中方表態之前就已熟知北京的立場。1974年12月外交部在給總理準備的秘密備忘錄中預言，如果允許台灣以官方名義參加奧運會，北京「無論好歹都會非常憤怒」，而這種憤怒將會「影響」中華人民共和國和加拿大之間的「重大雙邊問題」。加拿大駐奧地利大使比斯利（A. J. Beesley）參與了國際奧委會台灣問題討論，他在1976年2月向渥太華寫信建議：「是時候、也應該搞清楚中國是否將其（台灣問題）視為我們雙

邊關係的真正基準了。」[8] 外交部回答説，沒必要「搞清楚」中華人民共和國的真正想法；台灣問題毫無疑問會影響雙邊關係。[9] 加拿大駐北京大使館在給外交部的加密電報中證實：「顯然中華人民共和國已經認定，允許台灣參加奧運會，就是置加中雙邊關係於危險之中。」[10]

加拿大政府知道，如果台灣在1976年奧運會上代表中國入場，北京將有強烈反應，並實施嚴厲報復。鑒於加拿大嚴峻的經濟問題及高通脹率，特魯多總理非常看重同中國的貿易往來，加拿大政府承擔不起與北京關係惡化的後果。《華爾街日報》(The Wall Street Journal) 聲稱，這些擔憂決定了加拿大對台灣參加奧運會的政策。一篇社論的作者解釋説：「加拿大去年與台灣的貿易逆差是1.44億美元，與北京的貿易順差是3.2億美元；如果情況倒轉，台灣就能以『中華民國』名義參賽了。」[11]《紐約時報》認為，加拿大拒絕讓台灣以「中華民國」名義參賽，「與北京政府的一項重大經濟協議有關……僅小麥一項，1975年加拿大在大陸的銷售額就有3.07億美元。」[12] 這些觀察極為精準。與北京的穩定關係一直是特魯多政府新外交政策的主要基石和重點內容。[13] 讓蒙特利爾奧運會妨礙這一更大的計劃，風險太大了。

允許台灣以其官方名義參加奧運會令加拿大為難，替代方案之一是禁止台灣參賽。然而，這種做法將招致來自國際奧委會等方方面面的嚴厲指責。另一個被外交部稱為「最不情願」的選擇，是公開將賽事政治化，從而打破加拿大1969年對國際奧委會的承諾。[14] 為了不在兩個壞選項中做出選擇，外交部在1974年12月的備忘錄中，建議加拿大幫助中華人民共和國與國際奧委會達成協議，使其在1976年奧運會之前加入奧林匹克運動。通過這種方式，加拿大

可以在蒙特利爾奧運會之前解決「兩個中國」問題；中華人民共和
國的成員資格至少在代表中國的目標上勝過台灣。[15]

　　依照這個搶先策略，加拿大外交部通過其駐外大使館，在
1975年和1976年初竭力為北京在奧林匹克運動中的成員資格進行
游說。加拿大外交官得到指示，多和國際奧委會成員國政府接觸，
甚至為此發起一場在奧林匹克大家庭中以中華人民共和國取代台灣
的運動。加拿大政府與國際奧委會保持密切聯繫，以掌握最新動
向；它還推動國際奧委會主席基拉寧男爵去北京訪問，爭取彌合國
際奧委會與中華人民共和國之間的分歧。為確保國際奧委會瞭解加
拿大的困境，外交部要求1975年4月23日在多倫多與基拉寧會面
商談。會前準備的機密備忘錄建議：「您不妨一開始就說明，從加
拿大政府的角度（他會很容易理解這一點），在政治上，讓中華人民
共和國而不是台灣參加奧運會肯定更可取。」[16]在會上，加拿大外
交部官員告訴基拉寧，「加拿大正背負著互相抵觸的責任 —— 到底
是忠於國際奧委會，還是支持北京。」加拿大向國際奧委會明確表
示：「台灣和中國都認為只有一個中國，因此建議國際奧委會在處
理與兩者關係時，慎重考慮邀請中華人民共和國加入國際奧委會的
提議，並要求中華人民共和國組建一支包括台灣代表在內的、全中
國的團隊。」[17]

　　基拉寧回覆，他不確定中華人民共和國是否願意參加1976年
奧運會，「因為國際奧委會已經沒有足夠時間就其正式申請及輔助
文件做出決定。」換言之，國際奧委會拖拖拉拉。參加了會議的
外交部官員阿瑟・安德魯（Arthur Andrew）說：「國際奧委會似乎
無意做出任何特殊努力以接納中國加入，以使其有資格參加1976
年奧運會。」基拉寧在北京成員資格問題上僅有的承諾，就是他

將在國際奧委會會議和董事會會議上就此事做出呼籲。「在從這些會議中瞭解到一定信息之前，他無法就如何處理中國問題做出預判。」[18]

在這種情況下，加拿大官員意識到「除了與基拉寧男爵保持密切聯繫外，我們幾乎無計可施」，只能期待最好的結果。[19] 儘管加拿大對國際奧委會主席悲觀、被動的做法明顯感到失望，但他們對中華人民共和國加入奧林匹克運動的希望並未完全破滅。

1976年初，帶著幾分期待、幾分焦躁和幾分急迫的加拿大外交部官員前往奧地利，再次與基拉寧會談。會議於2月7日舉行，與會者包括外交部的斯克拉貝克（E.A.Skrabec）、加拿大駐奧地利大使比斯利、基拉寧、國際奧委會加拿大委員詹姆斯‧沃拉爾（James Worrall）。他們的討論主要集中在「兩個中國」問題上。這一次加拿大人終於讓基拉寧意識到，加拿大政府在台灣參賽問題上無能為力。基拉寧反駁說，他非常重視加拿大政府在申辦蒙特利爾奧運會時作出的保證。加拿大不能因為承認了中華人民共和國，就放棄對國際奧委會的承諾。令加拿大人更失望的是，基拉寧現在相信國際奧委會無法在短期內解決北京與台灣的問題，甚至可能到1980年莫斯科奧運會時也解決不了。[20]

事後看來，北京在台灣問題上的強硬立場以及國際奧委會在處理「兩個中國」問題上的一貫無能，令加拿大的策略注定要失敗；與基拉寧的會談，並沒有當時看上去那麼重要。然而在當時，加拿大政府迫切感到需要有解決「兩個中國」問題的新策略。詹姆斯‧沃拉爾後來說：「加拿大政府等待著國際奧委會就接受中華人民共和國加入奧林匹克運動一事做出決定，這樣，他們就不必承擔接受台灣代表隊以國際奧委會認可的名義參賽的任何責任。但是，期待

的事並沒有發生，國際奧委會也沒有做出任何決定，加拿大政府發現自己陷入了困境。」[21]

1976年2月之後，加拿大政府處理中國代表權問題的方式明顯轉變，從與國際奧委會合作變為自行解決。1976年4月20日的機密備忘錄中，外交部總結道：「很明顯，國際奧委會在蒙特利爾奧運會之前解決這個問題的最後機會，是2月的因斯布魯克冬奧會期間的會議。」但是，國際奧委會和中國人民共和國對這個問題提都沒提，因此「這個問題要由加拿大來應對了」。[22]

有意思的是，加拿大政府的結論得到了國際奧委會主席本人的確認。在1976年4月30日給自己的心腹、國際奧委會日本委員清川正二的密信中，基拉寧寫道：

> 我不得不承認，即我相信在蒙特利爾（奧運會）之前不會有什麼進展，特別是考慮到中國目前的政治局勢……我不幻想能以任何方式迫使〔台灣〕更改名稱。我也沒有採取任何積極行動，因為我認為這將帶來負面影響，因為國際奧委會中的大多數人，大多數的國家奧委會，和大多數國際體育組織，都迫不及待地要承認中國，卻都要面對如何處理台灣的困窘……我把中國放在了優先事項的首位，但我認為必須保持各方面的平衡。[23]

顯然基拉寧感到自己和加拿大人一樣進退兩難，在蒙特利爾奧運會之前，國際奧委會在中國問題上無計可施。基拉寧的策略就是按兵不動，無所作為。

加拿大政府可等不起——它必須做出抉擇，而且要快。國際奧委會期望加拿大信守承諾，允許台灣以其官方名義參加蒙特利爾

奧運會。而中華人民共和國當然期望加拿大反對台灣在任何情況下
參賽，並恪守一個中國政策。1976年4月，在一年多撮合北京與國
際奧委會的努力毫無所獲後，加拿大政府決定採取折衷方案。

折衷方案

　　折衷方案如此操作：加拿大政府不禁止台灣參賽，但要求其
必須在嚴格的條件下參賽——即不得使用所有表明台灣運動員代
表「中華民國」的官方名稱、旗幟或歌曲。[24] 從加拿大政府的角度來
看，這種妥協「雖然不能完全令人滿意，但至少對中華人民共和國
和加拿大體育當局應該是可以接受的」。[25] 早在1974年外交部就商
討過類似方案，到1976年4月27日，經外交部部長艾倫·麥克伊
臣（Alan MacEachen）正式批准，折衷方案成為加拿大政府官方政
策。在給總理的備忘錄中，外交部解釋了理由：如果加拿大政府允
許台灣以國際奧委會正式指定的名稱「中華民國」在蒙特利爾參賽，
雖然能讓國際奧委會滿意，卻「可能導致加拿大與中華人民共和國
之間的商務和政治關係受到損害」。如果政府阻止台灣參賽，中加
兩國的關係能得到加強，但國際奧委會可能取消本屆奧運會。因
此，總理應該接受妥協方案，因為它的潛在危害最小。在任何情況
下，「無論今年夏天發生什麼事，這都是最合乎情理的可以自我辯
護的立場。」[26] 總理皮埃爾·特魯多批准了這個方案。

　　考慮到這是困境下能拿出的最佳方案，在探明北京也能不太情
願地接受後，加拿大政府最終拍板。正如外交部秘密備忘錄所示，
加拿大政府將其對台灣問題採取的一切行動告知北京：「已經向渥

太華以及北京的中華人民共和國政府提交我們在台灣參賽立場的概述。」儘管北京的答覆再次重申中華人民共和國的立場，即「在任何情況下」都應拒絕台灣參加蒙特利爾奧運會，但根據外交部的同一份秘密備忘錄，「我們的印象是——而且駐北京大使也有同感，即只要在執行過程中不遇到意外變故，中國人就能接受我們的折衷解決方案。」[27]

1976年5月28日，加拿大政府以書面形式正式通知國際奧委會，絕不允許中華民國（台灣）國家奧林匹克委員會以該名義進入加拿大，其成員也不得懸掛其國旗或演奏選定的歌曲。[28]麥克伊臣後來宣布：「加拿大政府在有關問題上的基本立場涉及我們的整體對華政策，並反映了我們國家的主權要求。加拿大政府的立場已經確定。」[29]6月初，在收到國際奧委會正式回覆前，外交部與人力資源和移民部合作，以保證在加拿大和國際奧委會達成協議之前，台灣代表團無法進入加拿大。[30]加拿大政府有意將台灣方面持有的用於參加奧運會的身份證件作廢。1976年6月9日，加拿大政府通過其駐台灣使館將這一決定告知台灣當局。[31]

加拿大政府決心執行這一政策，但是讓公眾、尤其是國際奧委會接受它是一個挑戰。首先，如何解釋這一政策沒有違背加拿大政府對國際奧委會的承諾？加拿大政府的對策是，認定夏普1969年信中的承諾已經兌現，因其所包含的限定條件是允許台灣「按照通常規定」參賽。政府無意將主權讓渡給一個民間組織，無論其多麼受尊重。[32]

然而，從聲明發出後的討論中可以明顯看出，基拉寧和國際奧委會並未認真對待這一限定條件，也從未要求加拿大方面解釋這句話的含義。正如基拉寧後來所說，他以為夏普的限定條件是指「霍亂

疫情之類」。[33] 早在1974年，加拿大政府已經斷定，根據需要，這句話也許能為某些寬泛的承諾「提供一定的認可條件」。[34] 1975年4月23日，外交部官員與基拉寧會面之前，來自加拿大的一份秘密備忘錄就建議，如果基拉寧問加拿大在北京和台北之間是不是希望前者參賽，暗示加拿大可能不讓台灣參賽，「我們建議您可以簡單回答，當然，在夏普先生早先承諾選手『按照通常規定進入加拿大參賽』的前提下，我們正在非常仔細地研究入境參賽問題。」[35] 只是基拉寧沒有想到要問這個問題，這個對策便沒派上用場。這句話在1969年寫入時與中國並沒有任何關係，現在則成為加拿大政府為其立場辯護的依據，以證明其台灣政策並未違反其對國際奧委會的承諾。

為此立場辯護的第二個武器是加拿大自1970年後便承認只有一個中國，即中華人民共和國。加拿大歡迎台灣參加奧運會，只是不能以「中華民國」的名義。但是國際奧委會不認同這個說法。國際奧委會在1976年5月下旬得知加拿大的立場時，指責加方政策「完全違背了奧林匹克規則，違反了蒙特利爾承辦奧林匹克運動會的條件。」基拉寧還聲稱加方從來沒有告訴他台灣會被區別對待，他對加拿大在「最後一分鐘」才向他提出台灣入境問題表示「痛心」。[36] 他甚至聲稱，哪怕1975年4月他能知道這事，也會立即著手為1976年奧運會尋找新的舉辦地。就他來說，加拿大官員在1975年4月和1976年2月與他會面時都未表明對台灣的立場。

基拉寧並非真的為台灣發聲。他更擔心加拿大的舉動會破壞當時使奧運會和國際體育免受政府干預的努力。[37] 對於國際奧委會而言，加拿大的舉動性質嚴重，因為「奧林匹克基本原則……正受到威脅」。[38] 有一次，基拉寧向加拿大官員抱怨道，他們的台灣政策，代表對奧運會「直接的政府干預」，這是「不能容忍的」。他還補充

說，在這種情況下，「奧運會是否舉行已成問題。」基拉寧痛斥加拿大靠「虛假的偽裝」贏得奧運會主辦權，就像「把釘子釘在奧林匹克運動的棺材上」。[39]

加拿大政府和國際奧委會的衝突越發白熱化，但在台灣問題毀掉奧運會之前找到一種妥協才是符合雙方利益的。1976年6月30日，外交部的安德烈·比紹內特（P. Andre Bissonnette）和斯克拉貝克，應基拉寧的要求在法蘭克福與他見面。會面中，基拉寧提醒加拿大人，蒙特利爾之所以獲得奧運會主辦權，是基於他們的承諾：奧林匹克運動的所有成員均可自由進入加拿大。他告訴加拿大人，如果他早知加拿大要違背諾言，蒙特利爾就不會在申辦中勝出。比紹內特反駁說，如果加拿大政府早知道事情會發展到這一步，「可能就不會支持蒙特利爾申辦。」為回擊基拉寧對加拿大「最後一分鐘」行為的譴責，加拿大官員堅稱，早在1975年4月起，加拿大政府就曾多次就台灣問題向他發出預警。[40]

基拉寧堅持他的陳述正確無誤，而加拿大人則覺得自己的說法更可靠，因為有會議記錄為證。雙方在此陷入僵局。搞清楚雙方對中國代表權問題的理解和處理方法至關重要，因此讓我們梳理一下詳情。

國際奧林匹克委員會的視角

基拉寧的確相信，加拿大沒有提前向他說明台灣政策的細節。1976年5月28日，在詹姆斯·沃拉爾正式通知基拉寧加拿大政府的決定後，基拉寧在給國際奧委會執委會的秘密備忘錄中稱，沃拉

爾於5月27日致電，傳達了加拿大政府關於台灣的決定，而此決定
沃拉爾本人也是在5月26日才知道的。在通話中，基拉寧問沃拉爾
為什麼加拿大「這麼晚」才提起台灣問題。這位國際奧委會主席說，
1975年4月及1976年2月兩次同加拿大外交部官員會面時，加方都
沒有給他任何加拿大將在台灣問題上自作主張的提示。[41]

　　沃拉爾全力支持基拉寧的說法。1976年10月1日，他在就台灣
問題給基拉寧的秘密報告中列出了基本要點：加拿大違背了承諾，
未能及時通知國際奧委會。沃拉爾認為，「現在全由加拿大政府來解
釋的『限定』一詞只不過是操作程序上的細節問題。」在沃拉爾看來，
「如果該措辭保留著某種改變政策主張的權利，那麼加拿大政府本該
直接坦率地宣布出來。」沃拉爾回憶，在1975年4月23日有他參與
的會議上，討論是「一般性的」，僅「涉及南非和台灣參加蒙特利爾
奧運會的可能性」。根據沃拉爾的說法，對這種一般性討論，國際奧
委會絕不可能認為是加拿大政府對台灣地位的正式政策聲明。事實
上，基拉寧和沃拉爾本人都有相同的印象，那就是在這次會議上，
兩位來自外交部的官員根本無權對加拿大政府改變政策做出表態。[42]

　　1976年2月的會面，沃拉爾也在場，會上再次討論了台灣問
題。然而據他回憶，加拿大政府的代表顯然無權對台灣政策（如後
來在1976年5月會上所表述的）發表明確聲明。根據他的理解，加
拿大政府與國際奧委會之間的兩次會晤，不可能被認定為加拿大政
府為隨後採取的立場對國際奧委會的「通知」或「通告」。事實上，
如果政府要發出正式通知，「對於總理或外交部大臣來說，寫信給
國際奧委會主席並陳述其政策本來是很簡單的。」[43]

　　身為律師的沃拉爾利用其專長，在這份備忘錄中挽救了包括自
己在內的國際奧委會，使其免於陷入尷尬。畢竟，作為加拿大的

國際奧委會成員，他的聲譽懸於一線：他擔負著確保東道國與國際奧委會之間通暢、有效溝通的重任。事情發展不順利，從個人利益出發，他也要將責任歸咎加拿大政府。對基拉寧來説同樣如此。在 1976 年 10 月 14 日給沃拉爾的信中，基拉寧感謝他的彙報，並「同意所有」沃拉爾在備忘錄中表達的有關台灣問題的「事實和觀點」。[44] 基拉寧在 1976 年 10 月 12 日給國際奧委會董事會的機密備忘錄中寫道：「我現在有詹姆斯・沃拉爾的機密報告，該報告準確證實了有關台灣的立場以及我當時所説的話。我希望將其保存在維迪（Vidy，國際奧委會總部）的密封檔案中，以備將來加拿大官方文件被公開之時，這件事再次被提起。我不希望將它廣為傳播。」[45] 基拉寧在其回憶錄中還稱，直到 1976 年 5 月底，他才從加拿大人那裡得知，台灣將被排除在奧運會之外。[46]

國際奧委會一方的主要問題在於基拉寧和沃拉爾都沒有會議記錄，事後也沒有整理會議紀要。加拿大外交部則詳細記錄下了相關人員在會議上的所有發言。

加拿大方面的敘述

加拿大外交部聲稱，他們有 1975 年 4 月會議的內部備忘錄，且與基拉寧説法互相矛盾。這並非憑空捏造——儘管加方當時拒絕出示備忘錄，讓這種説法看上去令人懷疑。事實上，出席會議的高級官員阿瑟・安德魯於 1975 年 5 月 2 日就把詳細的備忘錄提交給外交部。在這份備忘錄中，安德魯明確表示，在當天的會議上，加拿大官員與基拉寧討論了台灣問題以及加拿大承認中華人民共和國的

事項。備忘錄顯示，沃拉爾直截了當地問起了奧運會運動員的參賽資格，夏普在1969年信中「按照通常規定」的説法是什麼意思。安德魯回答説：「最為明顯的方面是指我們保留禁止霍亂病患者參賽的權利，但至於不那麼明顯的方面，則只能由內閣一級作為國家政策處理。沒有官員能提前確定政府將如何操作。」[47]加拿大官員在此明確表示，如果加拿大政府部門認為其國家政策受到影響，加拿大可能會拒絕台灣參賽。另一份同樣記錄於1975年5月2日，同樣涉及與基拉寧會晤的機密備忘錄報告：「基拉寧男爵試圖促使我們作出保證，讓台灣出席；但我們提醒他，這將是內閣層面的決定，我們現在還不能確定結果如何。在給出這個答覆時，我們再次向他強調政府的首要願望是盡一切可能確保奧運會成功。」[48]

從這兩份備忘錄中可以清楚地看出，加拿大政府已於1975年春警告基拉寧，台灣參賽將造成嚴重後果，對其能否參加蒙特利爾奧運會根本無法確定下來。然而，國際奧委會卻避開這個信息，「故意」忽略已經出現的問題，直到無法補救。沃拉爾在1976年10月給基拉寧的秘密備忘錄中稱，國際奧委會對加拿大外交部4月會議備忘錄中的內容一無所知，「但應該指出的是，它最多只能被視為只對己方有利的文件，只是單方面解釋自己所説內容而已，因此，不能被視為加拿大政府給國際奧委會的任何正式建議的最終證據。」[49]不過，加拿大政府沒有理由在1975年5月初就備好帶有偏見的備忘錄，因為對討論內容的爭議一年後才爆發。沃拉爾在備忘錄中承認，會議確實提出了措詞上的問題，但他強調這「不能視為可以因此免除應承擔的責任」。[50]

如前幾章所述，國際奧委會一直無力徹底解決「由誰代表中國」之類複雜問題。自從50年代初，國際奧委會對圍繞「兩個中國」日

益凸顯的難題閉目塞聽，毫無章法，也沒有預見性。如今加拿大政府自行把這個問題接過來處理，從本質上就是迫使國際奧委會拍板決定，可是國際奧委會依然無法擺脫惰性或無能，承擔起在這個問題上應有的責任。

　　要國際奧委會改變處理棘手問題時固有的被動方式，短時間內是做不到的。加拿大政府發出聲明後，國際奧委會在距奧運會開幕式還有兩周時間的6月30日第一次重要會議上繼續進行公開譴責。除猛烈抨擊加拿大在「最後一刻」表明立場外，基拉寧還指責加拿大開創了一個危險的先例。加拿大官員回應說，事實上，國際奧委會自身在1960年羅馬奧運會上就已經開創了先例——因為台灣想要參加奧運會，便強迫台灣改用其他名稱。在激烈的交鋒中，國際奧委會第一副主席威利‧道姆（Willi Daume）聲明，如果不接受「中華民國」的名義，唯一的辦法就是取消奧運會。比紹內特回答，「放棄我們對台灣的政策意味著沒有政策，這是絕對不可能的。」[51] 雙方都越來越強硬，互相不肯讓步。因此，5月底聲明之後的第一次重要會議徹底陷入僵局。

　　台灣代表團計劃於7月9日下午抵達加拿大，加拿大政府通過駐華盛頓大使館提前發出警告——他們用作出入境證件的奧運會證件卡已經作廢。加拿大官員表示，在與國際奧委會就參賽的適當條件達成協議之前，不歡迎台灣奧運會代表團進入加拿大。加拿大甚至直言不諱地警告，如果台灣試圖繞過正常規定和程序，可能會發生令人極為遺憾的事情。[52]

　　加拿大政府一步步阻止台灣以「中華民國」名義參加奧運會，國際奧委會意識到，奧運會要照常舉辦，就必須找到可行的解決方案。國際奧委會在7月10日與加拿大官員再次會晤中表示，願意就

折衷方案進行討論。外交部三名高級官員比紹內特、斯克拉貝克和格倫‧肖特利夫 (Glenn Shortliffe) 參加了這次會議,而國際奧委會則由主席基拉寧和部分執委會委員為代表。會議氣氛再次緊張起來。基拉寧「說話時控制著情緒」,問加拿大政府代表是否改變了立場,得到的回答是:「當然沒有」;加拿大只不過是在遵循本國的「一個中國」政策。基拉寧又問加拿大能否接受羅馬奧運會的方式,即 (讓台灣) 使用「台灣」名稱和「中華民國」旗幟參賽。比紹內特回答說,關鍵在於「中國」一詞,並問羅馬奧運會上使用了什麼特定名稱。在基拉寧回答之前,國際奧委會第一副主席威利‧道姆插進來提了一個新方案:「中華民國」代表團在國際奧委會的保護下參賽。代表團將高舉奧運會五環旗幟,在標有「IOC」(國際奧委會縮寫字母) 或「由 IOC 授權」的標語牌下入場,不演奏其國歌。基拉寧補充道,事實上,台灣代表團是一個「中立」的代表團。加拿大官員立即欣然接受了這個主意:他們告訴基拉寧,他們傾向於中立的選擇,加拿大政府不能接受羅馬奧運會允許台灣使用其「國旗」的做法。[53]

有趣的是,外交部官員在會議上對羅馬做法的立場,與外交部部長艾倫‧麥克伊臣於 7 月 5 日對下議院的講話有所區別。麥克伊臣說的是:「讓我們記住,根據國際奧委會批准的條件和規定,台灣運動員有可能以與參加 1960 年羅馬奧運會完全相同的方式被加拿大接納參賽。我們唯一的要求,就是他們將 1960 年用於意大利的設想同樣用於加拿大。」[54] 在當天的記者會上,麥克伊臣再次申明:「在這種情況下,我們要求採用在 1960 年奧運會用過的方案;當時在國際奧委會堅持下,受到質疑的運動員以台灣代表的身份進入意大利。」[55] 看起來,外交部官員利用了國際奧委會的弱點,其實不過是從對方給出的選項裡挑了個對自己來說更合算的。

　　就在同一天，國際奧委會將「中立」選項提交給台灣官員。[56]當天下午國際奧委會執委會通過決議，接受加拿大方面關於台灣不以任何「中國」名義參加奧運會的建議。台灣將在國際奧委會的旗幟下參賽。對國際奧委會執委會來說，這是一個艱難的決定，也是一個充滿挑戰的時刻，還夾雜著取消比賽或從比賽中刪除「奧林匹克運動會」名稱的考慮。但執委會最終的結論是，他們沒有任何更好的選擇，奧運會必須照常舉行。執委會在7月11日的聲明中對加拿大政府的決定一致表示強烈抗議，並解釋說：「鑒於來自一百多個國家的運動員多年來一直在為能親自參加這一世界青年的盛會而做準備，蒙特利爾市、加拿大奧林匹克協會和組委會都按照國際奧委會要求履行了自己的承諾，」執行委員會「別無選擇，唯有向第78次會議建議本屆奧運會必須照常舉行。」[57]

　　但是台灣方面不願意照辦。基拉寧在7月13日國際奧委會會議開始時稱，台灣斷然拒絕不能以自己的名稱、旗幟和歌曲參賽。[58]基拉寧還向會議通報說，這裡涉及到兩個原則：加拿大政府不但違反了申辦時所作的承諾，也違反了國際奧委會的基本原則。然後，他要求會議對執委會的決定進行投票。

　　許多國際奧委會成員對加拿大政府的干預以及堅持將其對華政策置於奧運會之上感到憤怒。國際奧委會委員雷金納德・亞歷山大（Reginald Alexander）表示，鑒於加拿大政府使國際奧委會陷入如此窘境的事實，國際奧委會應告知特魯多，其政黨在議會的所有成員都必須從奧運會賽場及與奧運會有關的社交活動中自行退出。另一位委員古納爾・埃里克森（Gunnar Ericsson）表示，這是國際奧委會第一次屈服於政治壓力。他認為執委會的決定應該被大會接受，但要表達抗議。其他人主張，如果要求中華民國代表團在奧林匹克旗

幟下入場，那麼應該允許其他代表團也這樣做，以表示對台灣奧委
會的聲援。還有一些人聲稱，國際奧委會接受加拿大政府的決定，
等於簽下自己的「死亡判決書」。某些國際奧委會委員甚至建議將
這次奧運會的舉辦地移至美國、墨西哥，或乾脆取消。

　　儘管委員們群情激憤，提議紛飛，但國際奧委會大會還是意識
到取消蒙特利爾奧運會為時已晚。最終，大會批准了執行委員會的
決定，一致同意本屆奧運會如期舉行，即台灣代表團「將獲得特殊
優待，在奧林匹克旗幟下入場，演奏奧林匹克會歌，並使用奧林匹
克五環標誌指示牌、空白牌或根本不用任何指示牌」。國際奧委會
不會將此做法強加給台灣。由台灣自行決定是否採納國際奧委會決
議。[59] 看起來，國際奧委會已經做出讓步，加拿大政府贏得了勝利。
但是，一場針對加拿大政府的重大公關風暴就在眼前。

各方譴責和美國的反應

　　政府對台灣的決定即使在加拿大國內也不受歡迎。加拿大奧
林匹克協會強烈反對政府的政策。在1976年7月7日的聲明中它
宣布，1970年對中華人民共和國的承認並不能「改變加拿大政府在
1969年所作出的堅定承諾。這份承諾清晰明確，有義務保證允許
國際奧委會認可的所有國家奧委會的代表自由進入加拿大，這種義
務不包含或表示任何政治上的承認或判斷，純屬奧林匹克事務。」
聲明還指出，加拿大政府早前並沒有與加拿大奧林匹克協會聯繫
指出任何問題，而是在最後一刻提出此事。聲明宣稱政府所持的
立場是「加拿大政府對信義的嚴重違反，不可接受」，它「給加拿大

人民和加拿大奧林匹克協會造成惡劣影響，因為加拿大奧林匹克協會真誠依賴政府的承諾，才向國際奧委會提出申辦奧運會。」因此，加拿大奧林匹克協會「完全支持並認可國際奧委會在此問題上的立場」。[60] 許多加拿大報紙專欄文章也批評政府在台灣問題上處理不當。此外，加拿大幾乎受到所有西方大國的指責。《經濟學人》(The Economist) 雜誌稱該決定是非法的，而加拿大自己的媒體則哀嘆這意味著「恥辱和幾乎所有人對加拿大的共同譴責」。[61]

　　但最嚴厲的指責來自加拿大的強大鄰國美國。美國奧委會發表聲明提出強烈抗議，並敦促立即重新考慮加拿大政府的行為。它甚至威脅說，如果國際奧委會宣布這些比賽不屬「官方」比賽，美國可能會退出比賽。[62] 許多美國人，包括參議員羅伯特·塔夫脫 (Robert Taft)，都紛紛寫信抗議加拿大的決定。塔夫脫在給總理特魯多的信中指責說，「如果我們不能為了無處不在的民眾及個體的利益，將體育、藝術、科學和其他此類活動分開而置於個人領域，那麼我不相信『文明』這個詞還剩下多少意義。」[63] 美國媒體對加拿大的立場一致作出譴責。《紐約時報》發表多篇社論痛斥加拿大，其中一篇寫道，國際奧委會受到了主辦國的「捉弄」。[64] 加拿大駐華盛頓大使館對這場義憤的爆發感到震驚，說加拿大政府在美國公眾心目中，已被視為獨一無二的「最原始和罪孽最深的罪人」。[65]

　　加拿大台灣政策的論爭剛爆發，美國政府即作出反應。早在1976年7月2日，一份白宮幕僚的備忘錄就指出：「如果國際奧委會收回對本屆奧運會的授權，蒙特利爾就辦不成正式的奧林匹克運動會了，這種「切實的可能性」確實存在。果真如此，美國奧委會將很可能不派美國代表團參加未經批准的非正式賽事。[66] 國務院也在7月初就蒙特利爾奧運會發布第一份重要聲明：「奧運會涉及個

人之間而不是國家之間的競爭，至於誰參加比賽──哪個運動員參加比賽……當由國際奧林匹克委員會決定。我們認為該決定不應摻雜任何政治因素。因此，我們希望此事能夠得到妥善解決。」[67]7月6日，白宮要求國務院就有關蒙特利爾奧運會台灣問題提供一份參考備忘錄。美國國務院在第二天提交的報告中稱，加拿大對台灣的有關決定「部分原因是由於在過去的九個月中，中華人民共和國數次強硬表態。」備忘錄還指出，美國對國際奧委會決定的影響力有限，因為在國際奧委會執行委員會中沒有美國委員，而在國際奧委會大會上美國也只有兩票。[68]

國務院向白宮提出三種選擇。一是保持現有的低調姿態。國務院指出，「國務院已經採取的立場是，中華民國參賽是國際奧委會和加拿大方面要解決的問題。以低調的方式處理，我們表達了對賽事政治化的遺憾。這種立場符合我們的總體政策，即參加國際體育比賽不是政治問題，應由私人體育團體自己決定。這種做法還將使我們的對華政策免遭公眾非議。」[69]

二是由國務院或白宮在公開聲明中更積極地支持奧運會應與政治分離的原則。備忘錄提到，美國奧委會已經請求美國政府對這一立場給予更積極的支持，並採取更加主動的姿態，「以使我們的1980年奧運會能夠更好地向本國運動員以及其他國家運動員提供支持，因為屆時主辦國是蘇聯，我們預期將會出現政治問題。」但是國務院在備忘錄中提醒白宮，公開支持有兩個缺點：「毫無必要地造成與中華人民共和國發生無謂爭執的表象」，還會迫使美國「起碼暗地裡同加拿大形成對立」。[70]

第三種選擇會介入更深。美國可以積極游說加拿大和其他政府支持美國奧委會和國際奧委會的立場。根據國務院的説法，此舉會

有一些不利因素。這將標誌著「我們將這些問題交由私下處理的政策有了重大轉向。這種轉向將引起人們誤以為對華政策發生變化和導致無益的猜測。此外，這麼晚再去游說可能效果不大。」[71]

在這三種選擇中，國務院建議第一種，即維持現狀。

> 我們相信，我們應該繼續採取第一種選擇，不要超出公開聲明的範圍──（即）參賽問題由國際奧委會決定，政治因素不要介入比賽。這一立場為在敏感時刻使我們的對華政策免受公眾非議提供了最大保證。這也與美國在眾多場合所採取的立場一致，即參加國際體育賽事純屬私人事務。[72]

7月8日，對這一方案作了少許修改，即提出把第二種選擇作為後備：「根據蒙特利爾事態變化，如果美國政府所受的壓力進一步加大，我們可能會斟酌考慮第二種選擇。」[73]

在給總統的機密備忘錄中，國家安全顧問布倫特‧斯考克羅特（Brent Scowcroft）建議實施比國務院提出的更具對抗性的做法。斯考克羅特對福特（Gerald Ford）總統說，「我認為我們應該採用第二個選項。目前的情況是，主辦國政府第一次試圖干預國際奧委會的決定，它將為1980年的莫斯科奧運會開創先例。我們應該指明，美國政府對中華民國是否應該參加奧運會不持立場；這個問題要由國際奧委會決定。但是，我們應該避免游說加拿大政府。」[74]

一些美國人甚至向白宮建議，如果國際奧委會同加拿大商量不出解決方案，奧運會就此取消，美國應該接手──恰如邁克‧杜瓦爾（Mike Duval）在1976年7月10日給迪克‧切尼（Dick Cheney）的備忘錄中寫的：「我建議總統〔與國際奧委會私下達成協議後〕在全國電視上發表講話，宣布他已提議在美國舉辦這屆奧運會。總統

可以提出，美國是唯一可以在短時間內就把這樣的賽事辦起來的國家……如果布倫特〔斯考克羅夫特〕給您任何指示，表示加拿大與國際奧委會之間的談判可能導致賽事取消，請即告知我，以便我們著手開展這個計劃。」[75]

在國際奧委會大會準備接受或拒絕國際奧委會執委會關於台灣問題的決議那天，一位不知名白宮助手的備忘錄中建議總統採取以下可能行動：在國際奧委會決定性會議之前，總統公開呼籲國際奧委會委員重申國際奧委會的原則，即不論種族、宗教或政治因素，允許所有奧林匹克運動員參加比賽；在國際奧委會會議之後，如果國際奧委會執委會決定未被推翻，則總統可以採取以下行動：要求美國奧委會對主辦國將台灣排除在外提出正式抗議，然後再參加奧運會，正式要求美國駐加拿大大使不出席奧運會開幕式，或要求美國奧委會以加拿大政府違反奧運會主辦國合同為由退出比賽。[76]

1976年既是美國獨立兩百周年，也是總統選舉年。加拿大政府成了總統候選人之間的熱門話題，吉米‧卡特（Jimmy Carter）和羅納德‧里根（Ronald Reagan）都強烈譴責加拿大在體育中玩弄政治。福特作為總統候選人顯然希望從加拿大奧運會爭端中比其挑戰者獲得更多政治加分。作為密歇根大學橄欖球明星，還當過橄欖球教練的福特一直保持對體育的愛好，並在入主白宮後以此獲得政治優勢。結合個人興趣和政治考慮，他於1974年進入白宮後就極力促成一個專門處理奧林匹克事務的總統委員會，委員會於一年後成立。福特在建立該委員會的行政命令中告訴美國人：「1976年是美國建國兩百周年。同一年，來自世界各地的業餘運動員將在奧運會上展開競爭。最重要的是，我們要派出最好的業餘運動員隊伍，在這些比賽中及在未來的奧林匹克運動國際比賽中，代表我們的國

家。」該委員會將評估美國奧委會及其成員組織的機構和活動，努力提高美國選手的表現和知名度。福特多次與委員會成員會面，並審核他們的建議。[77]

1976年7月初，白宮宣布福特總統將訪問紐約州的普拉茨堡，參加赴蒙特利爾奧運會的美國奧運代表隊的歡送會。他在7月10日抵達，並發表演講鼓勵運動員取得好成績，為美國贏得勝利。福特告訴他們：「我很榮幸能與2.15億美國人一起祝願我們的奧運代表團在1976年蒙特利爾夏季奧運會上取得最大成功……沒有比現在更好或更快樂的時機去代表美國了……你們將在最有聲望、最負盛名的國際關係舞台上代表你們的國家。」[78]

有趣的是，在福特參加歡送會之前，白宮幕僚曾討論他是否該給特魯多總理打電話商討台灣參賽問題。他們還準備了詳細的談話要點，但這個電話並沒有打出。也許是斯考克羅夫特否決了這個主意，以免有干涉加拿大政治之嫌。[79]

儘管福特想看到美國隊在蒙特利爾參賽，他還是插足於加拿大與國際奧委會之間的糾紛，聲稱「奧運會已經完全受到政治化的損害，這種政治化令這場國際體育競賽淪為對奧林匹克理想的嘲弄和意識形態之爭的雜耍表演。」[80]早在1976年7月9日，福特就公開指責加拿大：「我認為讓國際政治和外交政策捲入體育競賽是可悲的。」[81]為了讓福特在大選中始終受到正面關注，朋友們建議他更積極地譴責加拿大政府對奧運會的政治化，使關於台灣的爭議為政治所用。其中一人在1976年7月12日告訴他：「就台灣奧林匹克代表團言，您個人給予加拿大的壓力在《紐約時報》星期日體育版獲得一整欄頭條，星期四則佔了四欄，但現在，我敦促您用能清楚翻譯成各種語言的美式直白語句，在所有地方讓這個

故事移到頭版。提醒加拿大，慕尼黑奧運會因恐怖主義者對11名以色列人的謀殺而流血，呼籲特魯多在我們建國兩百周年慶祝之時，抵制政治對蒙特利爾奧運會的綁架。穩住。卡特看起來一天比一天更像〔托馬斯〕杜威（即 Thomas E. Dewey，1948年總統大選時敗給杜魯門），現在您說起話來更應該像『給他們地獄』的哈利・杜魯門（Harry Truman）。」[82]

很大程度上由於這些爭執算計，福特在這場糾紛中越陷越深。自7月初加拿大台灣政策的消息首次被披露，他的白宮工作人員就密切關注著這場爭論。7月9日，在白宮新聞發布會上，福特的新聞秘書羅納德・尼森（Ronald Nessen）就此事發表公開評論，稱福特總統希望「兩個中國」的爭端能夠得到解決。[83] 當被問到美國是否會考慮退出奧運會時，尼森回答道：「總統希望並期待這一爭端得到解決，提出這樣的問題為時過早。」[84]

7月12日，福特親自致電美國奧委會主席菲利普・克魯姆（Philip Krumm），聽取直接報告。根據白宮隨後的新聞發布會，福特告訴克魯姆，國際奧委會執委會轉而接受加拿大政府的台灣政策是一個「糟糕的決定」，如果得到通過，將成為「極壞的先例」。福特還告知克魯姆，他對奧林匹克運動賽事中摻雜政治表示痛心。在要求克魯姆就事態發展隨時全面通報後，福特鼓勵他利用在國際奧委會中的影響力努力推翻這一決定。[85]

儘管沒有文字記錄，但內政事務助理、負責為福特處理蒙特利爾奧運會爭端的詹姆斯・坎農（James Cannon）親筆寫下了潦草的筆記，為對話其他內容提供了重要提示。坎農草草寫下「如果國際奧委會同意〔加拿大政策〕，美國將不參加比賽」，以及「美國退出比賽」，表明福特和克魯姆討論了美國運動員可能退賽的問題。[86] 總

統打完電話後，白宮通過坎農與美國奧委會保持直接聯繫。根據坎農的手寫記錄可以推定，他在7月12日至16日之間每天都與克魯姆以及美國奧委會執行主席唐納德‧米勒（Donald Miller）有數次通話，並向福特總統彙報所有要點。坎農在一張紙上寫道：「特魯多認為我們在虛張聲勢。」這句話也可能表明美國正在考慮不參加奧運會比賽。[87]

特魯多在回憶錄中稱，福特政府並沒有做「對加拿大落井下石」的事。[88]要是他知道福特曾經打算對加拿大的台灣政策採取什麼行動的話，肯定會感到十分震驚。儘管白宮聲明福特總統從未就台灣問題直接或間接向加拿大政府施加壓力，但白宮還是通過新聞發布會將信息傳遞到加拿大方面。從7月9日到14日，白宮發言人花了大量時間解釋福特總統關於奧運會的政策。例如，尼森在7月13日宣布：「政治在奧林匹克運動會中毫無地位……主辦國不應對奧運會參賽施加任何政治或其他考慮因素。」

這些表述顯然是對加拿大的直接批評。[89]當被問及福特要求美國奧委會推翻國際奧委會執委會關於台灣的決定時，加拿大外交部部長麥克伊臣非常氣憤。他說：「當然，政府首腦向國家奧委會代表建議如何投票，確實是將政治帶入國際奧委會。」[90]

在福特有意施行更具對抗性手段精神的指導下，總統助手為可能被問及的問題準備了詳細答覆。例如，問題：「為什麼對美國奧委會和國際奧委會施加這樣大的壓力，迫使加拿大允許台灣參加奧運會？」回答：「我對此事的關注不是為了維護台灣或批評加拿大，而是為保證奧林匹克運動不會放棄其基本原則，即政治不應干預運動員參加奧運會。加拿大作為主辦國，如果台灣運動員不放棄以『中華民國』名義參賽就拒絕他們入境，我認為這是錯誤

的。」問題：「既然您如此強烈地感到要維護基本原則，那麼在加拿大拒絕撤銷台灣參賽所有條件時，為什麼不要求美國運動員退賽呢？」回答：「唯有美國奧林匹克委員會而不是總統才有權下令退賽。儘管我覺得有正當理由向美國奧委會表達我的觀點，但我不希望對美國奧委會的決定施加任何影響，從而使政治進一步介入這一爭執。我很高興我們的運動員能參加比賽，我為他們在比賽第一天的出色表現而激動。」[91] 這些預想的問題和回答表明福特本想採取的行動方針，但其表現的機會很快就被冷靜的亨利．基辛格等顧問排除了。

在 7 月 13 日上午與國務卿和國防部長在橢圓形辦公室舉行的會議上，福特急於討論蒙特利爾奧運會。他在會議的開場白中就問，「我們在奧運會上表現怎麼樣？」國務卿亨利．基辛格直言不諱地回答：「我認為您最好別管這件事。如果北京認為我們在施壓使台灣參賽，很可能會與北京形成對抗。」福特的國防部長唐納德．拉姆斯菲爾德 (Donald Rumsfeld) 表示：「這是一個非常棘手的問題，對美國人民來說確實具有潛在的負面影響。我們不應該把它變成『一個中國』、『兩個中國』的問題。」基辛格補充道：「這就是為什麼我們必須遠離問題的實質，而堅持主辦國不應決定參賽條件的立場。我們的立場是，奧林匹克運動會是體育比賽，參賽問題取決於國際奧委會，且主辦方的作用僅僅是提供設施，而不應規定參賽的政治條件。」[92] 基辛格的論點非常有力，以至於福特被迫同意美國應「坐等美國奧林匹克委員會開會。」7 月 13 日，國際奧委會會議正式接受了加拿大的立場，福特意識到，即便台灣拒絕國際奧委會的決定，「我認為美國奧委會也不會退出奧運會。這是令人極其憤慨的事，但事情就是這樣。」[93]

　　福特顯然對這種情況感到不滿，他更願意採取比較強硬的政策。但是基辛格認為維護與北京關係更重要，這使福特在批評加拿大方面不會走得太遠。像加拿大政府一樣，白宮也不想冒犯北京。但是福特的挫敗感顯而易見。7月14日早上與基辛格、拉姆斯菲爾德和其他高級顧問會面時他大呼：「特魯多真是個混蛋！」[94]

　　福特與特魯多的關係嚴重惡化。不到一個月前，特魯多訪美時還見到福特，表達加拿大對美國200周年國慶的官方祝賀。福特當時非常友好，甚至告訴特魯多，蒙特利爾奧運會將是把許多美國人帶到加拿大的好機會。[95]

　　基辛格建議福特不要走得太遠，白宮立即從此前對蒙特利爾奧運會聲明的立場後退，至少表面上如此。7月14日，尼森解釋說，總統確實不能命令美國隊退賽，這不是他的角色，從而軟化了白宮的立場。尼森說，總統不大可能採取行動，去為代表團提建議，他只會讓局勢順其自然發展。針對這一說法，媒體追問「那麼，為什麼他〔福特〕當初要插手？」為了辯解，尼森只能回答：「我不認為他是隨隨便便插手，我認為這是原則問題。」[96]但是事實上我們現在知道，直到7月16日，即奧運會開幕前一天，也是台灣正式退賽當天，白宮的詹姆斯·坎農都在持續同美國奧委會就如何行事制定策略。7月15日，在公眾的巨大壓力下，加拿大政府同意台灣運動員入境參賽，可以使用其旗幟、歌曲，並在隊伍指示牌上標明「台灣」的字樣。但他們的服飾上不能有任何「中國」標誌。[97]白宮立刻聲明，福特總統認為這項新的妥協方案堅持了他一直致力維護的原則。[98]至此，美國對蒙特利爾奧運會台灣爭議的介入悄然結束。

輸家和贏家

7月15日的決定是在基拉寧會見加拿大總理特魯多之後作出的，基拉寧告訴他事情仍處於僵局，因為台灣拒絕接受國際奧委會7月13日的決定。也許是出於對國際輿論的讓步，特魯多提議在蒙特利爾奧運會上沿用羅馬奧運會的方式——台灣可以使用自己的旗幟和歌曲，但不能使用其官方名稱。加拿大政府把這一讓步稱為對運動員和體育運動的善意，國際奧委會也表示接受。[99] 但是台灣拒絕接受，並於7月16日決定退出比賽。[100]

加拿大政府立即對台灣把政治置於體育之上表示遺憾。加拿大政府這一精明舉動——在開幕式前一天同意沿用羅馬奧運會辦法，既給美國人做足了堅持奧林匹克原則的戲，還讓加拿大有機會把台灣的舉動坐實為將比賽政治化。台灣既輸掉了國際政治的競爭，又輸掉了參加奧運會的機會。台灣為什麼要退出呢？

在與加拿大政府發生爭執的很久以前，國民黨政府就意識到，要想在蒙特利爾奧運會上繼續代表中國，就必須打一場硬仗。為了此，政府成立了強有力的聯合機構來處理國際體育事務。成員包括內閣議員周書凱、教育部長蔣彥士、外交部長沈昌煥、國家奧委會主席沈家銘以及國際奧委會委員徐亨，受當時掌握實權的行政院長蔣經國直接領導。蔣經國得知加拿大政府的政策後，堅持要求台灣在比賽中使用自己的旗幟、歌曲和名稱。由於加拿大和台灣在名稱問題上互不相讓，台灣別無選擇，只能退出。[101]

台灣的這一舉動正確嗎？蒙特利爾奧運會台灣代表團的重要成員湯銘新評論説，蔣經國的決定是基於不完整信息做出的，並不明智——它最終導致台灣被迫在國際奧委會變更其旗幟、歌曲和稱

號。[102]根據徐亨的說法，國民黨政府難以理解台灣代表性問題所帶來的挑戰和不斷變化的形勢。台灣政府堅持強硬政策，將蒙特利爾奧運會弄得一團糟。[103]徐亨和湯銘新都表示官方政策應該反映勢態變化，暗示台灣應該在加拿大政府作出讓步之後參加奧運會。

國際奧委會也在中國代表權問題之爭中淪為失敗者。錯過加拿大政府發出的預警信號，在風暴來臨時沒有任何準備，國際奧委會為此付出了巨大代價。由加拿大政府主導台灣政策造成了可怕的尷尬局面——從原則上講，國際奧委會應因加拿大違背承諾而對其施以懲罰，但它又無計可施。唯一有力的選擇就是取消奧運會比賽，但是國際奧委會通過出售電視轉播權在奧運比賽中獲取巨大的經濟利益，取消比賽完全不可行。[104]

此外，國際奧委會知道，「誰代表中國」這一問題必須得到處理。從這個角度看，在爭議中輸給加拿大政府可謂塞翁失馬，未必就是壞事。在中國問題上無所作為地拖延了四分之一個世紀之後，面對激烈的公開辯論以及全世界的關注（拜加拿大政府所賜），國際奧委會很想讓整件事了結。加拿大政府對這一點非常瞭解。外交部的斯克拉貝克在1975年寫道：「我們相信國際奧委會在公開場合，將對加拿大可能禁止台灣參加1976年奧運會的任何表示作出譴責，但私下裡卻歡迎這個天賜良機，因為他們可以不用在中華人民共和國和台灣的問題上做決定了。」[105]就此而言，國際奧委會根本不是真正的輸家。

至於介入頗深的美國，是失敗者還是勝利者？如前所述，福特政府出於國內政治需要，打算在這件事上擺出新姿態。特魯多及其最高級助手在1995年的一本書中指出，美國與加拿大就1976年蒙特利爾奧運會產生的矛盾，「更多是美國國內的政治必然，

而不是雙邊分歧的反映」。[106]福特急欲介入這場爭端,以致弄巧成拙,碰了一鼻子灰,最終出於美國對華長期政策的考慮而不得不讓步。

實際上,特魯多政府堅持奉行獨立的外交政策,也與美國有其他重大分歧,美國政府可能傾向利用這次爭端給加拿大人一個教訓。1976年6月15日,布倫特‧斯考克羅夫特為福特與加拿大反對派領袖喬‧克拉克(Joe Clark)的會面準備談話要點。他提醒福特向克拉克說清楚,「加拿大過激的民族主義和反美政策」可能適得其反,最終會損害兩國的最大利益。他還指出,加拿大「將美國的規模和影響視為對加拿大獨立和主權的潛在威脅。最近幾個月,渥太華採取一系列限制性措施,以維護和加強對加拿大經濟和文化生活的控制。」斯考克羅夫特建議福特表明美國方面對這類時常侵犯其核心利益的舉措的擔憂。此外,美國對加拿大新的能源和安全政策也持保留態度。[107]

最終,福特政府在「誰能代表中國」之爭裡沒贏得任何分數。不過,至少在當時,它也沒有真正損失什麼。但是,1976年與加拿大的爭執,將在1980年給美國政策帶來潛在影響——美國就台灣參加冬奧會表態,並成功領導了對蘇聯代表團的抵制。

蒙特利爾奧運會之爭的主角當然是加拿大政府。它製造這場爭端的唯一動機就是維護「一個中國」政策以及與中華人民共和國的雙邊關係。自從與北京建立外交關係以來,特魯多政府在對華政策上非常小心。早在1975年5月,加拿大政府就考慮過拒絕台灣派人到加拿大參加國際體育賽事——當時是國際柔道錦標賽。[108]1975年11月,加拿大政府不准台灣業餘拳擊隊以「中華民國」的名義入境比賽。[109]1976年6月,加拿大政府甚至拒絕資助本國的

棒球隊參加在台灣舉辦的世界棒球錦標賽，並聲明：「由政府資助該代表隊參加在那裡舉行的比賽，不符合我們對台灣關係的政策。」[110]

　　實際上，在特魯多就任總理的很早以前，加拿大官員就將體育視為國際政治的工具。1949年，加拿大外交部長萊斯特・皮爾森（Lester Pearson）曾稱：「國際體育是戰勝另一個國家的手段」，並敦促加拿大在這一領域取得領先地位。[111]特魯多於1968年當選總理後繼續將其付諸實踐，且更有效、更強勢。就像中國人利用「乒乓外交」推進中美關係一樣，他利用「冰球外交」來改善與蘇聯的關係。[112]加拿大和俄羅斯利用對冰球的熱愛這一共同紐帶來強化雙方聯繫。[113]由此看來，1976年特魯多政府將奧運會用作確立對華政策的論爭場就不足為奇了。

　　從保護與中國雙邊關係的角度出發，即使經歷了台灣政策帶來的種種困難，加拿大政府仍然認為已經實現了最初的目標。畢竟，正如外交部一份秘密備忘錄所總結的那樣，北京對加拿大方面對台灣問題的處理私下感到「非常高興」。[114]也可以說，北京是其中的大贏家，儘管它基本上是沉默的一方。在「誰代表中國」的立場上，它毫髮無損，還在穩步取得更大的優勢。

　　加拿大還是為其台灣問題上的所作所為付出了代價。外交部一位高級官員在奧運會後的機密報告中這樣寫道：「實施對華政策引發的憤怒和結果讓我們得到了什麼？毫無疑問，它實際上激起了國際社會的廣泛譴責，因為我們是『食言的人』，是在體育中『玩弄政治的傢伙』，不管怎麼看都是壞蛋。就算沒破壞與美國的關係，也多多少少影響了我們的國際形象；在別人看來，我們對政治問題和原則冥頑不靈（批評者會把這叫做『愚頑』），就像法國人那樣。」[115]

加拿大駐美國大使稱,這場紛爭「毫無疑問讓加拿大在美國的形象和聲譽遭受嚴重損害」。他甚至認為,鑒於加拿大與美國關係的重要性,「我們的待遇一落千丈」。美加關係在台灣問題爭端之前就已經遇到阻礙,該大使指出:「奧運會問題為已經存在的許多困難火上澆油,還有可能引發普遍的反加情緒。它當然會影響我國的經濟利益。」[116] 一位加拿大學者在 90 年代第一次得出這樣的結論,加拿大「在全世界的譴責面前站穩了腳跟,並在此過程中保持了對華政策一貫性。這一舉動使它在國內外形象上都付出了沉重代價。」[117]

後話:外交角逐繼續進行

加拿大政府的對台立場很快被證明是正確的:1979 年,國際奧委會就中國代表權作出了新決定,1980 年,美國拒絕讓台灣參加在紐約普萊西德湖舉行的冬季奧運會。

福特總統在 1976 年 10 月 15 日致基拉寧的信中,就申辦 1980 年冬奧會承諾美國不會將政治帶入奧運會:「我保證每一個經國際奧林匹克委員會認可的代表團都將在 1980 年的普萊西德湖受到歡迎。我再一次向您重申我的保證。」[118] 1976 年 8 月 5 日,他為美國奧林匹克代表團主持白宮招待會時,向隊員重複了這番話,並明確指出:「試圖將奧運會用於國際強權政治終將適得其反。」[119]

然而,當台灣代表團抵美,美國組委會在國際奧委會的支持下,拒絕讓其運動員以「中華民國」名義參賽,其理由幾乎與加拿大政府四年前如出一轍。(美國政府在 1979 年與北京建交,因名稱問題禁止台灣運動員入境時已不會再感到任何不安。)台灣代表團

向美國的法院體系提出對此決定的質疑但最終敗訴；他們因此退出了1980年美國冬奧會。

　　1979年蘇聯入侵阿富汗，卡特政府毫不猶豫地把奧運會用作政治武器。正如基拉寧在回憶錄中所述，1980年2月初，卡特派總統顧問勞埃德‧卡特勒（Lloyd Cutler）到都柏林拜會基拉寧；與其說是商討這件事，「還不如說是命令」國際奧委會如何就華盛頓對莫斯科奧運會的政治立場作出反應。卡特給基拉寧的口信是：國際奧委會應該推遲或取消1980年莫斯科奧運會。基拉寧拒絕了美國的提議，並抱怨說：「美國人救人於水火（或是他們認為的水火）之中那一套新世界觀又來了。這種傲慢自大並不是卡特勒的本性，而是白宮一貫的霸道手段，這讓我非常憤怒。」[120]

　　實際上，基拉寧面對的是態度的徹底轉變。1976年，作為總統候選人的卡特曾強烈譴責加拿大政府在一個中國問題上將政治與體育混為一談。四年之後，卡特總統比加拿大人走得更遠 —— 純粹出於政治動機，他帶頭抵制了1980年莫斯科奧運會。

註　釋

1　"Olympics and Taiwan," Canada Archives, RG 25, vol. 3062, file 103.

2　Sharp letter to Brundage, November 28, 1969, IOC Archives, Affaires politiques aux jeux Olympique d'Eté de Montreal 1976: correspondence, rapports, etc., SD5 rapport de James Worrall.

3　Draft memo from Allan MacEachen to prime minister, "Taiwanese Participation in the Montreal Olympic Games," December 12, 1974, Canada Archives, RG 25, vol. 3056, file 36, pt. 2.

4　1969年2月，當加拿大和中華人民共和國在斯德哥爾摩開始外交關係談判時，時任加拿大駐瑞典大使的阿瑟‧安德魯（Arthur Andrew）擔任

加拿大首席談判代表。他後來評論說，從一開始，中國與加拿大建交的條件就完全集中在「一個中國」問題上。中方堅持要加拿大斷絕與台灣的外交關係，並承認北京是中國唯一合法政府。有好幾個月，北京方面都在就這些條件對安德魯進行說教，加拿大則不斷重申自己的立場。最後，安德魯建議中止談判，直到雙方有新的議題要討論。中方在提出異議之前再次問他現在是否瞭解了北京關於台灣的立場，安德魯回答：「如果我還不瞭解，我就是聾子。」加拿大最終接受了北京關於台灣的立場。有關談判詳情，見 Mitchell Sharp, *Which Reminds Me ... A Memoir* (Toronto: University of Toronto Press, 1994), 203–207。

5　Confidential memo for minister, "The Problem of Participation of the 'Republic of China' and the People's Republic of China in the 1976 Olympic Games," April 20, 1976, Canada Archives, RG 25, vol. 3056, file 36, pt. 2.

6　Chinese Canadian embassy to External Affairs Department, May 17, 1976, Canada Archives, RG 25, vol. 3056, file 36, pt. 3.

7　External Affairs to Canadian Beijing embassy, June 14, 1976, Canada Archives, RG 25, vol. 3056, file 36, pt. 3.

8　Beesley confidential telegram to External Affairs, February 9, 1976, Canada Archives, RG 25, vol. 3056, file 36, pt. 1.

9　External Affairs Department, confidential telegram to Beesley, February 16, 1976, Canada Archives, RG 25, vol. 3056, file 36, pt. 2.

10　Telegram to External Affairs, November 26, 1975, Canada Archives, RG 25, vol. 3059, file 53.

11　"The Tarnished Olympic Games," *Wall Street Journal*, July 13, 1976, A16.

12　Steve Cady, "Taiwan Seems Loser in Olympics Dispute," *NYT*, July 12, 1976.

13　詳見 Donald Macintosh and Michael Haws, *Sport and Canadian Diplomacy* (Montreal: McGill-Queen's University Press, 1994)。

14　Draft memo from Allan MacEachen to prime minister, "Taiwanese Participation in the Montreal Olympic Games."

15　同上。

16　D. Molgat confidential memo, "Your Meeting with Lord Killanin: The China/Taiwan question," July 16, 1975, Canada Archives, RG 25, vol. 3056, file 36, pt. 2.

17　Arthur Andrew confidential memo, "Olympic Games 1976: Meeting in Toronto, April 23, 1975 with Lord Killanin," May 2, 1975, Canada Archives, RG 25, vol. 3062, file 105.

18　同上。

19　同上。

20　Beesley, confidential telegram to External Affairs, February 9, 1976.

21　James Worrall, confidential report to Killanin, "Olympic Games, Montreal 1976."

22　Confidential memo for minister, "The Problem of Participation of the 'Republic of China' and the People's Republic of China in the 1976 Olympic Games."

23　Kallanin to Masaji Kiyokawa, April 30, 1976, confidential, IOC Archives, République Populaire de Chine, correspondence, 1976.

24　Confidential memo for minister, "The Problem of Participation of the 'Republic of China' and the People's Republic of China in the 1976 Olympic Games."

25　Draft memo from Allan MacEachen to prime minister, "Taiwanese Participation in the Montreal Olympic Games."

26　Draft memo from M. Sharp to prime minister, May 21, 1976, Canada Archives, RG 25, vol. 3056, file 36, pt. 3.

27　External Affairs confidential memo, June 24, 1976, "Taiwan and Olympics," Canada Archives, RG 25, vol. 3056, file 36, pt. 1.

28　Mitchell Sharp to the IOC, May 28, 1976, Canada Archives, RG 25, box 3056, file 36, pt. 1.

29　Telex from Allan MacEachen to the IOC president, June 27, 1976, Canada Archives, RG 25, box 3056, file 36, pt. 1.

30　Draft letter to minister of manpower and immigration from Allan MacEachen, June 1976, Canada Archives, RG 25, box 3056, file 36, pt. 1.

31　External Affairs Department, confidential memo, June 24, 1976, "Taiwan and Olympics."

32　Background materials for secretary of state for External Affairs, Canada Archives, RG 25, box 3056, file 36, pt. 1.

33　Mary Janigan, "How the Taiwan Issue Erupted," *Toronto Star*, July 17, 1976.

34　Draft memo from Allan MacEachen to prime minister, "Taiwanese Participation in the Montreal Olympic Games."

35   D. Molgat confidential memo, "Your Meeting with Lord Killanin: the China/ Taiwan question," July 16, 1975, Canada Archives, RG 25, vol. 3056, file 36, pt. 2.

36   External Affairs draft minute of the meeting with Killanin, June 30, 1976, confidential, July 2, 1976, Canada Archives, RG 25, vol. 3056, file 36, pt. 1.

37   IOC President to Sharp, June 8, 1976, and IOC: Affaires politiques aux jeux Olympique d'Eté de Montreal 1976, both in Canada Archives, RG 25, vol. 3056, file 36, pt. 1.

38   IOC to members of the IOC international federations, July 1, 1976, Canada Archives, RG 25, box 3056, file 36, pt. 1.

39   External Affairs draft minute of the meeting with Killanin, June 30, 1976, confidential, July 2, 1976, Canada Archives, RG 25, vol. 3056, file 36, pt. 1.

40   同上。

41   Killanin confidential memo to the IOC executive board, May 28, 1976, IOC Archives, Affaires politiques aux jeux Olympique d'Eté de Montreal 1976: correspondence, rapports, etc., SD5 rapport de James Worrall.

42   James Worrall, confidential report to Killanin, "Olympic Games, Montreal 1976: Commentary on Status of Republic of China Olympic Committee," Toronto, October 1, 1976. IOC Archives, Affaires politiques aux jeux Olympique d'Eté de Montreal 1976: correspondence, rapports, etc., SD5 rapport de James Worrall.

43   同上。

44   Killanin to Worrall, October 14, 1976, IOC Archives, Affaires politiques aux jeux Olympique d'Eté de Montreal 1976: correspondence, rapports, etc., SD5 rapport de James Worrall.

45   Killanin to IOC director, confidential, October 12, 1976, IOC Archives, République Populaire de Chine, histoire, 1952–1986.

46   Killanin, *My Olympic Years*, 133.

47   Arthur Andrew confidential memo, "Olympic Games 1976: Meeting in Toronto, April 23, 1975, with Lord Killanin," May 2, 1975, Canada Archives, RG 25, vol. 3062, file 105.

48   External Affairs department, confidential memo for the minister, "1976 Olympics: Meeting with Lord Killanin," May 2, 1975, Canada Archives, RG 25, vol. 3062, file 105.

49 Worrall, confidential report to Killanin, "Olympic Games, Montreal 1976."

50 同上。

51 External Affairs department, draft minute of the meeting with Killanin, June 30, 1976, confidential, July 2, 1976, Canada Archives, RG 25, vol. 3056, file 36, pt. 1.

52 Canadian embassy in Washington to Ottawa, confidential and Canadian eyes only, July 9, 1976, Canada Archives, RG 25, vol. 3056, file 36, pt. 3.

53 Minutes of meeting with Killanin, July 10, 1976, Canada Archives, RG 25, vol. 3056, file 36, pt. 3.

54 Canadian External Affairs department memo, "Olympics and Taiwan," Canada Archives, RG 25, vol. 3062, file 103.

55 Press conference of the secretary of state for External Affairs, July 5, 1976, Canada Archives, RG 25, box 3056, file 36, pt. 1.

56 Confidential minute of meeting with Killanin, July 10, 1976, Canada Archives, RG 25, vol. 3056, file 36, pt. 3.

57 IOC Archives, Minutes of the Seventy-eighth IOC Session, Montreal, July 13–17, 19, 1976.

58 基拉寧報告說，1976年6月27日，他在慕尼黑見到了國際奧委會台灣委員徐亨，以及中華民國奧林匹克委員會副主席，並向他們通報了加拿大政府的立場。

59 同上。

60 IOC Archives, Affaires politiques aux jeux Olympique d'Eté de Montreal 1976: correspondence, rapports, etc., SD4/communiqué de press et response, 2–7 July 1976.

61 Donald Macintosh and Michael Hawes, *Sport and Canadian Diplomacy* (Montreal: McGill-Queen's University Press, 1994), 37.

62 IOC Archives, Minutes of the Seventy-eighth IOC Session.

63 Taft to Trudeau, July 15, 1976, IOC Archives, Letters de protestation concernant la question des dux Chine aus jeux Olympiques d'Eté de Montreal, 1976.

64 "The Flickering Flame," *NYT* editorial, July 19, 1976.

65 McKinney confidential telegram to Ottawa, July 13, 1976, Canada Archives, RG 25, vol. 3056, file 36, pt. 3.

66 Ford Library: White House office of editorial staff Robert Orben, box 64/7/4/ 76, memo from Lynn May to Kim Cannon, July 2, 1976, subject: Summer Olympic Games in Montreal.

67 Ford Library: National security adviser, NSC Press and congressional liaison staff, files 1973–1976, box 5: press guidance, July 1–16, 1976.

68 Ford Library: State Department memo to the White House, "The Olympics: Chinese Representation Issue," White House central files, subject file box 5, 6/1/76–7/26/76.

69 同上。

70 同上。

71 同上。

72 同上。

73 See the second memo on the same topic, July 8, "Memorandum for Mr. Brent Scowcroft from George S. Springsteen," July 8, 1976, subject: Issue concerning the Olympics: participation by republic of China athletes, Ford Library: White House central files, subject file, box 5, 6/1/76–7/26/76.

74 Ford Library: Ron Nessen papers, 1974–1977, general subject files, box 17: Olympics.

75 Memo from Mike Duval to Dick Cheney, July 10, 1976, subject: Olympics. Ford Library: White House central files, subject file, box 5, 6/1/76–7/26/76.

76 Ford Library: National security adviser, NSC Press and congressional liaison staff, files 1973–1976, box 5: press guidance, July 1–16, 1976.

77 Ford Library: O'Donnell and Jenckes files 1974–1976, box 7: Olympic sport commission, 1974 (1), and Olympic sport commission 1975, statement by the President, June 19, 1975.

78 Ford Library: office of the editorial staff, reading copies of presidential speeches and statements, box 36.

79 Ford Library: White House central files, box 11: Canada 7/1/76–1/20/77, Dennis Cliff memo to Brent Scowcroft, subject: telephone call to Trudeau on Olympics, July 9, 1976. For the recommended talking point, see White House central files, subject file, presidential telephone calls, box 67: recommended telephone call to Trudeau on Olympics, July 9, 1976.

80 "Olympics Betrayal," *NYT* editorial, July 13, 1976.

81　Public Papers of the Presidents of the United States: Gerald R. Ford, 1976–
　　1977 (Washington, D.C.: Office of the Federal Register, 1979), vol. 2: April
　　9–July 9, 1976, 657/9.

82　Ford Library: Richard Cheney files, 1974–1977, box 9: Olympics.

83　Ford Library: Ronald Nessen files, box 20: White House briefs, July 12,
　　1976.

84　同上。

85　在福特總統圖書館找不到有關電話記錄。白宮對這一電話通話的解
　　釋，見Ford Library: Ronald Nessen files, box 20: White House briefs, July
　　13, 1976。

86　Ford Library: James Cannon files, box 25: Olympic sports, July 1–31, 1976.

87　Ford Library: Ronald Nessen files, box 20, White House brief, July 15,
　　1976. 福特後來分別給克魯姆和米勒寫了感謝信，感謝他們對政府的
　　幫助。福特在給唐納德‧米勒的信中寫道：「感謝您本人和您的同事
　　為解決中華民國參加1976年夏季奧運會而做出的細緻努力。當很多事
　　情都需要您花時間的時候，您定期向我的幕僚就蒙特利爾的事態發展
　　作出簡報，令人感激⋯⋯我已經請菲爾‧克魯姆利用他的影響力，與
　　美國奧林匹克委員會和國際奧林匹克委員會一道消除對奧林匹克運動
　　會的政治干預。」這封信可以在福特圖書館找到：White House central
　　files, subject file, box 13: CO-34–1, Republic of China, 1/1/76–1/20/77。

88　Pierre Trudeau, Memoirs (Toronto: McClelland & Stewart, 1993), 219.

89　Ford Library: Ronald Nessen files, box 20, White House brief, July 13,
　　1976.

90　Press conference of the Secretary of State for External Affairs Allan J.
　　MacEachen, July 12, 1976, Canada Archives, RG 25, vol. 3056, file 36, pt. 3.

91　Ford Library: Office of the press secretary, David Gergen files, 1974–77/
　　Olympics.

92　Ford Library: National security adviser, memoranda of conversations, 1973–
　　1977, box 20: July 13, 1976, Ford, Kissinger, Rumsfield, 9:16–10:23 a.m.

93　Ford Library: National security adviser, memoranda of conversations, 1973–
　　1977, box 20: meeting with Kissinger, Donald Rumsfeld, Richard Cheney,
　　and Brent Scowcroft, July 14, 1976.

94　同上。

95　*Public Papers of the Presidents of the United States: Gerald R. Ford, 1976–77* (Washington, D.C.: Office of the Federal Register, 1979), 2:600.

96　Ford Library: Ronald Nessen files, box 20, White House brief, July 14, 1976.

97　IOC Archives, Minutes of the Seventy-eighth IOC Session.

98　Ford Library: Ronald Nessen files, box 20, White House brief, July 15, 1976.

99　IOC Archives, République Populaire de Chine, correspondence, 1976.

100　Canadian External Affairs department memo, "Olympics and Taiwan."

101　湯銘新,《我國參加奧運滄桑史》,第2卷,頁361–362。

102　湯銘新稱,不退出蒙特利爾奧運會,應符合台灣的長遠利益。台灣或許能夠保留「中華民國」國家奧林匹克委員會之名,而北京在奧林匹克運動中推行其「一國兩制」政策將會遇到更多麻煩。同上,第2卷,頁362;亦見湯銘新,《湯銘新先生訪問記錄》,頁182、184–185。

103　詳見國史館編,《徐亨先生訪談錄》,頁49–87、183–249。

104　甚至有人向國際奧委會主席基拉寧建議,如果加拿大政府拒絕改變有關台灣參賽的政策,就作出取消奧運會的威脅。見Pound, *Five Rings over Korea*, 30。

105　Canadian External Affairs, Skrabec confidential memo, October 22, 1975, Canada Archives, RG 25, vol. 3059, file 53.

106　Ivan Head and Pierre Trudeau, *The Canadian Way: Shaping Canada's Foreign Policy, 1968–1985* (Toronto: McClelland & Stewart, 1995), 193.

107　Ford Library: Brent Scowcroft memo, "Meeting with Canadian Opposition Leader Joe Clark," White House central files, box 11: Canada, 7/1/76–1/ 20/77.

108　加拿大政府最終決定發放簽證。見External Affairs Confidential memo: "Question of Taiwanese Participation at the Canadian International Judo Championships, July 1975," May 29, 1975, Canada Archives, RG 25, vol. 3059, file 65。

109　Canadian External Affairs, Skrabec confidential memo, October 22, 1975; Confidential memo, anticipated question, House of Commons, Taiwanese boxers, November 24, 1975, Canada Archives, RG 25, vol. 3060, file 68.

110　Canadian External Affairs draft memo, June 14, 1976, Canada Archives, RG 25, vol. 3060, file 68.

111　Donald Macintosh and Donna Greenhorn, "Hockey Diplomacy and Canadian Foreign Policy," *Journal of Canadian Studies* 28, no. 2 (Summer 1993): 98.

112　詳見同上，頁96–112。

113　Donald Macintosh, "Sport and Government in Canada," in Chalip, Johnson, and Stachura, ed., *National Sports Politics* (Westport, Conn.: Greenwood, 1996), 50.

114　Canadian External Affairs Department confidential memo, "Canadian Position on Taiwan at the Olympics," July 28, 1976, Canada Archives, RG 25, vol. 3059, file 103.

115　E. A. Skrabec, Confidential memo, "Taiwan in Retrospect," August 6, 1976, Canada Archives, RG 25, vol. 3061, file 97.

116　McKinney confidential telegram to Ottawa, July 13, 1976, Canada Archives, RG 25, vol. 3056, file 36, pt. 3.

117　Macintosh and Hawes, *Sport and Canadian Diplomacy*, 58.

118　Ford Library: White House central files, name file, box 1723: Killanin file.

119　*Public Papers of the Presidents of the United States: Gerald R. Ford,* 3:716.

120　Killanin, *My Olympic Years*, 172–173.

第七章

覺醒的中國
——後毛澤東時代

更快，更高，更強。

——奧林匹克口號

1976年毛澤東逝世，災難性的十年文革結束。中國新一代領導人鄧小平決心把國家帶上新軌道，向世界開放中國，給中國的經濟和外交政策注入新的活力。

隨著鄧小平政策在80年代逐漸鋪開，中國政府決定加大國際參與力度，實現國家富強的新追求。體育再次發揮作用：「友誼第一，比賽第二」落伍了，相反，在國際體育賽事中勝出成為中國人的新追求。1979年，國家體委出台「奧運模式」，指示各省在制定體育規劃時以贏得奧運勝利作為統一目標。1980年，國家體委又打造出「衝出亞洲，走向世界」的新口號，這是中國體育發展的有力號召，更象徵著中國重拾信心、崛起為世界新經濟體的目標。[1]對中國來說，毛澤東時代的自我封閉已經結束；中國將走向世界，在體育運動中更要展示出非凡的實力。一位美國記者說：「過去為發展國際友誼，巧妙地讓來訪運動員贏球的日子在中國已經一去不復返了。」[2]在這個新的中國，國務委員陳至立2004年宣布：「在國

際大賽中取得好成績，就是維護我國良好的國際形象、提高我國國際地位的具體體現。」[3]體育再次成為北京全面出擊贏得國際聲望、國際地位和政治合法性的重要工具。

追求富強：20世紀80年代的中國體育

在1979年重返國際奧委會之後，1980年莫斯科奧運會本是中華人民共和國再次躋身國際大賽賽場的絕好機會。但是，北京不得不暫時抑制這份期待——為抗議蘇聯入侵阿富汗，美國帶頭發起了對這次奧運會的抵制，北京也加入了。

中國的決定令國際奧委會極為不滿。國際奧委會主席基拉寧男爵在給中國奧委會的信中抱怨：「鑒於為接納中國奧林匹克委員會而努力的時間之久，從個人立場出發，我必須承認，如果中國奧林匹克委員會不參加〔莫斯科〕奧運會，在將來遴選〔來自中國的〕國際奧委會新成員時，我將會有相當大的保留。」[4]從嚴格意義上講，雖然少有人注意，但北京實際上已經在1980年的普萊西湖冬奧會上重返奧運賽場；只是中國的表現並沒有給人留下多少印象而已。

然而，1984年奧運會為中國擴大全球影響力、增強民族自豪感提供了絕佳時機。奧運會的舉辦時間和地點對北京來說再好不過——畢竟中國人第一次參加奧運會就是在1932年的洛杉磯。現在，首次亮相奧運會52年之後，中國在同一個地點再次讓世界矚目。此外，由於蘇聯和其他社會主義國家抵制本屆奧運會，中國更有機會爭取獎牌，並獲得正面報導，享受美國人的關注和款待。

　　1982年3月，鄧小平告訴來訪的國際奧委會主席胡安·薩馬蘭奇，儘管中美關係並不特別緊密，但中國會參加1984年的洛杉磯奧運會，除非美國將台灣視為獨立國家。[5]然而通往洛杉磯的路對北京來說並不平坦。按照1984年奧運組委會主席尤伯羅斯（Peter Ueberroth）的說法，「我們與中華人民共和國的關係總的來說非常好，但其中遇到了一些阻礙。」[6]阻礙之一來自中國網球運動員胡娜。1982年7月20日，在加利福尼亞州聖克拉拉舉行的聯合會盃網球錦標賽一場關鍵性比賽前夕，胡娜偷偷溜出旅館房間，隨後申請政治庇護。這一事件對北京來說關係重大，以致鄧小平在1983年2月與到訪的美國國務卿喬治·舒爾茨（George Shultz）親自談及此事。北京擔心這一事件可能「開危險的先例」，嚴重危及中美關係。[7]1983年4月，美方無視鄧小平的警告，批准胡娜的政治庇護申請；北京立即取消了1983年餘下時間內所有對美文化和體育的官方交流，包括退出將在洛杉磯舉行的自行車、賽艇和皮划艇奧運會預賽。

　　儘管胡娜事件使奧運會組織者對中國是否參賽感到憂心忡忡，但北京從未認真考慮抵制這屆奧運會。很簡單，奧運會是中國展現其對國際體育重新煥發熱忱的最佳舞台，這也是北京和台灣達成雙邊協議後首次一起參加國際比賽。[8]1984年1月，為準備參加奧運會，中國派出由中國奧委會副主席陳先率領的七人代表團前往洛杉磯。陳先在聲明中表示，中國代表團的訪問「取得了圓滿成功」，並且保證中國將向奧運會派出300人規模的代表團。他還說：「增進在體育領域中的中美關係，是我們的共同願望……遵循奧林匹克的理念，同時也為了增進來自不同國家的人們和運動員之間的理解和友誼，為了促進世界和平以及在世界範圍內推動體育的進步，

我們將參加第23屆奧林匹克運動會。」[9] 1984年5月12日,中國奧委會以主席鐘師統的名義正式致函洛杉磯奧委會,信中寫道:「我榮幸地通知你們,中國奧林匹克委員會已經決定,派遣一個體育代表團參加第23屆洛杉磯奧運會」,並祝願奧運會「圓滿成功」。[10] 美國人大大鬆了一口氣。用尤伯羅斯的話說,「中華人民共和國在5月12日的聲明,讓我們取得了對蘇聯的第一個公開勝利。」[11]

這是中國空前的天賜良機。洛杉磯奧運會已經演變為兩個超級大國的重大政治對決。為報復美國抵制1980年莫斯科奧運會,蘇聯決定抵制這屆洛杉磯奧運會(儘管蘇聯用「不參加」來代替「抵制」一詞)。

蘇聯5月宣布抵制本屆奧運會後,美國官員假裝滿不在乎。尤伯羅斯宣稱:「就算他們不來洛杉磯,我們也能辦一場歷史上最好的奧運會。」洛杉磯市長湯姆‧布拉德利(Tom Bradley)說:「讓他們見鬼去吧。這是我們的比賽。我們一定能成功!」[12] 與赫伯特‧胡佛(Herbert Hoover)對上一次洛杉磯奧運會的冷淡態度相反,總統羅納德‧里根竭盡全力利用奧運會在政治上為對抗蘇聯加分,提升美國形象。在開幕式上,里根打算做一次比奧運會規定的十六個字演說更長的講話。根據美國官員的說法,里根很想「藉此機會歡迎所有來賓」,並保證他的講話沒有政治內容,不會提及蘇聯,而且不會超過十分鐘。[13] 但規則就是規則,國際奧委會沒有讓步。最終里根作了以下公式化的宣告(還包括多出來的「奧林匹克」一詞):「我宣布第23屆現代奧林匹克運動會、洛杉磯奧林匹克運動會開幕。」[14]

美國為奧運會做了巨額政治投資,中國則成為超級大國較量的主要受益者。中國參賽成了美國政府強力的宣傳工具,也為奧運會

創造了特殊吸引力。奧運會組織方決心給中國特殊禮遇。根據官方報告，「7月14日，加州大學洛杉磯分校、南加州大學和加州大學聖塔芭芭拉分校的奧運村啓用當天，人人臉上都帶著微笑。第一位在加州大學洛杉磯分校奧運村登記入住的運動員是中國三級跳遠選手鄒振先。此舉標誌中國藉著回到52年前初次參加奧運會的城市，重返奧運舞台。[15]

這一看似簡單的描述包含了許多重要且具有象徵意義的信息。對這樣的重大賽事來說，奧運村開放儀式都要經過慎重安排，包括宣布奧運會正式啓動，以及眾多政要參加的剪綵儀式。鄒振先享受了「第一位代表官方進入奧林匹克大家庭奧運村的運動員」殊榮，中國也成為在加州大學洛杉磯分校奧運村中第一個正式升起國旗的國家。[16]中國奧委會新聞和宣傳委員會主任吳中原對美方安排感到非常滿意，說這個儀式對「兩國人民的友誼」意義重大。[17]當鄒振先接過象徵奧運村大門開放的鑰匙，很多大門也同時向中國打開：這個國家不僅進入了奧運會，也得到了很多在世界面前展現自己面貌的全新機會。

美方還在各個方面表現出友好姿態，盡量讓中國人感到舒服和受重視。1984年7月24日，洛杉磯奧委會專門為中國代表團組織了一次新聞發布會，而這種安排只有少數代表團才能享受到。中國代表在簡短的發言中談起歷史，回顧了52年前中國竭盡所能卻只能派出一名運動員到洛杉磯參加奧運會，而這次參賽運動員有353人。在場記者問，中國人為什麼會為體育和這屆奧運會感到激動？中方發言人回答，中國運動員熱切盼望「為國爭光」。他坦率地把體育比賽與國家榮譽和聲望聯繫起來，並強調贏得獎牌的重要性。當被問及由於中韓外交上並未互認，中國是否會參加1988年漢城

奧運會時，中國代表表示一定會遵守奧林匹克憲章，這表示中國將會參賽。[18] 為向中國代表團致意，洛杉磯市特意主辦大型歡迎會，這也讓中方感到愉快和榮幸。[19]

在開幕式上，中國代表團受到隆重而熱情的歡迎。尤伯羅斯寫道：「當來自中華人民共和國的代表團步入體育場時，全場歡聲雷動。場內92,665名觀眾全體起立鼓掌。這是一場盛大的歡迎式。」[20] 儘管美中之間的意識形態和政治分歧很難在一夜之間消失，但對中國人而言，這肯定是一個值得慶祝的時刻。中國代表團規模龐大，他們已經做好準備，徹底鏟除「東亞病夫」形象，顛覆體育弱國名聲。[21] 他們為中國運動員有幸成為奧運村首位入住者而喜悅。開幕式當天，中國射擊選手許海峰在男子手槍60發慢射個人項目比賽中贏得第一枚奧運金牌時，代表團更是無比自豪。

這是洛杉磯奧運會第一枚金牌，也是中國人歷史上首枚奧運會金牌，許海峰成了民族英雄。中國國內，大家激動地把他的勝利稱為「命運多舛的中國人向世界證明自己的開始」。[22] 在蘇聯和部分體育強國缺席的情況下，中國代表團贏得了15枚金牌，享受著「來自全世界的盛情款待」。布魯克·拉爾默（Brook Larmer）寫道：「沒有什麼能比這更讓這個缺乏安全感的國家感到滿意的了。」[23]

1984年奧運會僅僅是一個開始。中國在體育領域的成就，與其作為世界經濟大國的成功交相輝映。2004年雅典奧運會，中國與唯一的超級大國美國爭奪霸主地位：美國獲得35枚金牌，中國獲得32枚。中國國家體育總局局長袁偉民在雅典奧運會之前對美國奧委會主席尤伯羅斯說：「別擔心——我們不會扳倒你們，但我們正在努力。」[24] 中國要在2008年奧運會上做得更好，這已不是什麼秘密。畢竟，中國政府長期以來一直把在國際比賽、特別是在西

方體育項目上取得勝利，作為躋身世界強國的標誌之一。它當然明白體育運動對中國國家命運和榮譽的重要性。

中國通過體育進行的國際化，不僅給中國帶來了積極正面的效果，有時也能惠及其他國家。中韓的體育交流互動就是一個很好的例子。由於礙於密切的中朝關係，北京和漢城之間直到90年代初才建立正式外交關係。當中方想加強與韓國的聯繫時，體育成了跨越外交障礙推進雙方關係的合適媒介。

時任國際奧委會第一副主席的理查德·龐德（Richard Pound）非常瞭解幕後的談判活動。他注意到了韓國申請和主辦1988年奧運會時北京表現出的友好姿態。「不管動機如何，毫無疑問，中方的默默支持對漢城奧運會的成功起了重要作用。中國在奧林匹克上的舉動無可挑剔……」龐德説，「它向韓國發出了恰當的外交信號，準備在時機成熟時進行一系列貿易和雙邊關係探討。」[25]中國體育界高官之一何振梁這樣説：「不言而喻的是，奧林匹克運動將人們帶到一起，是一座連接四海的橋梁。儘管我們中國和韓國還沒建交，但我們感到有責任為奧林匹克運動會的成功作出貢獻。參加漢城奧運會將是我們的人民更好地瞭解韓國人民的好時機，反之亦然。」[26]

中國外交部長錢其琛證實了這種做法的成功；他承認，通過參與1988年漢城奧運會，韓中雙邊關係得到了改善。[27]有趣的是，在與韓國建交之前，錢其琛參加了1991年韓國舉行的亞太經濟合作組織會議。一名韓國體育官員午夜時分意外造訪；他告訴錢其琛，他曾多次作為體育官員訪問中國，他願意充當協助兩國建交的秘密渠道。他甚至向錢其琛透露，這次會面得到了韓國總統的批准。[28]

與中美乒乓外交一樣，中韓的體育外交也取得了成功。漢城奧運會之後，中國和韓國迅速達成外交互認，兩國經濟往來自此也蓬

勃發展。實際上，通過建立中韓良好的體育關係，中國也實現了借體育贏得國際地位的目標。韓方的善意和幫助，無疑在幕後對北京1990年成功舉辦亞運會發揮了重要作用，這是中國有史以來舉辦的第一個大型運動會。[29]北京在成功舉辦亞運會之後信心大增，亞運會的成功成為申辦奧運會的基礎。

中國人希望在比賽中取勝的熱情有時未免過頭——他們甚至聲稱本民族在某些運動上具有種族優越性。共產黨中國並不是唯一提出這種主張的國家。正如伊恩·布魯馬所說，納粹德國對其種族強盛的痴迷「向外傳播並被印度的印度沙文主義者、日本的軍國主義者、中國的民族主義者所接受」。[30]但是，中國人在利用「種族強盛論」來掩飾所謂「種族卑劣論」上，比民族主義者和其他國家走得更遠——從19世紀末中國人接受現代體育運動開始，他們就公開質疑「亞洲人通常不適合參加極具爆發力的運動，例如100米短跑或跨欄」的論調。

在許多國家特別是美國，種族偏見觀點會觸及最敏感的神經，很難被官方意識形態接受。但是，正如最近《紐約時報》一篇文章指出，先天不足和遺傳差異導致亞洲運動員衝刺速度要比美國、非洲或歐洲的競爭對手慢的主張，即便未經證實，也能被中國人廣泛接受。連中國最大的官方媒體《人民日報》都公開引用過這個觀點。從這種觀點出發，人們相信，中國人適合從事乒乓球、羽毛球和體操這類要求靈敏度及技巧的運動，因為他們聰明而守紀律。[31]

近年來的比賽成為新一代中國運動員打破能力宿命論的明證。《人民日報》說：「如果中國人想要在重大的奧林匹克比賽中嶄露頭角，他們必須打破種族決定一切的宿命論。」高挑英俊、充滿自信的上海小伙子劉翔在2004年雅典奧運會上贏得男子110米跨欄比賽

冠軍，中國人為之欣喜若狂，也就毫不令人奇怪了。他們終於有了
證明顯示所謂的種族缺陷是可以被戰勝的。但劉翔取勝只能部分消
除這一根深蒂固的舊觀念。一些中國體育高官認為，跨欄也需要技
巧，而不僅單純靠速度。被一些評論員稱為「黃色子彈」的劉翔坦承
奧運會上的勝利是「一個奇跡」。他對採訪者說：「真是難以置信——
一個中國人，一個亞洲人，贏得了這一比賽的勝利。」他還補充
說：「這不僅僅是中國人的驕傲一刻，也是亞洲所有黃種人共享的一
刻。」[32] 正如《紐約時報》所指出的，「作為第一個在現代奧林匹克運
動史上贏得短跑比賽的中國人，劉先生的勝利特別受城市中社會地
位不斷提高的年輕一代的擁戴，他們都渴望打破舊式思維 。」[33]

中國式國際化

　　中國人參與現代體育的興趣在很大程度上都受到了民族主義的
激勵。然而，通過從西方引進現代體育運動及參加世界大賽，中國
也利用體育表達自己的世界觀，提升國際地位，並宣示民族身份。
2008 年北京奧運會期間，世界將目光集中在中國身上，體育為中
國提高國際地位提供了更大的機會。

　　在整個 20 世紀，世界經受多次戰爭和政治分裂。法西斯主
義、資本主義、社會主義、民族主義和共產主義在人與人之間製造
了無數隔閡。然而，體育運動，特別是奧運會和世界盃足球賽，在
很大程度上起到了匯聚人心的作用。即使在毛澤東激進的革命狂
熱與冷戰夾擊之下，共產黨中國與世界體系隔離期間，它仍然通過
友誼比賽和新興力量運動會與國際社會保持了一定交流。80 年代

初以來，隨著中國在經濟和政治上的騰飛，以及中國人自信心的增強，沒有什麼能比體育更好地象徵它爭取更高聲望的動力了。對中國人來說，接受西方體育運動表明了地位的提升和與世界潮流比肩的願望。此外，認同西方體育在政治上也是安全的。

籃球運動很能代表中國的這種國際化偏好。自加拿大人詹姆斯‧奈史密斯（James Naismith）1891年在馬薩諸塞州斯普林菲爾德基督教青年會國際培訓中心發明這項運動起，籃球就注定成為一項席捲全球的體育運動。正如一位觀察家認為：「基督教青年會傳教士帶著《聖經》和『十三條籃球規則』在1890年代初來到天津，他們相信救贖將通過上帝和籃筐降臨，不管誰先誰後。」[34]

儘管沒能從籃球中得到多少救贖，中國還是挑選最高的籃球運動員做奧運會開幕式的旗手，以此突出自己。國共兩黨在1948年和1984年奧運會的選擇一模一樣。1988年漢城奧運會，最開始被選為開幕式旗手的是籃球運動員王立彬，但他被同為籃球隊員的中鋒宋濤取代，因為王立彬需要集中精力準備當天的比賽。[35] 2004年雅典奧運會開幕式旗手的殊榮自然由姚明獲得：身高7英尺6英寸的姚明，超出所有運動員一大截，讓226名官員和407名運動員組成的中國代表團都顯得高了不少。

70年代後期的經濟改革帶來的社會變革，終於使社會和政府開始共同努力，通過體育進一步推動國際化。《華盛頓郵報》一篇文章說，90年代初的中國小學生把美國籃球明星邁克爾‧喬丹（Michael Jordan）和周恩來選為20世紀歷史上最偉大的兩個人，而北京小販把印著邁克爾‧喬丹的海報、日曆，和毛澤東畫像放在一起出售。[36] 一項民意測驗顯示，1994年NBA（美國國家籃球協會）總決賽首次在中國直播，邁克爾‧喬丹成為中國首屈一指的流行文

化英雄，比毛澤東還有名。2006 年，北京頗有影響力的《環球時報》決定以對現代中國影響最大的 50 名外國人為主題發表系列文章。名單是在中國資深學者的幫助下選定的，其中不僅包括讓-雅克‧魯索（Jean-Jacques Rousseau）、查爾斯‧達爾文、卡爾‧馬克思、列寧和理查德‧尼克松，還包括邁克爾‧喬丹。[37] 沃爾特‧拉費伯（Walter LaFeber）表示，「籃球的傳奇，尤其是在邁克爾‧喬丹時代，讓我們明白為什麼這個時代被稱為『美國世紀』。」[38]

中國全心全意地擁抱美國世紀這一側面的時候，並未過多考慮熱愛 NBA 與民族主義甚至民族自豪感能否和諧相處。1999 年 5 月 7 日，美國轟炸中國駐南斯拉夫大使館，許多中國城市青年對這種悍然反華行為感到極為憤怒。然而 1999 年 6 月，當中國中央電視台為表示抗議取消原定 NBA 比賽轉播，打電話抱怨的還是他們；打電話的人堅持認為體育賽事「不應與政治掛鈎」。美國大使館前抗議的一個學生領袖說：「我恨美國霸權，〔我〕也愛 NBA 比賽。但這是兩回事。NBA 比賽屬全世界，每個人都有觀看的權利。」[39] 因此，在民族主義割裂中美兩國的流行文化的同時，體育又把它們彌合了起來。或許只有體育才能在推動中國走向國際化的道路上發揮如此微妙的作用。

世界體育組織不斷從中國人的興趣中獲利。NBA 總裁大衛‧斯特恩（David Stern）積極致力於將 NBA 打造為全球品牌，他把擁有 13 億潛在體育消費者的中國看作籃球的「終極前綫」。[40] 根據統計數據，2005 年，5 億中國籃球迷購買了 4 億件帶有 NBA 標誌的產品，從運動衫到籃球無所不包。如果這些數字可靠，中國就是 NBA 球迷最多的國家。NBA 還聲稱，2005–2006 年賽季，超過 10 億觀眾收看了中國電視上轉播的 290 多場比賽。

斯特恩還宣布，他對中國政府將這一運動定位為「對健身、鍛煉與和諧很重要」感到非常高興。[41] 從NBA高管的角度來看，世界不必接管NBA，而NBA可以接管世界。[42] 如今，NBA官方網站有包括中文在內的多語言版本，其收入中相當可觀的部分來自國際市場商品銷售。NBA聯盟本身正在變得更加國際化；2005–2006年賽季開始，有18%的NBA球員來自國外，而這一數字還會增加。[43] 姚明就是這樣一位外國球星——作為NBA選秀狀元，他於2002年加盟休斯頓火箭隊，此後一直為該隊效力。火箭隊總裁喬治·波斯托洛斯（George Postolos）說：「姚明是大衛·斯特恩和NBA的夢想。他將全球化帶到了一個新的高度。」[44]

儘管姚明不是登陸NBA的第一個中國球員（而且也不可能是最後一個），他仍然可以象徵在中國同時出現的三大潮流：中國作為經濟強國的崛起，跨國資本主義的擴張，以及中國人對國際事物尤其是體育的痴迷。從這個意義上說，姚明確實成了布魯克·拉爾默（Brook Larmer）所說的「全球化代言人」。[45] 對飽受自卑與逞強雙重困擾的中國人來說，姚明成了自信的標杆。他能和世界上最強的對手對抗，站得比任何人都高，消除了中國運動員能否在世界賽場上獲得成功的懷疑。

許多中國人密切留意姚明的比賽，關心他在美國的一舉一動，因為他是中國人的一員。在中國，2.87億家庭觀看了姚明在NBA的首場比賽。在他的第一個賽季中，NBA在中國共播出170場比賽，包括30場姚明效力的火箭隊的比賽。[46] 有姚明參加的NBA常規賽在美國吸引了約100萬觀眾，但這些比賽「在中國通常能吸引多達3億觀眾，休斯頓火箭隊成為中國最受歡迎的球隊，也是世界上觀眾最多的球隊。2002年12月，互聯網門戶網站搜狐舉辦與姚

明在綫聊天90分鐘活動，有近900萬粉絲登錄，造成六個中國最大城市的網絡系統陷入癱瘓。」[47]

中國觀眾高興地看到了姚明在比賽中的出色表現。2003年新秀賽季，他每場平均得分13.5分，8.2個籃板，這一紀錄消除了所有人對他能力的懷疑。一眾受過良好教育、事業有成的中國觀眾，讓NBA比賽拉近了中國人與美國文化之間的距離，讓他們有機會與世界其他地方的人分享對籃球的熱愛。《紐約時報》一篇文章說：「如今，隨著中國進入全球市場經濟，它的孩子接受了西方文化，新興的城市白領職業階層每時每刻都在尋求自我表達，還有什麼比籃球更好的載體呢？」[48]

姚明還是名副其實的連接中美兩國人民的「使者」。他在出戰首年，一次又一次封堵高大強壯的對手「大鯊魚」奧尼爾（Shaquille O'Neal）的投籃，並用一記扣籃鎖定一場比賽的結果；前文提到的同一篇《紐約時報》文章說：「他不僅贏得了一場比賽……還打破了中國人固有的矮小而柔順的形象。」[49]《時代》雜誌的文章對姚明現象作了很好的解讀：

> 他們有13億人，但西方人並未真正瞭解這些中央王朝的子民。幾十年來，在全世界人眼中，中國的形象要麼是狂妄自大的獨裁者（毛主席），要麼是低收入的工廠工人（其他所有人）。或許有某個過度活躍的功夫明星或是怪異的計算機天才，給這一畫像添上幾筆。但大多數情況下，中國人在西方眼中一直是不可捉摸、茫然無知、難以預測的。現在姚明來了——那些有關中國人錯誤又奇怪的陳辭濫調，都像重扣之後的玻璃籃板一樣被砸得粉碎……姚明單槍匹馬將千百萬寂寂無名、毫無個性的同胞變成有實力與最佳對手對壘的強

者。對美國人來說，姚明和藹可親的舉止和機智的應答，也成功化解了NBA壞孩子們的「毒性」。從非常重視世界聲譽的中國人角度看，姚明從溫順的運動機器成長為充滿個人魅力的籃球巨人，是中國實現自我的明證。[50]

這些美國主流媒體對姚明在美國影響力的報道也許時有誇大，但中國人痴迷NBA和奧運會確實是大潮流的一部分。姚明是第一個表現高調、備受西方媒體關注而又與政治無關的中國人，「籃球是他表現自己的主要方式」。[51]姚明既代表中國的國際化，又代表世界上最大的跨國公司：百事可樂、銳步 (Reebok)、Visa信用卡和麥當勞爭相抓住機會，利用姚明打入中國市場。姚明已成為中國重要的形象代表，胡錦濤主席2006年4月訪問美國時，他受邀參加了白宮的歡迎午宴。

中國人也迷戀足球這項吸引全世界億萬球迷的「美麗的比賽」。中國又一次加入國際潮流，與世界上大多數國家一起投身於足球之中。整個20世紀，世界經歷了翻天覆地的變化，但世人對足球的熱愛一如既往地與日俱增。1986年世界盃決賽吸引了全球6.52億觀眾，2006年世界盃決賽圈比賽觀眾總人數約有30億。《國際先驅論壇報》(*International Herald Tribune*) 的羅傑‧科恩 (Roger Cohen)寫道，足球「是和英語一樣的世界語言，是『地球之夢』的同義詞。足球是每個人90分鐘的熱血拼爭。」[52]富蘭克林‧福爾 (Franklin Foer) 問：「還有什麼比足球更全球性？世界一流職業球員和俱樂部老闆根本不會在意國界，重要的球隊用各種可兌換的貨幣累積巨額財富，數十億球迷用數不清的語言為他們的冠軍加油助威。」有些人把足球看得太過重要，甚至做出極端行為。2002年日韓世界盃

期間，為了表達對英國球星大衛・貝克漢姆（David Beckham）的迷戀，一些日本職業婦女將自己的陰毛修剪成某個特殊的樣子。就在幾年前，一位名叫拉爾斯・古斯塔夫森（Lars Gustafson）的瑞典國會議員竟提議，把諾貝爾和平獎授予世界盃，導致各種嘲諷。[53]

對於世界上的許多人來說，足球是一種生活方式。[54] 英國利物浦足球俱樂部德高望重的主教練比爾・香克利（Bill Shankly）曾說：「有些人認為足球事關生死。我可以向你保證，足球遠遠高於生死。」[55] 三位經濟學家最近發現，全世界對足球的重視，使得「一場重大國際比賽的失利，能導致該國股票市場第二天下跌」。[56]

世界盃是將世界凝聚在一起，並創造出更好、更令人興奮的世界秩序的最成功場合。在亨利・基辛格稱為「奇妙世界」的世界盃上，每一個人，無論貧富，無論來自強盛之國還是弱小之國，都有機會發揮自己的潛能。[57] 更重要的是，考慮到足球運動的本質，沒有任何國家或政權，無論其財富或實力如何，能真正操控冠軍的歸屬。從這個意義上說，比起政治論壇或組織，精彩的比賽在創造和諧世界方面成就更大。這也是聯合國用世界盃來傳達其信息和理想的原因。

像世界其他國家一樣，無數中國人也都成為世界盃發燒友，儘管到目前為止，中國男足僅在 2002 年打入決賽圈（也因為勁敵韓國隊和日本隊作為聯合東道主直接入圍，降低了中國入圍的難度）。中國男足在世界盃決賽圈出戰中未進一球，小組賽後即被淘汰。

僅僅從龐大的人口數量來看，中國人本可以對足球產生非同一般的影響。2006 年，參加世界盃的 32 個國家總人口約為 15 億，而中國就佔了 13.4 億。[58] 即使中國男子足球隊沒有打進世界盃決賽圈，中國球迷的瘋狂與熱情也絲毫不亞於入圍決賽圈國家的球迷。

事實上,自80年代中國向世界開放以來,中國球迷對世界盃決賽的熱情一路走高。2006年,500多名中國記者前往德國報導世界盃,中國電視台也在黃金時段直播比賽。在2006年世界盃期間,中央電視台體育頻道的觀眾猛增了50倍,超過7億中國觀眾觀看了比賽,為德國比賽的現場直播熬夜。[59]

如果説對籃球和足球的推崇反映出中國觀眾對這些運動的真正熱情,並代表了目前的國際化水平,那麼對其他西方體育項目的嘗試就效果一般了。2004年,上海建成的歐洲一級方程式賽車賽道就是一個例子。這條長5.45公里的賽道造價2.4至3.2億美元,由德國人赫爾曼‧蒂爾克(Herman Tilke)設計,他以在世界各地修建F1賽道而聞名。同樣在2004年,上海舉辦了有史以來第一場西班牙鬥牛賽,鬥牛場由一個體育館改建而成。

某些為加速實現中國在國際體壇的成功而建造的體育場館和建築設施,似乎也與中國公眾無甚關係。為準備2008年奧運會,北京市政府聘請了拉姆‧庫爾哈斯(Ram Koolhass)等世界知名設計師來設計體育場館,以體現國際水平。著名的「鳥巢」體育場就是其中之一。

為了成為體育強國,中國利用開放政策吸引了來自世界各地的教練人才。早在1964年,周恩來總理就曾邀請日本女排主教練大松博文來華訓練中國球員,但直到80年代中國決定依靠外來專家幫助提升本國運動員水平以前,在華工作的西方教練鳳毛麟角。[60]現今,有不少外國人在中國擔任教練或領隊。女子曲棍球隊自1999年起由韓國人金昶伯擔任教練;德國人和加拿大人曾指導賽艇隊和皮划艇隊;美國人戴爾‧哈里斯(Del Harris)和立陶宛人尤納斯‧卡茲勞斯卡斯(Jonas Kazlauskas)先後執教中國男子籃球隊。

澳大利亞人湯姆‧馬赫(Tom Maher)被選中執教中國女子籃球隊。[61]
隨著北京密鑼緊鼓地籌辦2008年奧運會,越來越多的外國人將獲
聘幫助中國人在競賽中取勝,這一趨勢被《中國體育》雜誌稱為「新
洋務運動」。[62]

隨著越來越多的中國體育人出國參賽或執教,國際化也已成為
一條雙行道。除了姚明,很多中國運動員也在逆向國際化中發揮了
重要作用。例如,前中國女排國手郎平是美國女排主教練,而她的
隊友姜英是澳大利亞女排主教練。眾多中國乒乓球運動員更是前往
國外打球或執教。

事實上,在對中國製造的產品進入國際市場的速度感到驚訝的
同時,很少有人注意到中國的新型出口:專業體育人才。與通常會
造成貿易摩擦的製造業產品不同,這種新型「輸出品」有望幫助中
國與世界其他地區更加和諧相處。這種國際化將如何影響未來中國
的國家認同,以及它將在全球的進一步發展中扮演怎樣的角色,前
景令人神往,人們拭目以待。

體育與民族主義的興起

當前的中國常以令人矚目的方式在國際上堅持強硬立場。但
是,正如在過去的100年裡一樣,體育依然能引發中國的愛國主
義。哪怕不是體育迷,在奧運會這樣的國際賽事頒獎儀式上升起中
華人民共和國國旗和演奏國歌,也是令人激動不已的時刻。畢竟,
國歌原本是在抗日戰爭時期為中國軍隊譜寫的《義勇軍進行曲》,表
達了激昂高亢的愛國主義情懷:

起來！不願做奴隸的人們！把我們的血肉，築成我們新的長城！中華民族到了最危險的時候，每個人被迫著發出最後的吼聲。起來！起來！起來！我們萬眾一心，冒著敵人的炮火，前進！冒著敵人的炮火，前進！前進！前進！進！

80年代初以來，「一切為了能贏」的觀念已經深入人心，政府調動國家資源，通過行政、法律和政治手段求得勝利。1995年，中華人民共和國通過第一部與體育有關的法律《中華人民共和國體育法》，這部法律出台的初衷顯然是對贏得更多勝利的渴望。[63] 體育工作由國家體委直接負責，要為國家經濟建設、社會發展和國防建設服務。它還堅持要求運動員必須接受愛國主義、集體主義和社會主義教育。[64]

奧運會和其他許多國際賽事最初都強調業餘性質，最重要的原則是參與而不是獲勝。但與很多國家類似，中華人民共和國自成立以來即強調奪取金牌，並從運動員兒童時期即開始選拔及訓練，在相當程度上違背了「業餘體育」的原則。國家包攬運動員的所有個人需求，以確保他們在國際比賽中有優異表現。因此，體育成為這些運動員的專門職業，獲勝是他們的主要目標。1979年初，在北京正式重返奧運會之前，國家體育委員會就明確提出了「重要而緊迫的政治任務」：中國應集中精力備戰1980年莫斯科奧運會，並以爭取贏得約5枚金牌（總共15枚獎牌）、躋身奧運會參賽隊伍前十名為目標。[65]

1980年初，國家體委報告重申了同樣的目標。1980年報告甚至提出，中國應該瞄準進入1984年奧運會總成績前六名的目標，以實現「為國爭光」。要成為世界體育強國，關鍵是制定出好的戰

略。這份報告建議中國的體育政策向重要奧運項目傾斜。[66] 鄧小平親自參與了制定這項政策。1981 年，鄧小平辦公室甚至專門給體委負責人李夢華打電話，詢問國家男排隊員為什麼吃不上足夠的優質伙食。[67]

中國人將洛杉磯奧運會奪金稱為「歷史性的突破」，「中國在奧林匹克運動中的新的一頁」，「中華民族復興的令人鼓舞的偉大飛躍」，「中國崛起為世界體育強國的新篇章」和「里程碑」。[68] 射擊是中國獲得的第一個奧運會冠軍項目，「『東亞病夫』的帽子被永遠拋到太平洋裡去了。」[69] 鄧小平高度稱讚 1984 年洛杉磯奧運會，並告訴其他中國領導人：「現在看來，體育運動搞得好不好，影響太大了，是一個國家經濟、文明的表現。它鼓舞了這麼多人，吸引了這麼多觀眾，要把體育搞起來。」鄧小平的指示立即成為官方政策。[70]

就中國政府來說，奧運會金牌數量可以衡量中國在世界舞台上的地位和相對實力。因此，中國所有的體育運動都著眼於奪取金牌。在獲勝的名義下，牢固確立了「全國一盤棋」和「國內練兵，一致對外」的原則。「全國一盤棋」意味著各個省份應該將精力集中在有機會贏得國際比賽勝利的運動項目上。它還表明，每個運動員、每個省份都要服從國家體委的整體規劃，實現一個統一的目標：讓中國在國際賽場上獲得金牌。「國內練兵，一致對外」的原則是指中國運動隊之間的比賽應側重於技巧的提高，因為主要目標是贏得世界冠軍。在這些原則指導下，為了「為國爭光」，中國運動員之間的比賽結果，有時甚至在比賽開始之前就已經內定了。[71]

對獎牌強烈而不健康的痴迷，也讓部分中國人開始反思這種全國體育戰略。早在 80 年代末，作家趙瑜就質疑將金牌與強國夢聯繫在一起是否明智。[72] 趙瑜批評國家體育戰略究竟為誰的利益服務，

抨擊中國國家體育政策背後的基本原則。他的尖銳質問尤其切中要害：只注重取得金牌，伴隨而來的卻是中國人整體身體素質的下降。[73] 趙瑜要求中國民眾重新思考體育的意義和作用。[74] 中國體育主管部門對趙瑜的批評極其惱火，國家體委主任李夢華指責這些文章在政治上有害。[75] 即使這樣，另一位中國作家在80年代後期也提出意見——大量關鍵資源被用來爭取金牌而不是用於群眾體育教育，當時的政策是「犧牲了整個民族的體育發展來為奧運戰略服務」。[76]

具有諷刺意味的是，即使優秀運動員也為這個戰略付出了代價。尤其是在70年代末和80年代，這些運動員沒有個人生活，沒有受過良好的教育，甚至沒有健康的人格。為了確保運動員全身心撲在體育訓練上，運動員不能談戀愛或在年輕時結婚（當時規定男28歲、女26歲之後才能結婚）。[77] 他們從幼年起的全部目標就是在重大體育比賽中奪冠。

如果未能獲得獎牌，無論男女運動員，都可能被公眾群起而攻之。深受喜愛的跳高運動員朱建華在1984年洛杉磯奧運會上失利後，他在上海家裡的窗戶被打碎，家人被辱罵。[78] 1994年，退出國家隊之後遠嫁日本的前乒乓球國手何智麗代表日本出賽，在第12屆亞運會上打敗前隊友獲得金牌，許多中國人從此罵她是賣國賊。[79] 同樣，中國女排在1988年奧運會上輸球後也受到嚴厲責備，明星球員楊錫蘭為此傷透了心。[80] 這樣嚴厲的責難也曾落到很多運動員頭上。正如當時頗具影響力的央視紀錄片《河殤》的作者所說，中國是在體育運動上也輸不起的國家。批評他們的人認為，運動員肩負著整個民族的重任。[81]

然而趙瑜等人認為，如果不培養完整而健全的個人權利，不培育健康的人格，中國永遠成不了真正的體育強國。[82] 到80年代後

期，有些中國作者提出，為了恪守真正的奧林匹克精神，中國人應該是時候堅強到足以承受偶爾的比賽失利了。[83]

　　部分中國人對金牌戰略帶來的巨額財政支出表達了不滿。根據中國國家體委研究員李力研的研究結果，1988年，國家體委的年度預算為10億元，或者說四年40億元。以這樣的巨額投資，中國在1988年首爾奧運會獲得5枚金牌。因此，每枚金牌算下來花費財政預算8億元。中國1992年在奧運會上獲得16枚金牌，但那時國家體委的年度預算已增加到每年30億元。換句話說，每枚金牌上花了7.5億元。到了2004年，體育預算增加到每年50億元，這還不包括給得獎運動員的物質獎勵——2000年悉尼奧運會，中央政府對獎牌獲得者的獎勵是金牌15萬元、銀牌8萬元、銅牌5萬元。四年後，相應獎金分別增加到20萬元、12萬元和8萬元。顯然，李力研的分析並未觸動管理層。有位體育界官方人士稱，中國將不惜一切代價奪取金牌；他甚至說，不以贏得金牌為目的的運動不是真的運動。[84]

　　即使考慮到體育與愛國主義聯繫之緊密，中國人對體育比賽的反應有時也嫌過激或歇斯底里。1987年，當中國男足戰勝日本隊的消息傳到國內後，球迷們欣喜若狂，成群結隊地走上街頭遊行，並高唱抗日老歌：「大刀向鬼子們的頭上砍去⋯⋯」對於這些球迷來說，中國足球的勝利讓他們感到祖國再次擊敗日本，贏得了戰爭。[85]

　　另一事件更是與愛國主義息息相關。1985年5月19日晚，香港隊與中國隊的足球比賽在北京舉行。中國隊獲勝，就可能入圍在墨西哥舉行的世界盃決賽。賽前人們普遍認為中國隊實力更強。實際上，中國隊在1984年亞洲盃足球賽上奪得第二名，甚至還在1984年1月印度尼赫魯金盃足球賽上擊敗了阿根廷隊（儘管馬拉多

納等阿根廷隊最好的球員當時並沒有參加比賽）。所有中國人，包括運動員、體育官員和普通球迷在內，都認為中國隊擊敗香港隊不成問題。1985年5月14日，北京頗具影響力的《足球報》在頭版文章中預測中國隊將輕鬆打敗香港隊。

1985年5月19日注定是中國體育史上濃墨重彩的一天，當日賽後所發生的事，將中國人的民族自卑感及民族主義情緒推向極致。比賽在晚上7:30開始，近八萬名球迷前往工人體育場觀戰。上半場第18分鐘，香港隊以任意球首先得分。第30分鐘，中國隊將比分扳平。下半場第15分鐘，決定性的時刻來到，香港隊利用任意球再度得分。這時，中國隊亂了陣腳。雖然隊員想重整陣容，但直到終場也未能進球得分。晚上9:30比賽結束後，數萬球迷陷入死一般的沉寂。誰也沒料到弱旅香港隊竟然會打敗中國隊。

香港隊員的開始慶祝讓中國球迷意識到這個英國殖民地的球隊擊敗了中國國家隊，這是國家的恥辱。許多人想起英國在中國國土上的所作所為，情緒瞬間爆發。球迷開始向體育場內投擲玻璃瓶和拆下來的座椅；焚燒包括外國使館車輛在內的小汽車和公交車；損壞建築物。當晚北京出動了2,000多名警察，至少有127人被捕。國家隊隊員在警察保護下才退場。在球員返回駐地之後，許多球迷還包圍了他們的宿舍，又唱又喊。他們含淚高唱《國際歌》：「起來，饑寒交迫的奴隸！起來，全世界受苦的人！滿腔的熱血已經沸騰⋯⋯」

為了平息球迷甚至「全國」的憤怒，中國國家足球隊在5月24日就「5.19」失利公開道歉，道歉信刊登在當天的《足球報》頭版。1985年5月21日，《人民日報》將騷亂稱為危險及非法事件。球員整整三天不敢離開駐地；5月31日，主教練曾雪麟被迫辭職。[86]

　　這也許是除(在很大程度上是由毛澤東本人授意的)文化大革命期間動亂之外中華人民共和國的首次嚴重騷亂。中國國家體委將其稱為建國以來「最嚴重的」事件，並譴責它「損害了中國的民族尊嚴」。[87]但這樣的事不會是最後一次──一個星期之後的5月26日，遼寧省足球隊被來訪的香港隊擊敗，球迷再次在東北城市瀋陽製造騷亂。

　　球迷騷亂到處都有，英格蘭尤其嚴重。就在同一個月，1985年5月29日，英國球迷在比利時製造的騷亂造成30多人死亡，數百人受傷。但是中國的「5.19」事件卻有所不同──這是中國歷史上第一次由體育賽事引發的大規模騷亂。其政治色彩明顯超出了比賽本身。中國人渴望一場勝利，但他們敗給了一個當時受英國殖民統治的地區球隊。他們渴望進軍世界盃，但向這個目標邁進的步伐卻被原以為不堪一擊的香港隊阻擋。本該輕而易舉的勝利，最終卻以可恥的失敗告終。比賽開始前兩小時還被視為民族英雄的球員，現在成了民族罪人。他們成了這個國家過去所經歷屈辱的一部分，甚至應該為之承擔責任。

　　如果說1985年的球迷騷亂引起了中國官員的擔憂，那麼在2004年亞洲盃足球賽期間，中國觀眾在觀看中日決賽時的行為，就成為轟動國際的新聞，讓中日兩國都非常難看。在這場亞洲盃決賽中，中國球迷面對電視攝像機唱起抗日歌曲，高喊：「殺！殺！殺！」和「小日本，小鬼子」。[88]當實力本來更強的日本隊擊敗中國隊奪冠時，中國球迷還是爆發了。他們在賽後聚眾鬧事，焚燒日本國旗，向日本球迷吐痰。中國球迷對日本贏球的反應讓中日兩國政府提高了警惕，並在兩國引起關於體育和愛國主義的大討論。全世界在震驚中圍觀中國愛國主義的勃興。但是，如果他們瞭解現代體

育及其與中國民族感情之間聯繫的歷史，就見怪不怪了。事實上，
2004年針對日本的騷亂是有先例的。早在1987年夏天，當中國男
子足球隊在預選賽中擊敗日本隊入圍漢城奧運會時，中國球迷就激
動得熱血沸騰，他們成群結隊走上街頭，唱起現在已經為人熟知的
那首抗日歌曲：「大刀向鬼子們的頭上砍去……」

球迷鬧事也有正面效果。對1985年球迷騷亂的擔憂，最終促
使中國從足球入手進行體育改革。此外，因1985年擊敗中國隊
而一直受到責罵的香港隊，則成了提高中國男足水平的樣板。在
2006年世界盃之後，中國鐵杆球迷展開了大辯論——為什麼一個
有13億人口的國家，卻組不成一支有能力參加世界盃的11人足球
隊？有人的結論是，要成為足球強國，中國必須在實際運作上遵守
法律法規。

顯然，沒有透明、合法的制度，中國足球隊將永遠受困於腐
敗、黑哨和假球。在香港組織足球協會或俱樂部，脫離腐敗無能的
中國體育主管部門的控制，被認為是解決問題的一種方案。但「一
國兩制」對中國體育將有怎樣的影響還有待觀察。[89]

然而，要成為體育強國，特別是提高男足水平，就必須從中國
文化和政治制度方面著手。集體合作和服從命令是中國社會體系的
特徵，這樣的風格不足以發展出優秀的體育隊伍，尤其是具備國際
競爭力的足球隊。[90] 隨著中國人意識到其中的失調，對體育比賽獲
勝的痴迷也許能成為政治改革的動力，不管這種推動多麼間接。在
這種情況下，體育運動的意義可能遠遠超出一場比賽或對民族自豪
感的展示；它可能成為社會和政治變革的催化劑。

不惜一切代價也要獲勝的長久狂熱，與希望以優雅和自信的態
度主辦2008年奧運會之間，中國將如何平衡？答案是未知的，但

是要傾盡全力是再清楚不過的：這屆奧運會為中國在世界面前展示社會和政治文化形象，並藉此提高中國在國際社會中的地位，提供了前所未有的契機。

註 釋

1 《國務院批准國家體委關於省、市、自治區體育主任會議的幾個問題的報告的通知（1981年4月22日）》，收入國家體委政策研究室，《體育運動文件選編（1949–1981）》，頁154–160；中國體育發展戰略研究會，《1987年全國體育發展戰略論文選》（北京：北京體育學院出版社，1988），頁4。

2 Julian Baum, "Friendship No Longer Ranks Ahead of Winning for Chinese Olympians," *Christian Science Monitor*, July 26, 1984.

3 中國國家體委編，《中國體育年鑒（2005）》（北京：人民體育出版社，2005），頁3。

4 Killanin to Zhong Shitong, March 28, 1980, IOC Archives, République Populaire de Chine, correspondence, 1980.

5 中共中央文獻研究室，《鄧小平年譜》，第2卷，頁808–809。

6 Peter Ueberroth, *Made in America: His Own Story* (New York: William Morrow, 1986), 278.

7 中共中央文獻研究室，《鄧小平年譜》，第2卷，頁885–886。

8 在1984年奧運會上，中華人民共和國運動員入場順序是第28位；美國作為東道國排在最後，排在第141位。見UCLA, 1403, box 352, folder 2, press operation department files: ceremonies。在洛杉磯奧運會上，台灣使用了按照1979年後國際奧委會就台灣在奧林匹克大家庭成員身份的規定而設計的樂曲、旗幟和章程。見UCLA, LAOOC 1403, box 352, press operation department files, folder 3: China。

9 中國代表團聲明，見UCLA, LAOOC 1403, box 352, folder 3, press operation department files: China。

10 聲明可見於 LA Sports Library, Paul Ziffren Collection, roll 3. See also UCLA, LAOOC 1403, box 437, folder 7: press releases, vol. 5: Chinese;

UCLA, LAOOC 1403, box 437, folder 12: press releases, vol. 5, folder 19: NOC's participation.

11 Ueberroth, *Made in America: His Own Story*, 279–280.

12 Ueberroth quoted in "LAOOC Names Delegation for Lausanne meeting," UCLA, LAOOC 1403, box 437, folder 12: press releases — vol. 5; LA Sports Library, LACOC — Ken Reich interviews, Reich interview with Tom Bradley, May 9, 1985.

13 Kenneth Reich and James Gerstenzang, "Reagan Hoping to Expand His Talk at Games," *LAT*, June 29, 1984.

14 UCLA, LAOOC 1403, box 352, folder 2: press operation department files: ceremonies.

15 LA Sports Library: "Official Report of the Games of the XXXIII Olympiad, Los Angeles," 1984, 3.

16 UCLA, LAOOC 1403, box 426, folder 26: Olympic village at UCLA final report: executive summary.

17 David Holley, "China Raises Flag over New Era of Competition," *LAT*, July 18, 1984.

18 詳見採訪錄音，UCLA, LAOOC 1403, box 476, interview tapes: Chinese Olympians。

19 Ueberroth, *Made in America: His Own Story*, 335.

20 同上，頁351。

21 UCLA, Los Angeles Olympic Organizing Committee 1403, box 426, folder 32: Olympic village at UCLA final report, government relations.

22 邢軍紀、祖先海，《百年沉浮：走進中國體育界》，頁2。

23 Brook Larmer, "The Center of the World," *Foreign Policy* (September/October 2005): 69.

24 Jennifer Lind, "Dangerous Games," *Atlantic Monthly* (March 2006): 38.

25 Pound, *Five Rings over Korea: The Secret Negotiations behind the 1988 Olympic Games in Seoul*, 333.

26 Miller, *Olympic Revolution: The Biography of Juan Antonio Samaranch*, 135.

27 錢其琛，《外交十記》（北京：世界知識出版社，2003），頁145。

28 同上，頁148。

29 Kim Un-Yong（金雲龍）, *The Greatest Olympics: From Baden-Baden to Seoul* (Seoul: Si-sa-yong-o-sa, 1990), 131. 金長期任國際奧委會委員，後因盜用公款及其他罪行被國際奧委會開除，甚至在韓國入獄。

30 Buruma, "The Great Black Hope."

31 Jim Yardley, "Racial 'Handicaps' and a Great Sprint Forward," *NYT*, September 8, 2004, A4.

32 引語出處同上。劉翔，〈中國有我，亞洲有我〉，收入中國體委，《中國體育年鑒（2005）》，頁445–446。

33 Yardley, "Racial 'Handicaps' and a Great Sprint Forward."

34 Larmer, "The Center of the World," 66.

35 繆輝、夏里主編，《陰影下的反思：二十四屆奧運會紀實》（武漢：湖北人民出版社，1988），頁178。

36 引自 LaFeber, *Michael Jordan and the New Global Capitalism*, 27, 135。

37 *"Fifty Foreigners Who Have Influenced Modern China," Global Times*, July 28, 2006.

38 LaFeber, *Michael Jordan and the New Global Capitalism*, 22.

39 Yuanxiang Yan, "Managed Globalization: State Power and Cultural Transition in China," in Peter L. Berger and Samuel P. Huntington eds., *Many Globalizations: Cultural Diversity in the Contemporary World* (New York: Oxford University Press, 2002), 19–20.

40 Larmer, "The Center of the World," 70–71.

41 Adam Thompson and Mei Fong, "Can Half a Billion Chinese Be Wrong? The NBA Hopes Not," *WSJ*, August 25, 2006, A9, A11.

42 Daniel Eisenberg, "The NBA's Global Game Plan," *Time*, March 9, 2003.

43 Greg Boek, "Team-First, Back-to-Basics Foreigners Changing NBA," *USA Today*, April 20, 2006, 1A, 2A.

44 引自 Larmer, "The Center of the World," 73.

45 同上，頁68。

46 Phil Schaaf, *Sports, Inc.: One Hundred Years of Sports Business* (Amherst, N.Y.: Prometheus Books, 2004), 307.

47 Larmer, "The Center of the World," 73.

48 Jeff Coplon, "The People's Game," *NYT* Sunday Magazine, November 23, 2003.

49　同上。

50　*Time*, April 28, 2003.

51　Schaaf, *Sports, Inc.: One Hundred Years of Sports Business*, 305–307.

52　Roger Cohen, "Playing Field as Symbol for Global Conversation," *International Herald Tribune*, May 31, 2006.

53　Franklin Foer, "Soccer vs. McWorld," *Foreign Policy* (January/February 2004): 32–40.

54　關於此點的最佳研究，見 Alex Bellos, *Futebol: The Brazilian Way of Life* (New York: Bloomsbury, 2002)。

55　Cohen, "Playing Field as Symbol."

56　Dennis K. Berman, "Losing at World Cup Can Hit a Nation's Stocks," *WSJ*, June 3–4, 2006, B3.

57　Henry Kissinger, "World of Wonder," *Newsweek*, June 12, 2006, 37–39.

58　在當代，中國女運動員在體育比賽中的表現通常要比男運動員好得多。在女子排球和女子足球方面尤其如此，中國女排就取得了卓越的成功。

59　此論詳見丘立本、江迅，〈拯救中國足球，踢破足球壟斷〉，《亞洲周刊》，2006年7月23日，頁32–35。

60　魯光，《中國姑娘》，載中國作家協會編，《全國優秀報告文學評選獲獎作品集》(北京：人民文學出版社，1984)，頁54–61。

61　在2004年雅典奧運會上，中國代表團中有7名外國教練。參見中國國家體委，《中國體育年鑒 (2005)》，頁437–441。

62　辛江，〈中國體育「洋務運動」〉，《中國體育》(北京) 431，第5期 (2005年5月)，頁90–93。

63　張彩珍編，《奧運戰略思考》(北京：中國奧林匹克出版社，1993)，頁14–15。

64　《中華人民共和國體育法全民健身計劃綱要》(北京：中國法制出版社，1995)。

65　《1979年全國體育工作會議紀要 (1979年3月9日)》，載國家體委政策研究室，《體育運動文件選編 (1949–1981)》，頁133。

66　多年來，體育部門頒發的《運動員手冊》的第一篇文章一直是〈勇攀高峰，為國爭光〉，見《國家體委關於加強提高體育運動技術水平的幾個問題的請示報告 (1980年3月28日)》，載國家體委政策研究室，《體育

運動文件選編 (1949–1981)》，頁 140–144，486；榮高棠，《當代中國體育》，頁 167。

67　中共中央文獻研究室，《鄧小平年譜 1975–1997》，第 2 卷，頁 779。

68　新華社體育部編，《從零到十五》(北京：新華出版社，1985)，頁 1–2，4。

69　同上，頁 13。

70　國家體育政策法規室編，《中華體壇四十春》，頁 15，23。

71　這些規定詳見中國國家體委，《中國體育年鑒 (1999)》，頁 199，及《中國體育年鑒 (1998)》，頁 167。對有關內定比賽結果及其影響，見葉永烈，《中國乒乓內幕》(香港：明報出版社有限公司，1995)。

72　趙瑜，《兵敗漢城》(北京：中國社會科學出版社，1988)，頁 53–183。

73　同上，頁 8。

74　詳情見同上，頁 55–183。

75　李丹、楊匡滿，《五環旗下的追悔》(北京：中國文聯出版公司，1990)，頁 63。

76　趙瑜，《兵敗漢城》，頁 187。

77　國家體委政策研究室，《體育運動文件選編 (1949–1981)》，頁 454。

78　繆輝、夏里主編，《陰影下的反思：二十四屆奧運會紀實》，頁 36。

79　何智麗是 1987 年世界乒乓球錦標賽女子單打冠軍。由於她拒絕為保證中國隊員奪冠而讓球給隊友，這次勝利並沒有為她在國內帶來榮譽。作為懲罰，她沒有入選 1988 年奧運會參賽名單，並被迫為她當初的決定公開做自我批評。後來她選擇離開中國隊。關於她的故事，詳見王崇理，《中國體壇熱點寫真》(北京：中國文聯出版公司，1996)，頁 106–145。亦見葉永烈，〈何智麗對我說〉，收入葉辛編，《生命的漩渦》(上海：上海人民出版社，1999)，頁 125–142。

80　李丹、楊匡滿，《五環旗下的追悔》，頁 52。

81　繆輝、夏里主編，《陰影下的反思：二十四屆奧運會紀實》，頁 156–157。

82　趙瑜，《兵敗漢城》，頁 51。

83　李丹、楊匡滿，《五環旗下的追悔》，頁 65。

84　《大家文摘報》，上海，2004 年 8 月 10 日，第 3 版。

85　邢軍紀、祖先海，《百年沉浮》，頁 10。

86　中國隊主教練是曾雪麟，他生於泰國，兩年前的 1983 年 4 月被任命此職。見劉心武，《5.19 長鏡頭》，收入《劉心武文集》(北京：華誼出版

社，1993），頁311–333；及理由，《傾斜的足球場》，收入中國作家協會編，《全國優秀報告文學獲獎作品集，1985–1986》（北京：作家出版社，1988），頁188–210。

87 俞卓立、張益琿，《目擊二十年中國事件記》（北京：經濟日報出版社，1998），頁167–168。

88 歌曲《大刀進行曲》創作於抗日戰爭時期。其歌詞相當暴力：「大刀向鬼子們的頭上砍去！全國愛國的同胞們，抗戰的一天來到了。前面有勇敢的義勇軍，後面有全國的老百姓，咱們萬眾一心勇敢前進，看準那敵人，把他消滅！大刀向鬼子們的頭上砍去！殺！」

89 關於這些論點詳見丘立本、江訊，〈拯救中國足球，踢破足協壟斷〉；馬尚龍，〈香江激活中國足球死水〉；以及謝智衡、何雪瑩，〈法治是香港足球前鋒〉，均載於《亞洲周刊》，2006年7月23日，頁32–35、36–38、39。

90 對此觀點的最佳論述詳見Franklin Foer, "How to Win the World Cup," in Weiland and Wilsey, ed., *Thinking Fan's Guide to the World Cup*, 385–390。

第八章

北京 2008

獲勝不是終極目標，而是唯一目標。

——美國傳奇橄欖球教練文森特・隆巴迪

2008年8月8日晚8點，北京奧運會開幕。對中國人來說，「8」是非常幸運的數字。在(本世紀)第8年第8個月第8天的夜晚第8個小時開始的這種安排，可見共產黨政權明顯借此寄托了對奧運會的最高期望：希望這屆奧運會為中國帶來好運。但是事實上，北京奧運會是一個危機時刻，是一個充滿「危險」和「機遇」的時刻。北京奧運會是否最終會像1936年的柏林奧運會那樣，強化一個可怕的政權，還是會像1988年的漢城奧運會引發韓國的民主改革那樣，助其轉變為充滿活力的民主制度？台灣是否會在奧運會之前或期間，即在一個北京可能不想為了奧運會而冒險採取明顯的對抗政策的時候宣布獨立？對中國而言賭注很高：2008年奧運會為北京提供了巨大的機遇，能使北京有效地向世界展現其未來願景及國際化進程。為了這一時刻，中國人已經等了整整一個世紀；如果奧運會不成功，那麼整個中國，特別是共產黨，將很難恢復元氣。

要瞭解北京奧運會對中國乃至全世界的意義、影響和重要性，我們就必須採取比較的和歷史的視角。在整個歷史上，舉辦奧運會對其他國家有哪些影響？有哪些因素引導中國在其自身的歷史敘述中走到這一刻？

三例個案分析：德國、墨西哥和韓國

奧運會在塑造現代世界歷史的過程中發揮了至關重要的作用，曾影響眾多雄心勃勃的國家的外交政策和國家認同。要說明與北京情況最接近的例子，我將著重介紹三個曾在政治過渡期舉辦奧運會的國家：德國、墨西哥和韓國。

1931年，柏林被選為1936年奧運會主辦城市，當時希特勒和納粹黨遠未掌權。但希特勒巧妙地利用舉辦奧運會之機，展示納粹德國的崛起，並使其政治制度和政策合法化。[1] 儘管「體育運動與希特勒的內在自我格格不入」，但是他成功將柏林奧運會變成德國強有力的宣傳工具。[2] 的確，在柏林奧運會期間，《國際先驅論壇報》社論就曾質疑，這個盛大慶典「到底屬體壇還是外交範疇」？[3]

柏林奧運會之後，學者一直就其意義爭論不休，但是威利·道美（Willi Daume）40多年前的解釋仍然是最有見地的。1962年，德國最高體育官員道美，就1936年柏林奧運會向外交部長格哈德·施羅德（Gerhard Schroder）發出「詛咒性的判決」。他的目的是說服施羅德支持1968年在柏林舉辦奧運會，並以此打消蘇聯人可能的申辦念頭：「根據國際輿論，希特勒最輝煌的時刻，以及第三帝國最輝煌的時刻，就是1936年柏林奧運會期間和之後。莫

斯科將用更狡猾的宣傳攻勢和更有力的手段，爭取實現同樣的目標。」[4]

　　希特勒把奧運會當宣傳工具其實是受到了限制的。儘管他對奧運會進行了巧妙策劃，但依然被迫在關鍵之處妥協。廣為流傳且真實性很高的說法是，時任國際奧委會主席的比利時人亨利・德・巴耶－拉圖爾 (Henri de Baillet-Latour) 伯爵在 1936 年奧運會前告訴希特勒，他不得染指對奧運會的任何安排，也不能展示任何反猶太人的標誌。「您是一名觀眾，」伯爵告訴獨裁者。「當五環旗在體育場上升起，它便成為神聖的奧林匹亞領地。實際上，一切都是為了讓運動會如同在古代奧林匹亞一樣進行。而在那我們是主人。」據說，希特勒「勉強同意」。[5]

　　國際奧委會還要求希特勒在宣布奧運會開幕時遵循規定和傳統。巴耶・拉圖爾告訴希特勒，他的東道主職責就是講出簡單的一句話，巴耶・拉圖爾把這句話打印了出來：「我宣布第 11 屆現代奧林匹克運動會開幕。」據說希特勒的回答是，「伯爵，我會努力記住這句話。」[6]艾弗里・布倫戴奇後來得意地吹噓道，國際奧委會是「在第二次世界大戰之前唯一對納粹挑明規則並堅守到底的組織，連國際聯盟都沒做到。」[7]

　　1936 年奧運會的經驗教訓對北京很有用。[8]與納粹德國從前任政權接手奧運會不同，北京是自己申請並贏得主辦權的。因此，它認為利用奧運會使其政權及政治制度合法化就更加理所應當了。納粹和中國都自認精於宣傳。但如北京將宣傳作為主辦奧運會的初衷，它或許應該三思而後行。就連希特勒都得服從以奧林匹克運動為名的外部壓力，北京的地位則更脆弱。奧運會開幕，中國將成為世界的焦點。媒體、遊客和政客會仔細審查政府的一舉一動。一向痴迷

經濟國際化和得到國際認可的中華人民共和國，必須確保其宣傳機器不過度運轉。一如柏林奧運會曾為希特勒政府注入活力，這屆奧運會能否加強中國的政黨國家地位？這個問題的答案很微妙，既涉及政黨也涉及國家。如果以恪守國際標準和舉辦一場輝煌奧運會的能力來衡量，共產黨的成功事實上也有可能為其播下破壞而非鞏固政權的種子。但是對於中華民族來說，這樣的成功則可能刺激復興。

現在我們來看看墨西哥城奧運會。1968年之前，奧運會從未由發展中國家主辦。像所有奧運會主辦方一樣，墨西哥希望以非常積極的方式利用奧運會展現自己。墨西哥奧組委主席佩德羅‧拉米雷斯‧巴斯克斯 (Pedro Ramírez Vázquez) 曾告訴一位採訪者，組委會從這屆奧運會中最想得到的，就是讓全世界觀眾記住墨西哥。[9]

但是有些事件並非組委會所能控制——就在奧運會開幕前十天，500多名墨西哥學生被屠殺。這件事成為奧運會期間的頭條新聞，引起公眾極度恐慌。

即使沒有這一暴力事件，新興的社會、經濟和政治體系的複雜性，也使得這屆奧運會向世界展現了一個混亂甚至常常自相矛盾的墨西哥形象。克萊爾‧布魯斯特 (Claire Brewster) 和基思‧布魯斯特 (Keith Brewster) 指出，墨西哥精英對本國世界地位的看法，同絕大多數墨西哥民眾的看法之間有重大分歧。[10]

這種不和諧有著深刻的歷史根源。墨西哥曾多次遭遇國家認同危機，難以建立真正具有代表性的國家形象。這個國家和其人民從沒建立明確的自信，自卑感和缺乏自尊困擾著國人。這一切都導致奧運會組織者無法向世界展示一個團結一致又積極向上的墨西哥形象。克萊爾‧布魯斯特和基思‧布魯斯特認為：「缺乏自我肯定，與構成這一國家不同群體之間的緊張關係，二者相互作用，一直延

伸到 1968 年奧運會的規劃之中。」[11] 其他國家也對墨西哥城的態度以及墨西哥人是否具備成功舉辦奧運會的能力感到擔憂。

國際上的懷疑和國內的種種問題，未能阻止 1968 年奧運會組織者對外展現墨西哥作為既擁有引以為傲的古老文明、又現代且具有前瞻意識國家的希望。他們有理由鼓起勇氣迎接世界新秩序：墨西哥人在為奧運會做準備時，也經歷了經濟騰飛的奇跡，這一點與中國類似。[12] 為了讓每個人都能在為奧運會所作的共同努力中盡到一份責任，美化和提升墨西哥的形象，組委會發起了一場大規模宣傳，教育墨西哥城人民「增強國家責任感」，「喚醒墨西哥民族的好客精神，用以歡迎外國運動員和遊客」。這一系列「帶著家長式官腔」的信息，「告訴墨西哥人在外國人面前什麼是對，什麼是錯。」來自官員的信息非常明確：「墨西哥人需要改變自己的行為，給人良好的印象，展現墨西哥最好的一面，維護墨西哥的民族尊嚴。」[13]

儘管北京奧運會和墨西哥城奧運會相隔 40 年，二者還是有很多共同之處──兩個主辦國都是正在經歷驚人經濟增長的發展中國家，也都飽受嚴重的國家認同危機、自我懷疑和自卑感困擾；兩者都為自己公民的行為感到擔憂，都想教育他們該怎樣接待國際遊客。墨西哥將奧運會視為有文化內涵的、高尚的體驗，希望賽事能夠讓國家樹立更好形象，提升其國際地位，而這也正是中國對奧運會的希望。但是，1968 年奧運會在政治上並沒有給墨西哥帶來多少變化──奧運會前後並無重大的民主改革，墨西哥也沒有從主辦國經驗中獲得多少國際收益。北京會不會也錯失寄托在 2008 年奧運會之上的抱負呢？

1988 年在韓國舉行的夏季奧運會，可能是三個案例中最具爭議和問題最多的。首先是外交問題：漢城贏得這屆奧運會主辦權

時，韓國與包括中國在內的社會主義國家都沒有正式建交，社會主義陣營也稱要抵制這屆奧運會。在莫斯科和洛杉磯兩屆奧運會抵制行為後，這種威脅看來極有可能成真。此外還有政治問題：在80年代初期，韓國本身在政治上既不穩定也不民主；這個國家當時仍然在軍事獨裁統治下。更重要的是，朝鮮要求共同主辦奧運會，讓已經危險的半島局勢更加脆弱。1985–1986年間，國際奧委會主席多次組織會議，討論可行的解決方案；為了打破僵局，國際奧委會執委會允許朝鮮共同承辦一些比賽項目，例如乒乓球和射箭比賽。即使有這些讓步，事情也進展得並不順利——半島雙方沒有聯合承辦，朝鮮最終決定抵制這屆奧運會。[14]

許多頗有影響的機構都認為國際奧委會選擇漢城是一個錯誤。《紐約時報》發表數篇社論，批評將漢城作為主辦城市的選擇。報紙編輯在1984年8月26日的評論中指出：「把韓國作為舉辦地，抵制行為會在1988年再次出現，必定危及當代奧運會的存亡。」文章還建議為賽事選擇一個永久的中立地點。後來，國際奧委會主席薩馬蘭奇承認，1981年將奧運會主辦權授予漢城時，「世界各地眾多政治觀察家和國際專家都表示擔心，對這一決定持懷疑態度。」[15]

然而，這些問題以及預料得到的麻煩，並沒有阻擋1988年漢城奧運會獲得巨大成功，這屆奧運會成為韓國歷史的重要轉折點。奧運會為韓國同以前從未有過友好外交關係的國家（如中國）架設了改善關係的橋梁。（如前所述，在這屆奧運會之前，中韓雙方沒有外交關係，但此後兩國迅速找到共識，兩國關係得到修補。）[16]對韓國人來說，1988年漢城奧運會在幾個方面意義重大。最重要的是，奧運會是獲得國際認可和成為國際一員的通行證。[17]漢城奧運會官方口號是「漢城走向世界，世界走向漢城」。[18]1988

年9月13日，漢城奧組委主席朴世植在國際奧委會會議正式講話中，表達了韓國人對奧運會的感情：「今年秋季對於所有韓國人來說都是非常非常特別的。這是一個振奮與更新的時刻，進步與和諧的時刻，也是和平與繁榮的時刻⋯⋯當我們歡迎朋友們從地球的四面八方來到我們的半島，我們意識到，歷史正掌握在我們手中。」[19]

朴世植說的沒錯。這屆奧運會是向全世界展示韓國、展示朝鮮戰爭後韓國取得成就的絕佳機會，也賦予這個國家「國際認可、接納，以及國際大家庭成員身份」。[20] 戴維・米勒（David Miller）指出，通過將奧運會舉辦權交予漢城，「薩馬蘭奇為韓國帶來了一個國家能得到的最珍貴的禮物：地位。伴隨地位而來的是尊重和認可。此屆奧運會也引發了與社會主義國家加速建立貿易和外交關係的潮流，而這些社會主義國家自1953年後一直無視韓國的存在。」[21]

漢城奧運會最重要的傳承是它幫助在韓國掀起了一場全民民主運動，這場運動最終使韓國成為東亞最具活力的民主國家之一。正如國際奧委會主席薩馬蘭奇所稱，「除了為整個奧林匹克大家庭帶來巨大成功之外，甚至可以說，漢城奧運會是大韓民國迅速民主化以及國際友誼、合作與互助發展背後的重要因素，這是和平的新希望。」[22]

這幾屆奧運會中哪一屆的情況與北京最像？答案是都是又都不是。從中國共產黨方面來看，納粹德國利用柏林奧運會提升其政權的合法性，這種做法最有吸引力。相比之下，墨西哥城奧運會未能提高墨西哥在世界上的地位，不值得效仿。漢城奧運會的政治遺產對共產黨政權而言肯定最不可取，因為韓國隨後即走向民主化。中國若複製這種情況，共產黨的生存根基就要受到威脅了。

2008年北京奧運會將對中國和世界產生什麼影響？中國在國際體系是繼續保持更好戰的民族主義，還是成為更負責任的參與者？擁抱世界體育能讓中國成為友善的國家，還是讓它更加蠻橫無禮？奧運會將吸引全世界的目光，而國際社會的高度關注本身就會對中國政治制度和社會穩定造成影響。即使在北京為奧運會做準備之際，中國人一邊為世界打造想要展示的中國形象，一邊重新評估估自我形象。這次奧運會能否成為共產黨政權政治合法性的「登場儀式」，能否引發政治改革和新的國家認同，甚至破壞現有的政治秩序，還都有待觀察。但可以肯定的是，2008年北京奧運會既會影響中國與其他國家的關係，也會影響國家自身的發展，從近年中國與國際奧委會和奧林匹克運動交往的歷史中，可以瞭解這一轉變的端倪。

中國申辦2000年奧運會失利

如前幾章所示，中國與國際奧委會和奧林匹克運動的關係一波三折。1947至1955年，中國有3名國際奧委會委員，這對一個體育弱國來說很不尋常，因為這意味著將中國與世界頭號體育強國擺在了同一個高度。此外，雖然中國社會和政治制度發生了從封建王朝到國民黨政權再到共產黨之爭的巨大變化，中國人對奧林匹克運動的熱情卻始終如一。前面提到，早在1907年清王朝統治下，中國精英就夢想著有一天能在中國舉辦奧運會。1945年，王正廷提議中國申辦1952年奧運會，並與張伯苓等人和某些政府部門討論過中國申辦的勝算。[23] 1945年底，董守義與時任國民政府財政部

長的國際奧委會委員孔祥熙會面，亦就此事進行了討論。孔祥熙說他本人表示支持，更重要的是，願意提供財政支持。[24] 然而即使得到權勢人物的贊同，日本投降後內戰隨即爆發的環境，也讓中國根本無法實施這一計劃。因此，正式的申辦請求從未呈至國際奧委會。[25]

　　事實上，直到半個多世紀之後，中國才再次具備了申辦奧運會的能力。毛澤東逝世後，政府決定採取更務實的外交、文化和經濟政策，參與世界體系並積極尋求國際化。中國領導人認為舉辦奧運會時機已經成熟；像他們的前任一樣，領導層希望以奧運會作為平台，以平等和受尊重的身份登上國際舞台。和現在一樣，對奧運會的熱情，實際上是對獲得國際聲望、表現中華民族自豪感和打破歷史上所受屈辱的強烈願望。

　　在中國舉辦奧林匹克運動會的設想，最早自出 1979 年 2 月 26日鄧小平接受日本記者渡邊孟次採訪。渡邊孟次問鄧小平：「1980年奧運會將在莫斯科舉行。中國是否有意參加這屆賽事並在將來舉辦奧運會？」鄧小平的回答儘管是他一貫的務實風格，但重啓了申辦奧運會的進程。他回答：「中國正在準備參加莫斯科奧運會。奧運會四年一次，1984 年、1988 年都舉行。1984 年不一定行，但是1988 年也許我們可以承擔在中國舉辦奧運會。」[26]

　　自從鄧小平公開表示出申辦奧運會的興趣之後，自 1981 年起，中國體育主管部門即開始認真爭取主辦亞運會，以此作為申辦奧運會的鋪墊。1983 年，中國正式提出申辦 1990 年亞洲運動會，一年後北京獲得主辦權。1984 年洛杉磯奧運會期間的新聞發布會上，中國代表團也宣布，中國正為在本世紀結束之前申辦奧運會做準備；特別是，它希望有機會主辦 2000 年奧運會。[27]

　　從80年代中期起，中國高層領導人開始認真籌備承辦奧運會。1991年2月28日，國務院總理李鵬批准了中國國家體委、外交部、財政部和北京市政府的聯合報告，支持北京申辦奧運會。1992年12月3日，北京市副市長張百發親自向位於瑞士洛桑的國際奧委會總部遞交了申辦材料。這是北京正式申辦奧運會的開始。

　　北京申奧委員會在計劃書中寫道：「主辦第27屆現代奧林匹克運動會將不僅僅代表著一個特殊的榮譽。還將給中國一個機會，向全世界展示我們對新千禧年的夢想就是奧林匹克夢想。」[28]北京的《今日中國》雜誌提出了這樣的請求：「至於說北京能否成功申辦2000年奧運會，我們都知道謀事在人，成事在天，但我們盼望著天遂人願。」[29]

　　如果說官方申辦計劃強調的是中國夢，那麼申辦委員會主席和時任北京市市長的陳希同則著重於中國的國際化。他告訴國際奧委會：「在中國我們需要世界其他國家的理解，我們也需要一個和平的環境，能夠發展生產，擴大經濟，提高人民的生活質量。這與呼籲建設一個更美好的和平世界的奧林匹克精神完全和諧一致。」像許多其他申辦方一樣，陳希同把北京奧運會和文化聯繫了起來：「北京是著名的文化之城……有三千多年的歷史。古老的東方文明賦予她迷人的魅力。我相信，如果北京有幸舉辦奧林匹克運動會，那將是一場前所未有的東西方交匯的文化交流，是以體育與文化的融合為特徵的奧林匹克運動的充分體現。」[30]在北京2000年奧運申辦委員會為支持申奧而刊發的《北京2000：巴塞羅那奧運會特刊》小冊子中，將北京舉辦奧運會稱為「中國的機遇，北京的榮譽」。北京申辦2000年奧運會的口號是「開放的中國盼奧運」。[31]

　　為了贏得2000年奧運會主辦權，在國際奧委會評估團於1993年春到訪之前，整個北京市進行了一場市容大整頓。城市各處的眾

多建築被粉刷一新；為了不讓黑煙污染天空，政府甚至關閉了部分工廠。而為了確保體育設施有足夠電力供應，不接待國際奧委會評估團的一些地區被切斷了電源（連交通信號燈也滅了）。每輛出租車的保險杠上都貼著「北京 2000」標誌。流浪漢被遣送出城。[32] 有名的一件事是，為了改善中國的人權記錄，知名異議人士、民主鬥士魏京生於 1993 年 9 月被提前釋放出獄。

北京並不是唯一以如此姿態向國際奧委會示好的城市。同樣申辦 2000 年奧運會的悉尼也有類似動作，儘管非常隱蔽。根據悉尼2000 年奧運會申辦總負責人羅德・麥克戈奇（Rod McGoech）的説法，國際奧委會委員訪問悉尼申辦委員會時，在警察和交通部門配合下，他們經過的所有十字路口都為其綠燈放行。因此，國際奧委會絕對不會遇到堵車。事實上，麥克戈奇後來透露，任何國際奧委會委員訪問悉尼時，他經過的十字路口都會專門變燈放行。[33]

除了交通控制外，在悉尼的國際奧委會委員還受到其他優待。就拿看歌劇來説，與看歌劇遲到就要等到第一幕結束才能入場的常規要求不同，國際奧委會委員要是碰巧遲到，演出必須在他們就座之後才能開始。這項特殊待遇也惠及國際奧委會委員的妻子。麥克戈奇回憶，在中場休息時，一位委員的妻子因洗手間隊伍過長而耽擱入場，直到她回到座位上，後面的歌劇表演才繼續進行。[34]

但是，儘管北京作出了一切努力，上天卻並沒有站在中國一邊，世界也沒有做好讓中國舉辦 2000 年奧運會的準備。西方各國政府、政客及主流媒體都強烈反對北京申辦。《洛杉磯時報》一篇文章認為，根據中國的人權記錄，應取消其申辦資格。《洛杉磯每日新聞》的文章斥責説，「在中國舉辦奧運會不是人權，而是反人權」；《紐約時報》也寫道：「2000 年的北京能帶給我們的，看看

1936年的柏林就知道了。現代奧林匹克運動的歷史太短暫，世界還太小，所以我們還無法忘記那些殺戮。」同一篇文章認為「將北京逐出局是對人權的最大尊重」。[35]

政客也迫不及待地加入媒體的抗議行列中。北京的申請一公布，美國政客便公開游說反對中國主辦奧運會。參議員比爾·布拉德利（Bill Bradley）曾經是運動員，他在這場反對運動裡十分活躍。他為報紙專欄寫文章，並給國際奧委會委員寫信，稱國際奧委會「如果選擇中國的首都，將會損害奧運會精神。不應將奧林匹克運動會交由虐待和關押持不同政見者的國家主辦。」[36] 眾議院通過議案，反對北京申辦，並敦促國際奧委會委員採取同樣的做法。此外，60名參議員在布拉德利起草的公開信上簽名，呼籲所有國際奧委會委員拒絕將北京作為奧運會舉辦地。信中聲稱，如果北京贏得主辦權，儘管其政權嚴重侵犯人權，它仍將獲得「巨大的……宣傳效益」。信中繼續寫道：「奧林匹克運動會代表了國際社會最高的理想和抱負。它們將榮譽和認可，授予那些通過公平競爭和對崇高理想的承諾而實至名歸的人。」在這些參議員看來，北京在舉行奧運會還不是時候。[37]

克林頓政府的官方態度看似中立，但是國務卿沃倫·克里斯托弗（Warren Christopher）承認：「我們已經向國際奧林匹克委員會提供了所有可能候選國的人權狀況信息。」[38] 白宮也公開聲稱：「政府堅信，一個國家的人權狀況，應該作為選擇2000年奧運會舉辦地點的重要考量因素。」[39]

非政府組織也加入到聲討行列。美國人權律師委員會的詹姆斯·羅斯（James D. Ross）代表該組織在1993年8月19日致信國際奧委會美國委員阿妮塔·德弗朗茨（Anita DeFrantz），反對中華人

民共和國申辦奧運會。他指出，《奧林匹克憲章》第 3 條規定：「奧
林匹克精神的目標」是「為了鼓勵建立一個維護人類尊嚴的和平社
會」，從而促進體育運動發展。信中還說：「在中國舉辦奧運會」違
背這種精神，並且與奧林匹克運動提倡的尊重背道而馳……奧林
匹克運動首要的是體育運動。但對中國政府而言，選擇北京作為
2000 年夏季奧運會的舉辦地將是一個重要的政治勝利。這將發出
一個信號，那就是世界不再關注在中國發生的極其嚴重的侵犯人權
行為。我們敦促您和國際奧林匹克委員會其他代表，拒絕中國對申
辦 2000 年夏季奧運會的申請。」[40]

　　儘管有來自西方的猛烈批評，北京在前三輪投票中依然表現出
色。投票的第一天，1993 年 9 月 23 日，柏林在 9：00 第一個陳述，
隨後 10：15 是悉尼，11：30 是曼徹斯特。北京在當天下午 2：30 陳
述，接下來是伊斯坦布爾 3：45 陳述。下午 5：00，國際奧委會調查
委員會(後來稱為評估委員會)向會議報告了對申辦城市的最終評估，
下午 5：45 開始投票。在前兩輪中，一共發出 89 票，收回 89 票。獲
得 45 票的將獲選。第一輪投票中，北京獲得 32 票，柏林 9 票，伊斯
坦布爾 7 票，曼徹斯特 11 票，悉尼 30 票。伊斯坦布爾被淘汰。第二
輪投票中，北京獲得 37 票，柏林 9 票，曼徹斯特 13 票，悉尼 30 票，
柏林被淘汰。在第三輪和第四輪投票中發出 88 張選票，收回 88 票。
第三輪投票結果是北京獲得 40 票，曼徹斯特 11 票，悉尼 37 票，曼
徹斯特出局。從前三輪的投票看，北京顯然佔上風。但是在第四輪
投票中，情況發生了戲劇性的變化。最後一輪投票的結果是北京 43
票，悉尼 45 票，悉尼成為 2000 年第 27 屆現代奧運會主辦城市。[41]

　　悉尼申奧委員會成員、國際奧委會第一副主席凱文‧高斯帕(R.
Kevan Gosper) 在悉尼獲勝後發表講話。其中提到，他覺得「可能有

人在投票時屬意北京，卻把票給了悉尼。」[42]中國國際奧委會委員何振梁在隨後的講話中承諾：「中國將繼續在奧林匹克運動中發揮積極作用，促進不容歧視和增進人與人之間友誼的奧林匹克理想發揚光大。」國際奧委會主席薩馬蘭奇說，北京落選後「他意識到何先生可能感到痛心」，不過他提醒何振梁「他的國家懂得時間的相對價值」。[43]

薩馬蘭奇很快發現，很多中國民眾對國際奧委會的決定感到難過和沮喪。[44]事實上，很多中國人相信，美國反對中國的崛起和走向國際化，並把北京申奧失利看作西方遏制中國陰謀的一部分。中國城市青年和知識分子尤其感到，西方把中國當作三等國家來對待，阻止中國在世界舞台上佔據應有地位。

一些中國人甚至把這次申奧失利與文明衝突論聯繫起來，這是哈佛大學教授塞繆爾‧亨廷頓 (Samuel P. Huntington) 在《外交事務》雜誌上頗具影響力的文章中提出的觀點。亨廷頓在文中公開主張中國威脅論，並提出對中國加以遏制。[45]北京的失利似乎正與文明衝突論的概念相吻合。畢竟，儘管奧林匹克運動國際化色彩有所加強，但其主要控制機構絕對是歐洲的。時任國際奧委會主席、比利時人雅克‧羅格 (Jacques Rogge) 的首屆主席任期將在2009年到期，到那時「在國際奧委會115年的歷史中，歐洲人當主席的時間有95年」。歐洲人在國際奧委會中也享有高度的政治集權和決策權威。歐洲國家約佔國際奧委會所有成員國的45%，歐洲人在奧委會執行委員會中佔三分之二。[46]北京輸給悉尼的苦果已經難以下咽，國際奧委會這樣的組織結構更令中國人無法接受。

申奧過程中的種種雙重標準讓北京非常憤怒，尤其讓人惱火的是美國的各種公開對抗。美國政府兩面派作風在1980年和1984年兩屆奧運會的處理上表現得格外明顯。為抗議蘇聯入侵阿富汗，美

國人稱政治要比一屆奧運會更重要，並帶頭發起抵制；到了1984年洛杉磯奧運會，其論調反轉，強調政治不應干擾體育。到北京申辦2000年奧運會時，則又成了政治問題。

美國人並不以政策連貫性或記性好而聞名，反對北京申奧不僅不符合美國的長遠國家利益，還得罪了大多數中國精英。著名中國研究專家戴維・蘭普頓（David M. Lampton）曾給出了相對公平的論述：

> 北京加入國際組織的動機有很多，在世界上立足是其中之一。如果北京成為國際社會的正式合作夥伴，它會不斷努力去實現外界的預期……與其把奧運主辦權交給其他國家〔以報復中國侵犯人權的行為〕，華盛頓當初還不如別反對北京申奧。相反，決策者本該意識到，（如果取得了主辦權）中國將盡一切可能把這次賽事辦成功。在「污名化」的指引下，華盛頓失去了一次支持積極變革的機會，並在中國民眾中引起普遍不滿。[47]

但是華盛頓的短視政策並不是北京1993年失利的唯一原因；腐敗的國際奧委會體系也應對此負責。[48] 1999年1月末，在鹽湖城賄賂醜聞曝光後，悉尼奧委會官員被要求為其在申辦奧運會時的行為作出解釋。悉尼奧委會官員承認，投票前夜他們曾向非洲代表肯尼亞的查爾斯・穆科拉（Charles Mukora）和烏干達的恩揚維索（Nyangweso）少將各提供了3.5萬美元。[49] 澳大利亞奧委會主席約翰・寇茨（John Coates）供認這是他的主意。[50] 寇茨還承認，在這兩名委員前去做決定性投票的途中，為他們安排了倫敦豪華酒店的住宿。寇茨為自己的行為辯護說，僅靠聞名世界的地理特色和設施水平，悉尼是無法贏得奧運會主辦權的。[51]

　　根據有關悉尼申奧的權威報導,為了換取有利選票,悉尼申奧委員會甚至促成國際奧委會羅馬尼亞委員亞歷山德魯·西珀科的女兒移民澳大利亞。[52] 儘管這些好處與鹽湖城「獎學金」醜聞有所不同,但悉尼的做法明顯違反了國際奧委會的申辦規則。澳大利亞的國際奧委會委員凱文·高斯帕也公開譴責這種行為「暴露出來的問題非常嚴重……我不能排除可能也有人〔國際奧委會委員〕要求奧運會不要在悉尼舉行。」[53] 公平地說,其他申辦城市也有類似的行為。曼徹斯特1996年和2000年奧運會申辦委員會主席鮑勃·斯科特 (Bob Scott) 聲稱,他甚至知道某個國際奧委會委員第二個女兒的鞋子尺碼。[54]

　　儘管國際奧委會宣稱沒有發現悉尼申奧過程中有什麼偏差,但其某些做法顯然超出了國際奧委會規定範圍。勝出後,悉尼市長弗蘭克·薩托 (Frank Sartor) 據報曾對倫敦《泰晤士報》表示,每天晚上去委員們入住的巴黎酒店拉選票,使他覺得自己像個妓女。《悉尼先驅晨報》(Sydney Morning Herald) 在頭版刊登了類似的評論。國際奧委會主席薩馬蘭奇對此回應稱:「我從未聽說過這樣的事。我能理解落選城市的市長會這樣說,但獲選城市的市長這樣說則令人難以置信。」[55]

　　顯然,國際奧委會無意自律,賄賂已成為申奧文化的一部分。但在鹽湖城和悉尼申奧醜聞中出現嚴重腐敗指控後,國際奧委會意識到必須採取重大行動來自救了。1999年,一個綜合了道德委員會和改革委員會的委員會建立,以應對這場有史以來最嚴重的危機。1999年3月17–18日,國際奧委會第108次會議在洛桑舉行,因舞弊之事開除了6名委員。[56] 國際奧委會主席薩馬蘭奇的形象也受到玷污。薩馬蘭奇發表了長篇講話,描述在自己治下所取得的成就並求得委員們支持;隨後會議決定對他的領導權進行信任投票,他最終獲得了通過。

　　為申奧成功，悉尼申奧委員會還動用了其他手段。在意識到北京是強勁對手後，申奧委員會主席麥克戈奇秘密委托並資助由蒂姆‧貝爾(Tim Bell)牽頭的一家倫敦公關公司，查找有關中國人權記錄的不良信息，意在貶低北京。麥克戈奇1992年底在倫敦與貝爾會面，然後安排貝爾以不涉及澳大利亞的方式操縱對北京的抹黑行動。悉尼委員會派遣已經在挖掘中國污點的蓋布瑞爾‧梅爾維爾(Gabrielle Melville)到倫敦，在蒂姆‧貝爾的公司進行秘密活動，而這家公司與英國前首相瑪格麗特‧撒切爾(Margaret Thatcher)關係密切。梅爾維爾和貝爾隨後制定出一套策略，內容包括幫助資助某倫敦人權組織專門就中國問題發聲，並安排出版一本名為《所謂的合適候選人》的小冊子，在蒙特卡洛決議之前刊發。[57]悉尼申奧委員會知道這種行為是非法的，所以必須保證這小冊子和其他批評北京的勾當「由總部設在倫敦的機構來辦，但我們要跟倫敦的蒂姆一起策劃，這一切都和澳大利亞無關」，麥克戈奇寫道。[58]國際奧委會澳大利亞委員凱文‧高斯帕發現申奧委員會的行為後極為擔心，勸澳大利亞總理約翰‧法赫伊(John Fahey)叫停該計劃，因為它「風險太大，萬一暴露將毀掉悉尼的申辦。」[59]

　　當然，北京很快有了第二次機會。鄧小平得知北京第一次申辦結果時，他只說不要緊，中國需要吸取教訓再試一次。[60]北京正是這樣做的。

北京第二次申辦：最終勝利

　　悉尼獲選主辦2000年奧運會時，薩馬蘭奇被問及他是否曾支持北京的申辦行動。薩馬蘭奇答道：「這是沒有根據的。國際奧委

會沒有一個委員能説我曾偏向北京或為中國游説。我尊重國際奧委會的決定⋯⋯而且我認為,〔悉尼〕這一選擇是最好的。我還想説,國際奧委會和我本人都極為關注人權問題。」當記者提出「您是否希望中國再次就2004年奧運會提交申請」的問題時,他回答説:「我希望中國再次提出申請。我們不要忘記,澳大利亞是在第三次申請時才獲選。中國奧委會主席何〔振梁〕先生在投票後向我們保證,中國很快就會選擇一個城市申辦2004年奧運會。」[61]

　　薩馬蘭奇想把自己置於中立立場,並顯示申辦的結果是公平的,但後來的結果證明,北京對1993年的失利感到極為不滿,甚至決定不申辦2004年奧運會。[62]這一決定令國際奧委會很多委員感到失望。在悉尼申奧中發揮關鍵作用的凱文·高斯帕寫道:「北京是一個重要的申辦者,中國能把奧運會辦得很出色。在北京舉辦奧運會,將在世界上從未舉辦奧運會的這片土地上加強奧林匹克運動——我們一定要把12億人帶入奧林匹克圈中。」[63]

　　鑒於體育賽事與民族自豪感、國際聲譽與世界期待的聯繫,北京再次申辦奧運會也就是意料之中了。《紐約時報》認為,「贏得奧運會主辦權遠遠超出公民甚至民族驕傲範疇。」如果成為奧運會主辦國,「中國相信它能以受尊敬一員的身份立足國際社會,而西方長期以來並未以這樣的方式對待它。」[64]從第一次申辦失利中冷靜下來之後,北京於1998年11月25日宣布將申辦2008年奧運會。1999年4月4日,中國官員向國際奧委會總部遞交正式申請材料。這項官方決定得到了民眾的壓倒性支持。根據包蘇珊(Susan Brownell)的研究,2001年,國際奧委會委托在北京居民中進行的蓋洛普民意調查結果顯示,在北京申辦奧運會的支持率是94%。[65]這一次,北京更有信心,世界也更加通融。

北京在正式申請中向全世界和國際奧委會保證，奧運會的口號將是「新北京，大奧運」(New Beijing, Great Olympics)。有趣的是，該口號的中文版本是「新北京，新奧運」。為什麼有這樣的差異？一位中國體育官員告訴外國記者，如果中國宣傳要辦「新奧運」，「就好像中國想改變奧運會」，而「國際奧委會不喜歡這樣。他們認為共產黨國家想控制奧運會。」[66] 這種小心的文字遊戲表明，中國從第一次申奧經驗中學到了教訓：要考慮外界對中國看法的重要性；為了避免冒犯，它願意做出變通。北京還承諾將舉辦一屆「綠色」和「高科技」的奧運會。[67] 但組織者稱，北京奧運會的核心是呈現一場「人文奧運」，通過比賽促進各國之間的文化交流和相互瞭解。[68] 北京申奧委員會在為 2008 年制訂的官方提案中寫道：「歷史賦予了國際奧委會一個獨特的機會，通過對 2008 年奧運會的決定，為奧林匹克精神創造無可比擬的財富。中國已做好歡迎世界的準備。」[69] 北京還強調：「北京奧運會將成為協調不同文化的橋樑，體現奧林匹克精神中體育和文化之間特有的融合。」[70] 這一理念預示北京的時代已經到來。正如拉爾默所言：「東方和西方──中國和世界的交匯，這可能是 21 世紀一次決定性邂逅。」[71]

北京為申辦 2008 年奧運會選擇的徽章標誌是一顆與奧運五環顏色相同的五角星，形狀好似一個正在打太極拳的人。這一選擇旨在突出這個國家的傳統體育文化。[72] 徽章還與中國的傳統手工中國結造型類似，象徵世界各國人民的團結與合作。中國國家主席兼中共中央總書記江澤民在致國際奧委會的支持北京申奧的官方信函中寫道：「如果第 29 屆奧運會得以在中國舉辦，它將對在中國以及世界弘揚奧林匹克精神，並在東西方之間促進文化交流和融合，具有極其重大的意義。」[73]

　　將奧運會作為東西方匯聚場所的理念並不是中國的發明，國際奧委會自己就積極倡導這種觀點。國際奧委會主席薩馬蘭奇曾經說道：「奧林匹克原則和理想具有普世價值和重要意義。我們必須珍惜它們，因為奧林匹克精神是一座橋梁，是凝聚截然不同的世界的交匯點。」[74] 韓國在1988年漢城奧運會上出色地運用了這一概念。韓國人告訴國際奧委會：「最重要的是，這些比賽將以戲劇性的方式，為東西方完全不同的民族和文化的匯聚提供難得的機會……這是東方和西方分享文化優勢，並營造更加和諧的國際氛圍的時刻。」[75] 漢城奧運會組委會向國際奧委會第92屆會議通報，其計劃安排旨在「實現東西方文化傳統之間的美妙融合」。[76] 通過打好這些經由別的國家成功打過的牌，中國想向世界展示一個正常而更合乎國際主流的國家形象，而不是過去那個自我孤立、意識形態決定一切的國家。

　　然而，一些西方大國和政界人士對北京再次申辦表示懷疑，他們還是不願意看到北京成功。歐洲議會和某些美國國會議員都呼籲由非中國城市主辦奧運會。但是在1993年失利後，世界輿論、北京的態度和申辦策略都有了本質上的改變。北京與大阪、巴黎、多倫多和伊斯坦布爾一同競爭2008年奧運會主辦權。根據國際奧委會評估報告，在這五個城市中，伊斯坦布爾實力最差。評估委員會主席海因‧韋爾布魯根（Hein Verbruggen）在2001年7月13日（國際奧委會投票日）告訴同事，伊斯坦布爾尚未完全解決申辦策劃中存在的一些問題。根據國際奧委會評估委員會5月15日的報告，大阪也存在財務問題。[77]

　　相比之下，巴黎和多倫多競爭力更強。巴黎修改了最初的奧運村設計，保住了組委會「巴黎能辦成一屆出色奧運會」的結論。多

倫多則以「安大略省長的信中保證為奧運組委會提供必要的資源以
履行承諾」，消除了國際奧委會最初對其在資金方面的擔憂。

　　國際奧委會評估報告中，對北京的申辦計劃尤為讚賞。委員會
總結道：

> 這是一次由政府驅動、在國家奧委會大力協助下的申辦。良
> 好的體育理念與全面的政府支持相結合，讓申辦的質量很
> 高。委員會注意到，在中國和北京所發生的變化的過程和節
> 奏，以及到 2008 年時人口和經濟增長可能帶來的挑戰，但是
> 相信他們能夠應對這些挑戰。環境挑戰依然存在，但政府在
> 這一領域的強有力行動和投入應能解決這一問題並為城市環
> 境帶來改善。委員會相信，北京奧運會將給中國體育留下獨
> 一無二的歷史遺產，並且委員會對北京能夠組織出色的奧運
> 比賽充滿信心。[78]

　　7 月 13 日投票日當天，韋爾布魯根確認「報告中的結論維持不
變」。[79] 國際奧委會瞭解到，儘管北京面臨某些挑戰，但它的申辦
得到了中央政府的全力支持。此外，在中國舉辦奧運會，對奧林匹
克運動和這個國家都將產生前所未有的影響。換句話說，國際奧委
會成員的判斷明顯帶有政治方面的考慮。

　　2001 年 7 月 13 日的國際奧委會莫斯科會議上，國際奧委會委
員投票選出獲勝者。第一輪投票共有 102 張有效選票，投票結果
是北京 44 票，多倫多 20 票，伊斯坦布爾 17 票，巴黎 15 票，大阪 6
票。大阪被淘汰。第二輪投票北京獲得 56 票（比絕對多數票高出 4
票），多倫多 22 票，巴黎 18 票，伊斯坦布爾 9 票。北京直接獲勝。
國際奧委會委員把奧運會比賽交給了北京。

投票結束後，國際奧委會中國委員何振梁宣讀了預先準備好的江澤民主席給國際奧委會主席的一封信，感謝他對北京成功申辦 2008 年奧運會的支持，對他給予中國的信任表示由衷的感謝。他說，2001 年 7 月 13 日將永遠銘刻在北京人民的記憶中；信中還向國際奧委會委員保證，他們將會為自己的決定而自豪。[80]

北京獲得 2008 年奧運會主辦權的消息傳來，中國媒體沸騰了。新華社一篇社論歡呼：

> 今天，世界選擇北京！今天，世界仰慕北京！當國際奧委會委員今晚把他們神聖的一票投向北京時，也標誌著世界把信任投給了北京，把希望寄予了中國……北京獲得 2008 年奧運會主辦權，是中國在提高國際地位方面所矗立起的又一座里程碑，是中華民族偉大復興歷程中又一大盛事……申辦奧運會的競爭，實際上是一場綜合國力、經濟潛力、科技實力、文化魅力的競爭，是一場國家形象和民族地位的競爭。贏得了奧運會主辦權，就意味著進一步贏得了國際社會的普遍尊重、信任和青睞。今天，北京得到了這樣的信任。這是北京的勝利，中國的勝利，也是奧林匹克精神的勝利！……是該讓近 13 億人民有一個狂歡之夜了。[81]

《人民日報》高呼：「中國人的『奧運之夢』實現了！一個不眠之夜，一個 13 億人的不眠之夜！……這個時刻我們已經等了很久……奧運選擇北京，世界看好中國……2008 年北京奧運會是中國的機會，也是世界的機會……申奧成功，有利於改革開放和現代化建設，有利於世界更多地瞭解中國，有利於中國更快地走向世界。」簡言之，北京的勝利也是中國人民的勝利。[82]

誠然，在中國之前，也有很多國家將舉辦大型比賽與民族自豪感、聲望以及榮譽聯繫在一起。當悉尼獲得2000年奧運會主辦權時，澳大利亞總理保羅‧基廷（Paul Keating）稱，該決定讓澳大利亞「和大傢伙們一起游泳了」。[83] 南非在2004年春獲得2010年世界盃主辦權時，申辦委員會主席歐文‧科薩（Irvin Khoza）表示：「這是屬於非洲的。這是世界人民為非洲的復興而投出的一票。」南非前總統納爾遜‧曼德拉（Nelson Mandela）出任了申辦大使。他說，主辦2010年世界盃將是這個國家慶祝民主誕生十周年的最好禮物。[84] 而曾吞下被1948年倫敦奧運會拒之門外的苦果的日本來說，東京獲得1964年奧運會主辦權，「被當作日本得到國際社會接納的標誌來慶祝」。[85] 另外，當韓國舉辦2002年世界盃時，傑拉‧朗曼（Jare Longman）在《紐約時報》上寫道，「本屆世界盃留給人們揮之不去的印象不是足球，而是韓國人民。隨著其國家隊不斷獲勝，這個國家以人們想像不到的方式變得團結和自信……這是韓國擺脫原來自卑情結的大好機會。」[86]

讓比賽開始：2008年奧運會存在的危險

中國人民為能舉辦奧運會欣喜若狂，清楚地表明其爭取國際地位和維護國家榮譽的渴望之深、之烈，也表明體育在中國國際化進程中的重要性。一份雜誌指出：「2008年，北京與世界有個約定，中國與千禧年有個約定。」[87] 但是，當所有的激動和喜悅過後，擺在政府和中國人民面前的是更大的挑戰。「危機」一詞可以恰當地形容這種形勢：「危險」和「機遇」並存，而且二者可以互相轉換。

　　值得注意的是，中國仍然是一個政黨國家，而不是通常意義上的民族國家。當黨的利益與國家利益發生衝突，其政權肯定先考慮自己的利益。此外，在這種情況下，固有的危險和機遇對黨和國家來說表現不同，程度也有差異。奧運會給共產黨帶來的危險和挑戰，對國家和人民而言則是絕佳的機遇。如美國前總統吉米‧卡特的國家安全顧問茲比格涅夫‧布熱津斯基 (Zbigniew Brezinski) 所說，「奧運會可能是中國的勝利，但是通過加大變革壓力，奧運會不太可能成為在中國日漸衰落的共產主義的勝利。事實上，奧運會可能會加速其衰敗。」[88]

　　確實，正如國際奧委會主席薩馬蘭奇指出的，將奧運會的主辦權授予北京可能標誌著「一個中國新時代」的開始。亨利‧基辛格也說：「我認為這是中國與世界關係發展中非常重要的一步……這將在中國產生重大影響，從奧運會給他們帶來巨大激勵的意義上說，總體上是積極的影響。」[89]

　　如果說過去的比賽有任何啟示的話，那就是在奧運會期間全世界都將留心審視中國。2004年雅典奧運會有202個國家奧林匹克委員會參加，其中包括10,500名選手和5,500名官員，創下了記錄。截至閉幕式，組織者在一個只有1,000萬人口的國家售出了3,589,000張門票。有超過2萬名特派記者湧向雅典，其中1.6萬人屬廣播公司。約有39億觀眾觀看了雅典奧運會報道節目，相比之下，悉尼奧運會的觀眾有36億。2004年奧運會節目播出時間約為35,000小時，巴塞羅那奧運會為20,000小時，亞特蘭大奧運會為25,000小時，悉尼奧運會則為29,600小時。在電視上觀看2004年奧運會的人數之多前所未有。在西班牙，平均每人觀看比賽時間超過八小時；在英國，每個觀眾平均觀看時間超13小時，其中在

幾個高峰時間觀眾超過1,000萬。在美國，全國廣播公司(NBC)在奧運會期間每晚播出的比賽報道是收視率最高的節目之一。與此同時，中國人能夠觀看超過53小時的黃金時段報道，平均吸引了8,500萬觀眾。[90]我們可以假定，不管是現場觀眾還是電視觀看，2008年奧運會至少可以達到同樣的收視率。

這種令人驚嘆的曝光度，讓奧運會成為展示新中國及其人民的最佳時機。也是外人瞭解中國複雜現實的絕好機會。然而，這次盛會也可能給政府方面帶來一些麻煩。中國共產黨的統治一貫在政策上限制信息的自由流通。北京申奧的承諾之一，即允許外國記者在報道比賽期間在中國自由工作。多虧2008年奧運會，北京於2006年12月1日宣布臨時規定，放寬對外國記者的限制。後來，同樣的放寬也延伸到來自台灣、香港和澳門的新聞記者。新規定將於2007年1月1日生效，並於殘奧委會結束的一個月後(即2008年10月17日)結束。根據現行規定，外國記者必須得到政府部門的許可才能在他們所在的記者站——通常是在北京或上海——以外的地方進行報導。而根據新規定，外國記者只需獲得被採訪者同意即可報道。新規定還放寬了對外國記者聘請中國助理的限制。

但限制仍然存在。例如，尚不清楚地方政府對新規定將如何執行。此外，新規定也不適用於西部的新疆和西藏兩個省區。外國記者訪問這些地區仍然需要獲得國家一級部門的批准。另一個可能的問題是，外國記者是否必須使用中國的電視衛星服務，政府過去一直通過該服務進行新聞審查。不過，儘管新規定只是暫時且作為公關姿態而實施，但它們確實強調中國希望利用奧運會來表明它遵守國際慣例和規範的願望。也就是說，新規定至少樹立了一個良好的先例，這一積極姿態的本身就是進步。[91]

　　當然，對這個政權來說，這種姿態可能是一把雙刃劍。超過2萬名外國記者的到來促使中國政府努力提升和美化「粗野」的形象，但同時也會破壞其對信息的控制，而這是該政權的重要組成部分。換言之，當奧運會把中國呈現給世界，它也把風險帶給這個政權，暴露中國的問題。

　　對國家和政權的另一個重大挑戰，是中國的民族主義情緒有可能過於狂熱。共產主義在中國或許已經死亡，但是共產黨依然健在。自從80年代社會主義崩潰以來，黨和黨國政府的合法性一直取決於三大支柱：民族主義、經濟增長和社會穩定。然而，在缺乏法律規範的情況下，這三種因素組成了不穩定的混合體。例如，在奧運會期間，民族主義與社會穩定之間的矛盾可能愈演愈烈。一方面，這個政權將把中國的每一次勝出，都作為顯示民族自豪感的機會而大肆慶祝。另一方面，它又將盡一切努力確保任何民族主義的熱情不會發展到失控的地步。

　　出於某些原因，中國的局勢格外微妙。如前所述，無論是對勝利的慶賀還是對失利的沮喪，都可能加劇社會動盪。同樣，自1980年代以來，隨著經濟的發展，儘管仍受自卑情結的困擾，但不管是中國人民還是共產黨都抱有一種戰無不勝的樂觀態度。在體育領域，特別是在奧運會上，這種情緒失調──再加上非理性民族主義事件的刺激──很可能觸發暴力行為，然而，具有諷刺意味的是，這個政權本身在毛澤東時代就被培養成具備一定革命傾向。

　　中國向世界做出承諾，這屆奧運會將是一場「人文奧運」。[92] 早在2003年，為了實現這一目標，中央政府和北京奧運組委就制定了北京奧林匹克行動方案，包括讓100萬人掌握外語。像40年前的墨西哥一樣，中國當局意識到，中國人本身就可能是一個問題或造

成難堪。由北京市政府資助的「人文奧運研究中心」稱：「2008年，我們將向全球展示什麼樣的北京？」它的回答是：「一個既古老又現代的北京，一個友好和微笑的北京。」對於北京的共產黨領導人來說，舉辦一次成功的奧運會所需要的並不只是寬闊的馬路、葱鬱的公園、高樓大廈或豪華酒店；相反，「公共道德」才是關鍵的元素。因此，為了在奧運會上展現最佳面貌，早在奧運會開始前幾年，中國政府就發起了一場全民運動，禁止隨地吐痰、亂扔垃圾和大聲喧嘩等不文明行為；號召出租車司機注意言行，不說髒話，並要求球迷對對手球隊表現出更多的體育文明精神。

　　但政府面臨的是一場硬仗。僅舉一例來說，其他國家在公共場合常見的排隊，在中國大眾文化中就找不到共鳴。《華爾街日報》一篇文章說，「耐心等待輪到自己，在北京生活中並不多見。」亞洲其他國家如日本有著類似的傳統禮儀規範，但這些都作為「封建思想」的表現，在共產黨革命和隨後的運動中被破壞殆盡。正如同一篇文章所言，「隨著中國人轉向市場經濟，更加粗魯的行為舉止越來越多；不管在入學、求職還是在經商的競爭中，人們都為自己的利益而置他人與不顧，損人利己。但是越來越多的中國人意識到，在為了獲得先機而日益激烈的爭鬥中，一些重要的東西可能已經失落了。」

　　共產黨政權意識到，在奧運會開始之前，必須迅速採取行動來解決各種不文明行為問題。北京成立「首都文明辦公室」，專門負責協調宣傳教育和展開競賽活動，反對在體育比賽期間隨地吐痰、亂扔垃圾、叫罵、野蠻駕駛以及對客隊起哄。正如《華爾街日報》文章作者所觀察到的，「如今，北京人現在不大理會政府宣傳。但是，對奧運會的不斷討論確實意味著他們也感受到了世界的目光。號召

排隊得到很多人響應，他們也認為當代中國人〔原文如此〕已經變得太粗野了。」[93] 根據《紐約時報》的報導，已有430萬份新的行為規範被派發到北京居民手中。手冊內容包括「走路的時候要直視前方，不要左顧右盼」，「文明觀賽事，理智對輸贏」，「主場觀眾應該表現出熱情和公平，要為客隊鼓掌和喝彩」等內容。這本小冊子提醒每一個中國人，「基本原則是不要對別人造成不必要的干擾」。[94]

為了爭當2008年奧運會的微笑東道主，北京市在2006年通過電視台、報紙和其他組織發起一場「微笑北京」活動，鼓勵市民每天多一些微笑，少一些生氣和粗魯行為。但是這項倡議並不算成功。儘管中國生活水平已有極大提高，但普遍的社會不公正和不健全的法律制度讓中國社會非常不快樂。無論政府施壓還是鼓勵，民眾也很難笑得出來。北京需要直面挑戰，做一個好東道主，既不強民眾所難，也不對人民和外國客人撒謊。一個自信的國家應該有樂觀的本色。

2008年奧運會也意在好好展示中國傳統文化，政府在這方面也有很多工作要做。當局在為奧運會做準備時，大範圍地拆除了這座城市的歷史民居（包括四合院和老建築物），並在沒有提供足夠補償或適當安排的情況下迫使很多居民搬遷。[95] 代替這些珍貴歷史性建築的，是在城內建起由外國人設計的高科技現代建築。俗稱「鳥巢」的北京國家體育場引發的爭議最大。設計它的瑞士建築師雅克·赫爾佐格（Jacques Herzog）曾說：「你無法在其他任何地方造出這樣的前衛建築……中國人的思想非常新潮……那裡鼓勵每一個人去做他們最愚蠢和不著邊際的設計。在好品味和壞品味之間，在簡約主義和表現主義之間沒有明確的界限。北京的國家體育場告訴我，沒有什麼能嚇倒他們。」中國人立志讓自己的國家走向國際

化的決心不可動搖，他們想能嘗試一切可能。阿瑟‧盧博（Arthur Lubow）說：「奧運會激發了中國的帝國衝動，想盡辦法去感動世界……通過主辦奧運會，中國努力想證明自己是一個世界級的力量。」[96] 但是，在城市周圍建造現代西式建築就能讓北京奧運會成為一場文化盛事嗎？通過對中國傳統宣戰而上台的同一個政權，能合理地利用奧運會來弘揚中國傳統文化嗎？無論這個政黨的對內宣傳多有技巧，北京都很難以一種令世界甚至中國人民自己信服的方式來實現其人文奧運的想法。

但北京顯然將最大限度地運用其宣傳機器，竭力促進和推廣這場世界上最盛大的體育賽事。宣傳已深入共產黨的骨髓，沒有它，黨就走不到今天。文化大革命期間，當中國完全孤立，連柬埔寨這樣的友好國家也在考慮與北京斷交時，中國共產黨還在告訴中國人民：「我們的朋友遍天下。」當數以百萬計的中國人餓死，雜誌和報紙上還充斥著美好的圖畫，告訴世界中國沒有內債或外債，一切都完美無瑕。現在，即使共產黨盡其所能將自己塑造成一個不容小覷的負責任力量的形象，它仍然只會對自己負責。儘管自毛澤東逝世以來中國發生了翻天覆地的變化，但其政黨仍然拒絕允許媒體發表獨立言論，禁止自由思想或法治的全面實行。

多年以來，中國的官方體育觀念都遵循前蘇聯的意識形態：「〔體育〕是另外一個戰場，是另外一個衡量蘇聯政治制度優越性的標準……比賽並不單是體育競賽。它擔負著巨大的思想和政治責任；它體現著蘇聯人民的願望。」[97] 但是，在體育宣傳中誇大政治的作用可能適得其反。儘管這個概念可能超出了共產黨的理解範圍，但最好的宣傳也許是沒有過分政治化的宣傳。國際奧委會主席艾弗里‧布倫戴奇曾經講過一個委內瑞拉加拉加斯舉辦的玻利瓦爾

運動會的故事。布倫戴奇作為美國奧委會主席出席運動會。看到這一賽事是按照最好的業餘運動傳統進行的，沒有政治干預，他感到很高興。在他向委內瑞拉總統表示祝賀時，這位獨裁者卻微笑著說：「啊，但這是最好的政治。」[98] 中國當局能否把握這個故事中的智慧還有待觀察，但是，將奧運會過度政治化，對北京來說將會事與願違。

兩岸關係也可能會給成功舉辦2008年奧運會帶來另一個嚴峻的挑戰。台灣會不會抵制北京奧運會？台灣會不會利用這個機會宣布獨立，或實施法理上的獨立？大陸會不會動用武力制止台灣？但結果不一定是負面的；事實上，體育偶爾也能成功將政治對手拉攏到一起，韓朝關係就曾因為重大體育賽事拉近了不少。1962–1963年間，國際奧委會建議韓國和朝鮮共同組隊參加1964年東京奧運會，這兩個政治上的死對頭終於面對面坐下來開始談判。儘管共同組隊談判失敗，但只靠體育的強大力量就能使雙方坐下對話，其本身意義就已經非常重大了。[99] 首爾慶熙大學政治學教授金成鎬等韓國人甚至認為體育可能促成韓朝統一。[100]

有一些證據是能支持這一說法的。2005年11月，朝韓首次同意共同組隊參加2006年多哈亞運會，然後韓朝再組隊參加2008年北京奧運會。協議中，韓朝兩國同意以高麗（Korea）的名義和「一個高麗」的旗幟入場，白底的旗幟上是藍色的未分裂時的朝鮮半島圖案；隊歌則選擇在兩國都受大眾喜愛的傳統高麗情歌。韓國統一部的官員說：「這樣做的意義在於，我們將作為一支統一的隊伍走上世界舞台，而這將成為和解與合作的標誌。」[101]

朝鮮在2006年秋天進行的導彈試射，讓共同組隊參加2006年12月多哈亞運會的計劃被迫流產。鑒於半島地區局勢再次充滿動

蕩，事實證明，以韓朝雙方都能接受的方式共同組隊參加2008年北京奧運會難度極大。然而，在2000年悉尼奧運會、2002年釜山亞運會、2004年雅典奧運會以及2006年都靈冬奧委會的開幕式上，韓朝雙方都是以統一隊伍的形式在聯合旗幟下入場，之後來自朝鮮和韓國的運動員再各自為自己的國家參賽。考慮到兩國在嚴格意義上說仍處於交戰狀態，即便是共同組建單一隊伍的計劃也相當了不起。將這個統一參賽隊伍與政治和經濟上的統一聯繫起來可能有點牽強，但是，韓朝雙方共同組成奧運會代表隊的吸引力，確實可能有助於韓朝兩國大眾走到一起。[102]

　　如果韓朝兩國能夠一同參賽，那麼中國大陸和台灣能不能效仿這種做法？體育能否成為將北京和台灣帶入和平統一的媒人？沒有人能確切知道。事實上，某些政治家和學者認為，2008年奧運會可能帶來決定性的敵對後果：台海之戰。美國學者詹妮弗·林德（Jennifer Lind）曾提出：

> 台灣領導人可能認為2008年奧運會是正式宣布脫離大陸而獨立的最佳時機。他們可能認為，在全世界的眼光對準北京的情況下，中國也許不會像其聲明中所說，一旦發生台獨必然動武。畢竟，軍事衝突將危及奧運會，並使中國在國際上陷入不利境地。此外，這樣做會趕走投資者，並可能導致經濟制裁，從而給中國蓬勃發展的經濟造成損害。[103]

　　在很多人看來，如果台灣在奧運會期間挑釁北京，奧運會不可能給台灣提供任何保護。但是，僅僅是這種可能性的存在，足以讓兩岸和全世界的領導人都感到焦慮不安——一旦爆發戰爭，沒有人能贏。

「同一個世界，同一個夢想」：
北京奧運會帶來的機遇

共產黨政權意識到，2008年奧運會期間，它將受到外界的嚴密監督，這讓其行為產生了一些細微的或從官方角度來說暫時的改變。那麼，即使是奧運會帶來的挑戰，也可能為整個國家的轉機撒下種子。

北京奧運會為中國帶來的最明顯機遇，是就贏得金牌數量而言，中國確實成為一個體育強國。中國在雅典贏得的金牌數，在所有參賽代表團中名列第二。2008年奧運會，中國享有主場優勢；而在以國家為中心的體育制度下，中國很有可能超越美國，成為獲得獎牌最多的國家。從歷史上看，除了少數例外，主辦國總體上都表現優異。德國人在1936年獲得奧運會獎牌數量最多，反映出納粹政權不斷增強的力量。日本和韓國作為東道國時，也都表現極佳。

對於中國人來說，奧運會的任何一個勝利都將反映其綜合國力的上升。甚至連《經濟學人》也發文指出，「在其漫長的歷史中，奧運會上的成功，通常是衡量全球政治實力的相當準確的指標。」冷戰時期，美國和蘇聯一再為獲得象徵意義的勝利而在奧運會上奮力爭奪更多獎牌。2008年，如果北京在體育比賽上取得超越美國的成績，它將在中美之間已有的爭奪國際地位的政治鬥爭中，給中國人民以及共產黨政權帶來巨大的推動力。[104]

另一個機遇在於一個簡單的事實：北京迫切想要舉辦一場盛大的奧運會，或者用薩馬蘭奇慣用的說法，舉辦一場「無與倫比的奧運會」。事實上，這種熱情是國際奧委會將主辦權授予它的主要

原因之一。國際奧委會在幾次會議上提到:「在北京,城市和中央政府對奧運會的參與和奉獻毋庸置疑。」[105] 為了舉辦一場偉大的奧運盛會,中央政府和北京市竭盡全力,不惜代價,並且不設任何財務限制。相比之下,1976年蒙特利爾奧運會結束時,魁北克省和蒙特利爾市都背負巨額賬單。(雖然蒙特利爾贏得1976年奧運會主辦權後,市長讓·德拉波(Jean Drapeau)在回答有關蒙特利爾會不會出現財政赤字的問題時叫道:「赤字?像男人生孩子一樣不可能」。)[106] 魁北克省和蒙特利爾市不得不以八比二的比例分擔十億美元的赤字,這筆債務一直到2012年才能還清。[107]

北京市民就不用擔心這種負擔,因為整個中國都在為奧運會買單。事實上,北京對賽事極盡排場的渴望,以及如此精心地規劃光鮮奢華的設施,已經引起了一些人的不安。由於擔心2008年奧運會的成本過高——官方預算為20億美元,外加用於改善北京基礎設施的400億美元——幾名代表在2006年全國人大會議上提出,農村還有很多人生活在貧困線以下,中國花不起這麼多錢辦奧運會。一位代表說,奧運會就是一場娛樂,而不是炫耀虛榮。中國人自己和國際奧委會表達的對成本的擔憂,最終導致組織者修改了國家體育場等項目的最初計劃,並在總體上削減了開支。[108] 理查德·龐德向國際奧委會提供的一份報告顯示,「自從申辦成功以來,許多場館的規劃都經過重新審查,並縮減了規模。」[109]

長期以來,全球化一直是國際體育的重要主題之一。1964年東京奧運會的口號是「世界一體」。成功舉辦這屆奧運會,標誌著日本戰後正式崛起成為世界主要經濟強國,也標誌著它與國際社會的全面融合。它象徵了新日本的到來。就國際化而言,中國整體上必將從北京奧運會中受益。龐德認為,奧運會「為主辦國提升自我

提供了無可比擬的機會，並為展示其人民、文化、工業、旅游業以及幾乎相關的所有一切提供了展台。」[110]

明確將文化作為這場大賽的關鍵主題，本身就是中國國際化令人振奮的發展前景。為了反映中國走向世界的決心並展現其包容性，2005年6月26日，北京宣布2008年奧運會的口號是「同一個世界，同一個夢想」。如其他奧運會口號一樣，這一口號將永遠與這屆奧運賽事聯繫在一起。所有奧運口號都反映出東道國對其在全球國家認同的理解和自我表述。2004年雅典奧運會「歡迎回家」的口號提醒全世界奧運會的發源地和希臘的輝煌歷史。2000年悉尼奧運會以「分享奧林匹克精神」為口號體現全球參與。而漢城奧運會的「世界走向漢城，漢城走向世界」傳遞出韓國要求成為國際社會受尊重一員的強烈願望。

為了突出北京奧運口號的重要性，這一口號是在有6,000位來賓參加的特殊儀式上首次公布，並由中央電視台現場直播。2008年北京奧運會的官方合作夥伴之一中國移動還通過短信，將發布儀式傳送給其約2.3億手機用戶。北京市奧組委主席、北京市委書記劉淇說這一口號「表達了13億中國人民為建立一個更和平、更美好的世界做出貢獻的心聲……表達了北京人民和中國人民與世界各國人民……攜手共創未來的崇高理想。」國際奧委會自1998年起開展了一項評定公眾對奧運會認知的研究，根據喬治·赫斯勒（George Hirthler）的說法，「在對奧林匹克理想的尊敬和欣賞方面，中國人在接受調查的11個國家中始終排名最前。」這項研究表明，中國人將「團結」、「全球化」、「和平」和「友誼」等關鍵詞與奧運會相聯繫的程度超過世界其他地區。對此，赫斯勒寫道：「這個國家將北京2008年奧運會視為通向美好未來的漫長道路上希望的里程

碑，它顯然正在向世界敞開大門。『同一個世界，同一個夢想』是對
這個國家情感的準確表達。」[111]

2008年奧運會的標誌

　　中國為奧運會所選的標誌暗示了北京的推廣策略。2003年夏
天公布的奧運會官方會徽，清楚地表明中國對世界表示歡迎的面
孔。會徽是一方以張開雙臂迎接勝利或歡迎來賓的人物為圖案的傳
統紅色印章，圖案也像是一個人在向前奔跑或在打太極，其姿勢就
像漢字中的「京」字。在北京天壇祈年殿隆重舉行的發布會上，這
個會徽被稱為「舞動的北京」。國際奧委會主席雅克・羅格 (Jacques
Rogge) 通過電視講話告訴參加儀式的2008位來賓：「你們的新會
徽實時傳達出蘊藏在你們的傳承和人民當中令人驚嘆的美和力量
…… 從這個會徽中，我看到了對一個新北京和一場偉大的奧運會
的承諾。」[112]

　　北京為奧運會選擇的標誌、會徽和口號都反映出中國投身國際
化的覺醒。2005年11月，在距離2008年8月8日開幕式還有1000天
的倒計時儀式上，北京在面向全國直播的慶典上公布了奧運會吉祥
物。吉祥物由五個娃娃組成，分別代表鯉魚、大熊貓、「火焰」、藏
羚羊和燕子。五個娃娃的設計都運用了中國傳統文化的表現方式：
它們代表了水、木、火、金、土五種元素，其色彩又與奧運五環的
色彩匹配。「五」的數字也與國際奧委會的五環和五大洲吻合。每個
娃娃都有由兩個相同漢字組成的疊字名字，就像中國人對小孩子的
暱稱。魚是貝貝，熊貓是晶晶，火焰是歡歡，藏羚羊是迎迎，燕子

是妮妮。把這五個名字的單字連在一起就是「北京歡迎你」。北京市市委書記、奧運組委會主席劉淇説，這些吉祥物「表現了我國多民族大家庭的文化特點，代表了我們的人民的熱情和心願。」[113]

這五個吉祥物靈動可愛，但組委會考慮西方人發音的便利，並為了表現友好，將它們統稱為「Friendlies」，此舉未免失當。既然每個吉祥物都有一個漂亮的中文名字，為什麼要選擇這樣一個英文統稱呢？而且正如一些中國學者指出，這個名字的發音不恰當，因為它可能會被誤認為「不友好」（friendless），甚至更糟糕的「朋友説謊」（friend lies）。2006年10月，組委會悄無聲息地將吉祥物的統稱改為「福娃」。「福娃」聽起來當然更有中國味，並且與吉祥物各自的名字和形象更相稱。「福」意指「幸福」或「福氣」，「娃」的意思是「娃兒」或「娃娃」。這一更改説明中國人發現英語表達並不一定處處合適。中文（其實是中國傳統文化）有著獨特的魅力。同樣重要的是，更改名稱表明官員們意識到最初判斷有誤，並且決定及時糾正。

北京並不是唯一選擇多個吉祥物的主辦城市。2000年悉尼奧運會就選擇了澳大利亞三種特有動物，而鹽湖城則以野兔、土狼和黑熊代表賽事。此外，北京也不是第一個用口號、會徽和吉祥物共同推廣自己和奧運會的城市。國際奧委會其實希望東道國開展這樣的推廣活動。國際奧委會協調委員會在第113屆會議上報告説，北京承辦之初，委員會就「已經建議北京奧組委為推廣中國和奧林匹克運動會採取行動」。委員會主席海因·韋爾布魯根（Hein Verbruggen）在會議上説：「據他所知，這是一個非常嚴肅的聲明。」國際奧委會主席也在同一次會議上指出：「協調委員會主席答應過要學普通話，但看來（北京市）市長學英文要比韋爾布魯根先生學普通話快得多！」[114]

　　西方國家多年來一直批評中國侵犯知識產權。但隨著北京成功獲得 2008 年奧運會主辦權，中國對知識產權的重要性越來越瞭解。儘管盜版產品依然不少，但奧運會可能為反思這個問題提供了起點，因為這種情況危及到了中國自身的利益。[115] 2003 年，國際奧委會中國委員于再清通知國際奧委會大會：「中央政府和市政府通過了保護奧林匹克標誌和奧林匹克產權的法規。同年 3 月，中央政府通過了給予北京奧組委和奧運會相關產權持有者的稅收優惠政策。[116] 2008 年奧運會的組織者決心保護珍貴的北京奧運會商標，並禁止任何假冒產品。《華爾街日報》一篇文章認為，「北京保護這個奔跑者、同時形狀呈『京』字的紅色印章的動機很明顯：真品有著巨大的經濟價值。」北京市組委會法律事務部在北京市政府和多個中央政府機構的指導下運作，副部長劉岩說：「我們沒有固定資產。因此，奧運會會徽是我們所擁有的最有價值的資產。」[117]

　　實際上，北京奧組委希望通過促銷、贊助和其他商業手段，讓中國奧運會會徽的收益在總體上能支付賽事費用。[118] 中國政府在 2002 年將會徽定為官方頭等大事，專門通過了一部旨在保護奧林匹克商標知識產權的國家法律。這部法律嚴格來說是現存若干法律的彙編，供各級政府將其應用到奧運會商標保護上。劉岩指出：「法規更加籠統，因此，這些（2002 年的）細節規定使行政機構的執法更容易。」中國並不是第一個謹慎保護奧運會知識產權的國家。包括澳大利亞在內的多個國家也通過了保護奧運商標的專門法律。在這種情況下，中國人不僅在保護知識產權的重要性方面吸取了教訓，也開始與世界潮流接軌。[119]

　　2008 年奧運會將如何影響中國的未來？國際奧委會主席顧拜旦十分重視體育與文化的聯繫，他的當代繼任者薩馬蘭奇也曾聲稱

「奧林匹克運動是我們時代最偉大的社會力量之一」。[120] 這兩位以及其他國際奧委會領導人都將奧運會視為促進社會公益的力量，人們也對體育運動將在北京引發積極的社會改革寄予厚望。

長期生活在意識形態和宗教信仰的真空、共產主義崩潰後尋求道德價值的中國人，很可能會發現在運動場上進行國際競爭是釋放挫敗感的安全閥。畢竟，在封閉的社會中，體育的價值要比在開放的社會裡大得多，因為開放社會的自我表達途徑更多。以伊朗為例，1997年世界盃預選賽上伊朗國家隊戰勝澳大利亞隊便引發了足球革命——伊朗婦女提出要有在德黑蘭阿扎迪體育場慶祝的權利。她們高喊：「難道我們不是這個國家的一部分嗎？我們也想慶祝——我們不是螞蟻！」最終警察不得不默許婦女進入體育場，儘管該國精神和政治領袖阿亞圖拉·魯霍拉·霍梅尼（Ayatollah Ruhollah Khomeini）1987年頒發的法令規定，婦女可以在電視上觀看足球比賽，但不能在室外觀看或慶祝。一位美國評論家認為：「足球革命抓住了中東未來的鑰匙。」[121]

儘管中國的精英體育總體上仍由國家控制，但現今也出現了令人振奮的新趨勢。2007年4月初，中國參加「美洲盃」世界帆船賽。這是該項有156年歷史的比賽中首次有中國運動員參加。因為經驗不足，中國隊毫無獲勝的機會。他們僅能讓船保持漂浮，不要下沉。[122] 但是中國人並未僅僅著眼於眼前的勝利。相反，他們是在為未來的成功希望而戰。為了快速進入這項新的運動，該團隊由私人基金資助，由法國人管理，船員也大多為法國人。這種讓外國人參與中國體育運動的轉變，對中國來說是新鮮而有益的。外國選手、教練和經理人通過體育運動帶來了國際準則和真正的體育競賽精神。當更多的國有或國際企業家贊助、購買或以其他方式資助運

動團隊或各種賽事時，他們正在中國創造一種脫離國家控制體育的制度的新型體育模式。這種趨勢看來只會越來越強，若果真如此，從長遠來看，也許體育在中國將會促進事態向前發展，從而引發劇烈而持久的政治變革。

註　釋

1　1931年5月13日，國際奧委會正式將1936年奧運會主辦權授予柏林。

2　Guttmann, *The Games Must Go On*, 63.

3　John Lucas, *The Modern Olympic Games* (South Brunswick, N.J.: A. S. Barnes, 1980), 125.

4　Alan Young, "Munich 1972: Re-Presenting the Nation," in Tomlinson and Young, *National Identity and Global Sports Events*, 123.

5　*NYT*, May 31, 1942, S3. See also ABC, box 2499, reel 144.

6　Allen Guttmann, "Berlin 1936: The Most Controversial Olympics," in Tomlinson and Young, *National Identity and Global Sports Events*, 71.

7　ABC, box 2499, reel 144.

8　北京奧運會和1936年柏林奧運會之間有很多相似之處。就像今天的中國共產黨政權一樣，納粹政權把奧運會看作一台塑造形象的龐大機器，敦促其公民更多地微笑和更好地表現，以建立更積極的政權形象。並且為美化形象，把不受歡迎的人攔在人們的視野之外。納粹當時抓捕了吉普賽人和妓女，試圖將城市清理乾淨。有關這方面的最新研究，參見David C. Large, *Nazi Games: The Olympics of 1936* (New York: W. W. Norton, 2007)。

9　Claire Brewster and Keith Brewster, "Mexico City, 1968: Sombreros and Skyscrapers," in Tomlinson and Young, *National Identity and Global Sports Events*, 99.

10　同上，頁100。

11　同上，頁100–102。

12　同上，頁103–104。

13　同上，頁110。

14　IOC Archives, Minutes of the Ninety-first IOC Session, Lausanne, Oct. 12–17, 1986, "Games of the XXIVth Olympiad: Negotiations between the Two Korean NOCs."

15　Samaranch, "Preface," in Kim, *The Greatest Olympics*, 13.

16　引自 Miller, *Olympic Revolution*, 135。

17　Pound, *Five Rings over Korea*, 322.

18　Kim, *The Greatest Olympics*, 292.

19　IOC Archives, Minutes of the Ninety-fourth IOC Session, Seoul, September 13–16, 1988.

20　Pound, *Five Rings over Korea*, 322.

21　Miller, *Olympic Revolution*, 142.

22　Kim, *The Greatest Olympics*, 14.

23　童樂，《夢想與輝煌：北京2008奧運會申辦紀實與暢想》(北京：民主與建設出版社，2001)，頁74。

24　華智，《夙願 —— 董守義傳》，頁93。

25　華晨栖，〈舊中國申辦奧運會的一場風波〉，《體育文史》3 (1992)，頁67。

26　引自梁麗娟，《何振梁：五環之路》，頁113。

27　成功申辦亞運會之後，鄧小平在1985年初告訴一位外國領導人，北京已準備好主辦2000年奧運會。後來，時任中國國家主席的楊尚昆在1990年9月22日告知國際奧委會主席薩馬蘭奇，中國希望「主辦2000年奧運會」。詳見採訪錄音，收於 UCLA, LAOOC 1403, box 476, interview tapes: Chinese Olympians。

28　LA Sports Library: "Beijing 2000, the Year of the Games — a Summary," Beijing 2000 Olympic Games bid committee, box Beijing 2000.

29　*China Today* (North American edition), no. 69 (June 1993), 13.

30　LA Sports Library, "The Olympic Games at Beijing."

31　LA Sports Library, Beijing 2000 Olympic Games bid committee (in an envelope titled Beijing for 2000 bulletin).

32　See Nicholas Kristof and Sheryl Wudunn, *China Wakes: The Struggle for the Soul of a Rising Power* (New York: Vintage, 1994), 94–11.

33　Rod McGeoch, with Glenda Korporaal, *Bid: How Australia Won the 2000 Olympic Game* (Sidney: William Heineman, 1994), 196, 208.

34　同上，頁203。

35　Tom Lantos, "Scratch Beijing from the Olympics Wish List," *Los Angeles Times*, May 20, 1993, B7; Ron Rapoport, "Olympics in China Is a Human Wrong Not a Human Right," *Daily News of Los Angeles*, June 30, 1993, S1; Robert Lipsyte, "Tug of War Emerging over the 2000 Games," *NYT*, August 1, 1993, S2.

36　*USA Today*, July 20, 1993, 11A.

37　LA Sports Library, Proposal materials for the Olympic Games at Beijing.

38　Mann, *About Face,* 289.

39　Robert Greenberger, "U.S., Unhappy with Beijing's Abuse of Human Rights, Focuses on Olympics," *WSJ*, August 23, 1993.

40　LA Sports Library, OLY Col, GV 722 2000, A1 B422g, 1993.

41　IOC Archives, Minutes of the 101st IOC Session, Monaco, September 21–24, 1993.

42　同上。

43　同上。

44　1998年11月27日，中國國家體委主任伍紹祖承認，北京敗給悉尼是因為北京缺乏申辦經驗以及過於自信。北京依靠群眾運動的策略效果也不好。見中國國家體委編，《中國體育年鑒 (1999)》，頁226。

45　Samuel P. Huntington, "Clash of Civilizations?" *Foreign Affairs* 72, no. 3 (Summer 1993).

46　Robert Knight Barney, Stephen R. Wenn, and Scott G. Martyn, *Selling the Five Rings: The International Olympic Committee and the Rise of Olympic Commercialism* (Salt Lake City: University of Utah Press, 2002), 286.

47　David Lampton, "A Growing China in a Shrinking World: Beijing and the Global Order," in Ezra Vogel, ed., *Living with China: U.S.-China Relations in the Twenty-first Century* (New York: W. W. Norton, 1997), 139–140.

48　Gosper, *An Olympic Life*, 328–348.

49　*NYT*, July 14, 2001, D7.

50　根據國際奧委會台灣委員吳經國的説法，如果寇茨沒有給他們錢，那兩張選票就會投給北京。見吳經國，《奧林匹克中華情》，頁88。

51　Ian Jobling, "Bidding for the Olympics: Site Selection and Sidney 2000," in Kay Schaffer and Sidonie Smith, eds., *The Olympics in the Millennium:*

Power, Politics, and the Games (New Brunswick, N.J.: Rutgers University Press, 2000), 270–271.

52　McGeoch, *Bid*, 268–269.

53　Jobling, "Bidding for the Olympics," 270–271.

54　Vyv Simon and Andrew Jennings, *Lords of the Rings* (London: Simon & Schuster, 1992), 241.

55　引自 Gosper, *An Olympic Life*, 267。

56　IOC Archives, Minutes of the IOC 108th Session, March 17–18, 1999, Lausanne, Switzerland.

57　Gosper, *An Olympic Life*, 257.

58　McGeoch, *Bid*, 225–228.

59　同上，頁233。其他申辦者也受到腐敗和僅僅是壞運氣的影響。根據美聯社2005年12月23日的一篇報道，「一張誤投的選票可能幫助了倫敦申辦成功。」根據這篇文章，在2005年7月，一名國際奧委會委員將本來要投給馬德里的票誤投給了巴黎，而如果馬德里多得這一票的話，倫敦可能就不會贏得主辦權。

60　中共中央文獻研究室，《鄧小平年譜》，第2卷，頁1365。

61　Juan Antonio Samaranch, *The Samaranch Years: 1980–1994, Towards Olympic Unity. Interviews Conducted by Robert Parienté with the President of the IOC for the Newspaper* l'Equipe (Lausanne: International Olympic Committee, 1995), 104.

62　北京市市長陳希同的腐敗案及其後果，可能影響了北京放棄2004年奧運會的申辦；陳希同一案造成了最高領導人、北京市政府和國家體委之間的猜忌。事實上，這一較早的事件可以解釋為什麼在1998年末中國決定再申辦2008年奧運會的時候，國務院最初並不支持北京為申辦城市。詳見中國國家體委編，《中國體育年鑒（1999）》，頁226。

63　Gosper, *An Olympic Life*, 260.

64　Craig S. Smith, "Joyous Vindication and a Sleepless Night," *NYT*, July 14, 2001.

65　Susan Brownell, "China and Olympism," in John Bale and Mette Krogh Christensen, eds., *Post-Olympism? Questioning Sport in the Twenty-first Century* (Oxford: Berg, 2004), 60.

66　Peter Hessler, *Oracle Bones: A Journey between China's Past and Present* (New York: Harper Collins, 2006), 261.

67　IOC Archives, the official Beijing bid proposal, Beijing 2008, 1:3.

68　彭永捷、張志偉、韓東輝,《人文奧運》,頁7。

69　LA Sports Library, New Beijing, Great Olympics: Highlights of Beijing's Olympic Candidacy, official publication of the bid committee, OLY Col, GV 722 2008, A1 B42N, 2000 (hereafter Beijing 2008 official proposal).

70　同上,1：5。

71　Larmer, "The Center of the World," *Foreign Policy* (September/October 2005): 68.

72　這一解釋來自專門為北京申辦2008年奧運會設計的特刊《2008：相聚在北京》,由北京2008年奧運會申辦委員會發行,2001年2月,頁17,LA Sports Library, OLY Col, GV 722, 2008, A1 B42S。

73　LA Sports Library, Letter of support by President Jiang Zemin, November 21, 2000, Beijing 2008 official proposal, 1:7.

74　IOC Archives, Minutes of the Ninety-fourth IOC Session, 149.

75　同上,頁148。

76　IOC Archives, Minutes of the Ninety-second IOC Session, Istanbul, May 9–12, 1987, 27.

77　IOC Archives, Minutes of the 112th IOC Session, Moscow, July 13–16, 2001, 231.

78　同上,頁240。

79　同上,頁38。

80　同上,頁40。

81　Editorial, *Xinhua News*, July 14, 2001.

82　童樂,《夢想與輝煌》,頁1–2。

83　Kay Schaffer and Sidonie Smith, eds., *The Olympics at the Millennium: Power, Politics, and the Games* (New Brunswick, N.J.: Rutgers University Press, 2000), 2.

84　Reuters, "Joyful South Africa Celebrates World Cup Award," May 15, 2004.

85　Guttmann and Thompson, *Japanese Sports*, 166.

86　Jere Longman, "How a Sport Galvanized South Korea," *NYT*, June 30, 2002, A5, A8.

87　中國的奧林匹克夢想,見《2008：相聚在北京》,頁15。

88　引自 Barney, Wenn, and Martyn, *Selling the Five Rings*, 285。

89   Jere Longman, "Beijing Wins Bid for 2008 Olympic Games," *NYT*, July 14, 2001, D7.

90   "The Number Game," in *Olympic Review* 53 (October–November–December 2004): 32–34.

91   Jim Yardley, "China Plans Temporary Easing of Curbs on Foreign Journalists," *NYT*, December 2, 2006, A6.

92   彭永捷、張志偉、韓東輝,《人文奧運》,頁7。

93   Andrew Batson, "China Officials Train Crowds to Be More Polite, Orderly as 2008 Olympics Approach," *WSJ*, December 27, 2005, A13, A18.

94   Howard W. French, "Minding Their Manners, Looking to the Olympics," *International Herald Tribune*, June 29, 2006, 2.

95   詳見 Jim Yardley, "Olympics Imperil Historic Beijing Neighborhood," *NYT*, July 12, 2006。

96   兩段引文均來自 Arthur Lubow, "The China Syndrome," *NYT Sunday Magazine*, May 21, 2006, 70。

97   Hazan, *Olympic Sports and Propaganda Games*, 36.

98   ABC, box 2499, reel 144.

99   有關韓朝問題的出色研究,見 Bridges, "Reluctant Mediator," 375–391。

100 Longman, "How a Sport Galvanized South Korea."

101 Reuters, "Hurdles Ahead for Two Koreas' Single Olympic Team," November 2, 2005.

102 同上。

103 Lind, "Dangerous Games," 38.

104 "Let the Games Begin," *Economist*, June 10, 2006.

105 IOC Archives, Minutes of the 116th IOC Session, Athes, August 10–12, 29, 2004, 42.

106 Lyberg, *Fabulous One Hundred Years of the IOC*, 226.

107 Morrow and Wamsley, *Sport in Canada*, 238.

108 Reuters, "China Can't Afford Extravagant Games, Congress Delegate," March 3, 2006.

109 IOC Archives, Minutes of the 115th IOC Session, Prague, November 2–4, 2003, 21.

110 Pound, *Five Rings over Korea*, 4.

111　George Hirthler, "One World, One Dream," *Olympic Review* 56 (July–August–September 2005): 38.

112　Reuters, "Beijing Puts Chinese Stamp on 2008 Olympic Emblem," August 2, 2003.

113　Reuters, "Beijing Chooses Five Dolls for Olympic Mascot," November 11, 2005.

114　IOC Archives, Minutes of the 113th IOC Session, Salt Lake City, February 4–6 and 23, 2002.

115　2002年2月，北京通過了一項旨在保護2008年奧運會奧林匹克標誌的法律。該法律條文見於中國國家體委編，《中國體育年鑒 (2003)》，頁155–156。

116　Minutes of the 115th IOC Session, 頁38。

117　Geoffrey A. Fowler, "China's Logo Crackdown," *WSJ*, November 4, 2005, B1, B5.

118　2004年雅典奧運會的組織者通過向國內贊助商出售商標使用權獲得7.96億美元，並通過商標產品生產的授權額外獲得8,700萬美元。

119　Fowler, "China's Logo Crackdown," B1, B5.

120　IOC Archives, Minutes of the Eighty-eighth IOC Session, Los Angeles, July 25–26, 1984, 40.

121　Foer, *How Soccer Explains the World*, 222.

122　Christopher Clarey, "China Plants Seed to Contend for America's Cup," *NYT*, April 16, 2007, D5.

結 語

戰爭的爆發是因為國與國之間的相互誤解。在現存的導致不同種族分離的偏見廢止以前，我們不會有和平。為了達成和平，定期聚集全世界各國青年進行肌肉力量和敏捷度的友好比拼，還有什麼比這更好的方法呢？

——顧拜旦[1]

到瑞士洛桑維迪堡國際奧林匹克委員會總部參觀的人，都能看到兩座雕像：一座是由藝術家田金鐸創作的行走的裸體女運動員，名為「走向世界」，這是來自北京的禮物；[2]另一座是藝術家朱銘的雕塑作品，身著中國傳統服裝打太極拳的男子，由台北市奧委會贈送。[3]如果說第一個雕塑清晰傳遞出中國人對國際化的追求，那麼「太極男子」則刻畫了中國傳統文化的美感和靈動。在某種程度上，這兩座雕塑既象徵著百年中國人通過現代體育對國際化的追求，也標誌著現代與傳統在單一文化中交融的掙扎。

19世紀末，許多中國精英宣布與傳統文化和價值觀決裂，並逐漸接受西方體育。這些中國人就像那個不受衣著約束、奮勇前進的女運動員，希望中國擺脫千百年積澱下的傳統重負，走向世界。

但是，無論過去還是現在，中國人對傳統體育和現代體育的態度，都因夾雜多重矛盾而顯得十分複雜。直到20世紀下半葉以前，中國人留給西方的印象，更多是武術和其他傳統鍛煉方式，而不是在國際體育比賽中的表現。即使在21世紀前後，中國已成為新興體育強國並為2008年奧運會做準備時，中國人還在努力把發展中的國家認同與傳統價值觀聯繫起來。北京2008年奧運會精心挑選的多個標誌也清楚地反映出對中國古代傳統的重新肯定。

在過去的一百年裡，中國人對西方體育的興趣很大程度上源自建立現代國家認同的共同願望，也就是說，要挽救民族危亡，要擺脫「東亞病夫」的稱號，要富國強兵。

然而，即使有這個共同的目標，晚清朝廷、國民黨政府和中華人民共和國採取的手段仍然差異明晰。1895至1912年間，中國尚處於清朝統治之下，外國人在引進並發展現代體育過程中發揮了關鍵作用。從1912年到1928年，中國經歷了從封建制度到民主共和、從軍閥時代到蔣介石國民黨政權建立，其中出現了兩次轉變。首先，隨著20年代初期民族主義浪潮的興起，現代體育的領導者從外國人變為中國的精英階層。其次，體育成為國家建設計劃和國家政策的有機組成部分。從1928年到1945年，現代體育總體上是在民族救亡和抗日戰爭的大背景下廣受討論與爭議。

隨著中國共產黨1949年在大陸建立新政權，兩個政治實體都自稱中國的合法政府。因此，加入國際體育協會，尤其是加入奧林匹克運動，成為北京和台灣爭取其中國代表權並證明國際合法性的主要戰場。對中華人民共和國來說，體育上升為國內外重要的政治

工具，其意義也許比以前的歷屆政權更大。在50年代初到70年代初的毛澤東時代尤其如此。此外，自70年代後期鄧小平開始實行「改革開放」政策以來，體育不僅被有效用作重返國際社會的工具，也成為中國的新象徵。

從毛澤東時代開始，體育就是由國家出資和控制的精英領域。在毛澤東領導下，這個政權有意利用優秀運動員的表現在國際政治中獲得政治優勢，即使有時候這意味著故意輸掉比賽。與之相反，在後毛澤東時代，中國開始追求在大型國際比賽中贏得金牌，以顯示中國作為新的擁有經濟和政治實力大國的強勢地位。如果說在毛澤東時代，中國運動員在「友誼第一，比賽第二」的指導原則下故意輸給對手，以取得政治利益，那麼後毛澤東時代的中國樹立拼搏的「冠軍精神」，獲勝成為唯一的動力。全國上下都為贏得金牌拼命，政府動用國家資源去實現這一目標，中國已躋身體育場上的主要競爭者，奧運金牌也已成為衡量實力的重要指標。

儘管中國對奧運金牌的追求，與國家邁向國際化並在世界上樹立新形象的道路明顯吻合，但這種由國家主導的錦標主義，仍然反映出中國人對自己戰無不勝的自信，同這個國家長期自卑心理相混合的複雜心態。迷戀金牌的國家並不是自信的國家。要靠得金牌來增強民族主義感情及政治合法性的政府也不是自信的政府。不能從容接受比賽失利的國民更不是穩定和有安全感的國民。

北京運用所謂的金牌戰略來證明中國的力量興起和財富增長，但是，當其公民被迫放棄獨立性甚至個人尊嚴時，共產黨努力通過體育和其他手段來加以合法化的政治制度，並不能帶來一個健康而強大的國家。長期使公民居於精神懦弱、活著卻沒有自我價值感的

專制統治，不可能建立起真正強大的國家。共產黨一黨專政可能希望其公民身體健壯，但它禁止自由思想的健康發展。而一個生機勃勃的強大民族既需要強壯的身體，也需要自由健康的意志。

共產黨政權自建立以來一直維持著龐大的宣傳機器，通過它審查和控制一切，系統地削弱公民的獨立思想和政治主動性。儘管在過去的五十年裡共產黨和國家都發生了很大變化，但是今天的中國仍然不是一個真正的民族國家，而是一個黨國，共產黨的利益高於國家利益。因此，目前尚不清楚共產黨政權的最終目標是建立強大的國家，還是僅僅利用強大國家的理念為手段，維持黨的鐵腕統治。

儘管共產黨通過培養優秀運動員，動用所有資源來提升中國的體育強國形象，但普通民眾的健康狀況卻在持續下降。特別是，根據最近的一項調查，自1985年以來，中國青少年的體質每況愈下。由於缺乏鍛煉，中國的少年越來越胖，越來越少運動，整體上越來越不健康。出現這種情況有幾個原因。首先是學校的體育項目缺乏資金支持，導致設施不足，學校和教師也很少鼓勵兒童參加體育運動。[4]政府沒有為普通民眾的體育活動提供資金支持，儘管它會花巨資訓練優秀運動員去奪取金牌。[5]

其次，家長和學校都強調書本學習和備考，實際上阻礙了青少年花時間進行體育鍛煉。在19世紀末，中國精英階層曾指責舊有的科舉考試制度應該為中國的羸弱負責；而現在，中國中產階級為了改善生計，更是把重心放在高考、研究生入學考試和各種升職考試上，一種新的應試文化看來已經興起。從某種意義上說，中

國重回考試大國，體育運動和鍛煉在人們的生活中只佔很微小的地位。

如果將獲得的金牌數量用作衡量標準，那麼中國確實已經成為體育強國。然而，當大多數人的健康狀況下降時，儘管外國人可能沒有注意到，中國人自己也不太關注，中國人實際上有可能成為新的「東亞病夫」。矛盾的是，很久以前的「病夫」標籤催生了對金牌的崇拜，而這種心態又會導致中國重回它所痛恨的舊景況之中。

與任何其他體育賽事相比，2008年奧運會將更加突出體育作為政治比拼而非個人業餘追求的重要性——至少在近幾位中國領導人心中如此。我曾在其他論述中指出，中國人的20世紀始於第一次世界大戰，[6] 結束於70年代末鄧小平的改革開放。在一場打造新的國家認同以及提高國際地位的運動中，中國已經邁入了21世紀。毛澤東去世時，共產黨中國孤立、貧窮，其在20世紀的第一次興起以慘敗而告終。在21世紀的新的興起能取得怎樣的成功，主要取決於這個國家有多大的魄力拋棄其在上個世紀的很多政治選擇。政治上的激進主義並不可取，中國20世紀國際化的努力遭遇的失敗中，它是一大關鍵因素，況且今天的中國更加多元化也更具開放性，因而掀起另一場大規模政治革命的可能性大大降低。

然而，很有可能出現一次體育的革命。不管財富等級、政治主張或社會地位如何，體育似乎都能將人們凝聚在一起。面對今日中國社會的不公正，憤怒、焦慮和沮喪處處可見。體育作為全體人民關注的焦點，有可能帶來重大的社會變革。如果這種變遷發生，將會給共產黨政權帶來巨大難題。

我們注意到，世界盃足球賽這樣的體育賽事有能力推動市場、引發戰爭、創造和平以及扭轉民族情緒。[7]但是這類賽事將如何影響中國為打造新的國家認同而做出的努力？中國在建立職業足球方面的進展給出了答案。中國人對足球的喜愛由來已久，但是中國足球隊表現太差，時常令國人感到丟臉。《經濟學人》一篇文章指出，中國體育就像整個國家一樣，充斥著腐敗、濫用職權和不公正，足球界的問題尤為嚴重。[8]幾年來，非法賭球使腐敗的球員和裁判猖獗地操縱比賽，這些問題毀掉了在這個國家最受歡迎的運動，屢屢令忠實的球迷失望透頂。近來中國球迷不再羞於要求足球改革，以消除這項運動中的制度性權力濫用。迫於球迷的壓力，體育主管部門發起了嚴厲的打假運動（包括打擊鼓勵造假的網上賭球）以杜絕假球和黑哨。但問題的根源還是在於控制體育的政治制度。

如前面幾章所述，儘管國際奧委會和北京在2008年奧運會問題上是親密的盟友，但中華人民共和國政權對體育的態度在本質上與奧林匹克原則背道而馳。根據奧林匹克憲章，「運動是與生俱來的人權。每個人都必須有機會參與運動，不受任何形式的歧視，並具備注重友誼、團結與公平競爭為基礎的奧林匹克精神的共識。體育的組織、行政和管理必須由獨立的體育機構掌管。」[9]然而，在中國，國家級的體育運動始終處於政府的嚴格控制之下，屈從於政治利益和操縱。像許多中國政府機構一樣，國家和地方的體育委員會幾乎不受公眾的任何監督。

真正解決困擾中國體育的腐敗及其他問題的方法，是建立不受政府控制的體育管理機構。要實現這一目標，中國就需要進行政治改革，而對於更乾淨、更完善的體育的強烈呼聲，可能會促成這種

改革的發生。《經濟學人》同一篇文章中指出,「沒有人敢指出這個黨需要的是獨立監督和制衡。但這恰恰是任何一個關心體育的人心中所想。」[10] 更重要的是,我們看看迄今為止一共舉行了18屆世界盃,從來沒有哪個共產黨國家得過冠軍。北京或許有信心滿滿的態度,但是政治控制的魔咒卻很難打破。一場足球革命會帶來政治變革嗎?

現代奧林匹克運動的創始人顧拜旦曾經寫道:「在漫長的歷史之日,現在連中午還沒到。讓我們耐心一點。」[11] 跨過第二個千禧年,中國社會已經變得越來越沒有耐性。中國人想快速發家致富,他們想盡快變得強大,而這種不耐煩再明顯不過地體現在他們對待體育的態度上。這種巨大的期望,或許也正是一個危險的因子。

顧拜旦在《奧林匹克回憶錄》完成五年之後,開始增寫最後一章,他謹慎地將其題為「未完成的交響曲」──一個永遠不曾完成和出版的最後樂章。[12] 猶如顧拜旦一生未竟的事業,中國體育的歷史尚未完成,最重要的章節尚待書寫。哪怕盡一切所能,我們也不能預知當中國變為既是賽場對手,又是國際舞台上的競爭者時,前方等待著她的將是什麼。不過,當2008年奧運會在2008年8月8日晚上8時開幕之時,我們可能會一睹這個國家在未來全球之命運的預演。

註 釋

1   Pierre de Coubertin, The *Olympic Games of 1896* (Lausanne: International Olympic Committee, 1983), 53.
2   1986年4月該塑像被作為禮物贈予國際奧委會。
3   「太極男子」塑像於1986年贈予國際奧委會。

4　中共中央政府承認中國青少年體質下降。2007年5月，中共中央和國務院聯合下發文件，題為「中共中央國務院關於加強青少年體育，增強青少年體質的意見」。文件指出，由於片面強調書本學習和考試成績，整個社會尤其是學校對學生的體育鍛煉缺乏足夠的重視；此外，由於資金和設備不足，體育課也受到很大影響。自文件下發以來，中國青少年的身體狀況持續下降。

5　近期的報告，參見施佳，〈人均體育經費不足三元，學生體質怎能不下降〉，《中國青年報》，2006年9月9日；周士君，〈少年體質下降與奧運金牌飆升〉，《中國青年報》，2006年8月22日。

6　Xu, *China and the Great War*, 282.

7　Kempe, "Fevered Pitch."

8　"Football Code," *Economist*, October 7, 2006, 52.

9　IOC Archives, *Olympic Charter* (1994), 9.

10　"Football Code."

11　Samaranch, *Samaranch Years*, 31.

12　Coubertin, *Olympic Memoirs*, 11.

體育視野下的中國與世界，2008–2050[*]

2008，奧運會：巨大的期待和不祥的開端

以承辦2008年奧運會為契機，中國全力向世界展示其國家形象。在北京，一系列標誌性建築相繼問世，如國家大劇院、北京機場T3航站樓、國家體育館（鳥巢）、被戲稱為「大褲衩」的中央電視台新址和奧運游泳館（水立方）。這些建築的設計全部出自Norman Foster、Paul Andreu、Herzog & de Meuron等國際著名設計師之手，哪怕在世界範圍看來都是開風氣之先的建築。中國政府無疑希望借助這些建築，展示新中國的新面貌及其未來，以之作為中國崛起和開放的象徵。《環球》雜誌當時就寫道，北京奧運會是讓「世人發現和驚嘆中國巨變的盛典」，「相信風雲際會的北京奧運會不僅會在中國引發新一輪的發展激情，更會給國人審視和思考世界注入新的視野。」[1] 大型體育場館鳥巢寓意「鳳還巢」，而鳳凰涅槃則體現了中國人重整旗鼓、重振國威和奮發向上的心態。除此之外，嶄新的地鐵系統、交通系統等也相繼出現。從2001到2008年，北京為舉辦奧運會投入的基礎設施建設費用為2,800億元。其中城市交通累計投資1,782億元，能源基礎設施685億元，水資源建設161億元，城市環境建設172億元。[2]

　　雖然北京奧運會的宣傳口號是「北京歡迎你」，但在奧運會期間，為了改變形象和維持秩序，所謂低端人口如乞丐、流民等全部被趕出了北京城。在不計成本的國家形象工程中，甚至還包括「改造國民劣根性」。北京市民家家戶戶收到傳單，要求舉止文明、文明排隊、文明說話等等。為了控制空氣質量，無數工廠停工或遷往外地。為了緩解交通壓力和便於控制，更為了「不出麻煩」，在奧運會期間，不僅外國人訪華受到限制，甚至外地人不准進北京，北京人也被要求要麼離京、要麼待在家裡，導致奧運會中的北京成為一座「死城」，「北京歡迎你」的口號成了一句空話。

　　中國人自古以來就迷信「8」是一個吉利數字，共產黨人也未能免俗。為了保證萬無一失，特別選擇在 2008 年 8 月 8 日晚上 8 時舉行奧運會開幕式，真可謂良辰吉時，無以復加。遺憾的是，2008年的中國卻流年不利。年初，嚴重暴風雪肆虐中國不少地區。湖南、江西、貴州、廣東等省均受到波及。當時正值春節前夕最為繁忙的春運，寒流和暴風雪不僅讓幾百萬旅客滯留火車站，無法按時回家參加春節團聚，還造成無數人家必需品短缺，無法正常生活。形勢嚴重到政府不得不調動幾十萬部隊開展救援。好不容易從天災中脫身，3 月，一場政治大風暴又接著來臨：西藏發生大規模暴動。藏人要求宗教自由及人權，舉行大規模遊行示威和抗議，中共雖然強力鎮壓，卻因此惹來一場浩大的國際輿論風暴。早在 2007年 3 月，好萊塢演員 Mia Farrow 就同其當時還是耶魯大學法學院學生的兒子聯名在《華爾街日報》發表文章，指責蘇丹政府在達福爾 (Darfur) 地區實行種族滅絕政策，但中共政權視而不見，繼續奉行對蘇丹友好的外交政策。該文公開稱北京奧運會為「種族滅絕運動會」(Genocide Olympics)。好萊塢知名導演斯皮爾伯格 (Steven

Spielberg) 也於 2008 年 2 月宣布，由於中國在蘇丹達福爾問題上未能發揮積極作用，他將辭去北京奧運會藝術顧問一職。[3] 2008 年 3 月西藏事件之後，國際反華聲浪更是愈演愈烈。全球奧運火炬傳遞隨即遭到西方各國反華人士強烈抵制，海外藏人及法輪功信徒也推波助瀾，加入抗議行列。

北京本來對奧運火炬傳遞抱有極大期待。2008 年 3 月 30 日當地時間下午 3 時，北京奧運聖火離開奧運發源地希臘，飛往北京，並於次日抵達。分管奧運的國家副主席習近平在致辭中說，北京奧運會的聖火會在全中國 113 個城市中傳遞，「以最廣泛、最直接、最生動的形式」，在 13 億中國人民中傳播奧林匹克理想，弘揚奧林匹克精神。實現舉辦一屆有特色、高水平奧運會的目標，為促進國家發展、社會進步和人民幸福作出新的更大的貢獻。期盼中國人民和世界人民一道，共享奧運會的激情和榮耀，攜手共建更加和諧、幸福、美好的明天。[4] 在「點燃激情，傳遞夢想」的口號下，火炬傳遞從北京啟程，開始在境外 19 個城市、境內一百多個城市和地區接力，計劃歷時 130 天，跨越 13.7 萬公里。北京的目標，是要舉辦一次有史以來綫路最長、範圍最廣、參與人數最多的奧運火炬傳遞活動，並要讓聖火登頂珠穆朗瑪峰。火炬接力的標誌，設計為火鳳凰圖案，寓意中華民族自強不息，有如鳳凰涅槃，浴火重生，並且按照官方的宣稱，也是要把北京奧運會吉祥美好的祝福傳遍全中國，帶給全世界。[5] 奧運火炬則取名「祥雲」，也是傳統的中國文化符號。官方還以「源源共生，和諧共融」的概念，將傳遞路綫與接力主題稱為「和諧之旅」，希望借此展示中國的成就和美好形象。

顯而易見，北京原想借奧運火炬傳遞展示中國的巨大成就，塑造正面的中國形象。結果事與願違，反而為國際上反華和人權組織

提供了抗議聲討的絕佳機會。他們在全世界範圍辯論和譴責中共政權、呼籲抵制北京奧運會。奧運聖火經過5大洲的19個國家19個城市，不僅沒有傳遞北京所希望的「和平、友誼、進步」的夢想與榮光，反而遭到抵制和譴責。和諧之旅並不和諧。聖火在倫敦、巴黎、舊金山等地傳遞時遭遇圍攻、抗議。世界人權組織及很多西方知名人士紛紛要求抵制北京奧運會，抗議聲浪節節升高。火炬接力口號「點燃激情，傳遞夢想」的英文翻譯為「Light the passion, share the dream」，與北京奧運會口號「同一個世界，同一個夢想」一脈相承。但從奧運火炬傳遞過程中出現的大規模抗議活動和紛紜的抵制聲音來看，顯然不是所有人、所有國家都與中國分享同一個夢想。

應該提到的是，面對這樣的反華和抵制浪潮，中國留學生及海外華人發起聲援北京的活動，保護火炬，並為中國政府辯護。北京的《環球時報》撰文稱，面對西方人的抗議，「中國人是見過世面的，我們心胸足以容納各種變故和挑釁，中國完全不像一些人想的那樣脆弱。」[6] 也並非只有西方國家抗議火炬傳遞。台灣即拒絕參與這一活動，創下奧林匹克大家庭成員拒絕參與傳遞聖火的先例。原因當然是政治，台灣不願意被大陸矮化，拒絕被作為中國大陸一部分看待。北京對此毫無良策，而情勢如果進一步惡化，北京奧運會本身甚至都有可能遭到西方國家抵制。

就在這種敏感時刻，2008年5月12日，四川汶川發生強烈地震，導致大量房屋倒塌及巨大人員傷亡。中國政府及人民奮起救災，溫家寶總理親赴現場指揮救援，上萬士兵進入災區搶險救人。至此，西方掀起的抵制聲浪才逐漸減弱。國際奧林匹克委員會資深委員、加拿大人Richard W. Pound甚至認為，是四川地震拯救了北京2008年奧運會。[7]

2008年奧運會屬中國，更屬世界。一些西方國家的政客、媒體、組織出於各種考慮，對中國主持的這一世紀全球盛會並不是樂觀其成，而是橫加挑剔，百般干擾，竭盡破壞之能事。不可迴避的是，中國當時在人權、環境、管理等方面無疑有不少問題，遭人詬病。2008年奧運會開始前，中國政府面臨一系列不利局面，亟待借奧運會開幕式帶來好運。

「一場無與倫比的奧運會」

汶川地震救援和善後工作甫定，在藏人及法輪功信徒的抗議聲中，在西方人權組織及個人對中共的嚴詞譴責和攻擊下，2008年8月8日晚上8時，北京奧運會正式拉開序幕。北京終於品嘗到成功的喜悅。開幕式美輪美奐，展示傳統中國文化，令世人驚艷。北京為了這場奧運盛會，共徵集了10萬名賽會志願者、40萬名城市志願者、100萬名社會志願者、20萬名啦啦隊志願者，總計170萬人。[8] 這百餘萬名面帶微笑的志願者讓全世界看到了中國人美好的一面。通過奧運會，一流的體育設施所代表的高效、現代的中國被展現在世人眼前。儘管不少國家領導人因西藏或人權等問題不願前來北京，但依然有54位國家元首和15位政府首腦參加了開幕式，包括時任美國總統布什、日本首相福田康夫、俄國總統普京等。布什總統不僅出席開幕式，更在北京逗留多日。這是美國在任總統第一次出席在美國境外舉行的奧運會開幕式，在中美關係史和中國外交史上意義非凡，在相當大的程度上，體現了我在別處大力強調的中美兩國人民「共有的歷史」。[9]

　　北京奧運會可能是中華人民共和國迄今為止最有效、最成功的國際公關。佔世界人口70%的47億人次觀看了電視轉播。204個國家或地區參加了北京奧運會及開幕式，是有史以來參與國家和地區最多的一次。從提升中國國際形象方面看，北京奧運會無疑大獲成功。難怪當時的奧委會主席羅格（Jocques Rogge）公開將其稱為「一次真正無與倫比的」奧運會。[10]

　　開幕式上，數千名演員敲擊方鼓、展示中國悠久文明的表演，令人嘆為觀止。事實上，開幕式的節目直接受中共高層的嚴格把控。北京奧組委開、閉幕式工作部部長張和平承認，開幕式節目安排必須由中共中央政治局常委會批准。2007年4月，政治局常委在聽取匯報時對開幕式提出許多要求。一位領導要求把太極表演加入開幕式；「轉動地球」的設計則來自政治局委員劉淇的要求。[11] 開幕式總導演張藝謀也公開承認，許多構思他做不了主。[12] 就是開幕式上誰來唱歌，也「是國家領導人定的」。[13] 為了展示所謂中國人的美好形象，當局讓女童林妙可在開幕式上假唱《歌唱祖國》，而在幕後實際演唱的是當時正在換牙期的少女楊沛宜。此外的造假行為，還包括把用電腦預先做好的焰火足印視效插入實況轉播。不過，總體而言，開幕式瑕不掩瑜，無需對其求全責備。

　　除了開幕式大獲成功並主辦了一場讓世界驚艷的奧運會外，中國運動員更取得歷史性的驕人戰績，一舉奪得51枚金牌，高踞金牌榜首。[14] 此前長期佔據榜首的美國屈居次席，只拿到區區36枚。中國人當然也有遺憾。在2004年雅典奧運會上獲得金牌的跨欄選手劉翔，被國人普遍寄予厚望，卻在8月18日的比賽中因傷退賽。分管北京奧運會的中共中央政治局常委、國家副主席習近平當天即致電國家體育總局，要求轉告對劉翔的慰問和熱情鼓

勵，希望他傷病康復後，繼續刻苦訓練、增強鬥志，「為祖國爭取更大的榮譽。」[15] 其實，此時對運動員劉翔來說，最佳選擇並不是「繼續刻苦訓練」，而是正式退役。雖然劉翔後來成績一度有所上升，但在四年後的倫敦奧運會上，還是再次受傷，上演更加悲壯的退賽一幕。

儘管有諸如劉翔傷退之類的遺憾，但由於在自家主場稱雄金牌榜，中國人終於可以將戴了很久的「東亞病夫」帽子徹底拋到九霄雲外，證明自己不僅可以同世界體育強國並駕齊驅，甚至還能一馬當先。2008年北京奧運會的一個主要意義即在於此。奧運會還有外交層面的意義。長期以來，中國人對國際體育的興趣和動力主要在於借此提高國際地位。前面提到，1932年，中國為了展示面臨日本強敵入侵時的無畏和維護民族獨立的堅強意志，派短跑運動員劉長春參加洛杉磯奧運會，這也是中國人第一次正式參加奧運會比賽，雖是單刀赴會，但浩氣長存。52年後的1984年，還是在洛杉磯，中國人不僅奪得第一面奧運會金牌，還大幅度改善中美關係，借機進一步打開了中國外交的宏大格局。在2008年的北京奧運會上，中國最終得以向全世界展示一個新的中國形象。

雖然「同一個世界，同一個夢想」無疑只是夢想，但中國人一個多世紀以來的奧運夢想，還是完美地在北京奧運會上得到實現。所以，此次奧運會的第三個意義在於中國人的集體圓夢。我們應該還記得，早在1908年，基督教青年會天津分會的中外幹事們即發出著名三問：(1) 中國何時能派出能贏金牌的運動員？(2) 中國何時能派出能贏金牌的代表隊？(3) 中國何時能邀請世界各國來北京參加奧運會？而當時的中國還在清政府統治下。從1908年到2008年的100年，中國歷經晚清、民國和中華人民共和國，這「三問」

一一實現，最終在北京奧運會上圓夢，成為中國人追求國際化百年
歷程的巔峰時刻。甚至可以說，2008年奧運會不僅屬中國，更屬
世界。通過此一重要事件，中國與國際社會的關係更為緊密。

北京奧運會的另一個意義，則是向全世界展示了一個繁榮昌
盛、自強不息的崛起中的民族新形象。但這次奧運會也有巨大遺
憾，就是中國未能把握這一百年不遇之機，推動民主化改革。我
在前文論及北京奧運會對中國的政治影響時，提到可能產生的幾種
不同結局。最好的結局是仿效1988年的漢城奧運會，韓國借機一
舉由軍事獨裁變為民主國家。最壞的結局是同1936柏林奧運會一
樣，進一步鞏固和強化目前的獨裁政體。早在2007年8月8日，包
括劉曉波在內的42位中國人公開發表《08憲章》，呼籲中共政權借
2008年北京奧運會之機，實現承諾，保證中國公民的基本人權。[16]
遺憾的是，中共政權不僅對此置之不理，反而對簽署者加以懲罰。
中共的執政者無疑有自己的夢想，那就是利用奧運會鞏固政權。
2008年奧運會本來可以成為中共政治改革的開端和契機，可惜未
能把握良機。

2022：北京第二個奧運會和中共的第一個「一百年」

前面提到，2007年習近平作為國家副主席分管2008年北京奧
運會。該運動會的大獲成功無疑為習加分不少，某種程度上也幫
助他在四年後成為國家最高領導人。習深刻地認識到體育的政治
意義，決心把自己打造成一個體育領導人，借體育進一步強化中
共獨裁及個人權力，推動中國由體育大國向體育強國發展。不少

人注意到，習近平在許多方面有意無意向毛澤東看齊，但很少人意識到在利用體育方面，習近平與毛一脈相承。毛澤東生平發表的第一篇文章就是〈體育之研究〉，刊印在1917年4月1日的《新青年》雜誌上。毛澤東一生對游泳特別是橫渡長江情有獨鍾，青年時代的詞句「自信人生二百年，會當水擊三千里」、「中流擊水，浪遏飛舟」等，刻畫出一個無比豪邁的水上健兒形象。1956年，毛澤東暢游武漢長江後，又寫下「不管風吹浪打，勝似閑庭信步」的名句。1966年，當他準備發動「文化大革命」時，也竟然選擇體育傳達革命天機。這一年的7月16日，73歲高齡的毛澤東現身武漢，暢游長江。此舉當然不是鍛煉那麼簡單，而是充滿巨大的政治意味：除了向國人乃至全世界展示自己的強健體魄，更重要的是，他要以水擊長江風浪的身體表演，預示一場前所未有的革命大浪潮，就是所謂的無產階級「文化大革命」——毛一生最後的一場大革命。此後，「跟著毛主席在大風大浪中前進！」很快成為中國家喻戶曉的口號。毛澤東還曾通過體育導演經典的外交大戲，也就是前文詳細寫過的著名的中美「乒乓外交」—— 1971年，為了同美國捐棄前嫌，聯美制蘇，毛澤東再生靈感，又回到了他的招牌好戲：體育。這年春天，他決定邀請美國乒乓球隊訪華。周恩來將之生動地概括為「小球終於推動大球」。結果是，中華人民共和國不僅在當年進入聯合國，中美兩國也立即從敵對關係演變成共同對抗蘇聯的盟友。[17]

　　習近平在成為最高領導人後，也效仿毛澤東，用體育謀劃重大政治訴求。在他提出的「中國夢」和「兩個一百年」願景中，體育是重要的媒介、推手和傳播機制。習近平的目標，是實現中國從「站起來」到真正「富起來」和「強起來」的歷史跨越。沒有什麼比

國際體育更能體現這一夢想的了，他清楚知道，如同2008年北京奧運會一樣，國際體育可以向全世界展示自己的治國理念與國家形象。

2014年2月6日，習近平出席俄國索契冬奧會開幕式。這是中國最高領導人首次出席在境外舉行的大型國際體育賽事。不僅如此，習還要打造中國版的冬奧會，為北京申請2022年冬奧會主辦權是習近平親自推動的重要目標。當然，習的考量還是政治。2021年是習所謂的「第一個一百年」，即中國共產黨成立一百周年，相應的目標是中國「全面建成小康社會」。早在2012年習剛成為國家領導人時就宣稱：「我堅信，到中國共產黨成立一百年時全面建成小康社會的目標一定能實現，到新中國成立一百周年時建成富強民主文明和諧的社會主義現代化國家的目標一定能實現，中華民族偉大復興的夢想一定能實現。」[18] 中共「十八大」正式提出「兩個一百年」的奮鬥目標。[19] 要向世界展示這一偉大成就，沒有比舉辦一次奧運會更好的媒介了。

奧運會無疑也成為中美關係的晴雨表和風向標。中華人民共和國自1979年重返奧運大家庭後，原本準備馬上參加1980年的莫斯科夏季奧運會，但很快選擇響應美國卡特總統的號召，參與抵制該屆奧運會，以報復蘇聯1979年入侵阿富汗。[20] 顯然，外交考量重於體育本身。結果推遲到1984年才參加洛杉磯夏季奧運會。此前，1980年初，中國人還參加了在美國的普拉穗德湖 (the Lake Placid) 舉辦的冬奧會。只不過因表現平平，媒體沒有大張旗鼓報道。前文提到，從1895年開始不斷把奧運介紹給中國人的是美國的基督教青年會的幹事們；中國人首次參加奧運會是在美國，第一次拿奧運金牌也是在美國，1979年後參加的第一次冬奧會和夏季奧運會都

是在美國。進入 21 世紀以後，中國人和美國人在夏季奧運會金牌榜上的成績也常常是在伯仲之間。

與申辦 2008 年夏季奧運會時的一波三折不同，2022 年冬奧會似乎唾手可得，因為沒有有力的競爭對手。2013 年 12 月，斯德哥爾摩出於對巨大財政開支的擔憂，決定退出角逐。2014 年 3 月 14 日，國際奧委會正式公布了五個申辦城市：中國北京、波蘭克拉科夫、挪威奧斯陸、哈薩克斯坦阿拉木圖和烏克蘭利沃夫。然而，俄羅斯索契冬奧會的經濟賬——500 億美元的天文數字讓所有有意申辦的國家和城市開始猶豫不定。不少人認為，承辦奧運會的投入總是超出預期，而收入卻總是不及預期。2015 年初，美國奧委會提名波士頓代表美國申辦 2024 年夏季奧運會，但波士頓人認為得不償失，最終謝絕。不僅波士頓，近年來，世界上很多城市都對承辦奧運會喪失熱情。[21]

主要出於經濟考量，四個申辦 2022 年冬奧會的城市相繼退出角逐。2014 年 5 月，波蘭克拉科夫市市長宣布該市退出申辦。當地市民的投票中，有近 70% 的反對票。2014 年 6 月，烏克蘭的利沃夫市因為本國的政治與安全危機，加上經濟壓力，決定收回申請，成為另一個退出申辦的城市。2014 年 10 月，挪威政府就是否支持奧斯陸申辦 2022 年冬奧會進行公民投票，反對票佔多數。政府遂以擔心國家經濟為由，拒絕為奧斯陸申辦提供財政擔保。奧斯陸只好選擇退出。在所有西方國家的城市因為財政、環境等多種考量退出競逐後，北京最終只剩下了唯一的對手：哈薩克斯坦的阿拉木圖。中國和哈薩克斯坦的人權記錄都乏善可陳。儘管北京的人權狀況實際上從 2008 年北京奧運會後並無改善，但其他條件比阿拉木圖顯然要勝出一籌。[22] 北京最終被選中也就不足為奇，甚至是理所當然的了。

　　與絕大數主辦國不一樣，北京只計算政治，不太考慮經濟和社會成本。舉辦冬奧會最終是盈餘還是入不敷出？巨額投入誰來結賬？這些都不是北京的主要考量。2022年冬奧會申辦工作領導小組成員、財政部副部長余蔚平公開表示：「中國政府是北京申辦冬奧會的堅強後盾，保證提供財政支持。」[23] 最關鍵的是習近平的態度。2015年7月31日國際奧委會就舉辦城市投票時，習近平在視頻中承諾：

> 我代表中國政府和人民向在座的各位委員、各位朋友表達對北京舉辦2022年冬奧會最堅定的支持。2022年冬奧會在中國舉辦將有利於推動中華文明同世界各國文明交流互鑒，帶動中國13億多人關心、熱愛、參與冰雪運動。讓中國人民再次有機會為奧林匹克運動發展和奧林匹克精神傳播做出貢獻。中國政府高度讚賞奧林匹克運動的價值觀和國際奧委會的改革主張，將全面兌現每一項承諾，全方面踐行《奧林匹克2020議程》。中國人民期盼和等待著這次機會，我相信如果各位選擇北京，中國人民一定能在北京為世界奉獻一屆精彩、非凡、卓越的冬奧會！[24]

　　所謂《奧林匹克2020議程》是由國際奧委會在2014年12月通過的奧運會改革方案，其核心內容是：從2020年開始，主辦城市要降低奧運會申辦和運行成本，注重可持續發展、提高公信力和人文關懷等。北京擊敗阿拉木圖、獲得2022年冬奧會主辦權後，將創造歷史，成為第一個既舉辦過夏奧會又將舉辦冬奧會的城市。

　　2020年夏執筆之際，我對這屆尚未舉行的奧運會會對中國產生什麼影響，一時無法斷定，這裡只能做些猜測。儘管冰雪運動所

帶來的投資無法預估，至少可以在某種程度上帶動經濟長期低迷的東三省。作為滑雪運動的重要省份，處於經濟寒冬的東三省亟需刺激。或許冬奧會能為之雪中送炭。這次奧運會的最大受益者無疑是張家口，大多數比賽將在這個離北京不遠的城市舉行，後者境內的崇禮、赤城是華北地區最大的天然滑雪地。張家口並不是小城市，截至2019年，其常住人口達440多萬。而且地理位置十分重要，處在冀、京、晉、內蒙古的交匯處，有「陸路商埠」之稱。1909年，中國人建成的第一條自主設計的鐵路，即是「北京－張家口」鐵路。2015年12月，時速350公里的「北京－張家口」智能高速鐵路開工建設。這是中國《中長期鐵路網規劃》中「八縱八橫」京蘭通道的重要組成部分，也被習近平推為確保冬奧會如期順利舉辦的重要配套工程。2019年12月30日，京張高鐵開通運營。從北京出發，到位於張家口太子城的冬奧會主賽場的交通時間被縮短至一小時內。[25]

中國官方聲稱：「在強調京津冀協同發展的當下，申辦冬奧所帶來的巨大的社會效益和經濟效益不可想像，北京聯合張家口主辦2022年冬奧會，是繼2008年北京奧運會和2010年上海世博會後，中國申辦的又一個頂級的國際盛會，與實現中華民族偉大復興的中國夢緊密相連、息息相關。」如果說2008年北京奧運會是向全世界展示一個崛起的中國，那麼中共無疑希望在第一個「一百年」（中共建黨百周年）之後的2022年冬奧會上，展示中國建成全面小康社會的新面目和新形象。同時還必須提到，2022年中國還有另一場體育盛事，那就是杭州將舉辦第19屆亞洲運動會。

習近平告訴中國人：「在北京舉辦一場全球矚目的冬奧盛會，必將極大振奮民族精神，有利於凝聚海內外中華兒女為實現中華民族偉大復興而團結奮鬥，也有利於向世界進一步展示我國改革開放

成就、和平發展主張。籌辦北京冬奧會、冬殘奧會,為推動京津冀
協同發展提供了良好機遇,也為推廣普及我國冰雪運動提供了良好
機遇。」指示要「把北京冬奧會、冬殘奧會辦成一屆精彩、非凡、卓
越的奧運盛會,向祖國人民、向國際社會交上一份滿意答卷」;「要
廣泛開展對外人文交流,講好中國故事,傳播好中國聲音」;「讓北
京冬奧會、冬殘奧會像冰雪一樣純潔乾淨」。[26]

所以,北京冬奧會的口號被定為「純潔的冰雪,激情的約會」
(Joyful Rendezvous opon Pure Ice and Snow),而它可能如同2008年
奧運會的「同一個世界,同一個夢想」一樣無法實現,導致它的象徵
意義將大於實際效果。張家口年平均降雪量大約僅8英寸,可以肯
定,屆時所用的冰雪絕大部分將是人造的,而非真正所謂「純潔的
冰雪」。[27] 在冰雪這個挑戰之外,北京冬奧會的另一個挑戰將是空氣
污染。北京的冬天向來空氣污染嚴重。當然北京可以像改善2008年
空氣質量一樣,不惜一切社會、人文和經濟代價,以行政調控的手
段讓2022年的空氣不致招來詬病。最大的挑戰還是國際環境。如果
目前中國的對外關係和人權記錄無法改善,「激情的約會」不僅難以
期待,甚至可能有遭到抵制的風險。另一方面,如果金牌依然是考
察中國能否在此次奧運會中獲得成功的重要指標,北京肯定也不免
大失所望。冰雪運動不是中國的強項。從1980年首次參加冬奧會到
2018年平昌冬奧會,中國運動員在歷屆冬奧會上獲得的金牌總數才
13枚。在平昌冬奧會上,中國運動員甚至只獲得區區1枚金牌。我在
前文多次提到,一個自信的民族和國家本就不應該過分崇拜金牌,
盡情享受體育就好,金牌也並不是最重要的指標。印度人的第一枚
奧運個人金牌是在2008年北京奧運會上拿到的,加拿大人數次在自
己舉辦的奧運會上表現不佳,但無妨兩國的國際地位和國民自信。

　　除了第一個「一百年」的目標外，習的中共政權還有第二個「一百年」計劃，那就是令中華人民共和國在建國一百周年之際正式進入世界發達國家之列，甚至成為超級強國。對習近平來說，如果能藉由體育來展示第二個「一百年」的巨大成就，是再好不過了。為此，習選中了全世界最有影響力的體育運動：足球世界盃。

2050：中共的第二個「一百年」與習近平的體育夢

　　中共領導人中不少是足球迷，也經常對中國男子足球的水平表達不滿。國家體育總局前局長和中國足協前主席袁偉民就透露，中央委員罵起足球來，也都像普通球迷一樣恨鐵不成鋼。[28] 2002年世界盃上，中國一球未進，導致在2002年6月27日的中共中央政治局常委會議上，常委們就足球問題發表了很多意見。江澤民當時說，足球的影響很大，中國隊至少「要賽出一種樣子來」。[29] 為了提高足球水平，袁偉民指出：「1993年，國家體委制定了《關於深化體育改革的意見》，以足球改革為突破口。」[30] 1994年，足球預先實現職業化。現為全國政協主席的汪洋曾於1987–1988年任安徽省體委主任。1992年，袁偉民甚至擬請汪洋出任全國足協的專職主席。[31]

　　習近平也是足球迷，也深知中國人對足球的痴迷以及對中國有朝一日在國際足壇上取得成就的嚮往。比起其他領導人，習的野心要大得多，他要帶領中國在2050年成為足球強國。2015年，習近平公開聲稱，他對中國足球的最大希望就是世界最佳。[32] 這其實是三重夢想：一是中國男足隊再進世界盃，二是中國舉辦足球世界盃，三是中國贏得世界盃獎盃。因為習的最高領導人地位，他的足

球夢成為中國最大的政治。2015年春節後，中共通過的第一個決策即與足球有關。中共中央、國務院把中國足球改革發展同中華民族偉大復興相提並論，並從國家和政府層面，把發展足球運動納入經濟社會發展規劃，將振興中國足球作為建設體育強國的重要任務擺上日程，力圖在第二個「一百年」之際的2050年成為世界足球強國。

2015年2月27日，習近平主持召開的中央全面深化改革領導小組會議通過了《中國足球改革總體方案》。會議指出，實現中華民族偉大復興的中國夢與中國體育強國夢息息相關，發展振興足球是建設體育強國的必然要求，也是全國人民的熱切期盼。國務院辦公廳隨即發出《關於印發中國足球改革發展總體方案的通知》，稱：

> 黨的十八大以來，以習近平同志為總書記的黨中央把振興足球作為發展體育運動、建設體育強國的重要任務擺上日程。習近平總書記多次指示要下決心把我國足球事業搞上去，李克強總理高度重視足球等體育事業和體育產業工作，國務院多次專題研究部署，我國足球改革發展迎來了前所未有的大好機遇。足球運動具有廣泛的社會影響，深受廣大群眾喜愛。發展和振興足球，對提高國民身體素質、豐富文化生活、弘揚愛國主義集體主義精神、培育體育文化、發展體育產業、實現體育強國夢具有重要意義，對經濟、社會、文化建設也具有積極促進作用。

在習的力推下，足球改革加大了力度。國務院的通知要求「深入學習貫徹習近平總書記系列重要講話精神，把足球改革發展作為建設體育強國的重要舉措」。

　　這無疑意味著發展足球運動將成為中國「大政治」的重要部分。《方案》及《通知》提出，中國足球實行「三步走」戰略，分為近期目標、中期目標和遠期目標。近期目標側重改善足球發展的環境和氛圍，理順足球管理體制，制定足球中長期發展規劃，創新中國特色足球管理模式，形成足球事業與足球產業協調發展的格局。中期目標則要求青少年足球人口大幅增加，職業聯賽組織和競賽水平達到亞洲一流，國家男足躋身亞洲前列，女足重返世界一流強隊行列。遠期目標包括中國足球實現全面發展，足球成為群眾普遍參與的體育運動，全社會形成健康的足球文化；職業聯賽組織和競賽水平進入世界先進行列；積極申辦國際足聯男足世界盃；國家男足國際競爭力顯著提升，進入世界強隊行列。

　　中國並不是第一個向全世界宣布足球夢的國家，但可能是唯一把足球夢同政治和國家未來連在一起的國家。2005年，日本足協曾發布著名的《2005年宣言》，又名《夢之宣言》，為日本足球設定中遠期目標：2015年進入世界盃前15，足球人口達到500萬；2050年前在日本舉辦世界盃（非合辦），並在這屆世界盃上奪冠；2050年足球人口達到3千萬[33]。遺憾的是，在2014年巴西世界盃上，日本足球未能小組出綫，鎩羽而歸。日本隊當時在國際足聯的排名也遠在50名左右。2015年，日本足協發布了新的《2015年宣言》，為旨在2050年奪得世界盃冠軍的日本足球設定了新的路徑：2030年前打入世界盃四強，國際足聯排名進入前10。

　　儘管日本或其他國家也都在宣揚足球夢，但沒有國家能像中國這樣以舉國體制來達到目的。為了實現上述三大目標，中國政府推出50項措施，其中包括校園足球改革：第一，推進校園足球普及。各地中小學均需把足球列入體育課教學內容，並加大學時比

重。以扶持特色帶動普及，對基礎較好、積極性較高的中小學重點扶持，在全國現有5,000多所校園足球特色學校的基礎上，爭取於2020年達到20,000所，2025年達到50,000所，並對開展女子足球的學校提出比例要求。同時完善保險機制，推進政府購買服務，以提升校園足球安全保障水平。第二，擴充師資隊伍。通過培訓現有專、兼職足球教師和招錄等多種方式，提高教練教學水平，鼓勵引進海外高水平足球教練。到2020年，完成對50,000名校園足球專、兼職教師的培訓。完善政策措施，加強專業教育，為退役運動員轉崗為體育教師創造條件。

在習近平把足球變成政治後，政府和社會加大了投資力度。廣州恒大足球隊準備建造世界上最大的足球場和最大的足球學校。中國足球俱樂部的球隊除高薪聘請教練外，還花大錢網羅足球明星，年薪高達4,000萬美金。為了搶奪西班牙皇家馬德里的超級巨星羅納爾多（Cristiano Ronaldo），中國一支足球隊甚至開出高達1.05億美金的年薪。中國人的「砸錢」做法，引來全世界足球俱樂部的憤怒。英國著名的切爾西球隊（Chelsea）的經理安東尼奧·孔蒂（Antonio Conte）指責中國人是「全世界所有球隊的威脅」。[34] 中國國家足球隊自1992年就開始聘請外籍教練，現在更是不惜重金。曾率領意大利國家隊斬獲世界盃冠軍、締造了「尤文圖斯王朝」的意大利人里皮（Marcello Lippi）先是於2012年獲聘出任廣州恒大的教練，繼而被聘為國家隊教練。出於「拯救」中國足球的動機，中國人不惜付給里皮全世界最高的教練薪資。[35]

為了在足球方面取得佳績，中國政府可謂絞盡腦汁，甚至破天荒地讓外國優秀球員歸化入籍。倫敦出生的Nico Yennaris本是英國公民，中文名字叫李可。他的母親有華人血統。在英國，他充其

量只是二流球員，卻成為中國國家隊的歸化球員。另一位外國球員John Hou Saeter曾經在挪威青年隊踢球。如Yennaris一樣，他的母親也有中國血統，他也很快入籍成為中國公民。毫無中國血統的Tyias Browning，在廣州恒大踢球後也成為中國公民。未來肯定還會有更多的歸化球員為中國國足效力。

如此不惜人力、財力，目標無疑是為了提高中國足球水平，幫助男足打進世界盃，此外，幫助中國成功申辦世界盃，甚至奪冠。前面提到，在2008年北京奧運會上，中共通過舉國體制實現了夢寐以求的金牌第一的目標。在足球方面，中國能否故技重演、實現美夢呢？喜歡足球的人都知道「足球是圓的」，意即什麼結果都可能發生。體育之精彩就在於，任何驚天大逆轉都可能發生。1968年11月哈佛大學與耶魯大學之間的橄欖球賽就是一個經典事例，哈佛在比分一直大規模落後的情況下，在最後一分鐘逼平耶魯，比分29：29，以至於哈佛學生報紙以頭版報道，標題是「哈佛打敗耶魯！」[36] 另一個「灰姑娘」的故事，是芝加哥小熊隊 (Chicago Cubs) 在經歷108年無數次捶胸頓足的失敗之後，在2016年贏得了棒球世界大賽冠軍。

歷史上，中國人的足球水平並不低。1999年，有著「鏗鏘玫瑰」美譽的中國女足踢進世界盃決賽，與美國人一決高下。雖然最終輸在點球，但她們高超的球技和鬥智鬥勇的豪情，有目共睹。如果中國女足能躋身世界一流，男足應該也能做到才對。不只女足，以華人為主的香港男子足球當年也曾傲踞亞洲前列，從1920年代到1960年代一直引領亞洲風騷。在上世紀三、四十年代，雖然中國人正經受日本侵略，但有「亞洲球王」之稱的李惠堂先生率領的中國足球隊員們在綠茵場上經常所向披靡，無數次踢出中國人的

氣概。1953年李惠堂來到台灣，協助發展足球事業，以教練身份帶領中華民國足球隊兩奪亞洲盃冠軍（1954年、1958年）。李惠堂自豪地作詩慶祝：「亞運奪標國有聲，萬人夾道表歡迎，此生何事留深憶，元首嘉傳最寵榮。」[37] 1963年，李惠堂又率中華民國隊赴馬來西亞參加默迪卡盃，獲得冠軍。1966年，李惠堂任亞洲明星隊教練。他在率隊戰勝英國職業勁旅後再次賦詩：「亞洲聯隊號明星，臨陣籌謀夜不寧，一戰功成摧勁旅，足球王國起驚霆。」[38]

李惠堂（1905–1979），別號「魯衛」，生於香港富商之家，入香港皇仁書院讀書。他能說英文，能寫中文詩詞，並酷愛足球，1922年加入南華體育會成為職業球員，從此馳騁綠茵25年之久，一直到1947年掛靴，期間四次代表中國參加遠東奧林匹克運動會，著有《足球經》一書。[39] 李惠堂一生進球逾千，在1935年的全國運動會中，他率領香港隊出戰江蘇隊，最後比分為24：0，李惠堂一人踢進16球。在與廣東省足球隊爭奪冠軍時，他一人踢進3球，率香港隊奪冠。李惠堂對此也很自豪，曾寫下詩句：「生平放眼空餘子，射戟轅門數不知，百步穿楊人共譽，紅鬚碧眼也驚奇。」[40] 曾任中華民國足球協會會長的鄭為元稱李惠堂為「體育界國士」。[41] 著名學者羅香林稱李惠堂不僅為一代球王，「更善為詩韵」。[42] 李惠堂自己也稱，「弱冠後以球事遠遊四方。耳目所經，每生感觸，輒喜覓句抒懷」。[43] 他的詩詞後編入《魯衛吟草》。在一首寫足球的詩中，他寫道：「好事西人創足球，欲憑膂力聘驊騮，丈夫養就浩然氣，一腳踢翻五大洲。」[44] 退役之後，他旋即出任中國足球隊教練，並於1948年帶隊出征倫敦奧運會。

李惠堂的足球生涯同其愛國熱忱密不可分。他有一首詩這樣寫道：「不期富貴不期王，但願疆場我武揚，待振雄風光國族，萬

花撩亂莫輕狂。」此為其1935年率香港南華球隊連贏24場球賽時所寫。所謂「萬花撩亂莫輕狂」指其比賽時「萬人聲大叫球王，碧眼紫髯也頌揚，更有細腰紅粉女，爭相羅拜狀如狂。」[45] 在關於柏林世運會的詩中，他寫道，「柏林世運會開幕，五環招展人雀躍，男女健兒奮鷹揚，奪得錦標榮祖國。」[46] 當率領中國足球隊在柏林取得勝24場、平3場的佳績後，李惠堂又寫道：「中華兒女陣堂堂，一戰功成廿七場，僑眾歡呼天地震，病夫氣吐也眉揚。」[47] 他在《體育何價》一詩中寫：「興邦大計在強民，為國爭雄早獻身，只笑平生專體育，未知柴米是經綸。」[48] 60歲生日時，李惠堂自賦：「憂樂常關天下情，愧無建樹以球鳴，一腔肝膽存人熟，半世風塵為國爭。」[49]

　　正因為其輝煌的足球生涯，加之儒雅的詩人氣質和愛國情懷，李惠堂不僅在球場贏得球王美名，更得到無數人的尊重。1964年李惠堂60歲生日時，香港各界為其祝壽，來賓酒席開180餘桌，可謂盛況一時。蔣介石親撰「壽」字祝賀。[50] 香港各界在為其祝壽的壽聯中寫道：「為國宣猷志業在富貴而外，逢辰衍慶身名比將相之榮」[51]。1974年台北為其七十華誕舉行盛大祝壽茶會，蔣介石再撰「壽」字祝賀，副總統嚴家淦及行政院長蔣經國等多達千餘人出席茶會。[52] 可惜的是，儘管曾有過萬般輝煌，但今天已經沒有人記得李惠堂了。在追尋足球新高峰的時候，除了援引外國的球員和教練，是否也值得對自身歷史上的重要精神財富與成績做一梳理？重新認識李惠堂或可成為這樣的起點之一。

　　國際足聯（FIFA）似乎都在幫中國人。不久前國際足聯修改章程，從2026年起，參加世界盃的名額將由32隊增加到48隊，中國隊出綫的希望大增。再不濟，中國可以申請舉辦世界盃。以中國

不惜成本舉辦國際大賽的經歷和舉國熱衷足球的現狀，拿到舉辦權相信只是時間問題。況且有鑒於目前中國實施的「歸化」措施，有朝一日，一支包括來自巴西、英國的歸化球員組成的中國足球隊，一舉拿下世界盃冠軍，也不是天方夜譚。總之，如果在21世紀中葉，中國人真能在綠茵場上和綜合國力的競技場上進入「雙一流」之列，就可以說中國人真正實現了「奧林匹克之夢」。

但目前來看，習近平的足球夢能否真正成為現實，還充滿變數。中國政府以為金錢、政治掛帥就能拯救足球，極可能事與願違。足球改革方案中，固然有許多有力措施，但黨的領導還是旗幟鮮明、毫不動搖。其中明確指出：「加強黨的領導。健全各級足球協會黨的組織機構，按照黨管幹部原則和人才政策，加強協會思想政治工作和幹部日常管理。中國足球協會設立黨委，由體育總局黨組領導。」而長期以來，正是因為體制而生的腐敗、低效無能和政治操作，一直在深層次制約著中國足球的發展。另外，金錢也絕非萬能，「砸錢」模式並不能為中國足球帶來希望。儘管擁有一流的設施、豐厚的資金、瘋狂的球迷以及政府的支持，中國男足幾十年來並無多大長進，在賽場上經常任人宰割。最好的例子就是天價薪酬聘來的里皮教練，無論他過去執教生涯的戰績多麼偉大驕人，儘管他使盡渾身解數，還是無法把中國男足帶進世界盃。國人幻想里皮能夠充當拯救者，男足偏是那扶不起的阿斗，讓里皮仰天長嘆，恨鐵不成鋼。雪上加霜的是，這兩年因為中國經濟環境惡化，不少足球俱樂部出現資金危機。2020年初包括天津天海、遼寧足球隊等14支參加職業聯賽的球隊因管理和資金問題解散，退出職業聯賽，席捲中國足壇的「砸錢」模式露出破產的徵兆。

鄧小平是著名球迷。「足球從娃娃抓起」就是他的名言。但鄧可以拯救中國經濟，帶領中國實現改革開放，卻無法提高中國男子足球水平。袁偉民曾長時間擔任中國足協主席，這位著名的排球教練在1980年代率領中國國家女排實現五連冠的壯舉，還是同樣無法拯救中國足球，足球成為他的「無奈心病」。[53] 習近平能否做到鄧小平沒有做到的事，更是未定之數。顯然，習的第二個「一百年」計劃的中國夢和足球夢要實現的難度很大。縱觀足球歷史，即使是政治、經濟、軍事大國都未必能成為男子足球強國，並獲得世界盃冠軍。前蘇聯沒有做到，美國也沒有，屆時中國能否成為足球強國，無疑也是未定之數。

更進一步，另一個值得深思的問題是，即使中國真的在2050年左右奇跡般贏得世界盃，能等同於實現中國夢嗎？我們不得不承認，來自巴西、英國及其他國家的歸化球員並非傳統認知中的黑頭髮、黃皮膚，也不是民族主義口號最熱衷於宣傳的「龍的傳人」或「炎黃子孫」。由歸化球員代表中國出戰，即便取得了勝利，是不是就能說明「中國夢」得到了實現？只是，當前的中共當局好像病急亂投醫，並沒有考慮到這樣做對作為概念的「中國」(the Idea of China) 和作為概念的「華人性」(the Idea of Chineseness) 會構成怎樣的挑戰。進而言之，究竟什麼是中國夢？如果我們把中國夢同人類共同體聯繫在一起，相提並論，當然是最好不過的了。假如中國夢真是包含這樣的內容，我們不僅要樂觀其成，甚至應該寄予希望。但果真如此，恐怕我們所說的「中國」就不再完全是「龍的傳人」和「炎黃子孫」的國度了。

我在前文多次提到，一個國家是否強大不僅體現在體育方面，更重要的是精神層面的自信和自由。我衷心希望中國人借助國際體

育真正實現中華民族偉大復興，成為真正的大國和強國。對一個自信的政府來說，讓體育回歸體育，讓政治遠離體育，可能是更好的方略。

從體育回到「中國」：代結論

國際體育首先是跨國的、是共有的，屬文化範疇，國際體育的視角可以幫助我們走出狹隘的民族主義和民族—國家視角的束縛，為中國和世界提供一個不同的解讀，更好地講述中國故事和人類共同體的歷史，透視中國在世界中的地位及與他者的互動。我一直認為，某種意義上，國際體育既是中國命運和發展的風向標，同時也可以成為構建和展示「中國」理念的最好推手和窗口；甚至可以充當中國政治、社會和政策轉向的催化劑。從歷史角度看，國際體育在中國的命運和沿革印證了中國近代歷史的不同進程，誠如古詩「春江水暖鴨先知」所云，甚至可以從體育的動向來測試中國的未來走向。學術界特別是中國學術界長期以來忽視國際體育在中國歷史研究中的重要性，其實是一大缺憾。唯願本書能拋磚引玉，向中文學術界引薦這一學術進路。[54]

自1895年甲午戰爭慘敗於日本及同一時期基督教青年會在天津建立中國首個分會，一個多世紀以來，中國人一直以西方的國家認同及價值觀為參照系和依歸：意欲通過參與奧林匹克運動等方式加入西方主宰的國際體系，即一大明證。在很大程度上受基督教青年會的影響，先進的中國人開始關注現代奧林匹克運動，並把引進西方體育同救國強種、尋求新的國家認同聯繫起來。前文提到，在

1907–1908年間，他們與基督教青年會的美國同事一起，公開提出中國何時可以舉辦奧運會的問題。一百年過去了，這一夢想終於在2008年得以實現。然而，夢圓之日也是夢醒之時！中國並沒有充分利用這個千載難逢的機會改革政治，建立真正的民主法治社會，並走出一條以中國自身的文明為中心和參照系，和真正適合中國人的民主、自由、公平、正義的康莊大道來。

傳統體育是中國優良文明的重要部分，更是人類的共同遺產。古代中國人曾經在體育方面引領世界風騷：中國古代的太極、武術、圍棋、馬球等廣義上的體育文化都成為「中國影響世界」或「世界影響中國」的重要論題。僅舉馬球為例：馬球並非發源於中國，但中國很早就熱衷此一運動，三國時已有相關記載。曹植的《名都篇》「連騎擊鞠壤，巧捷惟萬端」，就是描寫當時的馬球運動。馬球在唐代更是得到長足發展。《舊唐書》曾記載有官員「聚女人騎驢擊鞠」。幾年前在西安發掘的一位唐代女子墳墓證實了這一記載，墓中出土數具驢骨和牛骨，專家推測可能因墓主生前喜愛馬球。[55] 我們今天思考中國及中國人的形象及理念時，尤其不要忘記中國婦女的地位和貢獻。這裡之所以提到唐代婦女與馬球，就是要借機把婦女帶回體育。強調不僅中國古代婦女在體育方面的作用，在中華人民共和國的體育中，女子運動員們更是扛起了大半邊天，不僅女足比男足強，大部分中國金牌也是女子所得。女子參加體育，並取得巨大成績，本身就是中國現代化的一個最具標誌性的體現，也是女子解放和力量的展示（這在前現代社會是無法想像的事情），其意義不亞於中國藉體育參與國際政治。另一方面，需要呼籲的也不是把婦女帶回體育，事實上婦女自20世紀初以來，就從未離開過體育。我們需要正視和重視的是女子體育的獨特價值，這種價值並不

限於婦女曾經獲得多少獎牌，而是真正實現男女平等，讓中國女性在包括體育在內的方方面面可以充分發揮才智，展示價值。這才是一個社會真正走向開明、平等、現代和偉大的重要標誌。

還有一個不爭的事實是，體育在近現代中國變味了，尤其國際體育，長期以來一直是中國的政治工具。自19世紀末以來，國際體育與政治息息相關，也是中國人尋求國際化和富強的重要媒介。如果說今天的中國真的站起來了、富起來了和強起來了，就應該有充分自信，將體育與政治脫鈎。當務之急就是把體育從政治工具變為社會進步的橋梁，變為中國同世界接軌的有效媒介，而不是動輒把體育當成外交施壓的工具。近年來，因為姚明和具有華人血統的林書豪在美國職業籃球聯盟（NBA）的搶眼表現，NBA成為國人特別熱衷的體育項目。長期以來，NBA一直深耕中國市場。當姚明加入休斯敦火箭隊後，NBA在中國達到如日中天的地步。但2019年NBA似乎一下跌入谷底，原因就與休斯敦火箭隊有關。2019年香港出現社會抗議運動。火箭隊總經理達雷爾‧莫雷（Daryl Morey）在社交媒體上寫了一句支持香港民主的話，引發社會反彈，導致NBA比賽在中國被停止播出，NBA在中國遭受重大經濟損失。外交部發言人指出，NBA的錯誤在於，跟中國開展交流和合作，卻不瞭解中國的民意，「這是行不通的」。這一事例不僅說明體育在中國政治化的程度，同時也暴露了中國人狹隘的民族主義情結，無疑對建立一個開放、自信、國際化的中國形象不利，更在相當程度上證實了中國人在回答「何為中國人？如何界定中國？」這一巨大問題上還有相當長的路要走。

在體育上對中國人發出靈魂叩問的還有香港和台灣問題。近幾年香港人和台灣人對「何為中國人？如何界定中國？」問題產生巨

大分歧和懷疑。在國際賽事中，香港是與中國國家隊平起平坐的成員，當中國國家隊與香港隊有比賽時，香港人若對比賽中的中國國歌和國旗出現過激反應，我們應該如何處理和對待？台灣在國際體育中的正式名稱為「中華台北」。但如何正確理解或接受這一名稱，這幾年來在島內和中國大陸都是有疑問和糾結的。凡此種種，都是關乎如何回答「何為中國人？如何界定中國？」的大事。

　　實際上，中共政權今天還在堅守早已過時的19世紀的理念和觀點，理應與時俱進，以科學發展觀找出一條適合中國人自己的嶄新道路。很早以前，康有為提醒我們應該「泯中西之界綫，化新舊之門戶」；嚴復則提出中國要「統新故而視其通，苞中外而計其全」；魯迅的藥方則是「外之既不後於世界文化之思潮，內之仍弗失固有之血脈，取今復古，別立新宗」；孫中山大聲疾呼中國人要「發揚吾固有之文化且吸收世界之文化而光大之，以期與諸民族並驅」。奧運會的口號是「更高，更快，更強」。自信的中國和中國人更應以此自許。

　　中國應該利用國際體育重建國家認同新架構，樹立中國文明體系，塑造中國獨立國格，以不卑不亢、挺拔自信的姿態同世界文明平等對話，共創21世紀人類新秩序。胡錦濤在北京奧運會後的總結表彰大會上宣稱：「國運興，體育興」[56]，依然把國家命運與體育強盛相提並論。體育運動的舉國體制仍舊是中國政府的原則。中共政權近來連續出台《體育強國建設綱要》、《「健康中國2030」規劃綱要》等文件，其中提到要大力推廣全民健身、加強港澳台體育交流。但基本上還是紙上談兵，未能像對待足球一樣落實到具體步驟。體育應該用來建設「中國」理念、重新界定和全面審視「何為中國人？如何界定中國？」這兩個根本性問題。

21世紀的中國人理應打造一個更為自信、自尊、自強而且寬容、祥和的民族家園，國際體育正好可以充當窗口和途徑。與其為了金牌夢，一味實行體育舉國體制，不如讓體育回歸社會、回歸體育的本質，讓體育成為一條聯繫中國人與世界各國人民的紐帶，而不是一個政治工具。如果國際化、全球化是中國的出路，還有什麼比國際體育更好的媒介？習近平上台後大力鼓吹「中國夢」，並在2013年宣布：「我明確告訴（美國）奧巴馬總統，中國將堅定不移走和平發展道路，堅定不移深化改革，擴大開放，努力實現中華民族偉大復興的中國夢，努力促進人類和平與發展的崇高事業。」他甚至把中國夢與美國夢相提並論，「中國夢要實現國家富強、民主復興、人民幸福，是和平、發展、合作、共贏的夢，與包括美國夢在內的世界各國人民的美好夢想相通。」[57] 在目前美國一心想同中國脫鈎、全世界不少國家對中國充滿疑慮之時，習近平的這些話聽上去有些空洞。但如果體育在中國不再被政治化，如果中國人能找到關於「中國」、「中國人」更好的定義並付諸實施，中國人的國際體育故事就不僅是中國人的故事，而是成為人類共同體的重要內涵。

註 釋

* 本書第一版完稿於2007年春，英文版2008年3月由哈佛大學出版社出版。後於2019年由廣東人民出版社出版簡體中文版，內容多有刪節；承蒙香港中文大學出版社出版繁體中文完整版，並囑我新撰一章，解讀2008年奧運會及其後的故事，我當然樂於從命。如同英文版一樣，在本章，我將試圖從體育角度分析2008年以來中國與世界的互動，並嘗試探討「中國」這一概念或者「中國性」在這樣的互動過程中如何重新得到審視和塑造。史康成、歐陽開斌閱讀了這章，並提出了寶貴的修改意見，特此感謝。

1 《環球》，2008年第16期（8月），頁7。

2 趙大年，〈奧運改變北京城〉，《環球》，2008年第16期（8月），頁29。

3 詳見R. Scott Gerathead, "China and the Spielberg Effect," in Minky Worden, ed., *China's Great Leap: The Beijing Games and Olympian Human Rights Challenges* (New York: Seven Stories Press, 2008), 205–221.

4 新華日報編，《北京奧運聖火境外傳遞紀實》（北京：人民出版社，2008），頁25。

5 同上，頁197。

6 同上，頁35。

7 "IOC Member Rips 'Disaster' of Global Torch Relay," *NBC News*, August 5, 2008, http://www.nbcnews.com/id/26034960/ns/beijing_olympics/t/ioc-member-rips-disaster-global-torch-relay/.

8 《中國新聞周刊》，2008年第31期（8月），頁60。

9 Xu Guoqi, *Chinese and Americans: A Shared History* (Harvard University Press, 2014). 中文版：徐國琦，《中國人與美國人：一部共有的歷史》（成都：四川人民出版社，2019）。

10 Jocques Rogge, Foreword, in *International Olympic Committee, Marketing Report*, Beijing 2008；還可參見https://www.reuters.com/article/us-oly-end-rogge-2012-idUSBRE87B0P020120812。

11 張和平，〈用世界語言講中國故事〉，《三聯生活周刊》，2008年第30期（2008年8月），頁68–71。

12 張藝謀，〈自信了，才能浪漫和製造夢幻〉，《三聯生活周刊》，2008年第30期（2008年8月），頁73–81。

13 〈70%的音樂感覺和中國——專訪開幕式音樂總監陳其鋼〉，《三聯生活周刊》，2008年第30期（2008年8月），頁119。

14 後因興奮劑問題遭取消舉重項目的3枚金牌。

15 〈習近平致電慰問劉翔〉，《新京報》，2008年8月19日，A03版。

16 Liu Xiaobo, "Authoritarianism in the light of the Olympic Flame," in Minky Worden, ed., *China's Great Leap: the Beijing Games and Olympian Human Rights Challenges*, 263–272.

17 詳見徐國琦，〈自信人生二百年，會當水擊三千里——為紀念毛澤東誕辰120周年而作〉，《中華讀書報》，2013年12月4日。

18 中共中央文獻研究室編,《習近平關於實現中華民族偉大復興的中國夢論述摘編》(北京:中央文獻出版社,2013),頁4。

19 同上,頁6。

20 有關中國抵制莫斯科奧運會的詳細分析,請閱拙著《中國人與美國人:一部共有的歷史》一書中關於體育的章節。

21 有關國際社會對申辦奧運會的興趣下降的最新研究, 請閱 Chris Dempsey and Andrew Zimbalist, *No Boston Olympics: How and Why Smart Cities are Passing on the Torch* (Nabanon, NH: ForeEdge, 2017)。

22 Dempsey and Zimbalist, *No Boston Olympics*, 161.

23 〈北京申冬奧不亂花錢:65%場建預算源於社會投資〉,新華網新聞,2015年7月31日,http://www.xinhuanet.com/world/2015-07/31/c_128078040.htm。

24 〈習近平支持北京舉辦冬奧會〉,環球網,2015年7月31日,https://world.huanqiu.com/article/9CaKrnJO2wa。

25 〈習近平:「京張高鐵建成投運意義重大,冬奧會各項籌備工作都要高標準高質量推進」〉,《人民日報》(海外版),2019年12月31日。

26 〈習近平的奧林匹克文化情懷與文明願景〉,國家體育總局,2018年3月26日,http://www.sport.gov.cn/n10503/c851903/content.html。

27 Lily Kuo, "Hosting the Winter Olympics in Beijing Is a Terrible Idea," *Quartz*, April 1, 2015, https://qz.com/373228/hosting-the-winter-olympics-in-beijing-is-a-terrible-idea/.

28 遠山,《袁偉民與體壇風雲》(南京:江蘇人民出版社,2009),頁190。

29 同上,頁192。

30 同上,頁189。

31 同上,頁195。

32 Chris Buckley, "President Xi's Great Chinese Soccer Dream," *The New York Times*, January 4, 2017.

33 〈日本足協2015宣言:2030前世界杯4強 2050奪冠〉,《騰訊體育》,2015年4月9日,https://sports.qq.com/a/20150409/038275.htm。

34 Buckley, "President Xi's Great Chinese Soccer Dream."

35 2013年3月18日出版的《南方人物周刊》封面登出里皮的大幅照片,並冠以「里皮拯救中國足球?」的大字標題。

36 詳見徐國琦,〈研究美國歷史的另一個視角:1968年的一場球賽和1969年的哈佛大學學生運動〉,《全球史評論》,第18期(2020年8月),頁3–25。

37　李惠堂，《魯衛吟草》(香港：建安印務公司，1974)，頁 17。

38　同上，頁 21。

39　鄭瑛、李纘錚編，《李惠堂先生紀念集》(香港：五華旅遊同鄉會，1982)，頁 209–217。《足球經》撰於 1957 年，直到 1973 年才非正式出版，書中涉及足球基本技巧並舉出示範動作和圖解。

40　同上，頁 103。

41　李惠堂，《魯衛吟草》，〈序一〉，無頁碼。

42　同上，〈序二〉，無頁碼。

43　同上，〈自序〉，無頁碼。

44　同上，頁 2。

45　同上，頁 3。

46　同上，頁 5。

47　同上，頁 6。

48　同上，頁 9。

49　同上，頁 20。

50　鄭瑛、李纘錚編，《李惠堂先生紀念集》，頁 18。

51　同上，頁 25。

52　同上，頁 26–29。

53　遠山，《袁偉民與體壇風雲》，頁 166。

54　關於體育對學術研究的重要性，詳見 Xu Guoqi, "Reimagining China through Sport's Global Public," in Valeska Huber and Jürgen Osterhammel, eds., *Global Publics: Their Power and Their Limits, 1870–1990* (London: Oxford University Press, 2020), 229–255; Xu Guoqi, "Sport," in Akira Iriye and Pierre-Yves Saunier, eds., *The Palgrave Dictionary of Transnational History, from the Mid-19th Century to the Present Day* (New York: Palgrave Micmillan Publishers, 2009), 966–971。

55　Hu Songmei, Hu Yaowu, Yang Junkai, Yang Miaomiao, Wei Pianpian, Hou Yemao, and Fiona B. Marshall, "From Pack Animals to Polo: Donkeys from the Ninth-century Tang Tomb of an Elite Lady in Xi'an, China," *Antiquity* 94, no. 374 (2020): 455–72.

56　胡錦濤，《在北京奧運會、殘奧會總結表彰大會上的講話（2008 年 9 月 29 日）》(北京：人民出版社，2008)，頁 5。

57　中共中央文獻研究室編，《習近平關於實現中華民族偉大復興的中國夢論述摘編》，頁 71。

參考文獻

檔案資料

Bentley Historical Library, University of Michigan, Ann Arbor
National Archives on Sino-American Relations
Tim Boggan files
Alexander Eckstein papers
J. Rufford Harrison files
Graham Barclay Steenhoven files
USTTA—Kaminsky, 1972 files

The University of Illinois Archives, Urbana
Avery Brundage Collection, 1908–1975

Gerald Ford Presidential Library, Ann Arbor, Michigan
James M. Cannon files, Olympic sports John Carlson files
Richard Cheney files, Olympics James E. Connor files
Gerald Ford vice presidential papers, Olympics
David Gergen files, Olympics
F. Lynn May files, Olympic Games
National security adviser, memoranda of conversations
Ron Nessen papers, Olympics
Patrick O'Donnell and Joseph Jenckes files, Olympic Sports Committee
Presidential handwriting files, Olympics

Presidential speeches, Olympics

White House central files name file, Killanin files

White House central files subject file, box 5

IOC Archives, Lausanne, Switzerland

Affaires Politiques aux Jeux Olympiques d'Eté de Montreal, 1976

China Taipei correspondence, 1976–1978, 1980, 1981–1982

Lettres de Protestation concernant la question des deux Chine aux Jeux Olypiques d'Eté de Montreal, 1976

Minutes of the International Olympic Committee

Moscow boycotts, countries A–C

République Populaire de Chine, contrats, 1979–1981

République Populaire de Chine, correspondence, 1924–1958, 1976, 1977, 1978, 1979, 1980

République Populaire de Chine, histoire, 1976, 1952–1986

République Populaire de Chine, juridique, 1947–1975, 1979–1980

République Populaire de Chine, process — verbaux, 1921–1976

République Populaire de Chine, rapports, 1952–1959

National Archives, College Park, Maryland

Nixon Presidential Materials Project, White House special files, staff member and office files

Dwight Chapin files Alexander Haig files

H. R. Haldeman files

President's office files

President's personal files

Ronald Ziegler files

Nixon Presidential Materials Project, White House central files, subject files

Country files (CO 34–2), People's Republic of China, boxes 18–21

Federal government (FG 11), State Department, box 5 Foreign affairs (FO), boxes 51–53, 55–58

General record of the State Department, RG 59, entry 1613, boxes 2188, 2189, 2190, 2678

Public Archives Canada, Ottawa

RG 25 (External Affairs), series E9 "Olympic Games Montreal," boxes 3054–3062

Department of Special Collections, University of California, Los Angeles

LAOOC (Los Angeles Olympic Organizing Committee), collection 2025, the Xth Olympiad, Los Angeles, 1932

LAOOC records, 1403

Special collection, Olympic Games, 10:1932

National Security Archives, George Washington University

China and the United States: From Hostility to Engagement, 1960–1998

Paul Ziffren Sports Research Library, Los Angeles

2000 and 2008 Beijing bid materials

Minutes of the International Olympic Committee

LAOOC–Ken Reich interviews

Paul Ziffren collections

國史館，台北

財政部檔案

　　參加世界運動會補助費案

教育部檔案

　　體育類：中華體育學會檔案

　　中華全國體育協進會請補助案

　　中央國術體育研究會請補助案（1938）

外交部檔案

　　第二世界奧運案

　　東京世運案

　　匪乒乓外交案

　　國際體育競賽案

　　國際體育問題專案小組案（1972）

體育、奧運案
體育活動卷
體育統戰案
新聞、文化、體育交流案

中華人民共和國外交部檔案，北京
乒乓外交檔案

英文論著

Abe, Ikuo. "Muscular Christianity in Japan: The Growth of a Hybrid," *International Journal of the History of Sport* 23, no. 5 (August 2006).

Allison, Lincoln. *The Changing Politics of Sport*. Manchester, Eng.: Manchester University Press, 1993.

―――. *The Politics of Sport*. Manchester, Eng.: Manchester University Press, 1986.

Anderson, Benedict R. *Imagined Communities: Reflections on the Origin and Spread of Nationalism*. London: Verso, 1991.

Arnaud, Pierre, and James Riordan, eds. *Sport and International Politics*. London: E & FN Spon, 1998.

Bairner, Alan. *Sport, Nationalism, and Globalization: European and North American Perspectives*. Albany: State University of New York Press, 2001.

Bale, John, and Mette Krogh Christensen, eds. *Post-Olympism? Questioning Sport in the Twenty-first Century*. New York: Berg, 2004.

Barney, Robert Knight, Stephen R. Wenn, and Scott G. Martyn. *Selling the Five Rings: The International Olympic Committee and the Rise of Olympic Commercialism*. Salt Lake City: University of Utah Press, 2002.

Barry, James P. *The Berlin Olympics, 1936: Black American Athletes Counter Nazi Propaganda*. New York: F. Watts, 1975.

Barzun, Jacques. *God's Country and Mine: A Declaration of Love Spiced with a Few Harsh Words*. Boston: Little, Brown, 1954.

Beacon, A. "Sport in International Relations: A Case for Cross-Disciplinary Investigation." *Sports Historian* 20, no. 2 (2000).

Beck, Peter J. *Scoring for Britain: International Football and International Politics*. London: Frank Cass, 1999.

Bender, Thomas. "Wholes and Parts: The Need for Synthesis in American History." *Journal of American History* 73, no. 1 (June 1986).

Berger, Peter L., and Samuel P. Huntington, eds. *Many Globalizations: Cultural Diversity in the Contemporary World*. New York: Oxford University Press, 2002.

Blain, N. "Current Developments in Media Sport, and the Politics of Local Identities: A 'Postmodern' Debate?" *Culture, Sport, Society* 3, no. 2 (2000).

Booker, Christopher. *The Games War: A Moscow Journal*. Boston: Faber and Faber, 1981.

Booth, D. *The Race Games: Sport and Politics in South Africa*. London: Frank Cass, 1998.

Bridges, Brian. "Reluctant Mediator: Hong Kong, the Two Koreas, and the Tokyo Olympics," *International Journal of the History of Sport* 24, no. 3 (March 2007).

Brownell, Susan. "China and Olympism." In John Bale and Mette Krogh Christensen, eds., *Post-Olympism? Questioning Sport in the Twenty-first Century*. Oxford: Berg, 2004.

——. *Training the Body for China: Sports in the Moral Order of the People's Republic*. Chicago: University of Chicago Press, 1995.

Buckley, Chris. "President Xi's Great Chinese Soccer Dream." *The New York Times*. January 4, 2017.

Burstyn, Varda. *The Rites of Men: Manhood, Politics, and the Culture of Sport*. Toronto: University of Toronto Press, 1999.

Buruma, Ian. "The Great Black Hope." *New York Review of Books*. January 12, 2006.

Cashman, Richard I. *The Bitter-Sweet Awakening: The Legacy of the Sydney 2000 Olympic Games*. Sydney: Walla Walla Press, 2006.

Cashman, Richard I., and Anthony Hughes. *Staging the Olympics: The Event and Its Impact*. Sydney: University of New South Wales Press, 1999.

Chalip, Laurence, Arthur Johnson, and Lisa Stachura, eds. *National Sports Politics: An International Handbook*. Westport, Conn.: Greenwood, 1996.

Chan, Gerald. "The 'Two-China' Problem and the Olympic Formula." *Pacific Affairs* 58, no. 3 (Autumn 1985).

Cheng, Joseph Y. S. "Mao Zedong's Perception of the World in 1968–1972: Rationale for the Sino-American Rapprochement." *Journal of American–East Asian Relations* 7, nos. 3–4 (1998).

Close, Paul, David Askew, and Xu Xin. *The Beijing Olympiad: The Political Economy of a Sporting Mega-Event*. London: Routledge, 2007.

Cohen, Paul A. *History in Three Keys: The Boxers as Event, Experience, and Myth*. New York: Columbia University Press, 1997.

Cohen, Richard. *By the Sword: A History of Gladiators, Musketeers, Samurai, Swashbucklers, and Olympic Champions*. New York: Random House, 2002.

Collins, Sandra. "Conflicts of 1930s Japanese Olympic Diplomacy in Universalizing the Olympic Movement." *International Journal of the History of Sport* 23, no. 7 (November 2006).

———. "'Samurai' Politics: Japanese Cultural Identity in Global Sport—The Olympic Games as a Representational Strategy." *International Journal of the History of Sport* 24, no. 3 (March 2007).

Coubertin, Pierre de. "An Expression." In *Official Program: Xth Olympiad, Los Angeles*. Special collections, Los Angeles Olympic Organizing Committee records, Library of University of California, Los Angeles, 10: 1932, box 2, folder 1: official programs, Tenth Olympiad, July 30–31, 1932.

———. *The Olympic Games of 1896*. Lausanne: International Olympic Committee, 1983.

———. *Olympic Memoirs*. Lausanne: International Olympic Committee, 1997.

Coubertin, Pierre de, and Norbert Muller. *Olympism: Selected Writings*. Lausanne: International Olympic Committee, 2000.

Cronin, Mike. *Sport and Nationalism in Ireland: Gaelic Games, Soccer, and Irish Identity since 1884*. Dublin: Four Courts Press, 1999.

Crowther, Nigel. "Sports, Nationalism, and Peace in Ancient Greece." *Peace Review* 11, no. 4 (1999).

Culp, Robert. "Rethinking Governmentality: Training, Cultivation, and Cultural Citizenship in Nationalist China." *Journal of Asian Studies* 65, no. 3 (2006).

Dempsey, Chris, and Andrew Zimbalist. *No Boston Olympics: How and Why Smart Cities are Passing on the Torch*. Nabanon, NH: ForeEdge, 2017.

Dong, Jianxia. "The Female Dragons Awake: Women, Sport, and Society in the Early Years of the New China." *International Journal of the History of Sport* 18, no. 2 (2001).

Dyreson, Mark. "Globalizing the Nation-Making Process: Modern Sport in World History." *International Journal of the History of Sport* 20, no. 1 (2003): 91–106.

Ecker, Tom. *Olympic Facts and Fables: The Best Stories from the First Century of the Modern Olympics.* Mountain View, Calif.: Tafnews Press, 1996.

Elliott, Jane E. *Some Did It for Civilization, Some Did It for Their Country: A Revised View of the Boxer War.* Hong Kong: Chinese University Press, 2002.

Esherick, Joseph. *The Origins of the Boxer Uprising.* Berkeley: University of California Press, 1987.

Espy, Richard. *The Politics of the Olympic Games.* Berkeley: University of California Press, 1979.

Fan, Hong. *Footbinding, Feminism, and Freedom: The Liberation of Women's Bodies in Modern China.* London: Frank Cass, 1997.

———. "Not All Bad! Communism, Society and Sport in the Great Proletarian Cultural Revolution." *International Journal of the History of Sport* 16, no. 3 (1999).

———. "The Significance of the Cultural Revolution for the Evolution of Sport in Modern China." In J. Buschmann and G. Pfister, eds., *Sports and Social Changes.* Sankt Augustin, Germany: Academia Verlag Richarz, 2001.

———. "Which Road to China? An Evaluation of Two Different Approaches: The Inadequate and the Adequate." *International Journal of the History of Sport* 18, no. 2 (2001).

Fan, Hong, and Tan Hua. "Sport in China: Conflict between Tradition and Modernity, 1840s–1930s." *International Journal of the History of Sport* 19, nos. 2, 3 (2002).

Fan, Hong, and J. A. Mangan, eds. *Soccer, Women, Sexual Liberation: Kicking Off a New Era.* London: Frank Cass, 2004.

Fan, Hong, and Xiong Xiaozheng. "Communist China: Sport, Politics and Diplomacy." *International Journal of the History of Sport* 19, nos. 2, 3 (2002).

Findling, John E., and Kimberly D. Pelle. *Encyclopedia of the Modern Olympic Movement.* Westport, Conn.: Greenwood, 2004.

Finn, Gerry P. T., and Richard Giulianotti. *Football Culture: Local Contests, Global Visions*. London: Frank Cass, 2000.

Foer, Franklin. *How Soccer Explains the World: An Unlikely Theory of Globalization*. New York: HarperCollins, 2004.

———. "Soccer vs. Mcworld." *Foreign Policy* (January/February 2004).

Ford, Gerald. *Public Papers of the United States: Gerald Ford*. Washington, D.C.: Office of the Federal Register, 1979.

Franks, Joel. "Chinese Americans and American Sports, 1880–1940." *Chinese America: History and Perspectives* (1996).

Frey, James, and D. Stanley Eitzen. "Sport and Society." *Annual Review of Sociology* 17 (1991).

Gerathead, R. Scott. "China and the Spielberg Effect." In Minky Worden, ed., *China's Great Leap: The Beijing Games and Olympian Human Rights Challenges*. New York: Seven Stories Press, 2008.

Gerber, Ellen W. "Three Interpretations of the Role of Physical Education, 1930–1960: Charles H. McCloy, Jay Bryan Nash, and Jesse Feiring Williams." PhD. diss., University of Southern California, 1966.

Gordon, Harry. *The Time of Our Lives: Inside the Sydney Olympics; Australia and the Olympic Games, 1994–2002*. St. Lucia: University of Queensland Press, 2003.

Gosper, Kevan, with Glenda Korporaal. *An Olympic Life: Melbourne 1956 to Sydney 2000*. St. Leonards, New South Wales: Allen & Unwin, 2000.

Grupe, Ommo. "The Sport Culture and the Sportization of Culture: Identity, Legitimacy, Sense, and Nonsense of Modern Sport as a Cultural Phenomenon." In Fernand Landry, et al., eds., *Sport . . . the Third Millennium, Proceedings of the International Symposium, Quebec City, Canada, May 1990*. Sainte-Foy, Quebec City: Les Presses de L'Université Laval, 1991.

Guttmann, Allen. *Games and Empires: Modern Sports and Cultural Imperialism*. New York: Columbia University Press, 1994.

———. *The Games Must Go On: Avery Brundage and the Olympic Movement*. New York: Columbia University Press, 1984.

———. *The Olympics: A History of the Modern Games*. Urbana: University of Illinois Press, 2002.

Guttmann, Allen, and Lee Thompson. *Japanese Sports: A History*. Honolulu: University of Hawai'i Press, 2001.

Haldeman, H. R. *The Haldeman Diaries: Inside the Nixon White House*. New York: G. P. Putnam's Sons, 1994.

Hart-Davis, Duff. *Hitler's Games: The 1936 Olympics*. New York: Harper & Row, 1986.

Hazan, Barukh. *Olympic Sports and Propaganda Games: Moscow, 1980*. New Brunswick, N.J.: Transaction Books, 1982.

Head, Ivan, and Pierre Trudeau. *The Canadian Way: Shaping Canada's Foreign Policy, 1968–1985*. Toronto: McClelland & Stewart, 1995.

Hessler, Peter. *Oracle Bones: A Journey between China's Past and Present*. New York: HarperCollins, 2006.

Hirthler, George. "One World, One Dream." *Olympic Review* 56 (July– August– September 2005).

Hoberman, John. "Purism and the Flight from the Superman: The Rise and Fall of Maoist Sport." In John Hoberman, ed., *Sport and Political Ideology*. Austin: University of Texas Press, 1984.

———. "Toward a Theory of Olympic Internationalism." *Journal of Sport History* 22, no. 1 (1995).

Hobsbawm, Eric J. *Nations and Nationalism since 1780: Programme, Myth, Reality*. Cambridge, Eng.: Cambridge University Press, 1990.

Hoganson, Kristin. *Fighting for American Manhood: How Gender Politics Provoked the Spanish-American and Philippine-American Wars*. New Haven: Yale University Press, 1998.

Hoh, Gunsun (Hao Gengsheng). *Physical Education in China*. Shanghai: Commercial Press, 1926.

Hong, Zhaohui, and Sun Yi. "The Butterfly Effect and the Making of 'Ping Pong Diplomacy.'" *Journal of Contemporary China* 9, no. 25 (2000).

Hong Kong World News Service, ed. *The Hong Kong Centenary Commemorative Talks, 1841–1941*. Hong Kong: Hong Kong World News Service, 1941.

Houlihan, Barrie. *Sport and International Politics*. New York: Harvester Wheatsheaf, 1994.

Howell, Collin. *Blood, Sweat and Cheers: Sport and the Making of Modern Canada*. Toronto: University of Toronto Press, 2001.

Hu, Songmei, Hu Yaowu, Yang Junkai, Yang Miaomiao, Wei Pianpian, Hou Yemao, and Fiona B. Marshall. "From Pack Animals to Polo: Donkeys from the Ninth-century Tang Tomb of an Elite Lady in Xi'an, China." *Antiquity* 94, no. 374 (2020).

Huntington, Samuel P. "The Clash of Civilizations?" *Foreign Affairs* 72, no. 3 (Summer 1993).

Hwang, T. "Sport, Nationalism and the Early Chinese Republic, 1912–1927." *Sports Historian* 20, no. 2 (2001).

Iriye, Akira. *Global Community: The Role of International Organizations in the Making of the Contemporary World*. Berkeley: University of California Press, 2002.

Jackson, Steven J. "A Twist of Race: Ben Johnson and the Canadian Crisis of Racial and National Identity." *Sociology of Sport Journal* 15, no. 1 (1998).

Jarvie, Grant. "Sport, Nationalism and Cultural Identity." In Lincoln Allison, ed., *The Changing Politics of Sport*. Manchester, Eng.: Manchester University Press, 1993.

Jobling, Ian. "Bidding for the Olympics: Site Selection and Sidney 2000." In Kay Schaffer and Sidonie Smith, eds., *The Olympics in the Millennium: Power, Politics, and the Games*. New Brunswick, N.J.: Rutgers University Press, 2000.

Jones, Robin. "Ten Years of China Watching: Present Trends and Future Directions of Sport in the People's Republic." In J. Tolleneer, ed., *Old Borders, New Borders, No Borders: Sport and Physical Education in a Period of Change*. Oxford, Eng.: Meyer and Meyer Sport, 1998.

Kanin, David B. "Ideology and Diplomacy: The Dimensions of Chinese Political Sport." In B. Lowe et al., eds., *Sport and International Relations*. Champaign, Ill.: Stipes, 1978.

―――. *A Political History of the Olympic Games*. Boulder, Colo.: Westview, 1981.

Kellas, James G. *The Politics of Nationalism and Ethnicity*. New York: St. Martin's, 1998.

Kempe, Frederick. "Fevered Pitch." *Wall Street Journal,* June 13, 2006, A4.

Keys, Barbara J. *Globalizing Sport: National Rivalry and International Community in the 1930s*. Cambridge: Harvard University Press, 2006.

―――. "The Internationalization of Sport, 1890–1939." In Frank Ninkovich and Liping Bu, *The Cultural Turn: Essays in the History of U.S. Foreign Relations*. Chicago: Imprint Publications, 2001.

Killanin, Michael Morris. *My Olympic Years*. London: Secker and Warburg, 1983.

Killanin, Michael Morris, and John Rodda, eds. *The Olympic Games, 1980: Moscow and Lake Placid*. New York: Collier, 1980.

———. *The Olympic Games, 1984: Los Angeles and Sarajevo*. New York: M. Joseph, 1983.

Kim, Un-Yong. *The Greatest Olympics: From Baden-Baden to Seoul*. Seoul: Si-sa-yong-o-sa, 1990.

Kissinger, Henry. *Diplomacy*. New York: Simon & Schuster, 1994.

———. *White House Years*. Boston: Little, Brown, 1979.

———. "World of Wonder." *Newsweek,* June 12, 2006.

Knuttgen, H. G., Qiwei Ma, and Zhongyuan Wu, eds. *Sport in China*. Champaign, Ill.: Human Kinetics Books, 1990.

Ko, Dorothy. *Cinderella's Sisters: A Revisionist History of Footbinding*. Berkeley: University of California Press, 2005.

Kolatch, Jonathan. *Sports, Politics, and Ideology in China*. New York: Jonathan David, 1972.

Kreuger, Arnd, and W. J. Murray. *The Nazi Olympics: Sport, Politics and Appeasement in the 1930s*. Urbana: University of Illinois Press, 2003.

Kristof, Nicholas, and Sheryl WuDunn. *China Wakes: The Struggle for the Soul of a Rising Power.* New York: Vintage, 1994.

Kuo, Lily. "Hosting the Winter Olympics in Beijing Is a Terrible Idea." *Quartz,* April 1, 2015, https://qz.com/373228/hosting-the-winter-olympics-in-beijing-is-a-terrible-idea/.

LaFeber, Walter. *Michael Jordan and the New Global Capitalism*. New York: W. W. Norton, 1999.

Lampton, David. "A Growing China in a Shrinking World: Beijing and the Global Order." In Ezra Vogel, ed., *Living with China: U.S.-China Relations in the Twenty-first Century*. New York: W. W. Norton, 1997.

Landler, Mark, and Jere Longman. "Germans' Main Objective Is a Good Time for All," *New York Times,* June 9, 2006.

Landry, Fernand, Marc Landry, Magdeleine Yerlès, and International Olympic Committee. *Sport, the Third Millennium: Proceedings of the International*

Symposium, Quebec City, Canada, May 21–25, 1990. Sainte-Foy, Quebec City: Les Presses de L'Université Laval, 1991.

Large, David C. *Nazi Games: The Olympics of 1936.* New York: W. W. Norton, 2007.

Larmer, Brook. "The Center of the World." *Foreign Policy* (September–October 2005).

—. *Operation Yao Ming: The Chinese Sports Empire, American Big Business, and the Making of an NBA Superstar.* New York: Gotham Books, 2005.

Larson, James F., and Heung-Soo Park. *Global Television and the Politics of the Seoul Olympics, Politics in Asia and the Pacific.* Boulder, Colo.: Westview, 1993.

Lee, Jae-won. *Seoul Olympics and the Global Community.* Seoul: Seoul Olympics Memorial Association, 1992.

Lind, Jennifer. "Dangerous Games." *Atlantic Monthly* (March 2006).

Link, E. Perry, Richard Madsen, and Paul Pickowicz. *Popular China: Unofficial Culture in a Globalizing Society.* Lanham, Md.: Rowman & Littlefield, 2002.

Little, James Robert. "Charles Harold McCloy: His Contributions to Physical Education." PhD. diss., University of Iowa, 1968.

Liu, Xiaobo. "Authoritarianism in the light of the Olympic Flame." In Minky Worden, ed., *China's Great Leap: the Beijing Games and Olympian Human Rights Challenges.* New York: Seven Stories Press, 2008.

Lo, M. K. "Progress of Sport among Chinese in Hong Kong." In Hong Kong World News Service, ed., *The Hong Kong Centenary Commemorative Talks, 1841–1941.* Hong Kong: World News Service, 1941.

Los Angeles Olympic Organizing Committee, ed., *Tenth Olympiad, 1932.* Los Angeles: Los Angeles Olympic Organizing Committee, 1932.

Lubow, Arthur. "The China Syndrome." *New York Times Sunday Magazine,* May 21, 2006.

Lucas, John. *The Modern Olympic Games.* South Brunswick, N.J.: A. S. Barnes, 1980.

Lyberg, Wolf. *Fabulous One Hundred Years of the IOC: Facts, Figures, and Much, Much More.* Lausanne: International Olympic Committee, 1996.

—, ed. *The IOC Sessions, 1894–1988.* Lausanne: International Olympic Committee, n.d.

MacAloon, John. "*La Pitada Olympica:* Puerto Rico, International Sport, and the Constitution of Politics." In Edward M. Bruner, ed., *Text, Play, and Story:*

The Construction and Reconstruction of Self and Society. Prospect Heights, Ill.: Waveland, 1988.

―――. *This Great Symbol: Pierre de Coubertin and the Origins of the Modern Olympic Games.* Chicago: University of Chicago Press, 1981. The second edition was published in a special issue of *International Journal of the History of Sport* 23, nos. 3–4 (May–June 2006).

―――. "The Turn of Two Centuries: Sport and the Politics of Intercultural Relations," in Fernand Landry et al., eds., *Sport . . . The Third Millennium, Proceedings of the International Symposium, Quebec City, Canada, May 1990.* Sainte-Foy, Quebec City: Les Presses de L'Université Laval, 1991.

MacClancy, Jeremy, ed. *Sport, Identity and Ethnicity.* Oxford, Eng.: Berg, 1996.

MacFarlane, Neil, and Michael Herd. *Sport and Politics: A World Divided.* London: Collins, 1986.

MacFarquhar, Roderick, and Michael Schoenhals. *Mao's Last Revolution.* Cambridge: Belknap Press of Harvard University Press, 2006.

Macintosh, Donald. "Sport and Government in Canada." In Laurence Chalip et al., ed., *National Sports Policies.* Westport, Conn.: Greenwood, 1996.

―――. "Trudeau, Taiwan, and the 1976 Montreal Olympics." *American Review of Canadian Studies* 21, no. 4 (1992).

Macintosh, Donald, and Thomas Bedecki. *Sport and Politics in Canada: Federal Government Involvement since 1961.* Kingston, Ont.: McGill- Queen's University Press, 1987.

Macintosh, Donald, and Donna Greenhorn. "Hockey Diplomacy and Canadian Foreign Policy." *Journal of Canadian Studies* 28, no. 2 (Summer 1993).

Macintosh, Donald, and Michael Haws. *Sport and Canadian Diplomacy.* Montreal: McGill-Queen's University Press, 1994.

Magdalinski, Tara. "Sports History and East German National Identity," *Peace Review* 11, no. 4 (December 1999).

Maguire, Joseph A. *Global Sport: Identities, Societies, Civilizations.* Cambridge, Eng.: Polity Press, 1999.

―――. *Power and Global Sport: Zones of Prestige, Emulation, and Resistance.* London: Routledge, 2005.

Mallon, Bill, and Ture Widlund. *The 1896 Olympic Games: Results for All Competitors in All Events, with Commentary.* Jefferson, N.C.: McFarland, 1998.

Mandell, Richard D. *The First Modern Olympics.* Berkeley: University of California Press, 1976.

———. *The Nazi Olympics.* Urbana: University of Illinois Press, 1987.

———. *The Olympics of 1972: A Munich Diary.* Chapel Hill: University of North Carolina Press, 1991.

——— . *Sport: A Cultural History.* New York: Columbia University Press, 1984.

Mangan, J. A. *The European Sports History Review,* vol. 3: *Europe, Sport, World: Shaping Global Societies.* London: Frank Cass, 2001.

———, ed. *The Cultural Bond: Sport, Empire, and Society.* London: Frank Cass, 1992.

———, ed. *Superman Supreme: Fascist Body as Political Icon—Global Fascism.* London: Frank Cass, 2000.

———, ed. *Tribal Identities: Nationalism, Europe, Sport.* London: Frank Cass, 1996.

Mangan, J. A., and Fan Hong, eds. *Sport in Asian Society.* London: Frank Cass, 2003.

Manheim, Jarol. "Rites of Passage: The 1988 Seoul Olympics as Public Diplomacy." *Western Political Quarterly* 43, no. 2 (June 1990).

Mann, James. *About Face: A History of America's Curious Relationship with China, from Nixon to Clinton.* New York: Vintage, 2000.

Manzenreiter, Wolfram, and John Horne, eds. *Football Goes East: Business, Culture and the People's Game in China, Japan, and South Korea.* New York: Routledge, 2004.

Marcovitz, Hal. *The Munich Olympics, Great Disasters, Reforms and Ramifications.* Philadelphia: Chelsea House, 2002.

Margolick, David. *Beyond Glory: Joe Louis vs. Max Schmeling and a World on the Brink.* New York: Knopf, 2005.

Mason, Tony. "England, 1966." In Alan Tomlinson and Christopher Young, eds., *National Identity and Global Sports Events: Culture, Politics, and Spectacle in the Olympics and the Football World Cup.* Albany: State University of New York Press, 2006.

McGeoch, Rod, with Glenda Korporaal. *Bid: How Australia Won the 2000 Olympic Games.* Sidney: William Heineman, 1994.

Mewett, Peter. "Fragments of a Composite Identity: Aspects of Australian Nationalism in a Sports Setting." *Australian Journal of Anthropology* 10, no. 3 (1999): 357–375.

Miller, David. *Olympic Revolution: The Biography of Juan Antonio Samaranch.* London: Pavilion, 1992.

Miller, Geoffrey. *Behind the Olympic Rings.* Lynn, Mass.: H. O. Zimman, 1979.

Miller, Toby, Geoffrey Lawrence, Jim Mckay, and David Rowe. "Modifying the Sign: Sport and Globalization," *Social Texts* 17, no. 3 (1999).

Morozek, Donald. *Sport and American Mentality, 1880–1910.* Knoxville: University of Tennessee Press, 1983.

Morris, Andrew D. "'I Can Compete!' China in the Olympic Games." *Journal of Sport History* 26 (1999): 545–566.

———. *Marrow of the Nation: A History of Sport and Physical Culture in Republican China.* Berkeley: University of California Press, 2004.

Morrow, Don, and Kevin B. Wamsley. *Sport in Canada: A History.* Don Mills, Ont.: Oxford University Press, 2005.

Nauright, J. *Sport, Culture and Identities in South Africa.* London: Leicester University Press, 1997.

Ninkovich, Frank A., and Liping Bu. *The Cultural Turn: Essays in the History of U.S. Foreign Relations.* Chicago: Imprint Publications, 2001.

Nixon, Richard. "Asia after Vietnam." *Foreign Affairs* 46, no. 1 (1967).

———. *RN: The Memoirs of Richard Nixon.* New York: Grosset & Dunlap, 1978.

Official Report of the Republic of China Delegation to the Twenty-first Olympic Games, Montreal, 1976. N.p.: Republic of China Olympic Committee, Taiwan, 1976.

Organizing Committee of Berlin 1936 Games, ed., *The Tenth Olympic Games, Berlin, 1936.* Berlin: Wilhelm Limpert, 1936.

Orwell, George. *Shooting an Elephant and Other Essays.* New York: Harcourt, Brace, 1950.

Park, Roberta. "Sport and Recreation among Chinese American Communities of the Pacific Coast from Time of Arrival to the 'Quiet Decade' of the 1950s." *Journal of Sport History* 27, no. 3 (2000).

Park, Seh-jik. *The Seoul Olympics: A Bridge to the Future and Peace.* Seoul: Tokkon Kim, 1990.

————. *The Seoul Olympics: The Inside Story.* London: Bellew, 1991.

Pope, S. W. "An Army of Athletes: Playing Fields, Battlefields, and the American Military Sporting Experience, 1890–1920." *Journal of Military History* 59, no. 3 (1995): 435–456.

————. *Patriotic Games: Sporting Traditions in the American Imagination, 1876–1926.* New York: Oxford University Press, 1997.

Pound, Richard. *Five Rings over Korea: The Secret Negotiations behind the 1988 Olympic Games in Seoul.* New York: Little, Brown, 1994.

Preston, Diana. *The Boxer Rebellion: The Dramatic Story of China's War on Foreigners That Shook the World in the Summer of 1900.* New York: Walker, 2000.

Public Papers of the United States: Gerald Ford, 1976–1977. Washington, D.C.: U.S. Government Printing Office, 1979.

Reaves, Joseph A. *Taking in a Game: A History of Baseball in Asia.* Lincoln: University of Nebraska Press, 2002.

Reich, Kenneth. *Making It Happen: Peter Ueberroth and the 1984 Olympics.* Santa Barbara, Calif.: Capra, 1986.

Riess, Steven A. "The New Sport History." *Reviews in American History* 18, no. 3 (September 1990).

Riordan, James. *Sport and International Politics.* London: E & FN Spon, 1996.

Riordan, James, and Dong Jinxia. "Chinese Women and Sport: Success, Sexuality and Suspicion." *China Quarterly* 145 (March 1996).

Riordan, James, and Robin Jones, eds. *Sport and Physical Education in China.* London: E & FN Spon, 1999.

Riordan, James, and Arnd Kruger, eds. *The International Politics of Sport in the Twentieth Century.* London: E & FN Spon, 1999.

Rowe, David. *Sport, Culture, and the Media: The Unruly Trinity; Issues in Cultural and Media Studies.* Buckingham, Eng.: Open University Press, 1999.

Samaranch, Juan Antonio. *The Samaranch Years: 1980–1994, Towards Olympic Unity. Interviews Conducted by Robert Parienté with the President of the IOC for the Newspaper* l'Equipe. Lausanne: International Olympic Committee, 1995.

Schaaf, Phil. *Sports, Inc.: One Hundred Years of Sports Business.* Amherst, N.Y.: Prometheus Books, 2004.

Schaffer, Kay, and Sidonie Smith, eds., *The Olympics at the Millennium: Power, Politics, and the Games*. New Brunswick, N.J.: Rutgers University Press, 2000.

Schwartz, Benjamin Isadore. *In Search of Wealth and Power: Yen Fu and the West*. Cambridge: Harvard University Press, 1968.

Senn, Alfred Erich. *Power, Politics, and the Olympic Games*. Champaign, Ill.: Human Kinetics, 1999.

Seoul Olympic Organizing Committee. *Seoul 1988*. Seoul: Seoul Olympic Organizing Committee, 1985.

Shaikin, Bill. *Sport and Politics: The Olympics and the Los Angeles Games*. New York: Praeger, 1988.

Sharp, Mitchell. *Which Reminds Me . . .: A Memoir*. Toronto: University of Toronto Press, 1994.

Shih, Chi-wen. *Sports Go Forward in China*. Beijing: Foreign Languages Press, 1963.

Shuter, Jane. *The Ancient Greeks*. Crystal Lake, Ill.: Heinemann Library, 1997.

Simon, Vyv, and Andrew Jennings. *Lords of the Rings*. London: Simon & Schuster, 1992.

Smith, Adrian, and Dilwyn Porter, eds. *Sport and National Identity in the Post-War World*. London: Routledge, 2004.

Smith, Anthony D. *National Identity, Ethnonationalism in Comparative Perspective*. Reno: University of Nevada Press, 1991.

Spivey, Nigel Jonathan. *The Ancient Olympics*. New York: Oxford University Press, 2004.

Sugden, John Peter, and Alan Bairner. *Sport in Divided Societies*. Lansing, Mich.: Meyer & Meyer Sport, 1999.

Sugden, John Peter, and Alan Tomlinson. *FIFA and the Contest for World Football: Who Rules the People's Game?* Cambridge, Eng.: Polity Press, 1998.

Svrluga, Barry. *National Pastime: Sports, Politics, and the Return of Baseball to Washington, D.C.* New York: Doubleday, 2006.

Szymanski, Stefan, and Andrew S. Zimbalist. *National Pastime: How Americans Play Baseball and the Rest of the World Plays Soccer*. Washington, D.C.: Brookings Institution Press, 2005.

Tomlinson, Alan, and Christopher Young. *German Football: History, Culture, Society*. London: Routledge, 2005.

———, eds. *National Identity and Global Sports Events: Culture, Politics, and Spectacle in the Olympics and the Football World Cup*. Albany: State University of New York Press, 2006.

Ueberroth, Peter. *Made in America: His Own Story*. New York: William Morrow, 1986.

U.S. Congressional Executive Commission on China. *The Beijing Olympics and Human Rights: Roundtable before the Congressional-Executive Commission on China*. 107th Cong., 2d sess., November 18, 2002. Washington, D.C.: U.S. Government Printing Office, 2003.

U.S. Department of State. *Foreign Relations of the United States,* vol. 17: *China, 1969–1972*. Washington, D.C.: U.S. Government Printing Office, 2006.

Van Bottenburg, Maarten. *Global Games, Sport and Society*. Urbana: University of Illinois Press, 2001.

Wakefield, Wanda Ellen. *Playing to Win: Sports and the American Military, 1898–1945*. Albany: State University of New York Press, 1997.

Weiland, Matt, and Sean Willey, eds. *Thinking Fan's Guide to the World Cup*. New York: Harper Perennial, 2006.

Wrynn, Alison M. "'Debt Was Paid Off in Tears': Science, IOC Politics and the Debate about High Altitude in the 1968 Mexico City Olympics." *International Journal of the History of Sport* 23, no. 7 (November 2006).

Wu, Chih-Kang. "The Influence of the YMCA on the Development of Physical Education in China." PhD. diss., University of Michigan, Ann Arbor, 1956.

Wythe, George, Joseph Mills Hanson, and Carl V. Berger, eds. *The Inter-Allied Games*. New York: Games Committee, 1919.

Xia, Yafeng. "China's Elite Politics and Sino-American Rapprochement, Januray 1969–February 1972." *Journal of Cold War Studies* 8, no. 4 (2006).

Xiang, Lanxin. *The Origins of the Boxer War: A Multinational Study*. London: Routledge Curzon, 2003.

Xing, Jun. "The American Social Gospel and the Chinese YMCA." *Journal of American–East Asian Relations* 5, nos. 3–4 (Fall–Winter 1996).

Xinhua News Agency. "China's Sports Relations with Other Countries." In Xinhua News Agency, ed., *China's Foreign Relations: A Chronology of Events (1949–1988)*. Beijing: Foreign Languages Press, 1989.

Xu, Guoqi. *China and the Great War: China's Pursuit of a New National Identity and Internationalization*. New York: Cambridge University Press, 2005.

———. *Chinese and Americans: A Shared History*. Harvard University Press, 2014.

———. "Historical Memories and China's Changing Views of East Asia." *Journal of American–East Asian Relations* 11, nos. 1–4 (Spring–Winter 2002).

———. "Reimagining China through Sport's Global Public." In Valeska Huber and Jürgen Osterhammel, eds., *Global Publics: Their Power and Their Limits, 1870–1990*. London: Oxford University Press, 2020.

———. "Sport." In Akira Iriye and Pierre-Yves Saunier, eds., *The Palgrave Dictionary of Transnational History, from the Mid-19th Century to the Present Day*. New York: Palgrave Micmillan Publishers, 2009.

Yan, Yuanxiang. "Managed Globalization: State Power and Cultural Transition in China." In Peter L. Berger and Samuel P. Huntington, ed., *Many Globalizations: Cultural Diversity in the Contemporary World*. New York: Oxford University Press, 2002.

Yao, Ming, with Ric Bucher. *Yao: A Life in Two Worlds*. New York: Miramax Books, 2005.

Young, David C. *A Brief History of the Olympic Games*. Malden, Mass.: Blackwell, 2004.

———. *The Modern Olympics: A Struggle for Revival*. Baltimore: Johns Hopkins University Press, 1996.

Zeiler, Thomas W. *Ambassadors in Pinstripes: The Spalding World Tour and the Birth of American Empire*. Lanham, Md.: Rowman & Littlefield, 2006.

Zwingle, Z. "A World Together." *National Geographic* 196 (1999).

中文論著

《中華人民共和國體育法全民健身計劃綱要》。北京：中國法制出版社，1995。

《我們的朋友遍天下》。北京：人民體育出版社，1965。

《勤奮體育月報》編，〈祝第十一屆世界運動會開幕〉，《勤奮體育月報》（上海），第3卷第10期（1936年7月）。

《奧運會與中國》。北京：文史資料出版社，1985。

《新體育》雜誌社編，《金牌在國歌聲中閃耀》。北京：人民體育出版社，1984。

———編，《冠軍之路》。杭州：浙江人民出版社，1984。

《龍騰虎躍》。南寧：廣西人民出版社，1978。

二十二年全國運動大會籌備委員會編，《二十二年全國運動大會總報告書》。上海：中華書局，1934。

人民體育出版社編，《大地翻轉換新天》。北京：人民出版社，1965。

———編，《青春萬歲》。北京：人民出版社，1965。

力行，〈國恥的五月與體育〉，《圖書展望》月刊，第2卷第7期（1937年5月10日）。

中共中央文獻研究室編，《周恩來年譜，1949–1976》。北京：中央文獻出版社，1997。

———編，《劉少奇年譜》。北京：中央文獻出版社，1996。

———編，《鄧小平年譜》。北京：中央文獻出版社，2004。

———編，《習近平關於實現中華民族偉大復興的中國夢論述摘編》。北京：中央文獻出版社，2013。

中共中央文獻研究室、中央檔案館編，《建國以來劉少奇文稿》。北京：中央文獻出版社，2005。

中國史學會編，《辛亥革命》。上海：上海人民出版社，1957。

中國作家協會編，《全國優秀報告文學評選獲獎作品集》。北京：人民文學出版社，1984。

———編，《全國優秀報告文學獲獎作品集，1985–1986》。北京：作家出版社，1988。

中國國家體委編，《中國體育年鑒》。北京：人民體育出版社，1965，1973–1974，1975–2005。

中國第二歷史檔案館編，《中華民國史檔案資料匯編》，第5輯，第1編，文化 (2)。南京：江蘇古籍出版社，1994。

中國奧委會新聞委員會，《在洛杉磯的日日夜夜：中國體育代表團參加第23屆奧運會》。北京：中國廣播電視出版社，1984。

———編，《中國體育文化五千年》。北京：北京體育大學出版社，1996。

中國體育史學會編，《中國近代體育史》。北京：北京體育學院出版社，1989。

中國體育發展戰略研究會編，《1987年全國體育發展戰略論文選》。北京：北京體育學院出版社，1988。

中華人民共和國外交部及中共中央文獻研究室編,《周恩來外交文獻》。北京:中央文獻出版社,1990。

中華人民共和國第一屆運動會宣傳部編,《中華人民共和國第一屆運動會》。北京:人民體育出版社,1960。

中華全國體育協進會編,〈發刊詞〉,《體育季刊》1,第1期(1935)。

孔東梅,《改變世界的日子:與王海容談毛澤東外交往事》。北京:中央文獻出版社,2006。

尹慶燿,《中共的統戰外交》。台北:幼獅文化事業公司,1984。

尹衛星,〈中國體育界〉,《花城》,第6期(1987)。

毛岸俊(Andrew Morris),〈1909–1919《教育雜誌》體育文章分析的初步〉,中華民國體育學會編《體育學報》(台灣),第21期(1996年6月)。

毛澤東,〈體育之研究〉,《新青年》,1917年4月1日。

王大平、凡紅,《體育史話》。北京:科普出版社,1990。

王世傑,〈中國體育之前途〉,《東方雜誌》30,第20期(1933年10月16日)。

王振亞,《舊中國體育見聞》,北京:人民體育出版社,1987。

王晉軍,《北京奧運2008》。北京:作家出版社,2001。

王栻編輯,《嚴復集》。北京:中華書局,1986。

王崇理,《中國體壇熱點寫真》。北京:中國文聯出版公司,1996。

———,《五環人世相》。北京:中國文聯出版公司,1995。

王震生,《百年體壇掠影》。北京:中國經濟出版社,2000。

民生報體育組,《奧運菁華錄》。台北:民生報社,1984。

田增佩、王泰平編,《老外交官回憶周恩來》。北京:世界知識出版社,1998。

伍紹祖等編,《中華人民共和國體育史》。北京:中國書籍出版社,1999。

———等編,《毛澤東與體育文集》。成都:四川教育出版社,1994。

全國運動大會宣傳組編,《全國運動大會要覽》。出版地不詳:全國運動大會,1930。

安建設主編,《周恩來的最後歲月,1966–1976》。北京:中央文獻出版社,2002。

成都體育學院體育史研究所編,《中國近代體育史資料》。成都:四川教育出版社,1988。

何慧嫻、李仁臣,《三連冠》。武漢:湖北人民出版社,1984。

吳文忠,《中國近百年體育史》。台北:台灣商務印書館,1967。

———，《體育史》。台北：正中書局，1957。

吳旭君，〈毛澤東的五步高棋：打開中美關係大門始末〉，收入林克、徐濤、吳旭君編，《歷史的真實》。北京：中央文獻出版社，1998。

吳季松，《親歷奧運》。北京：京華出版社，2001。

吳重遠，《奧運會上的中國冠軍》。天津：新蕾出版社，1985。

———等，《兩票之差：北京申辦2000年奧運會始末》。北京：中國奧林匹克出版社，1994。

吳經國，《奧運場外的競技》。台北：天下遠見出版股份有限公司，2001。

———，《奧林匹克中華情》。蘇州：蘇州大學出版社，2005。

吳蘊瑞，〈我國民族復興中女子體育之重要〉，《體育雜誌》1，第1期（1935年4月）

———，〈體育與軍事訓練之關係〉，《體育季刊》（上海）2，第2期（1936年6月）。

宋世雄，《宋世雄自述：我的體育世界與熒屏春秋》。北京：作家出版社，1997。

宋如海，《我能比呀：世界運動會叢錄》。上海：商務印書館，1930。

完顏紹元，《王正廷傳》。保定：河北人民出版社，1999。

李丹、楊匡滿，《五環旗下的追悔》。北京：中國文聯出版公司，1990。

李秀梅，《中華人民共和國體育史簡編》。北京：北京體育大學出版社，2002。

李玲修、周銘共，《體育之子榮高棠》。北京：新華出版社，2002。

李烈主編，《賀龍年譜》。北京：人民出版社，1996。

李惠堂，《魯衛吟草》。香港：建安印務公司，1974。

杜易，《大雪壓青松：文革中的陳毅》。北京：世界知識出版社，1997。

谷世權，《中國體育史》。北京：北京體育大學出版社，2002。

辛江，〈中國體育「洋務運動」〉，《中國體育》（北京）431，第5期（2005年5月）。

邢軍紀、祖先海，《百年沉浮：走進中國體育界》。鄭州：河南文藝出版社，2000。

周西寬等編，《中國古代體育史》。成都：四川古籍出版社，1986。

周佳泉，〈基督教青年會與中國近現代體育〉，《體育文史》90，第1期（1998）。

周林儀，《漢代體育現象考》，國立台灣師範大學碩士論文，1974。

林克、徐濤、吳旭君編，《歷史的真實》。北京：中央文獻出版社，1998。

邵汝幹，〈建設民族本位的體育〉，國立中央大學體育研究社編《體育雜誌》（南京），第1期（1935年1月）。

金玉良，〈第14屆奧運會與中國代表團〉，《體育文史》，第1期（1994）。

金汕，《悲壯滿腔的衝擊：中國足球七次衝擊世界杯紀實》。北京：華誼出版社，2002。

俞卓立、張益琿，《目擊二十年中國事件記》。北京：經濟日報出版社，1998。

柯靈主編，《憂思與希望》。上海：文匯出版社，1999。

胡錦濤，《在北京奧運會、殘奧會總結表彰大會上的講話（2008年9月29日）》。北京：人民出版社，2008。

范生，〈我國古代捶丸運動〉，收入《中國體育參考資料》。北京：人民體育出版社，1957。

范益思、丁忠元，《古代奧林匹克運動會》。濟南：山東教育出版社，1982。

重慶市體育運動委員會、重慶市志總編室編，《抗戰時期陪都體育史料》。重慶：重慶出版社，1989。

香港友誼出版公司編，《友誼之花遍地開：中國乒乓代表團參加第三十一屆世界乒乓球錦標賽攝影集》。香港：友誼出版公司，1971。

唐豪，〈我國古代某些球類運動的國際影響〉，收入《中國體育史參考資料》，第3輯。北京：人民體育出版社，1958。

———，〈試考我國隋唐以前的馬球〉，收於《中國體育史參考資料》。北京：人民體育出版社，1957。

——— 編，《中國體育參考資料輯》。北京：人民體育出版社，1958。

孫中山，《孫中山全集》。北京：中華書局，1985。

孫葆潔，〈奧林匹克運動會與中國近代體育〉，《體育文史》80，第4期（1996）。

孫錦順，〈1936年中國足球代表隊出征奧運會前後的情況〉，收入中國人民政治協商會議全國委員會文史資料研究委員會編，《文史資料選輯》，第70輯。北京：文史資料出版社，1980。

孫應祥，《嚴復年譜》。福州：福建人民出版社，2003。

宮力，《毛澤東與美國》。北京：世界知識出版社，1999。

徐元民，〈嚴復的體育思想〉，《體育學報》（台北），第18期（1994年12月），頁13–24。

徐國琦，〈自信人生二百年，會當水擊三千里 —— 為紀念毛澤東誕辰120周年而作〉，《中華讀書報》，2013年12月4日。

———，〈研究美國歷史的另一個視角：1968年的一場球賽和1969年的哈佛大學學生運動〉，《全球史評論》，第18期（2020年8月）。

———，《中國人與美國人：一部共有的歷史》。成都：四川人民出版社，
　　2019。

徐寅生，《我與乒乓球：徐寅生自傳》。北京：中國社會科學出版社，1995。

徐濤，〈毛澤東的保健養生之道〉，收入林克、徐濤和吳旭君編，《歷史的真
　　實》。北京：中央文獻出版社，1998。

徐寶銀，《唐代體育活動之研究》，國立台灣師範大學碩士論文，1977。

袁合，《孔祥熙與體育》，《體育文史》98，第4期（1999）。

袁敦禮，〈世界奧林匹克運動會的價值及對我國體育的影響〉，《體育周報》
　　（天津），第15期（1932年4月14日）。

郝更生，《郝更生回憶錄》。台北：傳記文學出版社，1969。

馬同斌、秦圓圓編，《北京2008：申奧的台前幕後》。北京：北京體育大學
　　出版社，2001。

馬蘭、李文，《奇跡在中國》。北京：作家出版社，1991。

高文謙，《晚年周恩來》。香港：明鏡出版社，2003。

高勞，《遠東運動會》，見《東方雜誌》12，第6期（1915年）。

———，《從東亞病夫到體育強國》。成都：四川人民出版社，2003。

國史館編，《徐亨先生訪談錄》。台北：國史館，1998。

國家體育文史工作委員會編，《中國近代體育文選》。北京：人民體育出版
　　社，1992。

國家體委政策研究室編，《中華體壇四十春》。北京：人民體育出版社，1990。

———編，《中國體育年刊》。北京：人民體育出版社，1985。

———編，《體育運動文件選編（1949–1981）》。北京：人民體育出版社，
　　1982。

崔樂泉，《中國近代體育史話》。北京：中華書局，1998。

———，《圖説中國古代游藝》。台北：文津出版社，2002。

張之江，〈恢復民族體育 抗戰最後勝利〉，《國民體育季刊》，創刊號（1941
　　年9月）。

張之洞，《勸學篇》。北京：中華書局，1991。

張其昀主編，《先總統蔣公全集》。台北：中國文化大學出版部，1984。

張和平，〈用世界語言講中國故事〉，《三聯生活周刊》，第30期（2008年8月）。

張啓雄，〈1960年前後中華民國對國際奧委會的會籍名稱之爭〉，《中央研究
　　院近代史研究所季刊》，第44期（2004年6月）。

張彩珍編，《奧運戰略思考》。北京：中國奧林匹克出版社，1993。

張魯雅、周慶,《世紀情:中國與奧林匹克》。北京:人民體育出版社,1993。

張藝謀,〈自信了,才能浪漫和製造夢幻〉,《三聯生活周刊》, 第30期(2008年8月)。

梁啓超,《梁啓超全集》。北京:北京出版社,1999。

梁麗娟,《何振梁:五環之路》。北京:世界知識出版社,2005。

梁繼勝,《南開大學校長張伯苓》。濟南,山東教育出版社,2003。

理由,《傾斜的足球場》,中國作家協會編,《全國優秀報告文學獲獎作品集,1985–1986》。北京:作家出版社,1988。

第六屆全國運動大會報告籌備組編,《第六屆全國運動大會報告》。上海:第六屆全國運動大會籌備組,1935。

莊則棟、佐佐木敦子,《莊則棟與佐佐木敦子》。北京:作家出版社,1996。

許義雄,〈近代中國民族主義體育思想之形成〉,《體育學報》,第9期(1987)。

———,〈晚清體育思想之形成:以自強保種思想為中心的探討〉,《體育學報》,第10期(1988)。

———,《中國近代體育思想》。台北:啓英文化事業有限公司,1996。

郭希汾編,《中國體育史》。上海:商務印書館,1919。

郭建輝等,《百年體壇掠影》。北京:中國經濟出版社,2000。

陳世恩,《清末民初軍國民教育之體育思想》,國立台灣師範大學碩士論文,1989。

麥克樂(McCloy),《第六屆遠東運動會的教訓》,收入中華全國體育研究會主編,《體育季刊》2,第2期(1923)。

喬克勤、關文明,《中國體育思想史》。蘭州:甘肅民族出版社,1993 。

彭永捷、張志偉、韓東暉編,《人文奧運》。北京:東方出版社,2003。

湯銘新,《我國參加奧運滄桑史》。台北:中華台北奧林匹克委員會,1999–2000。

———,《湯銘新先生訪問記錄》。台北:中央研究院中國近代史所,2005。

程登科,〈我們應否提倡中國的民族體育〉,《勤奮體育月報》4,第1期(1937)。

程瑞福,《清末女子體育思想的形成》,國立台灣師範大學碩士論文,1994。

童樂,《夢想與輝煌:北京2008奧運會申辦紀實與暢想》。北京:民主與建設出版社,2001。

華晨栖,〈舊中國申辦奧運會的一場風波〉,《體育文史》,第3期(1992)。

華智,《夙願──董守義傳》。北京:人民體育出版社,1993。

黃仁易,《我國體育政策制定過程之研究:以國民體育法第二次修訂過程為
分析對象》,國立台灣師範大學碩士論文,1992。

黃金麟,〈近代中國的軍事身體建構,1895–1949〉,《中央研究院近代史研
究所季刊》,第43期(2004年3月)。

新華日報編,《北京奧運聖火境外傳遞紀實》。北京:人民出版社,2008。

新華社體育部編,《從零到十五》。北京:新華出版社,1985。

楊顯江,《青年對於體育的自覺》,《學生雜誌》10,第4期(1923年4月)。

當代中國傳記叢書編委會編,《賀龍傳》。北京:當代中國出版社,1993。

葉永烈,《中國乒乓內幕》。香港:明報出版社有限公司,1995。

───,《何智麗對我說》,收入葉辛編《生命的漩渦》。上海:上海人民出
版社,1999。

葉辛主編,《生命的漩渦》。上海:上海人民出版社,1999。

董守義,〈中國與遠東運動會〉,收入中華人民共和國體育運動委員會運動技
術委員會編,《中國體育史參考資料》。北京:人民體育出版社,1957。

───,〈奧林匹克舊事〉,收入中國人民政治協商會議全國委員會文史資料研
究委員會編,《文史資料選輯》,第53冊。北京:文史資料出版社,1964。

───,〈奧林匹克舊事續篇〉,收入中國人民政治協商會議全國委員會文
史資料研究委員會編,《文史資料選輯》,第71冊。北京:文史資料出
版社,1980。

董傑,《奧運會對舉辦城市經濟的影響》。北京:經濟科學出版社,2004。

榮高棠編,《榮高棠體育文論選》。上海:華東師範大學出版社,1992。

───編,《當代中國體育》。北京:中國社會科學出版社,1984。

熊向暉,《我的情報與外交生涯》。北京:中共黨史出版社,1999。

熊曉正、陳晉章、林登轅,〈從「土洋」對立到「建設民族本位體育」〉,《體
育文史》86,第4期(1997)。

趙大年,〈奧運改變北京城〉,《環球》,第16期(2008年8月)。

趙瑜,《兵敗漢城》。北京:中國社會科學出版社,1988。

遠山,《袁偉民與體壇風雲》。南京:江蘇人民出版社,2009。

劉心武,《5.19長鏡頭》,見《劉心武文集》。北京:華誼出版社,1993。

劉仲東、孟超主編,《中國衝擊波:當代社會問題報告文學選》。北京:中
國人民大學出版社,1988。

劉秉國,《中國體育史》。上海:上海古籍出版社,2003。

劉長春，〈我國首次正式參加奧運會始末〉，收入中國人民政治協商會議全國委員會文史資料研究委員會編，《文史資料選輯》，第70輯。北京：文史資料出版社，1980。

———，〈參加世界運動會感言〉，《體育周報》（天津），第38期（1932年10月）。

———，〈劉長春的日記〉，《體育周報》（天津），第32期（1932年）。

劉修武，《奧林匹克運動會成績》。北京：人民體育出版社，1984。

劉淇，《北京奧運經濟研究》。北京：北京出版社，2003。

劉清黎主編，《體育五千年》。長春：吉林人民出版社，2000。

劉慎稱，〈體育救國論〉（1–2），《勤奮體育月報》（上海），第2卷，第8期（1935年5月）；及第2卷，第10期（1935年7月）。

劉樹發主編，《陳毅年譜》。北京：人民出版社，1995。

蔡元培，〈對於教育方針之意見〉，《東方雜誌》，第8卷，第10期（1912年4月）。

蔡政杰，《基督教青年會與中國近代體育之發展，1895–1928》，國立台灣師範大學碩士論文，1992。

蔣槐青，《劉長春短跑成功史》。上海：上海勤奮書局，1933。

鄭志林、趙善性，〈中華體育考察團赴歐考察評述〉，《體育文史》，第3期（1992）。

鄭健源，《論毛澤東的體育思想》，國立台灣師範大學碩士論文，1994。

鄭瑛、李纘錚編，《李惠堂先生紀念集》。香港：五華旅遊同鄉會，1982。

魯光，〈中國姑娘〉，中國作家協會編，《全國優秀報告文學評選獲獎作品集》。北京：人民文學出版社，1984。

———，《中國體壇大聚焦》。濟南：山東出版社，1999。

魯光、張曉嵐，《金牌從零到十五》。長沙：湖南少年兒童出版社，1985。

魯牧主編，《體育界的一面旗幟——馬約翰教授》。北京：北京體育大學出版社，1999。

錢江，《小球轉動大球：乒乓外交背後》。北京：東方出版社，1997。

錢其琛，《外交十記》。北京：世界知識出版社，2003。

戴偉謙，〈抗戰時期民族教育體育思想之認識〉，中華體育學會編，《體育學報》（台灣），第14期（1992年12月）。

繆暉、夏里主編，《陰影下的反思：二十四屆奧運會紀實》。武漢：湖北人民出版社，1988。

謝亞龍編,《奧林匹克研究》。北京:北京體育大學出版社,1994。

魏紀中,《我看中國體育》。北京:三聯書店,2005。

羅時銘,《奧運來到中國》。北京:清華大學出版社,2005。

羅達成,《中國的旋風》。成都:四川人民出版社,1983。

譚合成、江山主編,《世紀檔案:1895–1995影響二十世紀中國歷史進程的 100篇文章》。北京:檔案出版社,1995。

關文明等編,《體育史》。北京:北京高等教育出版社,1996。

蘇雄飛,《孔子的體育思想》,國立台灣師範大學碩士論文,1972。

蘇競存,〈軍國民體育之影響〉,《體育文史》,第3期(1987)。

———,《中國古代馬球運動的研究》。北京:人民體育出版社,1958。

鐵竹偉,《陳毅元帥的最後歲月》。北京:解放軍文藝出版社,1997。

圖片出處

圖 1　*XIth Olympic Games: Berlin, 1936* (official report of the Eleventh Olympic Games), 2: 1097.

圖 2　第六屆全國運動大會報告籌備組編，《第六屆全國運動大會報告》（上海：第六屆全國運動大會籌備組，1935）。

圖 3　中華人民共和國第一屆運動會宣傳部編，《中華人民共和國第一屆運動會》（北京：人民體育出版社，1960）。

圖 4–6　香港友誼出版公司編，《友誼之花遍地開：中國乒乓代表團參加第三十一屆世界乒乓球錦標賽攝影集》（香港：友誼出版公司，1971）。

鳴 謝

近十年來我的研究主要聚焦在中國的國際化問題，本書的寫作就明顯受益於學術的國際化。以下圖書館的工作人員為本書的寫作提供了寶貴支持：北京的中國國家圖書館；上海市圖書館、天津市圖書館；國立台灣大學、國立台灣師範大學以及國立台灣政治大學圖書館；台灣中央研究院近代史研究所以及歷史語言研究所圖書館、香港中文大學圖書館、香港大學圖書館、加州大學洛杉磯分校特藏圖書館；瑞士洛桑的國際奧林匹克委員會圖書館；密歇根大學圖書館、西密歇根大學圖書館、克拉馬祖學院和哈佛大學圖書館。我要特別感謝密歇根大學的館際互借辦公室，他們以令人驚歎的能力為我找到了需要的圖書和資料。

檔案管理員是歷史學家最好的朋友。我要感謝各位管理員幫助我獲取和查找關鍵性的資料。要感謝的人很多，這裡特別要提及：業餘運動基金會和洛杉磯體育研究圖書館的 Wayne Wilson、Michael Salmon、Shirley Ito 等工作人員；台灣國史館、台灣中研院近史所檔案部、史語所盡心盡職的工作人員；瑞士洛桑國際奧委會奧林匹克研究中心的 Ruth Beck-Perrendound、Patricia Eckert、阮慶恩等多位優秀工作人員；傑拉德‧福特總統圖書館的 Joshua

Cochran、Geir Gunderson 和 William H. McNitt 與我分享他們關於福特政府令人驚喜的資料；位於馬里蘭州 College Park 的美國國家檔案館的 Mark Fisher 和 Sally Kuisel；密歇根大學本特利歷史圖書館的職員。還有最重要的，加拿大國家圖書檔案館的 John Widdis 和 Kristin Fraser，感謝他們幫助我查閱很多尚未解密的文獻。

在 2006–2007 學術年度中，密歇根大學的中國研究中心為我撰寫本書提供了非常有利的學術環境。密歇根大學的 Telluride House 不僅慷慨提供了為期一年的舒適住所及可口的伙食，更重要的是，這裡簡直是學術創作的理想園地。在寫作之餘，我可以在愉快、愜意的氛圍下同多位出類拔萃的密歇根大學師生就不同觀點進行探討，讓我得以享受創作的快樂。在此對密歇根大學中國研究中心主任李中清教授及 Telluride House 的所有成員表示感謝。在本書的研究行將結束之時，我有幸以利希慎基金研究員的身份在美麗的香港中文大學校園度過了三個月的時光。該大學世界一流的中國文獻收藏，以及中國研究服務中心的優異服務，讓我得以及時完成此書。對此，我要向中心主任關信基教授和副主任熊景明女士致以深深的謝意。

在長達四年的研究和撰寫中，許多朋友和學者為本書提供了寶貴的支持和幫助。台灣中央研究院的張力和劉素芬讓我的台灣研究之旅收穫宏富又充滿樂趣。北京體育大學的孫葆麗和李紅霞，以及中國社會科學院的韋偉，為我在北京查詢檔案資料獻計獻策。中國現代國際關係研究院的張敏謙；西雅圖大學的梁侃；香港大學的高馬可（John Carroll）；密蘇里大學聖路易斯分校的包蘇珊（Susan Brownell）；澳大利亞墨爾本大學的 Barbara Keys；聖地亞哥大學的孫綺；康涅狄格大學的王冠華；還有哈佛大學的 Nancy Hearst，他

們與我慷慨分享歷史資料、書籍，以及他們的研究成果。美國國務院歷史學家辦公室的David Nickles及時提醒我即將解密的關於尼克松執政期間美國和中國關係的材料，並且在解密的第一時間為我發來了材料的電子版。艾凱（Guy Alitto）、張建德、費俠莉（Charlotte Furth）、何復德（Chuck Hayford）、熊景明、金觀濤、李劍鳴、劉軍強、劉青峰、劉曉原、馬建標、王亞男、姚平、楊令俠、尤衛民、尤衛軍，以及其他無法一一列舉的許多人，在我撰寫此書過程中給了我諸多幫助。對於他們的支持和友誼，我深表謝意！另外，在本書完稿前，我曾有機會在波士頓、安娜堡、香港等地報告部分研究成果，許多有識之士提供了寶貴意見，在此一併致謝。

　　我第一次對中國的體育問題產生興趣，是1993年秋北京申辦2000年奧運會失敗。1993年9月，在哈佛大學歷史系舉辦的年度聚會上，系主任柯偉林和我進行了一場關於北京申奧失敗的意義和影響的有趣討論，甚至可以說是爭論。他大概從來沒有意識到，發生在羅賓遜樓大廳裡那次看起來微不足道的交談，埋下了我對於該問題興趣的種子。後來我有幸成為哈佛大學魏德海國際事務中心的研究員，並和我的朋友Barbara Keys共享一間辦公室，Barbara當時致力於撰寫哈佛大學博士學位論文，主題是體育在國際關係中的角色。天時地利，Barbara和我經常分享其觀點——體育在國際政治中重要性。儘管我當時正集中精力研究中國和第一次世界大戰的關係問題，心無旁騖，但Barbara對體育問題的激情，在很大程度上滋養了我對「體育與中國」這一課題的興趣，幫助那顆小小的種子存活了下來。

　　入江昭、柯偉林、Andy Markovits、Bob Smolik以及David Strauss，都分別讀過本書全部或部分手稿，並提供了諸多建設性批

評和建議。包蘇珊、Barbara Keys以及John MacAloon更分別向我提供極具價值的詳盡的長篇修改意見，不僅讓我避免了許多錯誤，而且迫使我從新的角度思考很多問題。Terre Fisher一如既往地在本書文字加工方面貢獻匪淺。

我在克拉馬祖學院的同事也值得特別感謝。他們大力支持我的研究，在2004年批准我的學術假，使我得以迅速展開本書的研究工作，並在2006年允許我休假一年，讓我集中精力，按時完成此書。

我非常感激哈佛大學出版社的傳奇編輯林賽水(Lindsay Waters)。他在本書尚處初期寫作階段時，即對我表示極大支持。他的高明建議、無窮睿智以及幽默感，讓我受惠不盡。沒有林賽水的慷慨支持和鼓勵，本書不會這麼早問世。林賽水的能幹助理Phoebe Kosman也對我幫助很大。不論我有什麼疑惑，她都能及時提供答案；每當我稍有倦怠或迷失的時候，她都會及時督促我回到正軌。此外，有Julie Carlson做我的文字編輯也是一大幸事，她對錯漏慧眼如炬，有著上佳的文字品味。如果本書讀起來還算上口，實乃拜她所賜。感謝Elizabeth Gilbert對這一研究項目的有效監督，以及Lisa Roberts的精美設計。

我的學術生涯的兩位重要導師，哈佛大學的入江昭教授和南開大學的楊生茂教授，在我的研究生涯中扮演了至關重要的角色。如果沒有他們的鼓勵、支持和啟迪，這本書根本就不會問世。我謹將這本小書題獻給他們，聊表感激之情於萬一。

對於家庭我虧欠太多，我要感謝妻子尤衛群為本書做出的所有犧牲和支持，也感謝她幫助我檢查拼音是否有誤。對三個孩子美茵、文虎和文歆，要感謝他們理解爸爸經常外出研究的苦衷，對我來說他們是這個世界上最好的孩子。

　　如果本書有任何建樹及成就，上述個人及團體有理由分享榮譽。但所有缺點、錯誤，概由本人承擔。

繁體中文版後記

　　佛教強調緣分。《奧林匹克之夢》一書與香港中文大學無疑緣分不淺。在為哈佛大學出版社撰寫的英文書稿即將殺青的2007年夏天，我應邀來到香港中文大學著名的中國研究服務中心，在此度過愉快的幾個月，收穫甚豐，並順利完成書稿。英文版出版之後，香港中文大學出版社表達了對繁體中文版的出版意向。我當然樂於從命，也為此保留了繁體中文版權。可惜後來因為懶惰及其他種種個人原因，沒有進一步落實。沒想到十年後，應東京奧運會之機，香港中文大學出版社正式啟動這一項目，並雷厲風行、大刀闊斧地推進。我個人一貫的惰性終於沒有再拖後腿。

　　我一直自稱「邊緣人」，幾年前出版過名為《邊緣人偶記》的小書一冊，因此與香港中文大學出版社的社訓「立身天地，安守邊緣，守先待後，不激不隨」惺惺相惜，尊為同道，自認這也是本人同該社的又一重緣分。值此繁體中文版出版之際，我必須向香港中文大學出版社表達特殊的敬意和感謝。沒有甘琦社長的魄力和鼓勵，此書根本不會問世。陳甜編輯為此書的出版，自始至終運籌擔當、費心盡力。張煒軒編輯的火眼金睛和高超的中英文文字水平讓本書避免了不少錯誤。著名書籍設計家何浩教授的精彩構思更為本

書增色。出版社其他同仁對高質量的不懈追求也令我至為感佩。我還要特別感謝本書譯者尤衛群女士。本書的出版，與她長期以來的巨大付出和辛苦翻譯是分不開的。

必須說明的是，繁體中文版並非只是英文版的翻譯，而是在其基礎之上更新補漏，並增加了全新一章，解讀體育視野下 2008 年北京奧運會以來、迄至 2050 年的中國與世界之互動。雖然歷史學者不是預言家和未來學家，我還是斗膽借助中共的「兩個一百年計劃」和「中國足球改革總體方案」，嘗試分析體育影響中國發展的複雜多變的可能的軌跡。所以，從某種程度上說，這是一本新書。

如不出意外，已延期一年的東京夏季奧運會將於 2021 年夏天舉辦，2022 年北京將舉辦冬季奧運會，杭州也在同年夏天舉辦亞運會；2022 年的足球世界盃也會在卡塔爾舉行。但願讀者們在欣賞精彩紛呈的各類體育盛事之時，能夠藉本書獲得一種新的視野，解讀體育不一樣的含義和意義，透視未曾注意過的中國與世界之互動。

徐國琦

2021 年 5 月 31 日於香港